W0331493

KNAUR

LINA FRISCH

WE WILL GIVE YOU HELL

ROMAN

KNAUR

Besuchen Sie uns im Internet:
www.knaur.de
Facebook: https://www.facebook.com/KnaurFantasy/
Instagram: @KnaurFantasy

Aus Verantwortung für die Umwelt hat sich die Verlagsgruppe Droemer Knaur zu einer nachhaltigen Buchproduktion verpflichtet. Der bewusste Umgang mit unseren Ressourcen, der Schutz unseres Klimas und der Natur gehören zu unseren obersten Unternehmenszielen. Gemeinsam mit unseren Partnern und Lieferanten setzen wir uns für eine klimaneutrale Buchproduktion ein, die den Erwerb von Klimazertifikaten zur Kompensation des CO_2-Ausstoßes einschließt. Weitere Informationen finden Sie unter: www.klimaneutralerverlag.de

FSC
www.fsc.org
MIX
Papier | Fördert gute Waldnutzung
FSC® C083411

Originalausgabe März 2023
Knaur Taschenbuch
Copyright © 2023 by Lina Frisch
© 2023 Knaur Verlag
Ein Imprint der Verlagsgruppe
Droemer Knaur GmbH & Co. KG, München
Dieses Werk wurde vermittelt
durch die Michael Meller Literary Agency GmbH, München.
Alle Rechte vorbehalten. Das Werk darf – auch teilweise –
nur mit Genehmigung des Verlags wiedergegeben werden.
Redaktion: Katja Hildebrandt
Die Quellennachweise für die Zitate aus
dem Roman finden Sie am Ende des Buches.
Covergestaltung: Carola Bambach
Coverabbildung: Collage unter Verwendung
von Motiven von shutterstock.com
Illustrationen im Innenteil: stock.adobe.com/Artak (Bäume),
Michaela Pilch/Shutterstock.com (Symbole)
Satz: Adobe InDesign im Verlag
Druck und Bindung: CPI books GmbH, Leck
ISBN 978-3-426-52890-7

2 4 5 3

Liebe Leser*innen,

bei manchen Menschen lösen bestimmte Themen ungewollte Reaktionen aus. Deshalb findet ihr am Ende des Buches eine Triggerwarnung.
Achtung: Diese enthält Spoiler für das gesamte Buch.
Wir wünschen euch gute Unterhaltung mit WE WILL GIVE YOU HELL.

Lina Frisch und Knaur Fantasy

Für alle, die ihre Stimme erheben.
Für alle, die sie noch suchen.

What would happen if one woman
told the truth about her life?
The world would split open.

– *Muriel Rukeyser*

TEIL I

It is said that before entering the sea
a river trembles with fear.

– Khalil Gibran

KAPITEL 1

Samstag, danach

Salziger Wind schlägt mir ins Gesicht. Ich richte den Blick nach unten auf die Schaumkronen im schmutzig grauen Wasser. Sie bilden eine aufgewühlte Linie. In ein paar Atemzügen wird keine Spur mehr von dem Schnitt zu sehen sein, der das Meer für kurze Zeit in zwei Hälften geteilt hat. Davor und danach, untrennbar verwoben.

»Hell!« Der Ruf kämpft sich durch das Pfeifen des Windes.

»Fuck«, zische ich und wische mir mit dem Handrücken über die rot geweinten Augen. Dass sie rot sind, weiß ich. Sie waren es jedes Mal, wenn ich in den letzten vierundzwanzig Stunden in einen Spiegel gesehen habe. »Hell, wehe, du haust ab!«

Wohin denn? Ich werfe einen letzten Blick hinaus aufs Meer, dann drehe ich mich mit dem Rücken zur Reling und breite die Arme aus. »Wir sind auf einem gottverdammten Schiff, Matti.«

Mein bester Freund kommt so knapp vor mir zum Stehen, dass er beinahe gegen mich geprallt wäre. Der Boden unter unseren Füßen ist glitschig von dem salzigen Sprühnebel, der sich auf die Oberflächen legt, als wollte das Meer uns zeigen, dass wir hier draußen ihm gehören.

»Ich bin so froh, dass es dir gut geht!« *Gut ist ein dehnbarer*

Begriff. »Coco und Tom suchen gerade das Auto-Deck ab. Yasin konnte Alice gerade noch so davon abhalten, der Crew Bescheid zu sagen. Wir haben uns Sorgen um dich gemacht!«

»Mir war nicht danach, gefunden zu werden.« Der Wind bläht meine Jeansjacke auf, und ich schlinge sie mit verschränkten Armen enger um meinen Körper. *Lass gut sein, Matti.* Aber das wird er nicht. Nicht, bis ich über das geredet habe, was gestern passiert ist – dabei ist Reden das Letzte, was ich im Augenblick will.

»Wie wäre es, wenn wir reingehen?« Die blonden Härchen auf Mattis nackten Unterarmen stellen sich auf. Obwohl wir Juli haben, ist es kühl hier draußen an Deck, aber das war zu erwarten. Die Ostsee ist eben nicht die Karibik.

»Geh du«, sage ich und drehe mich wieder zum Meer. Am Horizont ist die Küste Schleswig-Holsteins noch erkennbar, ein grauer, schmaler Streifen, auf dem mein Davor zurückgeblieben ist. Anders als das Meer werde ich nie wieder zusammenwachsen.

Matti lehnt sich neben mir gegen die Reling.

»Wir können auch hier draußen bleiben, wenn du möchtest.« Er starrt hinunter auf das graue Wasser. »Es ist nicht deine Schuld, Hell. Das weißt du, oder?«

Meine Hand tastet nach dem silbernen Amulett, das an seiner Kette warm um meinem Hals liegt.

»Klar. Weiß ich.« Matti sieht mich von der Seite an.

»Du kannst nicht lügen. Konntest du noch nie.«

»Was willst du denn von mir hören?«, fauche ich. »Dass es mir nichts ausmacht?«

»Niemand verlangt –« Ich hebe die Hand, und Matti erstarrt mit hilflos zusammengepressten Lippen.

»Ich kann deine Pseudo-Psychologenscheiße gerade echt nicht gebrauchen.« Ich starre auf den Horizont, bis ich höre, wie seine Schritte sich entfernen.

Super gemacht, Hell. Ich wollte nicht auch noch Matti verletzen. Aber der Druck in meiner Brust und die Hitze in meinem Bauch haben mir keine Wahl gelassen. Sie verschwinden immer erst dann, wenn Schuld sich über mich legt wie eine nasskalte Löschdecke.

Ich drehe mich um, aber Matti ist schon die Treppe hinunter und an der spärlich besuchten Bar vorbeigegangen. Zu weit weg, um eine Entschuldigung zu hören, selbst wenn ich sie brüllen würde. Tränen laufen heiß über meine Wangen. Ich fühle mich falsch. Genau wie früher, wenn ich gesehen habe, wie andere Mädchen ihre Gefühle hinter einem Lächeln verbargen. Ich habe versucht, es ihnen gleichzutun und ein liebes Mädchen zu sein. Stattdessen war ich ein Vulkan.

Still sehe ich zu, wie die Tür zum Schiffsinneren hinter meinem besten Freund ins Schloss fällt. Ich wollte noch nie allein sein, wenn ich stattdessen mit Matti hätte sprechen können. Aber in vierundzwanzig Stunden kann sich vieles verändern – oder in meinem Fall, alles.

Freitag, davor

Ich trete aus der Kabine und drehe mich um, damit Alice den Reißverschluss meines Jumpsuits vollends hochziehen kann. Im Spiegel über den Waschbecken sehe ich zu, wie das silberne Amulett unter nachtblauer Seide verschwindet. Mein Blick wandert nach oben und bleibt an meinen dunkelrot geschminkten Lippen hängen. *Deine Tochter sieht aus, als würde sie auf der Reeperbahn arbeiten, Charlotte.* Kurz überlege ich, den Lippenstift wieder abzuwischen, für den Familienfrieden. Aber ich widerstehe dem Drang. Stattdessen lächle ich meinem Spiegelbild zu und wuschele mir einmal durch die kurzen, aschblonden Haare, damit sie extra unordentlich liegen. Heute ist mein Tag, nicht seiner.

»Bereit?« Alice tritt neben mich und zupft die Träger ihres grünen Kleides zurecht.

»Du siehst großartig aus«, sage ich. In Alice' Zimmer hängt ein lebensgroßes Bild von ihrem Idol Marilyn Monroe, und ich schwöre, dass die beiden Schwestern sein könnten, wenn Alice nicht so dunkle Haare hätte. Sie greift nach ihrer Handtasche, als ihr Handy plingt.

»Na, was will Benjamin?«

Alice wendet sich ab und versperrt mir so den Blick auf den Bildschirm. »Er schafft es nicht«, sagt sie knapp, während ihre Finger in Lichtgeschwindigkeit eine Antwort tippen. »Es gibt Probleme mit einem der neuen Hotels in Spanien, und er muss dringend Telefonate führen.« Sie steckt das Handy wieder weg und wirft einen letzten prüfenden Blick in den Spiegel.

»Mit wem führt Benjamin noch mal eine Beziehung?«, frage ich in gespielter Verwirrung. »Mit dir oder mit der Hotelkette deiner Familie?«

Alice verdreht die Augen. »Papa ist kurz davor, vier Sterne Superior zu bekommen«, sagt sie. »Entweder Ben fehlt oder er.« Ihr Handy plingt ein zweites Mal.

»Lass mich raten: Mr Juniorchef fleht um Verzeihung«, sage ich und nehme einen Schluck aus der Sektflasche, die auf dem Waschbeckenrand steht. »Mit mindestens vier Herz-Emojis und dem Versprechen, dir zur Wiedergutmachung sein Ferienhaus in Saint Tropez zu schenken.«

Alice nimmt mir die Flasche aus der Hand, die sie selbst bis jetzt noch nicht angerührt hat. »Sei heute Abend ausnahmsweise mal nett zu Benjamin, ja?«

»Ich bin immer nett!« Ein Klopfen unterbricht uns. Ich öffne die Tür der Mädchentoilette, um einem ungeduldig auf die Uhr schauenden Matti gegenüberzustehen. Seine schulterlangen, strohblonden Haare, die ihm normalerweise wirr ins Gesicht fallen, hat er zur Feier des Tages ordentlich zurückgekämmt.

»Wir haben noch fünf Minuten. Also ihr habt noch fünf Minuten, ich sollte eigentlich schon längst in der Aula sein.«

»Was hält dich dann noch hier, Herr Jahrgangssprecher?«, frage ich. »Wolltest du unsere überirdische Schönheit als Erster bewundern?« Ich beginne, *Singular Sensation* zu summen und mich im Rhythmus des berühmten Las-Vegas-Showsongs einmal um mich selbst zu drehen.

»Bescheiden wie immer, Hell«, erwidert Matti trocken. »Ich wollte nur wissen, warum die Hälfte meiner Freunde riskiert, ihre eigene Abiverleihung zu verpassen.«

»Wer ist denn noch spät dran?«, frage ich verwundert. Coco ist schusselig, aber der überkorrekte Tom würde niemals zulassen, dass seine Freundin ausgerechnet heute die Zeit vergisst.

»Yasin«, erwidert Matti. »Er ist nirgendwo zu finden, und ich mache mir langsam Sorgen. Er hat die Karteikarten für meine Rede.« Matti fährt sich gestresst durch die Haare, die prompt wieder in alle Richtungen abstehen.

»Typisch«, sage ich und lache bitter. »Wenn du ihn einmal brauchst …«

Alice schiebt mich zur Seite und legt Matti die Hände auf die Schultern. »Du kannst deine Rede doch eh auswendig. Und wir«, sagt sie und dreht ihn in Richtung der Aula, »können uns sehr gut um uns selbst kümmern.« Matti wirft einen Blick auf die halb leere Sektflasche, die in einem nicht ganz ungefährlichen Winkel auf dem Waschbeckenrand balanciert.

»Das sehe ich. Aber ich habe euch nicht gesucht, um sicherzustellen, dass ihr nüchtern auf der Bühne erscheint.«

»Gut so.« Ich sehe ihn todernst an. »Dann wäre deine Mission nämlich leider gescheitert.« Matti erwidert meinen Blick, aber seine Mundwinkel zucken nicht.

»Ich wollte dir sagen, dass Bernd und deine Mutter mit den Zwillingen da sind, Hell.« Auf einen Schlag verschwindet die sektinduzierte Wärme in meinem Bauch. »Sie sitzen in der dritten Reihe links.« Ich nicke, doch Matti rührt sich nicht von der Stelle. »Ich wollte mich davon überzeugen, dass du froh bist, sie zu sehen.«

»Habe ich eine Wahl?« Mein Lachen klingt eine Spur zu hoch, um echt zu wirken.

»Ja«, sagt Matti. »Ich gehe jetzt runter und schicke Bernd nach Hause, wenn du das willst.«

»Es war ein Streit wie jeder andere«, beruhige ich ihn. Dabei ist das nicht wahr. Unseren letzten Streit habe ausnahmsweise nicht ich angefangen. »Geh, Matti.«

»Bist du dir sicher?« Ich nicke. Nach einem letzten besorgten Blick dreht er sich um und eilt den Gang hinunter. Ich greife nach meiner Tasche, doch Alice hält mich am Handgelenk fest.

»Das mit Berlin sagst du Bernd aber im Restaurant, nicht zu Hause, ja?« Ihre grünen Augen sehen mich eindringlich an – eindringlich und beunruhigt, genau wie vor drei Tagen am Elbstrand. »Ich meine es ernst. Du sagst es ihm nicht, wenn du mit ihm alleine bist.«

»Zum hundertsten Mal, Al, es ist nichts passiert!« Meine Stimme klingt schärfer als beabsichtigt.

»Wenn du das sagst.« Alice sieht mich prüfend von der Seite an. Doch bevor sie fragen kann, warum ich die letzten beiden Nächte auf einer Isomatte neben ihrem Bett verbracht habe, wenn doch nichts passiert ist, ziehe ich sie den Gang hinunter.

Samstag, danach

Das Meer unter mir ist nicht mehr grau, sondern tintenschwarz. Ich sehe zu, wie die Lichter der Fähre auf den schwachen Wellen tanzen. Wäre alles anders gelaufen, wenn ich einfach lächelnd mein Zeugnis entgegengenommen hätte, als *Lea Curtens* aufgerufen wurde? Wenn ich nicht einen meiner Anfälle gehabt hätte, diesmal mitten auf einer Bühne? Hätte Bernd das Geheimnis meiner Mutter weiter gehütet, wenn ich nicht schon wieder übertrieben hätte?

Enge schnürt mir die Brust zu, während Worte meinen Kopf bis zum Platzen füllen.

Wenn dein Vater enttäuscht von jemandem wäre, dann von dir, Hellea. Und zu Recht! Ich habe das, was darauf folgte, für eine Lüge gehalten. Den Preis dafür, dass ich mich als Einzige gegen ihn auflehne. Aber ich bin nicht das Opfer, für das ich mich immer gehalten habe. Ich bin das, was er mir schon seit Jahren vorwirft. *Egoistisch. Irrational. Böse.*

Auf einmal fühle ich mich durchsichtig, als hätte jeder gewusst, was mit mir los ist, außer mir. Als wäre nur noch so wenig von mir übrig, dass mich der nächste Windstoß mühelos von Bord fegen wird. Ich sehe hinaus auf die Wellen. Wie schnell ein Kopf in ihnen verloren gehen würde, selbst ein blonder … Schritte erklingen hinter mir und kommen zögerlich zum Stehen.

»Du wirst hier draußen noch erfrieren.« Ich drehe mich um. Alice trägt ihre gelbe Öljacke, die wir letzten Herbst zusammen in Amsterdam gekauft haben. Erst als sie die Kapuze zurechtzieht, merke ich, dass es regnet.

»Bereust du mittlerweile, dich gegen Südfrankreich entschieden zu haben?«, frage ich im verzweifelten Versuch, einen Witz zu machen. Ich weiß ganz genau, warum Alice in letzter Sekunde den Urlaub mit Benjamin abgesagt hat, um mit nach Schweden zu kommen. Meinetwegen. Dabei verdiene ich weder ihr Mitleid noch ihre Freundschaft. *Egoistisch. Irrational. Böse.* Wer hätte gedacht, dass Bernd all die Jahre lang recht hatte?

»Du kannst nicht die ganze Nacht hier an Deck verbringen, Hell.« *Ich kann einiges, was man mir nicht zugetraut hätte.* Wortlos drehe ich mich zurück zum alles verschlingenden Meer. *Wenn ich nie durch die Tür von Vincenzos Osteria gegangen wäre … Wenn ich nicht von Berlin angefangen hätte … Wenn ich mich an dem kalten Novembermorgen vor vierzehn Jahren verdammt noch mal unter Kontrolle gehabt hätte …*

Freitag, davor

»Wo bleibt denn Matti?«, fragt Alice und reckt den Hals. Ich lehne mich gegen die grün lackierte Beifahrertür von Mattis altem Ford Granada, den wir nach seinem zweiten Motorschaden mit liebevoller Ironie Granate getauft haben, und ignoriere die Nachricht von Ma, in der sie mich bittet, pünktlich im Restaurant zu sein. Was würde ich darum geben, dieses Mittagessen und das mit ihm verbundene Geständnis einfach ausfallen zu lassen …

»Gerade hat er noch vor der Aula mit Herrn Konerwa gesprochen«, sage ich und stecke mein Handy zu meinem Abizeugnis in die Tasche, als mir eine herbe Aftershave-Wolke den Atem verschlägt.

»Haben deine Eltern dich nach deinem Auftritt gerade etwa hier sitzen lassen?« Yasin zündet sich eine Zigarette an – Pueblo Rojo, die abartigste Marke von allen – und grinst mich an.

»Mein Stiefvater hatte keine Lust auf den Sektempfang«,

sage ich, mit Betonung auf *Stief.* »Sie sind vorgefahren.« Ich spüre Alice' Hand auf meiner Schulter.

»Mach dir bloß keine Vorwürfe –«, beginnt sie.

»Echt mal, Konerwa einfach so das Mikro aus der Hand zu nehmen, war Badass.« Yasin nickt mir anerkennend zu. »Ich verstehe eh nicht, warum deine Eltern deinen Namen im Programm geändert haben.« *Nicht meine Eltern*, denke ich bitter. *Bernd.* Bernd hat meinen Namen ändern lassen. Weil Lea so viel normaler klingt als mein richtiger Name, den mein richtiger Vater mir gegeben hat. So viel unauffälliger. Bloß bin ich nicht Lea. Dieselbe Hitze ballt sich in meinem Bauch zusammen, die mich dazu gebracht hat, meinem Schuldirektor das Mikrofon aus der Hand zu reißen und die Sache richtigzustellen. Ich taste nach dem Amulett, das wie jeden Tag um meinen Hals liegt. Während ich die seltsame Form der nach unten geöffneten Acht nachfahre, beruhigt sich mein Herzschlag. Mein Vater – der Mann mit den blitzenden Augen und dem schiefen Lächeln, an das ich mich immer weniger erinnern kann – wäre stolz auf mich. Das ist alles, was zählt.

»Hey!«, höre ich Alice rufen. »Deine Rede war der Hammer!« Ich blicke auf. Matti kommt durch das Schultor auf uns zu. Alice fliegt ihm entgegen, und er fängt sie lachend auf, bevor er sie einmal herumwirbelt.

»Man hat mir also nicht angesehen, dass ich da oben vor Angst fast gestorben wäre?«, fragt er und lockert seine Krawatte, bevor er mich umarmt.

»Quatsch«, sage ich, als er mich losgelassen hat.

Yasin tritt seine Zigarette aus und hält Matti die Hand zum Einschlagen hin. »Du kannst mich doch bestimmt rumfahren.« Keine Frage, sondern eine Feststellung.

»Klar, mache ich.« Matti schließt die Fahrertür auf und bemerkt meinen Blick. »Wenn ich die Sternschanze umfahre, sind wir ganz sicher noch rechtzeitig bei Vincenzos.« Aber es geht mir nicht darum, ob wir pünktlich im Restaurant auftauchen oder nicht.

»Was war denn heute Morgen so wichtig, dass du vergessen hast, an Mattis Karteikarten zu denken?«, frage ich Yasin, als wir im Wagen sitzen und Granate ruckelnd anfährt.

Er zuckt mit den Schultern. »Ich bin zu spät aufgestanden.«

»Es gibt eine großartige Erfindung«, sage ich hart. »Sie nennt sich Wecker.«

»Komm schon, Hell«, stöhnt Yasin. »Die Rede ist doch gut gelaufen!«

Ich schüttle den Kopf. »Darum geht es nicht.«

»Ach nein?« Yasin lehnt sich zurück und zündet sich eine neue Zigarette an, obwohl er weiß, wie sehr Matti Rauchgeruch in seinem Auto hasst. Manchmal frage ich mich wirklich, warum Matti überhaupt mit Yasin befreundet ist.

»Nein!« Wütend kurbele ich mein Fester herunter und lasse den Lärm von Hamburgs Straßen hinein. »Du hast Matti im Stich gelassen!«

»Es waren doch nur Karteikarten«, sagt Yasin mit einer Gleichgültigkeit, die mir die Sprache verschlägt. Matti legt mir beschwichtigend eine Hand aufs Knie.

»Vielleicht waren es für dich nur Karteikarten«, sage ich betont ruhig. »Aber für Matti waren sie wichtig.« Mein bester Freund wirft mir einen Blick zu, und ich weiß, dass er mich versteht, obwohl ich wie immer nicht in Worte fassen kann, was ich eigentlich sagen will. *Ich kann nicht zulassen, dass du jemals wieder verletzt wirst.*

»Okay, ich gebe auf«, sagt Yasin auf dem Rücksitz und hebt die Hände. »Bevor Hell wieder versucht, mir die Nase zu brechen.« Alice' Lachen fühlt sich an wie ein Betrug. Als würde sie sich nicht an all die Witze auf Mattis Kosten, seinen jeden Morgen wieder auf den Gang gestellten Stuhl und die verschwundenen Hefte erinnern. Aber das ist kein Wunder, schließlich erinnert Matti sich ja selbst nicht.

»Sorry, Hell, aber das war einfach zu göttlich damals«, keucht Alice, als sie wieder Luft bekommt. »Wie du –«

»Jaja, wie ich mir die Hand verstaucht habe. Saukomisch.« Ich werfe Yasin einen vernichtenden Blick zu, der sein selbstgefälliges Grinsen nur noch breiter werden lässt. Und mit diesem Arsch soll ich es vier Wochen in Schweden aushalten …

»Da vorne links kannst du halten«, unterbricht Yasin meine Fantasie, in der ich ihn mitsamt seiner ekelhaften Zigaretten in einen eiskalten schwedischen See schubse. Nachdem er ausgestiegen ist, sieht Matti mich an.

»Wir müssen nicht zu Vincenzos fahren.«

Die Realität dessen, was mich gleich erwartet, schlägt mir ins Gesicht wie ein kalter Wind.

»Doch«, sage ich und taste nach dem Brief aus Berlin, der zusammengefaltet neben meinem Zeugnis in meiner Tasche steckt. »Gib Gas. Je schneller wir da sind, desto schneller habe ich es hinter mir.«

Exakt vier Minuten zu spät betreten Matti, Alice und ich den Gastraum unseres Lieblingsrestaurants.

»Ciao, ragazzi!« Vincenzo umarmt uns der Reihe nach. »Großer Tag heute, meine Freunde, eh?«

Karl und Kilian laufen uns entgegen und überreichen mir stolz einen kleinen Strauß weißer Lilien. *Meine Lieblingsblumen.* Ich nehme die Zwillinge in den Arm, wie wir es tun, seit sie stehen können – Karl links, Kilian rechts. Kurz schließe ich die Augen und atme den Duft ihrer kleinen Köpfe ein.

Meine Halbbrüder sind das Einzige, was ich vermissen werde, wenn ich nach dem Sommer nach Berlin ziehe. Aber selbst sie könnten mich nicht davon abhalten, zu gehen.

Egoistisch. Ich schüttle den Kopf, als hätte ich Wasser im Ohr und nicht die Stimme, die sich seit Jahren beständig in mein Gehirn brennt wie ein kokelndes Streichholz. *Irrational. Böse.*

Am Tisch begrüße ich Mattis Eltern, Anna und Simon Lundqvist, und seine ältere Schwester Ida und versuche, die angespannten Mienen meiner besten Freunde zu ignorieren.

»Wann kommen deine Eltern, meine Liebe?«, wendet sich Mattis Mutter an Alice, die neben Bernd sitzt und jetzt rot anläuft.

»Oh, sie ... sie kommen nicht. Zu viel zu tun im Hotel.« Alice faltet verlegen die Hände in ihrem Schoß. Ihre Eltern würden niemals einen Fuß in ein Restaurant wie dieses setzen – selbst dann nicht, um das Abitur ihrer Tochter zu feiern. Vincenzo rettet Alice mit den Karten und einer großen Antipasti-Platte aus ihrer Erklärungsnot.

»Hat weder pesce noch prosciutto gesehen, keine Sorge, Signorina«, sagt er an mich gewandt. Ich lächle ihm dankbar zu und lasse mir von Anna Lundqvist einen Teller reichen.

»Habt ihr euch mittlerweile entschieden, ob ihr die Fähre nehmt oder über Dänemark fahrt?«, fragt Ma. Ein Friedensangebot.

»Wir nehmen die Fähre«, sage ich. Morgen Abend werden Matti, Yasin, Coco, Tom und ich mit zwei Autos von Kiel nach Göteborg übersetzen, Mattis klapprigem Ford Granada und Cocos Fiat.

»Sie geht über Nacht, sodass wir keinen Reisetag verschwenden«, erklärt Matti. »Und da wir die billigsten Kabinen gebucht haben, gibt das Budget die Überfahrt gerade noch her.«

»Ich beneide euch so!« Mattis Schwester seufzt. »Der Wald, die Stille und dieser unvergleichliche Geruch nach Sommer.« Ida schließt die Augen, und ich versuche, ihre Begeisterung nachzuvollziehen in der Hoffnung, dass ein bisschen davon auf mich abfärbt. Aber es hilft nicht, genauso wenig wie die paradiesischen Bilder von eisblauen Seen inmitten von hohen Nadelwäldern, die Matti mir ständig zeigt, um mir den Wander-Part unserer Reise schmackhaft zu machen. *Es sind nur vier Tage*, mache ich mir Mut. Vier Tage Wildnis, und dann erkunden wir Stockholm. Ich kann es kaum erwarten, durch die berühmte Altstadt Gamla Stan zu streifen, auf denselben Wegen, die mein Vater damals gegangen ist.

»Nehmt auf jeden Fall genug Sonnencreme mit«, rät Ida. »Die mittelmäßigen Temperaturen bedeuten nicht, dass ihr euch nicht verbrennen könnt.«

»Und wählt die Wanderabschnitte nicht zu lang«, fügt Mattis Vater hinzu.

»Ich halte Wandern ja für ein ausgesprochen sinnvolles Hobby«, wendet Bernd sich an Simon Lundqvist. »Die gesunde Luft, die Bewegung.«

Heuchler. Ich richte die Stola, die Alice mir gestern noch genäht hat, um die blauen Flecken auf meinem Oberarm zu verstecken. Dann stopfe ich mir ein ganzes Artischockenherz in den Mund, bevor ich Bernd fragen kann, warum er mir die Reise mit allen Mitteln verbieten wollte, wenn Wandern doch so ein sinnvolles Hobby ist.

»Sind Sie selbst oft unterwegs gewesen, als Sie noch in Schweden wohnten?«, fragt er weiter.

»Allerdings«, bestätigt Mattis Vater mit leuchtenden Augen. »Der Sörmlandsleden war unser beliebtestes Ausflugsziel. Ein wenig touristisch zwar, aber dafür sicher und ganz in der Nähe von Stockholm.«

Während die Familie Lundqvist über Schutzhütten und den Stellenwert gut eingelaufener Wanderschuhe zu fachsimpeln beginnt, lehne ich mich zu Alice.

»Blinzle zwei Mal, wenn du doch mitwillst.« Sie schüttelt lächelnd den Kopf. »Im Ernst! Matti und ich holen dich mit Granate ab. Bis deine Eltern merken, dass du weg bist, sind wir schon längst auf der Fähre! Ich könnte eine weitere Wanderanfängerin wirklich gut gebrauchen.«

Alice spießt eine Olive mit ihrer Gabel auf. »Benjamin freut sich so sehr auf Frankreich. Es ist unser letzter gemeinsamer Urlaub, bevor ich auf die Hotelakademie gehe.« Sie knufft mich in die Seite. »Und außerdem sehe ich von dir bald sowieso mehr als genug, Roomie.«

Ich grinse. Es ist genau eine Woche her, dass Matti, Alice und ich den Vertrag für die kleine Wohnung in Berlin-Neukölln unterschrieben haben. Das Badezimmer ist so schmal, dass keine zwei Leute aneinander vorbeigehen können, und zwei der drei Schlafzimmer blicken auf eine sechsspurige Hauptstraße. Aber mir erscheint unser neues Reich wie das Paradies auf Erden. Ich ziehe den Brief aus meiner Handtasche, in dem mir die nette Koordinatorin meine Ausbildungsstelle offiziell bestätigt. Alles, was ich mit jeder Faser meines Körpers will, liegt nur noch einen Funken Mut von mir entfernt.

»Signorina Hell?«

»Ich, äh …« Ich schiebe den Brief unter meinen Oberschenkel und werfe einen hastigen Blick in die Karte. »Penne al Arrabiata und eine Apfelschorle, bitte.« Vincenzo nickt.

Als das Essen kommt, stochere ich in meinen Nudeln herum und versuche, mich auf das Gespräch zu konzentrieren, doch meine Gedanken schweifen immer wieder ab. Ich muss einfach ruhig bleiben. Ruhig und sachlich erzählen, dass ich nicht studieren werde. Dass ich nicht in Hamburg bleiben werde. Und dass nichts und niemand diese Entscheidung ändern wird.

»Kilian!« Bernd wirft meinem kleinen Bruder, der beschlossen hat, seine Spaghetti mit den Fingern zu essen, einen strengen Blick zu.

»Die flutschen immer von der Gabel!«, rechtfertigt er sich. Ich greife hastig nach meiner Serviette und wische ihm die Hände sauber.

»Du willst doch nicht, dass Bernd dir Fernsehverbot gibt, oder?«, flüstere ich ihm zu.

»Macht Papa eh nicht«, kräht Kilian. Ich presse die Lippen zusammen. Unter normalen Umständen hätte Kilian recht, die Zwillinge können sich eine Menge erlauben. Aber ich habe heute mit meinem kleinen Stunt bei der Abiverleihung schon für genug Aufmerksamkeit gesorgt. Und wenn Bernd eins nicht leiden kann, dann, wenn jemand von uns ungewollt Aufmerksamkeit auf sich zieht.

»Wie wäre es, wenn wir aus Spaghetti coole Mininudeln machen?«, frage ich. Kilian nickt, und ich schneide ihm die Spaghetti klein, bis er sie problemlos mit dem Löffel essen kann.

»Wie lange bist du noch mal in Schweden, Hell?« Karl, der das Kinn voller Tomatensoße hat, sieht mit seinen hellblauen Augen fragend zu mir auf, und mein Herz ist kurz davor, zu brechen.

»Nur vier Wochen«, sage ich und wuschle ihm durch die blonden Haare. Ich werde meine Brüder besuchen kommen. Wer weiß, vielleicht wird das Verhältnis zwischen Bernd und mir ja entspannter, wenn wir uns nicht mehr jeden Tag sehen und er den initialen Schock über meine Entscheidung, einmal nicht nach seiner Pfeife zu tanzen, verdaut hat. Ich könnte einen Teil meiner Urlaubstage in Hamburg verbringen – den Geburtstag der Zwillinge, Weihnachten …

»Wir haben gehört, dass Matti an der Humboldt-Universität angenommen wurde«, sagt Ma. »Psychologie, richtig?« Matti nickt, und mein Mund wird mit einem Mal staubtrocken.

»Wir sind sehr stolz«, sagt Simon Lundqvist und wirft seinem Sohn einen liebevollen Blick zu. »Obwohl es hart sein wird, das letzte Kind gehen zu lassen.« Er deutet lächelnd auf Karl und Kilian. »Wenigstens haben Sie ja noch die Zwillinge.«

Fuck, fuck, fuck …

»Oh, Hell wird weiter zu Hause wohnen«, erklärt Ma. »Die wirtschaftliche Fakultät ist ja nicht so weit weg von uns, sie braucht keine Wohnung in der Innenstadt.«

»Wirtschaft?« Anna Lundqvist wirft mir einen erstaunten Blick zu.

Dann ist jetzt wohl der Moment. Ich hole tief Luft.

»Tja, wer hätte das gedacht, nach der Krise in der Zehnten«, wirft Bernd ein, bevor ich etwas sagen kann. Er breitet die Arme über die Stuhllehnen seiner Nachbarinnen aus, ohne zu merken, dass sowohl Ma als auch Alice sich versteifen. »Aber dann hat Lea sich ja zum Glück wieder gefangen. Es wäre eine Schande gewesen, so viel Potenzial an eine x-beliebige Ausbildung zu verschwenden. Sie ist an der Uni bedeutend besser aufgehoben, und schließlich kommt sie ja auch aus einem Akademikerhaushalt.« *Das reicht.*

»Ich heiße Hellea.« Unter dem Tisch krallen sich meine Finger fest um die Zusage in Berlin. »Und ich habe meine Bewerbung an der Uni schon längst zurückgezogen.« Meine Mutter lässt klirrend ihre Gabel fallen, was ihr einen strafenden Blick von Bernd einbringt. »Weil ich nach Berlin gehe. Mit Matti und Alice.« Ein Lächeln breitet sich auf meinen Lippen aus.

Jetzt ist es raus.

»Um was zu machen?« Bernds Stimme ist wie immer am Anfang noch ruhig, gefasst. Aber er umklammert Mas Stuhllehne so sehr, dass seine Fingerknöchel weiß hervortreten. Ich denke daran, wie er mich festgehalten hat, als ich aus der Haustür stürmen wollte, und jedes Triumphgefühl verschwindet aus meinem Inneren. *Aber ich kann jetzt nicht aufgeben.*

»Eine Ausbildung zur Pflegefachkraft. Ich habe schon die Zusage.« Der Brief, den ich auf den Tisch lege, ist ganz zerknittert.

»Das kommt nicht infrage.« Bernd schüttelt den Kopf. »Du wirst nicht einfach so aus einer albernen Laune heraus deine Zukunft wegwerfen.«

»Wir hatten eine Absprache«, sage ich, bevor mein Stiefvater weiterreden kann. »Ich mache mein Abitur, dafür haltet ihr euch aus meiner Berufswahl heraus. Und die Ausbildung ist keine Laune. Ich wollte das schon vor drei Jahren. Tante Emmi hält es für eine gute Idee.«

»Weil deine Großtante senil ist!« Jetzt erhebt Bernd seine Stimme, doch Ma legt ihm beruhigend eine Hand auf den Arm.

»Ich verstehe ja, dass du Menschen helfen willst. Aber warum studierst du dann nicht Medizin? Oder vielleicht Pflegewissenschaften?« Ihr flehendes Lächeln verzerrt sich, als ich den Kopf schüttle. Sie versteht nicht, worum es mir geht, und wie könnte sie auch? Wann hat sie sich je die Zeit genommen, Tante Emmi zuzuhören, die mehr Geschichten kennt als jeder andere Mensch, und so sehnlichst jemanden braucht, der sie anhört? Pflege muss mehr bedeuten, als für das körperliche Wohl alter Menschen zu sorgen. Ihnen zuzuhören, ihre Lebenserfahrung zu schätzen. Sie, die ihr Leben lang für uns da waren, nicht einfach alleinzulassen, wenn sie nicht mehr in unseren Alltag passen.

»Weil nicht jeder Familie hat, Ma«, beantworte ich ihre Frage. »Wenn Tante Emmi im Heim leben müsste, würdest du dann nicht wollen, dass sich jemand gut um sie kümmert und ihr das Leben verschönert?« Mit einem Stich schlechten Gewissens fällt mir ein, dass ich meine Großtante in ihrem kleinen Haus in Norderstedt schon seit bestimmt zwei Wochen nicht mehr besucht habe. *Seit dem Tag, an dem sie mir die Hand gedrückt und gesagt hat, dass ich meinen eigenen Weg gehen muss.* Ich vertreibe Tante Emmis Lächeln aus meinen Gedanken, das mir jedes Mal, wenn ich durch die grüne Haustür trete, das Gefühl gibt, sehnsüchtig erwartet worden zu sein.

»Schätzchen«, sagt Ma mit einem unsicheren Blick in Richtung der Lundqvists. »Lass uns das zu Hause besprechen, ja?« In ihren Augen glänzen meine eigenen Erinnerungen an die schwere Zeit, durch die Tante Emmi uns geholfen hat, und ich weiß, dass sie bereit ist, meine Wahl zu akzeptieren. Aber ich weiß auch, was passiert, wenn wir zu Hause ankommen. Ich straffe meine Schultern.

»Garantiert nicht.«

»Schätzchen –«, beginnt Ma erneut. Blut rauscht in meinen Ohren.

»Damit er mir so lange einreden kann, dass ich dich enttäusche, bis ich meine Pläne aufgebe?« Ich zeige auf Bernd, der sich räuspert und einen peinlich berührten Blick in die Runde wirft.

»Sie müssen Leas theatralisches Verhalten entschuldigen. Wir haben ihr nicht beigebracht, in der Öffentlichkeit zu explodieren wie eine Bombe, das konnte sie schon immer von allein.«

»Bernd.« Die Stimme meiner Mutter hat einen warnenden Unterton angenommen, doch mir bleibt keine Zeit, mich darüber zu wundern.

»Sie explodieren also lieber im Privaten?«

»Wie bitte?« Bernd stellt sein Bierglas ab und sieht Matti verwirrt an.

»Sie bevorzugen es, Ihre Wut im Privaten herauszulassen. An Ihrer Stieftochter.«

»Matti!«, ruft Anna Lundqvist erschrocken, während sich alle Blicke auf mich richten. Alle, außer Bernds.

»Mit solchen Anschuldigungen spaßt man nicht, junger Mann.«

»Sehen Sie mich lachen?«, erwidert mein bester Freund angriffslustig.

»Du erzählst jetzt also Lügengeschichten über mich?« Bernds Aufmerksamkeit hat sich von Matti zu mir gewandt. »Das geht zu weit, selbst für dich.«

»Wagen Sie es ja nicht, Hell die Schuld zu geben!« Diesmal ist es nicht Matti, sondern Alice, die zu meiner Verteidigung kommt. Doch Bernd beachtet sie nicht. Stattdessen fixiert er mich.

»Ich habe doch nie etwas anderes getan, als zu versuchen, dich auf den richtigen Weg zu bringen! Damit du Abitur machst, BWL studierst, deine hysterischen Anfälle in den Griff bekommst – all diese Dinge habe ich um deinetwillen von dir verlangt, Lea. Damit du ein gutes und erfolgreiches Leben führen kannst.« Er schüttelt den Kopf. »Ich habe mich aufgeopfert, um deine Nachhilfe zu bezahlen. Dir sollte es nie an irgendetwas mangeln, erst recht nicht an Chancen!«

Ich sollte dich nicht blamieren, denke ich bitter. *Das willst du doch eigentlich sagen*! Karl beißt sich auf seine kleine Unterlippe. Ich sollte nachgeben und meinen Brüdern den ängstlichen Ausdruck mit einem Witz aus den Gesichtern wischen. Aber die heiße Welle in mir türmt sich immer weiter auf, während Bernd eine Lobrede auf unsere tolle Familie hält. Und dann kann ich sie nicht mehr am Brechen hindern.

»Hör endlich auf mit diesem scheiß Schauspiel!« Er sieht mich an, als hätte ich ihm ins Gesicht geschlagen. »Du willst die perfekte Familie, und in die habe ich noch nie hineingepasst. Also versuchst du immer und immer wieder, mich in die Form der makellosen Tochter zu pressen. Deshalb soll ich BWL studieren. Deshalb soll ich die Klappe halten und dich für mich reden lassen.« Mir ist, als würde ein Gewicht, das schon seit Jahren auf meine Brust drückt, sich endlich lüften und mir Raum zum Atmen geben. »Du hast mich doch noch nie akzeptiert! Also sei wenigstens ehrlich zu dir selbst.« Ich spüre den verzweifelten Blick meiner Mutter auf mir. *Es tut mir leid*, denke ich. *Aber das passiert, wenn die echten Konflikte totgeschwiegen werden.*

»Das ist doch Quatsch, Lea, und das weißt du!« Bernd klingt ernsthaft empört. Als würde es ihm um mich gehen und nicht um das Bild, das ich zerstöre. Die Ader an seinem Hals zuckt, und ich weiß, was er mir entgegenwerfen würde, wenn wir nicht in einem Restaurant säßen. *Ist dir klar, wie irrational du bist? Wie böse? Wie egoistisch deine gestörten Anfälle sind? Du bist diejenige, die diese Familie zerstört!* Ungeachtet der Worte, die durch meinen Kopf hallen, und meiner Enttäuschung über das Schweigen meiner Mutter, an das ich mich eigentlich längst gewöhnt haben müsste, verziehen sich meine Lippen zu einem Lächeln.

»Und trotz allem, was ich gerade gesagt habe, nennst du mich immer noch Lea«, sage ich angewidert und schiebe meinen Stuhl zurück.

»Bitte bleib sitzen, Schatz.« Ma klingt flehend, doch auf einmal tut sie mir nicht mehr leid. *Egoistisch. Irrational. Böse.*

»Ich habe deinetwegen immer wieder vergessen, wie er mich behandelt, Ma!«, bricht es aus mir heraus. »Das, was er mir entgegenwirft, sobald ich es wage, den Mund aufzumachen und für mich einzustehen. Deinetwegen und für die

Zwillinge. Aber es macht mich kaputt!« Meine Stimme muss lauter gewesen sein als beabsichtigt, denn Vincenzo, der an der Theke Gläser poliert, sieht mit großen Augen zu uns herüber. Ich atme aus. »Du hast damals gesagt, für mich würde sich nichts verändern. Aber er hat alles verändert, und dich am allermeisten. Mit Papa warst du ein komplett anderer Mensch!« Meine Hand fährt zu meinem Hals, wo sein Amulett unter meinem Herzschlag pulsiert wie ein lebendiges Wesen. Zum ersten Mal fühlt sich das Feuer in mir gut an. Befreiend. »Wir wären besser dran gewesen, wenn du einfach den Mut gehabt hättest, alleine zu bleiben!«, mache ich weiter, weil ich meine Worte wie immer nicht mehr aufhalten kann. Und weil ich es auch gar nicht mehr will. »Aber stattdessen hast du dich von Bernd in einen Schatten deiner selbst verwandeln lassen. Papa wäre so verdammt enttäuscht von dir!«

Ein dumpfer Knall lässt mich zusammenzucken. Bernd reibt sich die Faust, mit der er auf den Tisch geschlagen hat. Sein Gesicht ist verzerrt, ob vor Schmerz oder vor Wut, ist unmöglich zu erkennen.

»Wenn dein Vater enttäuscht von jemandem wäre«, zischt er, »dann von dir, *Hellea*. Und zu Recht! Wer war denn verantwortlich für seinen Unfall? Kein Glatteis, wie deine Mutter behauptet, um dich zu schützen!«

Ma gibt einen erstickten Laut von sich, und Bernd legt einen Arm um ihre Schultern. Seine zusammengezogenen Augenbrauen würden ihn schuldbewusst aussehen lassen, wenn ich nicht wüsste, dass diese Emotion nicht zu seinem Repertoire gehört.

»Sie ist alt genug«, sagt er zu Ma gewandt. »Du kannst ihre Schuld nicht länger verleugnen, Charlotte.« *Ihre Schuld?* Als ich den Mund öffne, kommt kein Ton heraus. *Was hat er da gerade gesagt?* Mir ist schlecht, als wäre mir direkt in den

Magen geboxt worden. Dann legt jemand einen Arm um mich und zieht mich auf die Füße.

»Wir bringen dich hier weg«, raunt Alice mir zu. Ich lasse mich von ihr durch das Restaurant führen und stolpere durch die Tür, die Matti aufhält.

Draußen auf dem Parkplatz stütze ich meine Hände auf meine Knie und ringe gleichermaßen um Luft und Worte. Es war ein Unfall. In der Nacht gab es Glatteis. Deswegen ist unser Wagen von der Straße abgekommen. Deswegen ist mein Vater tot. *Zumindest hat Ma es dir so erzählt …*

Alice bringt mich zu einer Bank und setzt sich neben mich. Ich umklammere ihre Hand, als wäre sie ein Rettungsanker.

»Wie …«, stammle ich. »Wie kann ich schuld sein, wenn ich mich doch noch nicht einmal an den Unfall erinnere?«

Alice reibt mir über den Rücken. »Gar nicht, Hell«, sagt sie leise. »Euer Wagen ist von der Straße abgekommen. Das war Pech, nichts anderes.«

Ich schließe die Augen und versuche, mich an die Nacht zu erinnern, die meinen Vater das Leben gekostet hat, doch alles, was ich vor mir sehe, sind die blauen Lichter des Notarztwagens, die gespenstische Schatten auf die Straße werfen. Das Gesicht einer Frau, die mir sagt, dass es meiner Mutter gut geht, und die nicht antwortet, als ich nach meinem Vater frage.

»Manipulatives Arschloch!« Ich schaue erschrocken auf, denn ich habe Matti noch nie fluchen hören. Er geht vor unserer Bank auf und ab wie ein Tiger im Käfig. »Wie kann man nur so tief sinken, einen toten Vater zu instrumentalisieren, um jemanden kleinzubekommen?«

Ich räuspere mich. »Also glaubst du, Bernd lügt?«

»Selbstverständlich!« Matti bleibt vor mir stehen. »Du warst fünf Jahre alt. Wie um alles in der Welt hättest du euren

Unfall verhindern sollen? Den Baum zur Seite schieben? Vom Kindersitz aus ins Lenkrad greifen?« Er atmet tief durch und fährt dann ruhiger fort. »Es war eine Lüge, Hell, verstehst du? Eine miese Lüge. Was sollte es sonst sein?«

Er hat recht, denke ich. *Er muss recht haben.*

Matti kniet sich vor mich und nimmt mich in den Arm. »Es tut mir so leid, wie alles gelaufen ist.« Ich schließe die Augen, dankbar für die beiden Menschen, die immer an meiner Seite sind.

»Können wir von hier verschwinden?«, frage ich in Mattis Anzugkragen hinein. Ich brauche Zeit, um nachzudenken. Zeit, um zu verstehen, warum Bernd mich so sehr verletzen will, dass er das Schlimmste, was mir je passiert ist, dazu benutzt.

»Klar«, sagt Alice. Matti richtet sich auf und kramt nach dem Autoschlüssel in seiner Hosentasche.

Im selben Moment öffnet sich die Tür des Restaurants. Ma hält Kilian und Karl an der Hand. Bernd drängt sich an ihr vorbei und schließt das Auto auf. Mit roboterhaften Bewegungen schnallt meine Mutter die Zwillinge auf dem Rücksitz an. Dann hält sie inne.

»Steig ein, Charlotte.« Doch zum ersten Mal seit zwölf Jahren tut meine Mutter nicht das, was ihr Ehemann ihr befiehlt. Ich grabe meine Fingernägel in die Innenseite meiner Hände. *Sie stellt sich auf meine Seite.* Es ist genug, um Alice' Hand loszulassen und einen Schritt auf meine Mutter zuzugehen.

»Ist es wahr?«, frage ich heiser, weil ich aus ihrem Mund hören muss, dass Bernd lügt.

»Es war ein Unfall, Hell.« Der Schmerz in ihren Augen nimmt mir die Luft zum Atmen. Ma setzt ein gezwungenes Lächeln auf. »Warum fahren wir nicht erst mal nach Hause? Immerhin müssen wir uns alle noch für den Ball fertig machen.« Ich sehe zu Bernd, der neben der Fahrertür steht und die Hände in die Hüften stemmt. »Hell?« Ma streckt die Hand nach mir aus, doch ich rühre mich nicht. Bernd kommt mit meiner Art nicht klar. Ihn stören meine kurzen Haare und meine Anfälle. Bei unserem letzten Streit wegen Schweden hat er mich festgehalten, als ich das Haus verlassen wollte – zu fest. Aber mir ist nicht entgangen, wie schnell er mich losgelassen hat, fast so, als hätte er sich an mir verbrannt. Nein, Bernd hasst mich nicht. Und er ist auch kein Monster. Ich gehe auf meine Mutter zu.

»Sag mir die Wahrheit, Ma.«

Sie sieht zu Bernd, der nickt. »Du warst doch noch ein Kind, Hell.« Kalte Angst kriecht meine Wirbelsäule entlang.

»Was habe ich getan?«, frage ich tonlos.

»Du hattest eine Erkältung, also wollte dein Vater uns beide auf dem Weg zur Arbeit beim Arzt absetzen. Während der Fahrt haben wir diskutiert.« Ma presst die Lippen zusammen, doch dann zwingt sie sich, weiterzusprechen. »Es ging um eine Professur, die ihm angeboten worden war. Dein Vater hatte die Stelle abgesagt, ohne überhaupt mit mir über den möglichen Umzug zu sprechen. Wegen dieser Lappalie haben wir uns gestritten. Und dann hast du angefangen zu schreien. Du hast nicht aufgehört, dein Kopf war schon ganz rot …« Ma schlägt sich eine Hand vor den Mund, doch ich halte sie fest. Ich muss hören, was auch immer sie zu sagen hat.

»Was ist dann passiert?«

Sie schaut zu Boden. »Als Baby hattest du mehrere Nabelbrüche, weil du nicht aufhören wolltest zu schreien, und ich hatte Angst, dass du dir bei diesem Anfall den nächsten zuziehen würdest. Ich habe mich umgedreht und versucht, dich zu beruhigen. Aber du hast immer lauter gebrüllt. Du wolltest deinen Vater.« Sie lächelt, obwohl ihr mittlerweile

Tränen auf die lackierten Schuhspitzen tropfen. »Du wolltest immer deinen Vater.«

Bilder strömen zurück in mein Bewusstsein, als wäre irgendwo in meinem Gedächtnis ein Damm gebrochen. Mas verzweifeltes Gesicht. Mein wütendes Geheule. Und mein Vater, der sich zu mir umdreht und mir verspricht, dass ich mit Erzählen dran bin, sobald wir zu Hause sind. Die scharfe Kurve, in die wir zu schnell hineinfahren. Der Baum und der Arm meines Vaters, der sich reflexartig nach hinten streckt, um mich festzuhalten.

»Es gab gar kein Glatteis, oder?«, frage ich tonlos.

Ma schüttelt den Kopf. »Nein, Hell. Es gab kein Glatteis.«

KAPITEL 2

Samstag, danach

Mein Puls rast, mein Atem geht stoßweise. Gerade habe ich mich noch taub gefühlt, jetzt stürzt alles mit voller Wucht auf mich ein. Trauer. Schuld. Vor allem Schuld, was die Trauer noch unerträglicher macht. Denn ich kann nicht mehr wütend sein auf das Schicksal, Gott oder wen auch immer. Nur noch auf mich.

Ich taste nach der Kette, die eng um meinem Hals liegt. Das Amulett in Form einer asymmetrischen, nach unten geöffneten Acht hat die Wärme meiner Haut absorbiert. Normalerweise gibt mir das seltsame Unendlichkeitszeichen ein Gefühl von Geborgenheit. Doch jetzt fühlt es sich an, als würde die Kette mir die Luft abschnüren. Ich versuche mit klammen Fingern, ihren Verschluss zu öffnen, während der Wind mir die Tränen aus den Augen weht, aber das Metallhäkchen klemmt.

»Ah!« Ein scharfer Schmerz brennt über die Haut meines Nackens, als ich die Kette mit einem Ruck abreiße. Mit einer Hand halte ich mich an der Reling fest, den anderen Arm strecke ich aus und halte die geschlossene Faust über die schwarzen Wellen.

»Das Wasser ist ganz schön kalt.«

Erschrocken fahre ich herum.

»Ich habe gehört, es soll sich anfühlen wie tausend Nadelstiche.« Yasin zieht an der Zigarette, die er zwischen zwei Fingern hält. Rote Asche fällt von der Spitze und verglüht im Wind. »Aber jetzt hänge ich mit drin.« Er pustet den Rauch aus und grinst. »Wenn du springst, springe ich auch.«

»Könntest du wenigstens heute deine Scheißwitze sein lassen?«

»Ich mache keine Witze. Ich zitiere Titanic.«

»Richte Matti aus, dass ich gleich reinkomme«, sage ich kühl.

»Matti hat mich nicht geschickt.«

Ich atme aus. »Dann sag es ihm eben nicht.« *Hauptsache, du verschwindest!* Meine Faust mit dem Amulett zittert. Vielleicht wird es besser, wenn ich es nicht mehr sehen muss. Vielleicht lösen sich die Schnüre um meinen Brustkorb, wenn ich an etwas anderes als Papa denken kann. *Vielleicht verdiene ich diese Erleichterung nicht.*

Die Lautsprecher der verlassenen Bar wehen ein paar Takte eines alten Songs zu uns herauf. *Summer breeze* von Seals & Croft.

Von wegen Sommerbrise. Hier oben herrscht ein eisiger Wind. Ich öffne meine steif gefrorenen Finger.

»Ich glaube nicht, dass deine Probleme verschwinden, wenn du eine alte Kette ins Meer wirfst, Hell.«

Misstrauisch sehe ich Yasin an. »Hast du mich beobachtet, oder was?«

Er geht nicht auf meine anklagende Frage ein.

»Was ist nach der Abiverleihung passiert?«, fragt er stattdessen.

Ich schüttle den Kopf. »Warum interessiert dich das?«

»Weil wir die nächsten vier Wochen miteinander auskommen müssen. Und ich kenne gerne die Menschen, mit denen ich unterwegs bin.«

»Wir sind jahrelang in eine Klasse gegangen. Du kennst mich.«

Er lächelt. »Da bin ich mir nicht mehr so sicher.«

Ich schnaube.

»Außerdem siehst du mich nach diesem Urlaub wahrscheinlich nie wieder«, fügt er hinzu.

»Was sich als beste Nachricht des Tages qualifiziert.«

Yasin drückt seine Zigarette aus. »Muss ja was verdammt Beschissenes passiert sein«, sagt er.

Ich sehe auf. »Warum?«

»Weil deine Beleidigungen schlechter sind als sonst.« Er zieht den Reißverschluss seiner Lederjacke zu. »Ich schlage dir einen Deal vor. Du erzählst mir, warum du hier draußen die Drama Queen spielst, und ich erzähle dir im Gegenzug etwas über mich.«

Ich hebe die Augenbrauen. »Mal sehen: Du lässt Matti regelmäßig mit absolut einfallslosen Entschuldigungen im Stich, bist arrogant und unterm Strich ein ziemlich beschissener Freund. Mehr brauche ich nicht zu wissen.« Ich drehe mich zum Meer und lasse den salzigen Wind über mein Gesicht peitschen. Sofort bin ich wieder in meinen Gedanken gefangen. *Es ist alles meine Schuld.* Dass Ma sich in ein Schneckenhaus aus Trauer zurückgezogen hat, aus dem sie nie wieder ganz herausgekommen ist. Dass Papa tot ist. Alles nur, weil ich mich nicht unter Kontrolle hatte. Weil ich übertreibe, weil ich zu viel bin, hysterisch. Egoistisch. Irrational. Böse.

Verdammt, was ist nur falsch mit mir?

Ich drehe mich um, als ich glaube, dass Yasin weg ist, aber er hat sich nur auf den Behälter für Rettungswesten gesetzt. *Der einzige Mensch, den ich verprellen will, geht nicht. Wie ironisch.*

»Die Kette ist von meinem Vater.« Die Worte verlassen meinen Mund, bevor ich sie aufhalten kann.

»Hat er sie dir geschenkt, bevor er gestorben ist?«, fragt Yasin.

Erstaunt sehe ich ihn an. »Woher weißt du, dass er tot ist?«

»Ich passe auf. Außerdem bestehst du auf das Wort *Stiefvater*, als wäre es eine Schande, mit Bernd verwandt zu sein.«

Für einen kurzen Moment muss ich grinsen. Und dann, als hätte diese winzige Bewegung meiner Mundwinkel die Mauer in mir zum Einsturz gebracht, beginne ich zu reden. Gegen die kalte Reling gelehnt, das Amulett fest in meiner Hand, erzähle ich Yasin – ausgerechnet Yasin – Stück für Stück, was passiert ist.

»Deshalb waren Matti und ich nicht auf dem Ball«, schließe ich nach bestimmt zehn Minuten, in denen Yasin nicht ein einziges Mal den Blick von mir abgewandt hat. »Er hat mich vom Parkplatz weggebracht und zu sich nach Hause gefahren. Ich bin gestern Nacht bei den Lundqvists geblieben. Ich konnte meiner Mutter einfach nicht mehr in die Augen sehen.« Ich breite die Arme aus, auf einmal verlegen. »Das war's.«

»Shit.« Yasin hält mir eine Zigarette hin, und ich nehme sie. Das Schwindelgefühl, das meinen Körper nach dem zweiten Zug durchströmt, ist angenehm, doch es kann mein Gedankenkarussell nicht zum Stillstand bringen. Bernd war nicht schuld daran, dass Ma immer weiter verblasst. Er hat dafür gesorgt, dass sie nicht auseinanderfällt, während meine Anfälle sie bei jedem einzelnen Streit an den Grund für den Tod ihres Mannes erinnert haben. Deshalb war Bernd so hart zu mir. Deshalb sollte ich mich um jeden Preis ändern. Weil ich sie kaputt mache.

Ich puste den Rauch aus. »Heute Morgen kam meine Mutter zu den Lundqvists«, sage ich. »Um mir mein Gepäck für Schweden zu bringen und mir zu sagen, dass sie mir keine

Schuld gibt.« Ich wünschte, sie hätte mir stattdessen gesagt, was ich tun kann, um alles wiedergutzumachen. Wie ich dafür sorgen kann, dass ihr Schmerz aufhört. Aber wie immer war Ma zu selbstlos, um irgendetwas zu verlangen – noch nicht einmal von der Person, die ihren Mann umgebracht hat.

»Das kannst du jetzt aber nicht ernst meinen.«

Ich merke erst, dass ich den letzten Satz laut ausgesprochen habe, als Yasin den Kopf schüttelt.

»Hell, es gibt viele Dinge, die Leute töten. Aber bestimmt kein Kleinkind mit einem Wutanfall.«

Ich gebe ihm die Zigarette zurück. *Aber wenn ich nicht in diesem Auto gesessen hätte, dann wäre mein Vater noch hier.*

»Manche Dinge können wir nicht beeinflussen«, sagt Yasin mit einem fast schon bitteren Lächeln, das nichts mit seinem üblichen selbstgefälligen Grinsen zu tun hat. »Das bedeutet noch lange nicht, dass wir schuld sind. Auch wenn es sich so anfühlt.«

Überrascht sehe ich ihn an, aber bevor ich ihn fragen kann, woran er gerade denkt, deutet er auf meine Faust. Die zerrissene Silberkette hat sich um meine Fingerknöchel geschlungen, während das Amulett sich in meine Handfläche drückt, als wollte es mich davon abhalten, es loszulassen.

»Ich könnte das für dich nehmen«, bietet Yasin an. »So musst du es nicht ständig sehen, es aber auch nicht gleich wegwerfen.« Er hält meinem Blick stand. Ist das hier Yasins Form einer Entschuldigung? Wenn ja, dann kommt sie ein paar Jahre zu spät. Und außerdem muss er sie nicht nur an mich richten.

»Okay«, höre ich mich trotzdem sagen. Vielleicht, weil Matti und alle anderen über die Mittelstufe hinweg sind. Vielleicht, weil ich mich heute Nacht bei niemandem so verstanden gefühlt habe wie bei ihm.

»Ich passe darauf auf«, sagt Yasin. »Versprochen.« Ich öffne meine Hand und starre auf das letzte Geschenk meines Vaters.

Du musst sie immer tragen, Hellea. Hörst du? Diese Kette ist keine normale Kette. Sie hat Zauberkräfte. Sie kann dich beschützen.

Ich lasse das Amulett, dessen Schutz ich nicht länger annehmen kann, von meiner in Yasins Hand gleiten und sehe hinaus auf das tintenschwarze Meer.

Keine Impulsivität mehr. Von jetzt an werde ich mich beherrschen. Niemanden mehr verletzen, ob bewusst oder unbewusst.

Ich schwöre es, Papa.

Am nächsten Morgen röhrt Granates Motor empört auf, als Matti zum wiederholten Mal das Gaspedal durchtritt.

»Es ist das ganze Gepäck«, verteidigt er seine geliebte Rostlaube, während wir mit gerade einmal 60 Kilometern pro Stunde die Landstraße zwischen Göteborg und Stockholm entlangschleichen. »Wie soll sie auch beschleunigen, wenn sie so voll beladen ist?«

Ich erwidere lieber nichts, denn Matti würde Granate, die er vor einem Jahr vom Schrottplatz geholt und mithilfe seines Vaters selbst wieder zum Laufen gebracht hat, mit seinem Leben verteidigen. Und außerdem ist bis auf uns nur Cocos Fiat auf der schmalen Straße unterwegs. Sie und Tom haben mich das gesamte Frühstück lang behandelt wie ein rohes Ei, dabei habe ich mein Bestes gegeben, um so zu tun, als würde ich mich wie alle anderen an Bord auf einen unbeschwerten Urlaub freuen.

Der Verkehr wird dichter, als wir uns nach einer halben

Ewigkeit, in der es weit und breit nur Seen und Feldern gab, wieder einer Stadt nähern.

»Linköping«, verkünde ich nach einem Blick auf die gigantische Landkarte, die meinen Schoß bedeckt. »Wir brauchen also noch wie lange?«

»Ungefähr zwei Stunden«, sagt Matti, der nichts von Navigationsgeräten hält, weil sie uns angeblich unseren natürlichen Orientierungssinn abgewöhnen. Auf der Rückbank schreckt Alice aus einem Dämmerschlaf, als ihr Handy klingelt. Nach einem kurzen Blick auf das Display drückt sie den Anruf weg.

»Telefonier ruhig, mich stört das nicht«, sage ich. »Matti auch nicht, oder?« Mein bester Freund schüttelt den Kopf, doch Alice hat ihr Handy schon wieder auf den anderen Sitz geworfen.

»Ich bin zu müde«, sagt sie, als sie meinen fragenden Blick bemerkt. »Ich habe kaum geschlafen auf diesem Klappbett und die Nacht davor auch nicht.«

Richtig, der Abiball.

»Wie war's eigentlich?«, frage ich.

Alice zuckt mit den Schultern. »Ich hätte mit Matti und dir zu Hause bleiben sollen.« Ich hebe die Augenbrauen. Alice hat schon in der fünften Klasse Ballkleider für uns entworfen und den Abend fast genauso akribisch geplant wie ihre Märchenhochzeit, für die sie Ausschnitte aus Zeitschriften in einem hellblauen Album gesammelt hat.

»Ist etwas passiert?«, frage ich.

»Es war eben nicht so, wie ich es mir gewünscht habe«, sagt Alice. »Vielleicht ist das das Erwachsenwerden. Zu merken, dass Kinderträumen in der Realität die Magie fehlt.«

»Okay, jetzt mache ich mir Sorgen.« Ich schnalle mich ab, damit ich mich besser zu ihr umdrehen kann. »Es ist doch irgendetwas los.«

Alice fasst ihre dunklen Haare zu einem hohen Zopf zusammen. »Ich habe letzte Nacht auf einer papierdünnen Matratze in einer Minikabine verbracht, deren Toilette um fünf Uhr dreißig übergelaufen ist. Das ist los.«

Ich sehe von Alice zu ihrem Handy, das sie vibrierend auf 15 ungelesene Nachrichten aufmerksam macht. »Ist was mit Benjamin?«, frage ich, während ich ihr blasses Gesicht mustere. »Ist er sauer, dass du euren Urlaub abgesagt hast?«

Alice schüttelt den Kopf. »Er hat es verstanden. Er meinte, er hat im Moment sowieso zu viel um die Ohren für Urlaub und wir könnten die Tage nutzen, um –« Sie stockt. »Später. Wir könnten sie später nutzen.«

»Hat Benjamin eigentlich auch irgendwann mal Spaß?«

Anstelle einer Antwort lehnt Alice ihren Kopf gegen die Fensterscheibe. Ich seufze. Benjamin ist nicht übel, aber für meinen Geschmack ist er ein wenig zu spießig. Als würde die Seele eines Mitte vierzigjährigen Geschäftsmanns im Körper eines Fünfundzwanzigjährigen feststecken. Wie so einer zu der Alice passt, die ich kenne, verstehe ich nicht.

»Hey, ihr beiden«, sagt Matti und drosselt Granates Tempo ein wenig. »Schaut mal aus dem Fenster.« Ich drehe mich zurück nach vorn und blicke statt auf Wiesen und rote Holzhäuser auf dichten, endlos wirkenden Wald.

»Willkommen in Schweden!« Matti breitet die Arme aus, bevor Alice' prompt folgender Aufschrei ihn die Hände wieder ans Lenkrad legen lässt. Ich kurbele die Fensterscheibe herunter und lehne mich nach draußen. Ein erdiger, grüner Duft umhüllt mich. Wind rauscht in den unzähligen Blättern der dünnen Birken, und ich spüre ein sehnsüchtiges Ziehen.

»Alles okay?«, fragt Matti, der meine Hand bemerkt, die zu meiner Brust gewandert ist. Ich nicke, dabei ist es, als hätte jemand einen Magneten unter mein Herz gepflanzt, den es überraschend stark in die Ferne zieht. Ich muss sehr übermüdet sein, denn für einen winzigen Moment glaube ich, den Wald flüstern zu hören.

Willkommen zu Hause.

»Ich nehme die Fensterseite!« Coco läuft an mir vorbei und wirft ihre Jacke auf die linke Hälfte eines großen Doppelbetts.

»Ich kann auf dem Sofa schlafen«, sage ich an Alice gewandt, die mit ihrem Rucksack auf dem Rücken verloren in der Mitte des Zimmers stehen geblieben ist. Sie schüttelt den Kopf.

»Schon in Ordnung. Ich bin glücklich, solange wir hier ein dichtes Klo haben.« Ich lache bei der Erinnerung daran, wie Coco panisch all unsere Handtücher in den Türschlitz des winzigen Schiffsbadezimmers gestopft hat. Wir haben so lange diskutiert, wer im Schlafanzug zum oberen Deck laufen und ein Crewmitglied verständigen muss, bis das aus der Wand sprudelnde Wasser von selbst nachließ.

»Vielleicht buchen wir für die Rückfahrt lieber nicht die billigste Kabine, die es gibt«, fügt Alice hinzu.

»Komm schon, Al«, sage ich, während ich meine Betthälfte mit den weißen Laken beziehe, die wir an der Rezeption gemietet haben. »Wenigstens haben wir jetzt eine Geschichte zu erzählen!«

Die Sprungfedern der Matratze quietschen laut, als ich mein Gewicht verlagere.

»Also Sex haben würde ich hier drauf definitiv nicht«, sagt Coco und wippt noch ein paarmal auf und ab.

Ich werfe mein fertig bezogenes Kissen ans Kopfende. »Gut, dass wir das klargestellt haben«, sage ich. Coco braucht einen Moment, dann lacht sie. Auch Alice grinst. »Ist die Couch bequem?«, frage ich.

»Passabel«, erwidert Alice. »Aber ich bin ja froh, dass sie überhaupt bereit waren, aus dem Zweierzimmer eins für drei zu machen.«

Ich rolle mich unter quietschendem Matratzenprotest von meiner Betthälfte und befreie Al, die sich in ihrem Laken verheddert hat. »Man hätte dir sonst sicher einen Platz im Schlafsaal angeboten«, sage ich.

Alice verzieht das Gesicht. »Ich muss demnächst schon vier Nächte in einem Zelt übernachten. Da verbringe ich die restlichen nicht zwischen schnarchenden Partytouristen.«

»Zelte können gemütlich sein!«, ruft Coco herüber. Alice antwortet mit einem Stöhnen, oder vielleicht kommt das auch nur davon, dass sie gerade ihren geliehenen Wanderrucksack auf den Schrank wuchtet.

»Wie soll ich dieses Monstrum vier Tage lang tragen?«, fragt sie, nachdem sie sich neben mich auf die fertig bezogene Couch fallen gelassen hat.

»Die sind leichter, als man denkt«, beruhigt Coco sie. »Vor allem mit so wenig Gepäck. Bei Toms und meinem Kanada-Trip letztes Jahr mussten wir Sachen für einen ganzen Monat schleppen.« Alice verzieht bei der bloßen Vorstellung das Gesicht.

Ich drehe mich zu ihr. »Danke, dass du mitgekommen bist«, sage ich leise.

Sie lächelt müde. »Heißt das, du trägst meinen Rucksack?«

»Im Ernst, Al. Es bedeutet mir viel, dass du meinetwegen den Urlaub mit Benjamin abgesagt hast.«

Coco wirft uns einen überraschten Blick zu.

»Klar«, sagt Alice hastig.

Fragend sehe ich zwischen den beiden hin und her, doch Alice kramt in ihrer Tasche herum und murmelt etwas von einem Reiseführer, den sie gleich darauf hervorzieht. Vielleicht habe ich mir den seltsamen Moment gerade nur eingebildet, schließlich habe auch ich nicht besonders viel Schlaf abbekommen in der letzten Nacht. Ich greife nach Alice' Hand und drücke sie. »Ich glaube, die Wanderung wird großartig«, sage ich mit Blick auf die atemberaubenden Bilder von dichten Wäldern und glitzernden Seen im Reiseführer. »Diese ungezähmte Natur hat etwas Besonderes.«

»Ich dachte, du hast keine Lust auf die Wanderung? Und Angst vor Wölfen?«, fragt Coco erstaunt.

»Stimmt«, sage ich. »Aber irgendwie glaube ich nicht mehr, dass uns da draußen etwas passieren kann. Ich meine, habt ihr diese Stille vorhin bemerkt? Der Wald wirkte so friedlich.« Meine Hand wandert erneut zu meiner Brust, wo ich dieses seltsame Ziehen gespürt habe. Fast, als würde der Wald mich rufen …

»Ich habe vor allem Granates Klappern bemerkt«, sagt Alice todernst. »Und einen beunruhigenden Geruch nach verbranntem Gummi.«

Ein Klopfen unterbricht unser Lachen.

»Kann ich reinkommen?«, klingt Toms Stimme durch die geschlossene Tür.

Coco verdreht die Augen. »Niemand ist nackt!« Zögerlich öffnet sich die Tür. Tom tritt ins Zimmer und verschränkt die Hände hinter dem Rücken.

»Schön habt ihr es hier«, sagt er nach einer Musterung der knallroten Wände und der schwarz lackierten Möbel. Coco legt die Bürste zur Seite, mit der sie gerade ihren dunklen Bob bearbeitet hat.

»Wie ist der Männerschlafsaal?«

»Laut«, erwidert Tom. »Aber ich habe mit Schlimmerem gerechnet, als ich die Bierpong-Champions-Wand an der Rezeption gesehen habe.«

Ich grinse bei der Erinnerung an Toms entsetztes Gesicht beim Betreten unseres Hostels, das Club, Tattoostudio und Schlafplatz unter einem Dach vereint.

»Du wolltest doch immer schon ein Tattoo haben, oder, Tom?«, frage ich unschuldig. »Das wäre doch die Gelegenheit.«

Tom schüttelt heftig den Kopf. »Das ist mir viel zu permanent. Außerdem müsste es an einer Stelle sein, die man im Anzug nicht sieht. Ich bin mir sicher, alles andere wäre nicht zulässig in einer Kanzlei oder bei Gericht.«

»Solche Stellen gibt's genug«, wirft Alice ein.

Toms Ohren laufen rot an und werden noch ein kleines bisschen röter, als er merkt, dass wir ihn veräppeln. Er murmelt etwas, das nach: »Es ist nicht leicht, als Jurist einen guten Job zu bekommen« klingt, und ich verbeiße mir einen Kommentar darüber, dass es durchaus Berufsgruppen mit schwererem Schicksal gibt. Obwohl Tom meiner Meinung nach ein bisschen zu geradlinig lebt, gehört er zu den wenigen Menschen, die ich gut leiden kann.

»Ich hab dich vermisst«, murmelt Coco und zieht ihren Freund in einen langen Kuss.

»Ich würde ja vorschlagen, dass ihr euch ein Zimmer nehmt«, sage ich nach ein paar Minuten des gekonnten Ignorierens, »aber ich fürchte, es sind keine mehr frei.« Alice stöhnt, als ich sie auf die Füße ziehe. »Komm, wir schauen uns die Gemeinschaftsräume an.«

»Ich habe noch genau eine Nacht lang ein halbwegs vernünftiges Bett und ich werde es nicht freiwillig verlassen!«, protestiert sie.

»Und ich werde mir nicht freiwillig unsere Turteltauben weiter anschauen.«

Grummelnd folgt Alice mir den Flur hinab. Wir steigen in einen Aufzug, dessen wild gemusterte Wände bestimmt nicht förderlich für jemanden mit dem Alkoholpegel eines Bier-Pong-Champions sind, und lassen uns in der Lobby wieder ausspucken. Abgesehen von dem Club/Tattoostudio, das mit dem fragwürdigen Slogan *Drink & Ink* für schlechte Entscheidungen wirbt, gibt es hier unten eine große Küche mit Essbereich und eine Art Wohnzimmer, in dem Bücherregale, ein Fernseher und mehrere Brettspiele stehen. Eine nette Amerikanerin, die sich in der betont coolen Umgebung ebenso fehl am Platz zu fühlen scheint wie wir, zeigt uns, wie die riesige Kaffeemaschine funktioniert und wie die Dinge in der Küche verteilt sind. Als Matti und die anderen zu uns stoßen, verabschieden wir uns von Elizabeth – die uns angeboten hat, sie Beth zu nennen –, um nach der anstrengenden Fahrt zu meiner großen Freude noch ein wenig die Stadt zu erkunden.

»Wie viele Flüsse gibt es hier eigentlich?«, fragt Coco, nachdem wir das vierte Mal über eine Brücke gelaufen sind.

»Das sind keine Flüsse, sondern Fjorde«, erklärt Matti. »Meeresarme, die Stockholm in vierzehn verschiedene Inseln unterteilen.« Er lächelt stolz. »Man nennt Stockholm nicht umsonst das Venedig des Nordens.«

Ich lasse meinen Blick über die Weiden schweifen, deren Zweige bis in das aufgewühlte Wasser reichen. Hinter der nächsten Brücke erwarten uns statt imposanter Gebäude und vierspurigen Straßen enge Gassen mit Kopfsteinpflaster.

»Gamla Stan!«, verkündet Matti. »Die schönste Insel von allen.«

Ich betrachte die schmalen, hohen Patrizierhäuser, die sich aneinanderdrängen wie eine Gruppe Kinder vor dem Süßigkeitenladen, und schlucke hart. Auf Gamla Stan, das ich erst nach unserer Wanderung zu sehen erwartet hatte, habe ich mich am meisten gefreut. Hier in der Altstadt hat mein Vater vor zwanzig Jahren gelebt, während er seine

Doktorarbeit an der historischen Fakultät der Stockholmer Universität schrieb. Ich konnte kaum erwarten, mit eigenen Augen zu sehen, was er gesehen hat. Doch das war, als ich mich erinnern wollte. Jetzt, wo jeder Gedanke an meinen Vater mir vor Schmerz und Schuld den Atem raubt, habe ich Mühe, einen Fuß vor den anderen zu setzen.

»Was für ein schöner Platz!« Alice' Ausruf lässt mich zehn Minuten später den Blick vom Kopfsteinpflaster heben. Wir stehen vor einem Brunnen, um den ein Rechteck aus bunten Häusern liegt, gekrönt von einem Haus aus Stein direkt vor uns.

»Das Nobelmuseum«, sagt Matti. »Ich war als Kind mal drinnen, echt interessant.«

Coco gähnt und hält sich hastig die Hand vor den Mund. »Sorry, Matti, aber ich bin komplett fertig.«

Ich werfe einen Blick auf mein Handy. Fast fünf Uhr nachmittags, aber auch ich bin müde – und hungrig. »Wie wäre es, wenn wir irgendwo etwas essen und dann einen ruhigen Abend im Hostel machen?«, schlage ich vor. Einvernehmliches Nicken ist die Antwort.

Wir landen in einem Café am anderen Ende des Platzes, das neben Salaten und Lasagne unter großen Glasglocken auch Kanelbullar – die Originalversion der Zimtschnecke – und eine breite Auswahl von Kuchen anbietet. Auf einer Warmhalteplatte in der Mitte des kleinen Gastraums stehen Kaffeekannen bereit, weil man, wie Matti uns erklärt, in Schweden seinen einmal bestellten Kaffee einfach wieder auffüllen darf.

»Aber wer kontrolliert denn dann, ob man den ersten überhaupt bezahlt hat?«, fragt Alice verwirrt. »Ich könnte doch auch einfach deinen Becher nehmen. Oder einen mitgebrachten.«

Matti zuckt mit den Schultern. »Das macht hier einfach keiner.«

Ich setze mich neben Coco auf die Holzbank und entscheide, dass mir dieses Land mit seinem kostenlosen Kaffeenachschub, den butterzarten Zimtschnecken und der weichen Singsangsprache sympathisch ist.

Wir verwerfen die Idee eines vernünftigen Abendessens, bestellen ein Stück von jedem Kuchen, kichern über die schwedischen Ausdrücke, die in unseren Ohren seltsam klingen, und über Mattis gekränkten Nationalstolz.

»Ich verstehe einfach nicht, was an *Äppelkaka* so lustig sein soll! Es ist ein ganz normales Wort, wenn man nicht so kindisch denkt.«

»Sie lachen immer noch über *Fika*«, kläre ich Matti auf, während das schwedische Wort für Kaffeepause dafür sorgt, dass Coco ihr Eistee prustend aus der Nase läuft.

Matti schüttelt den Kopf. »Der Besuch bei meinen Großeltern wird ein Spaß«, murmelt er. »Ich will nicht wissen, wie es um den Humor dieser Clowns steht, wenn sie die ersten Runden vom selbst gebrannten Schnaps meines Opas intus haben.«

Ich grinse. In drei Wochen endet unsere Reise auf dem Gutshof von Mattis Großeltern, die uns netterweise eingeladen haben, unseren Urlaub in ihrer Pension auf dem Land ausklingen zu lassen. Matti war begeistert. Den Geschichten nach zu urteilen, die er mir über sie erzählt hat, sind seine Großeltern genau das, was jedes Kind sich wünscht. Warmherzige, freundliche Menschen, die die Welt ein bisschen weniger ernst nehmen als alle anderen Erwachsenen.

»Ach komm«, sage ich. »Sie werden uns mögen, da bin ich mir sicher.«

»Dich schon«, sagt Matti trocken.

Yasin, der uns zugehört hat, klopft ihm auf den Rücken. »Wenn mich Schwiegermütter mögen, dann bestimmt auch Omas.« Ich unterdrücke ein Stöhnen.

»Wir halten uns mit Witzen zurück«, verspricht Coco.

Yasin nickt. »Aber du musst zugeben, eure Sprache ist seltsam.« Bevor Matti wieder anfangen kann, Schweden zu verteidigen, klingelt Yasins Handy. Er nimmt den Anruf entgegen.

»Hallo?«, sagt er, und dann ernster: »Ja, das bin ich.«

Nach wenigen Sekunden wird sein Gesicht grau.

»Alles okay?«, fragt Matti leise, doch Yasin beachtet ihn nicht. Stattdessen springt er auf.

»Warten Sie«, murmelt er in sein Handy, dann verlässt er das Café im Laufschritt, ohne uns eine Erklärung zu geben.

»Was war das denn?«, fragt Coco verwirrt.

Matti greift nach Yasins Jacke. »Keine Ahnung. Aber ich gehe ihm besser mal hinterher.«

»Sollen wir mitkommen?«, fragt Alice. Matti schüttelt den Kopf. Als auch er das Café verlassen hat, lehne ich mich mit einem seltsamen Gefühl im Bauch zurück. Erst benimmt Alice sich im Auto so seltsam, und jetzt das.

»Es ist bald Vollmond«, sagt Coco und legt ihre Kuchengabel zur Seite. »Da spielen öfter mal die Nerven verrückt.«

»Oder dieser Urlaub ist verflucht.« Alice' Stimme trieft vor Sarkasmus, aber Coco rutscht trotzdem ein wenig näher an Tom heran.

»Über so was sollte man keine Scherze machen«, sagt sie beleidigt.

Ich blende das Gerede der anderen aus und schaue durch das breite Fenster nach draußen. Der Nachmittag neigt sich langsam dem Abend zu, und trotzdem ist es noch immer taghell. Ob es die langen Sommer waren, wegen denen mein Vater ein Jahr lang hier leben wollte?

Ich ziehe mein Handy aus meiner Hosentasche und prüfe meine Nachrichten, doch wie erwartet ist da kein kleines rotes Symbol, kein Text von Ma. *Kann sie mir also doch nicht verzeihen?* Ich trinke einen Schluck von meinem Eiskaffee, um den Kloß loszuwerden, der meinen Hals einengt. Dann tippe ich eine Nachricht in mein Handy.

Ich bin gut in Schweden angekommen. Falls dich das noch interessiert.

Ich lösche den letzten Satz und schreibe weiter.

Bitte sag Karl und Kilian, dass ich mich gern von ihnen verabschiedet hätte und bald wieder da bin. Und sag ihnen, dass sie mich in Berlin besuchen können. Jederzeit.

Meine Finger schweben über der Tastatur. Ich will noch mehr schreiben. Dass mir unendlich leidtut, was an dem Morgen vor vierzehn Jahren geschehen ist. Dass ich mich bessern werde – für Papa und für sie. Stattdessen tippe ich mit zittrigen Fingern:

Wenn es irgendetwas gibt, das ich tun kann, sag es mir.

Ich klicke auf *Senden*, schließe den Chat und stecke das Handy weg.

»Wann geht es morgen früh noch mal los?«, fragt Alice gerade.

»Mit Zug und Bus brauchen wir knappe zwei Stunden bis zu dem Startpunkt, den Matti ausgesucht hat«, antwortet Tom. »Ich würde sagen, wir versuchen, den Zug um vier Minuten nach sieben zu kriegen? Dann wären wir gegen neun in Tyresta.«

Am nächsten Morgen bereuen wir diese Entscheidung bitter. Niemand ist wirklich ausgeschlafen, was zum Teil am allgemeinen Geräuschpegel in Hostels liegt und zum anderen an der netten Einladung zum Kartenspielen einer Gruppe aus Vietnam.

»Mhm.« Alice, deren Kopf auf meiner Schulter liegt, dreht ihr Gesicht. Eine ihrer dunklen Haarsträhnen klebt in ihrem Mundwinkel. »Sind wir gleich da?«, murmelt sie.

»In einer Viertelstunde steigen wir um.« Ich grinse, als sie ihr Gesicht gequält verzieht, und lehne mich in meinem Sitz zurück. Alice und ich sind als Letzte ins Bett gegangen, und ich wünschte, wir hätten um eins die Reißleine gezogen wie Coco und Tom. Matti ist schon gegen neun in den Männerschlafsaal verschwunden. Und Yasin ist gar nicht erst aufgetaucht.

Ich sehe zu ihm hinüber. Wenn seine steinerne Miene mir nicht so dringend dazu raten würde, die Klappe zu halten, hätte ich gern gefragt, wer ihn gestern angerufen hat. Mir hat es immerhin geholfen, zu reden.

Ein surrendes Vibrieren ertönt aus Alice' Jackentasche. »Al? Dein Handy klingelt.« Aber Alice dreht sich bloß auf die andere Seite.

Im Bus, in den wir an einer modernen Station direkt neben einem wunderschönen See umsteigen, ist es vorbei mit der heiligen Ruhe des schwedischen Nahverkehrs, denn wir sind nicht die einzige Touristengruppe, die den Wanderweg Sörmlandsleden als Ziel auserkoren hat. Mindestens zwanzig Leute in bunter Funktionskleidung stürmen lärmend auf die freien Plätze zu und verschonen dabei auch den Vierer neben uns nicht. Während der ruckeligen Fahrt wird sich laut in mehr oder weniger gutem Englisch über Ausstattung und Ziele ausgetauscht, was Matti und den Rest der Einheimischen schmerzvoll das Gesicht verziehen lässt.

Zwanzig Minuten später halten wir an einem maroden

Holztor, vor dem zwei Toilettenhäuschen, ein Kiosk und eine Hotdog-Bude die letzten Anker der Zivilisation bilden. Obwohl es noch nicht einmal zehn Uhr ist, versammelt sich die Hälfte unserer Busgenossen vor letzterer. Cocos Mundwinkel verziehen sich nach unten.

»Der Sörmlandsleden ist ein wenig touristisch«, gibt Matti zu. »Aber dafür haben wir hier jede Menge Schutzhütten und beinahe lückenlosen Empfang.« Wie auf Kommando beginnt Alice' Handy erneut zu vibrieren.

»Interessiert dich gar nicht, wer da anruft?«, frage ich.

Alice nimmt das Telefon aus ihrer Tasche, schaltet es aus und schiebt es zurück. »Digital Detox«, sagt sie und hakt sich bei mir unter. »Deshalb sind wir doch hier, oder? Um die Natur zu genießen.«

»Natur«, schnaubt Coco und tritt so heftig auf, dass der Kies, der über den Weg geschüttet wurde, hochspritzt.

»Es ist nicht vergleichbar mit kanadischen Nationalparks«, sagt Matti. »Aber schließlich wollen wir ja eine Strecke, bei der es alle schaffen mitzukommen, oder?« Ich tue so, als wären damit nicht Al und ich als einzige Wanderanfängerinnen der Gruppe gemeint, und öffne das Tor. Schon bald rollen trotz der ebenen Strecke durch Felder erste Schweißperlen von meiner Stirn, und ich bin versucht, nach einer kurzen Trinkpause zu fragen, als der Wald um uns herum dichter wird. Haushohe Nadelbäume und dünne Birken werfen ihre Schatten auf uns, und ich schließe die Augen, um ihren grünen Duft in mich aufzunehmen.

»Shit!«

Prompt reiße ich sie wieder auf. Alice nuckelt an einer Stelle auf ihrem Arm.

»Mückenstich?«, fragt Matti.

Alice nimmt die Lippen von ihrem Arm. »Vier!« Wir lassen ein paar andere Wanderer an uns vorbeiziehen.

»Hast du keinen Mückenschutz drauf?«, frage ich.

»Klar habe ich Mückenschutz drauf«, erwidert sie säuerlich. »Super. Wie soll ich bitte die Nächte überstehen, wenn diese Mistviecher mich zu ihrem Opfer Nummer eins auserkoren haben?« Ihre Lippen bewegen sich weiter, aber ich höre auf einmal nur noch ein Rauschen. Sternchen flimmern vor meinen Augen. Und dann ist da wieder dieses Ziehen. Ich stütze mich an einem Baumstamm ab. *Atmen. Ein. Aus.* Dann ist mit einem Mal wieder alles wie vorher.

»Bist du okay?« Matti ist neben mir stehen geblieben.

»Klar«, antworte ich.

Er nestelt an der Seitentasche seines Rucksacks herum und drückt mir einen Müsliriegel in die Hand. »Wahrscheinlich bist du bloß ein bisschen unterzuckert.«

Ich reiße die Verpackung auf und lächle, damit sich die besorgten Blicke der anderen Wandernden wieder von mir abwenden. »Wir können weiter, es ist alles in Ordnung.«

Matti zieht die Augenbrauen zusammen. »Hast du dich geschnitten?«, fragt er und streicht über die Stelle in meinem Nacken, wo es gebrannt hat, als ich mir meine Kette mit dem Amulett vom Hals gerissen habe. Ich sehe zu Yasin, der ein paar Meter von uns entfernt steht und mit unlesbarer Miene in die Luft starrt.

Manche Dinge können wir nicht beeinflussen. Das bedeutet noch lange nicht, dass wir schuld sind. Auch wenn es sich so anfühlt.

Schon an Deck der Fähre hatte ich den Eindruck, dass er in diesem Moment nicht mehr über mich und meinen Vater gesprochen hat. Aber über was dann?

»Es ist nichts«, sage ich schnell, als ich Mattis Blick bemerke. »Komm, wir blockieren den Weg.«

Drei Stunden später habe ich meinen halben Wasservorrat leer getrunken, mich von mindestens fünfzig Wandernden überholen lassen und jede Kleidungsschicht, die ich trage, durchgeschwitzt.

»Bei der leichten Bodenbeschaffenheit sollten wir locker fünf Kilometer mehr pro Tag schaffen«, sagt Tom vor uns, nachdem er etwas in seine Wander-App eingetippt hat.

»Du redest von dir«, keucht Alice und weicht einem Mann aus, der mit Wanderrucksack und Zelt auf dem Rücken an uns vorbeijoggt und sogar noch Luft für ein knappes »Hej« hat.

»Ist das sein Ernst?«, frage ich entgeistert.

»Schweden sind seltsame Menschen«, befindet Alice.

»Leute, wartet mal!« Matti winkt uns zu sich heran. Als wir uns alle um ihn versammelt haben, deutet er auf einen schmalen, ausgetretenen Pfad zu unserer Linken. »Wenn wir hier langgehen, kommen wir laut meiner Karte zu einem See. Da könnten wir Mittagspause machen.«

»Klingt gut!«, sagt Coco. Der Rest nickt.

Wir folgen Matti den verwachsenen Pfad entlang. Sonnenstrahlen durchfluten die lichten Baumkronen und zeichnen zerknitterte Muster auf alles, was unter ihnen liegt. Endlich höre ich die Vögel, die in den Zweigen über uns flattern, und das Rascheln kleiner Tierfüße. *Wälder beherbergen Geheimnisse*, klingt Tante Emmis warme Stimme durch meinen Kopf. Als Kind habe ich ihre seltsamen Sprüche und Geschichten geliebt. Oder ich war einfach nur dankbar, dass es jemanden gab, der sich die Mühe gemacht hat, mir etwas zu erzählen …

Zwischen den Bäumen kommt ein großer See in Sicht.

»Irre!«, entfährt es Coco, die als Letzte das einsame Felsplateau erklimmt, von dem aus wir auf das spiegelglatte Wasser hinabsehen. Ich stelle meinen Rucksack auf den Boden.

Der Wind hier oben ist erfrischend, und ich verspüre einen starken Drang, mein verschwitztes Top auszuziehen und in das eisblaue Wasser zu springen. Matti reicht mir ein Sandwich.

»Es ist unfassbar schön hier«, sage ich, obwohl die Worte dem Bild, das sich uns bietet, kaum gerecht werden.

»Nicht wahr?« Er sieht eine Weile mit mir hinaus auf den See.

»Ich gehe runter zum Ufer«, beschließe ich. »Kommst du mit?« Matti schüttelt den Kopf.

»Ich glaube, ich sollte mich mal um Alice kümmern.« Meine beste Freundin liegt hinter uns flach auf dem Rücken, die Arme und Beine von sich gestreckt.

»Mir geht's gut«, ruft sie, ohne die Augen zu öffnen. »Ich werde mich bloß nie mehr bewegen können, aber das macht nichts. Holt mich einfach in vier Tagen wieder ab.«

»Du vergisst, dass es hier keinen All-inclusive-Service gibt«, erwidere ich. Alice stützt sich auf, um ihre leere Wasserflasche nach mir zu werfen. Grinsend gehe ich mit dem Rest meines Sandwiches in der Hand um unseren Felsen herum. Ich muss ein Stück laufen, bis ich hinunter ans Seeufer gelange. Vorsichtig steige ich über aus dem Boden ragende Baumwurzeln, bis ich an der leise schwappenden Wasserkante ankomme. Dort bücke ich mich, tauche meine Hand in das klare Wasser und wasche mir das Gesicht, um mich ein wenig abzukühlen – aber es funktioniert nicht. Fast kommt es mir so vor, als wäre mir noch heißer als zuvor. Ich richte mich auf und betrachte meine Arme. Mein Körper hat wieder begonnen zu schwitzen, doch anders als vorhin ist es kalter Schweiß, der sich auf meiner Haut sammelt. Und da ist es wieder, dieses Rauschen in meinen Ohren. Heißes Blut fließt wie ein Lavastrom durch meine Adern und lässt einen Feuerball in meinem Bauch entstehen. Das hier fühlt sich nicht an wie Erschöpfung, noch nicht einmal wie die Panikattacken, die ich nach unserem Unfall für eine Weile bekommen habe …

Ich muss zurück zu den anderen, denke ich über das Rauschen hinweg. Doch das ist gar nicht so leicht, denn mein Herz rast wie verrückt, egal, wie sehr ich versuche, tief zu atmen und mich zu beruhigen. Mein Körper hat aufgehört, meinen Befehlen zu gehorchen. Nachdem ich es irgendwie doch zurück auf den Weg geschafft habe, stolpere ich auf die Anhöhe zu. Ich höre die Stimmen der anderen, aber sie klingen dumpf, als wäre ich unter Wasser. *Was passiert mit mir?*

»Hell?« Ein schneidender Ruf dringt zu mir durch. Matti läuft mir entgegen.

»Mir geht's nicht so gut«, bringe ich heraus. Meine Stimme hallt durch meinen Kopf. Und dann falle ich auf die Knie.

»Oh Gott! Ich … ich hole was zu trinken.« Matti läuft zurück zu den anderen und kommt mit einer Flasche wieder, die er mir unbeholfen an die Lippen setzt. Ich trinke einen Schluck der zitronigen Flüssigkeit.

»Geht es wieder?« Matti streckt mir eine Hand entgegen. *Es ist alles okay*, beschwöre ich mich, nehme Mattis Hand und ziehe mich hoch.

Doch noch im selben Moment fährt ein Schmerz durch meine Brust, der mich glauben lässt, mein Herz explodiert. Hitze wallt mit einer Macht in mir auf, als wollte sie mich verbrennen. *Können Neunzehnjährige einen Herzinfarkt kriegen?* Ist es das, was gerade passiert? Ich muss wieder gefallen sein, denn das Nächste, was ich sehe, sind meine Hände, die sich Halt suchend in weichen Waldboden graben.

»Was ist denn los mit ihr?« Cocos Stimme.

»Mist! Leute, Hell glüht!« Alice. Ich sehe auf. Die anderen haben sich um mich geschart. Tom reißt hektisch die Reiseapotheke aus seinem Rucksack. Matti beugt sich über mich.

Ich wünschte, sie würden alle ein bisschen Abstand halten, damit ich vielleicht einen Windhauch abkriege. Irgendetwas, das kühlt. Und dann erfüllt sich mein Wunsch. Eine eiskalte Hand legt sich auf meine Wange, und prompt versiegt das Rauschen in meinen Ohren.

»Kannst du mich hören?« Ich nicke.

»Sehr gut.« Mein Oberkörper wird aufgerichtet. »Ist dir übel?«

»Nein«, bringe ich heraus. Die Hand nimmt meine und legt zwei Finger auf mein Handgelenk. Yasin bewegt lautlos die Lippen, während er zählt.

»Dein Puls rast.« Er sieht mich an, ohne mein Handgelenk loszulassen. »Wir kriegen das hin, keine Angst.«

Ich weiß nicht, ob es an der Ruhe liegt, die er ausstrahlt, oder daran, dass die Hitze in mir ganz langsam verglüht, während er mich festhält, aber in diesem Moment fällt es mir erstaunlich leicht, Yasin mein Leben anzuvertrauen.

»Hast du irgendwelche Allergien, Hell?« Ich schüttle den Kopf. »Gut. Das ist super. Tom, schaust du bitte mal, ob wir Paracetamol und Betablocker haben?« Tom wühlt sich hektisch durch die auf dem Waldboden verstreuten Tablettenpackungen.

»Ich ... keine Ahnung!«

»Okay, kein Problem. Lass mich mal sehen.« Yasin dreht die Schachteln mit einer Hand um, während sein rechter Arm mich weiter aufrecht hält.

»Ich brauche keine Medikamente«, sage ich. »Es wird besser.«

»Das kann nur eine trügerische Pause sein«, erwidert Yasin. »Es wäre gut, du nimmst –« Er stockt.

»Haben wir nichts Passendes?«, flüstert Matti, als glaube er, ich könne ihn so nicht hören.

»Ich bin mir nicht sicher, was davon Hell gefahrlos nehmen kann. Hat jemand den Notdienst angerufen?« Die anderen sehen ihn wie erstarrt an. Yasin holt sein Handy aus der Hosentasche. »Matti, wie ist die Nummer hier in Schweden?« Doch dann ziehen sich seine dunklen Augenbrauen zusammen.

»Was ist?«, fragt Coco.

»Wir haben keinen Empfang.« Zum ersten Mal flackert ein Schatten von Besorgnis über Yasins Gesicht.

»Und was machen wir jetzt?« Matti klingt panisch. »Hell kann unmöglich den ganzen Weg zurücklaufen!« Obwohl der Hitzeball in meinem Bauch sich langsam aufzulösen beginnt, muss ich ihm zustimmen.

»Tom, deine Wander-App funktioniert doch offline?«, fragt Yasin ruhig. Tom nickt. »Dann schau nach, wo die nächste Schutzhütte liegt.«

Tom zieht sein Handy aus seiner Tasche. »Nur ein paar Meter nördlich von hier, direkt am See.«

»Dann gehen wir dahin«, entscheidet Yasin und wendet sich an mich. »Dort gibt es mit Sicherheit ein Satellitentelefon. Ich helfe dir jetzt hoch.«

Wir haben Glück. Als wir an der Schutzhütte ankommen, steht ein Auto vor der Tür. Die Art, die über Waldwege fährt. Matti hat seine Nerven wieder beisammen und schildert den Autobesitzern unsere Situation. Das Paar, das sich als Birte und Anders vorstellt, erklärt sich ohne zu zögern bereit, uns zurück nach Stockholm zu bringen.

»Dein Puls ist auf normalem Niveau.« Yasin, der neben mir auf der Bank vor der Hütte sitzt, lässt mein Handgelenk los. Mittlerweile geht es mir gut genug, um den ganzen Aufriss unangenehm zu finden.

»Ihr könnt mich alleine zurückfahren lassen«, sage ich. »Macht die Tour zu Ende, es sind ja nur vier Tage.«

»Red keinen Quatsch, Hell.« Matti setzt sich auf meine andere Seite. »Du könntest alles haben von Grippe bis hin zu etwas Ernstem. Wir lassen dich garantiert nicht einfach alleine und stiefeln fröhlich durch die Wälder.« In dieser Sache sind sich alle einig. Während die anderen ihre Rucksäcke im Kofferraum verstauen, setze ich mich neben Birte auf den Beifahrersitz. Das Auto ist zwar ein Offroader, aber da trotzdem nicht alle auf die breite Rückbank passen, bleiben Tom und Yasin freiwillig mit Anders zurück. Von der Hütte aus kommt man über eine Abkürzung relativ schnell zurück zum Parkplatz und mit dem Bus zurück in die Stadt.

Ich lehne meine Stirn gegen die Fensterscheibe und sehe im Rückspiegel, wie Yasin die Hand hebt, die vor Kurzem noch kühlend auf meiner Wange lag. Ich gehe die Ereignisse der letzten Stunde in meiner Erinnerung durch. Das Rauschen. Die Hitze. Das Herzrasen, das mich zu ersticken drohte – bis Yasin mich berührt hat. Mir war, als würde von seiner Hand ein Kältestrom ausgehen, der bis in mein Inneres geflossen ist. Ich sehe noch einmal in den Rückspiegel, doch Yasin, Tom und die Hütte sind verschwunden. *Es war Einbildung*, denke ich, während wir den Wald verlassen und der letzte Rest meines Fiebers langsam abklingt.

Was soll es schließlich sonst gewesen sein?

KAPITEL 3

Alles gut so weit«, sage ich, als ich aus dem Untersuchungsraum der Notaufnahme komme, wo eine junge Ärztin meinen Blutdruck, Puls und meine Temperatur gemessen hat.

Matti und Alice springen auf, die anderen sind ins Hostel gefahren.

»Was ist mit Blutwerten?«, fragt Matti angespannt.

»Die Laborergebnisse kommen morgen. Ich habe vorsichtshalber ein Rezept für fiebersenkende Medikamente bekommen.«

Der Blick der Ärztin hat mir allerdings klargemacht, wofür sie meinen Fall wirklich hält: eine ausgeprägte Hypochondrie.

»Du hast dir nichts eingebildet!«, widerspricht Matti entschieden, als ich in der Straßenbahn von der Untersuchung erzähle. »Ich habe doch gesehen, was mit dir los war. Wir alle haben das.«

»Du hast geglüht«, bestätigt Alice. »Ich habe mal online gesucht –«

»Ich dachte, du machst Digital Detox?«, unterbreche ich sie.

»Das ist nicht witzig, Hell.«

Ich strecke meine Beine aus. »Hast du was gefunden?«

»Nichts, wenn wir mal davon ausgehen, dass du weder Malaria noch einen Hirntumor hast.«

»Vielleicht sollten wir den ganzen Urlaub lieber abbrechen«, sagt Matti.

Ich reiße die Augen auf. »Auf keinen Fall.«

»Wir könnten nächstes Jahr wiederkommen. Und so hätten wir auch noch ein bisschen mehr Zeit, um den Umzug vorzubereiten.«

»Ich habe Nein gesagt!« Die beiden Frauen im Vierer neben uns sehen zu uns herüber, und ich senke den Blick. *Keine Impulsivität mehr. Keine Anfälle.* Mein Zeigefinger knibbelt an dem kleinen Schnitt in meinem Nacken.

»Wie du meinst«, gibt Matti nach. »Aber dann bleiben wir wenigstens in der Stadt.«

Die anderen nehmen diese Nachricht gut auf. Wir sitzen rund um den großen Tisch in der Küche des Hostels, die wir heute Abend ganz für uns allein haben, als Matti die gestrichene Wanderung verkündet.

»Okay«, sagt Coco. »Ich habe mich eh auf Stockholms Museen gefreut.« Sie stößt Alice in die Seite. »Als Erstes sehen wir uns das von Abba an, was sagst du?«

»Ich beschwere mich eh nicht«, lacht sie.

»Aber es ist nichts Ernstes, richtig?« Coco sieht mich mit großen Augen an. Ich wiederhole meinen Bericht und ernte auch von ihr zusammengezogene Augenbrauen. »Aber du hast dir dieses Fieber doch nicht eingebildet.«

Ich nehme mir ein Stück Pizza aus dem Karton in der Mitte des Tisches und sehe aus dem Fenster, hinter dem ganz langsam die Stockholmer Nacht aufzieht, die nie ganz dunkel zu werden scheint. »Nein«, sage ich. »Nein, ich habe es mir ganz bestimmt nicht eingebildet.«

Am nächsten Morgen treffen wir uns um halb neun in der Küche. Außer uns ist nur Beth, die dunkelhaarige Amerikanerin, da, die am Herd Spiegeleier brät. Coco und Alice holen Teller aus dem Schrank, und ich versuche, Yasin nicht anzustarren, während er Kaffeepulver in den Filter löffelt. Gestern Abend war ich zu sehr mit mir selbst beschäftigt, um mich zu fragen, warum er als Einziger haargenau wusste, was zu tun ist. Aber jetzt ist mir klar, dass Yasin gestern nicht zum ersten Mal einen medizinischen Notfall versorgt hat.

Die Küchentür schwingt auf, und Matti kommt herein, in der Hand eine Bäckertüte.

»Zimtschnecken waren aus«, sagt er bedauernd. Ich nehme mir ein Käsebrötchen, ziehe die Beine auf meinen Stuhl und entsperre mein Handy. Keine Antwort von Ma. Dafür meine Blutwerte. *Unbedenklich.* Ich schließe die Mail des Stockholmer Krankenhauses und gehe zurück zu meinen Nachrichten. Ma würde antworten, wenn ich ihr schreiben würde, was gestern passiert ist. Aber das wäre nicht fair.

»Hell?« Ich sehe auf. »Ich habe gerade vorgeschlagen, dass wir einen Ausflug zum Mälarsee machen könnten«, sagt Matti. »Aber wenn du lieber etwas Ruhiges machen willst –«

»See klingt super!«, sage ich hastig und stecke mein Handy weg, dankbar für alles, was meine Gedanken von dem Schmerz in den Augen meiner Mutter und meinem eigentümlichen Fieberanfall ablenkt. Bevor wir losfahren, packe ich noch schnell meinen Bikini und ein Handtuch ein. Doch meine Vorstellung von einem Tag am Badesee ist weit gefehlt.

»Bis zur Wikingerzeit war der Mälaren eine Ostseebucht«, erklärt Matti, während wir am Hauptbahnhof vorbei zum Hafen laufen. »Erst im zehnten Jahrhundert wurde er durch die Landerhebung zum See. Björkö ist die größte seiner Inseln.«

»Und da ist das Wikingerdorf?«, fragt Alice. Matti nickt.

»Birka«, sagt er lächelnd. »Ich wollte früher immer hin, aber wir haben es nie geschafft. Schätze, meine Eltern hatten keine Lust auf insgesamt vier Stunden Bootsfahrt mit zwei Kleinkindern.« Wir biegen an einem kleinen Streetfood-Markt rechts ab, dann kommt die Anlegestelle der Ausflugsboote in Sicht.

»Leute?« Tom, der bis eben dabei war, online unsere Tickets zu buchen, hält sich zum Schutz gegen die Sonne die Hand über die Augen. »Kann es sein, dass das da unser Schiff ist?« Ich folge seinem ausgestreckten Zeigefinger. Und tatsächlich, in diesem Moment löst ein Mann die Taue eines zweistöckigen Bootes, auf dessen weiß-rot karierter Flagge *Birka Vikingastaden* steht.

»Lauft!«, ruft Coco.

Wir stürmen bei Rot über die Straße und den Kai entlang, bis wir keuchend beim Ablegeplatz 4 ankommen. Der freundliche Mitarbeiter lässt die Schiffsplanke, die er gerade eingezogen hatte, noch einmal herunter, und wir stolpern mit erhitzten Gesichtern an Bord der *Mälar Victoria*. Auf dem Oberdeck ergattern wir zwei sich gegenüberliegende Bänke in der prallen Sonne.

»Die historische Wikingerstadt Birka wird auch als erste Stadt Schwedens bezeichnet«, liest Coco aus einem der Prospekte vor, die an der Treppe auslagen. »Birka wurde um das Jahr 790 gegründet und war knapp 200 Jahre lang der wichtigste und größte Handelsplatz im früheren Skandinavien. Während seiner Blütezeit wurde es von 700 bis 1000 Menschen bewohnt.«

Ich schaue hinaus auf das glitzernde Wasser des Meeresarms, den wir gerade durchfahren. Je weiter wir ins Landesinnere vordringen, desto weniger Häuser tauchen an den Ufern auf. Bald passieren wir nur noch bewaldete Felsen, die einen Eindruck davon vermitteln, wie hart das Leben auf diesem Land früher gewesen sein muss.

»Heute zählt Birka als eine der am besten erhaltenen Wikingersiedlungen zum UNESCO-Weltkulturerbe.« Coco lässt den Prospekt sinken und schiebt sich ihre Sonnenbrille in die Haare. »Spannend, wusstet ihr das?« Matti nickt, doch er ist der Einzige, der irgendeine Art der Reaktion zeigt. Tom ist in ein Buch versunken, Alice schaut mit undurchdringlicher Miene hinaus auf den See, und Yasin hypnotisiert mir gegenüber seine Hände. Er sieht noch nicht einmal auf, als wir nach knappen anderthalb Stunden endlich auf eine hügelige Insel zusteuern.

»Danke«, sage ich leise zu ihm, als wir hinter den anderen die Treppen zum Unterdeck hinabsteigen. Die Fähre schwankt beim Anlegen. »Für gestern, meine ich.«

»Keine Ursache.«

Ich beiße mir auf die Lippe. Fast würde ich mir wünschen, dass Yasin mal wieder einen seiner nervigen Witze reißt. Dann wüsste ich wenigstens, dass mit ihm alles in Ordnung ist.

»Hast du das schon mal gemacht?«, frage ich, bevor ich mich zurückhalten kann. »Jemandem das Leben gerettet, meine ich.«

Die Muskeln seines Kiefers verhärten sich. »Das geht dich nichts an.«

»Also ja.« Ich bleibe stehen, damit er mich ansieht. »Ich habe keine Ahnung, wer dich vorgestern angerufen hat, aber vielleicht kann ich dir helfen, bei was auch immer –« Ich zucke zusammen, als Yasin sich so ruckartig zu mir dreht, dass ich vor Schreck fast über das Treppengeländer gefallen wäre. Er atmet aus und tritt einen Schritt zurück.

»Wir waren noch nie Freunde, Hell. Du musst dich wegen gestern oder der Nacht an Deck nicht gezwungen fühlen, so zu tun, als ob.« Yasin lässt mich mit offenem Mund stehen und geht über die Planke hinüber auf den Steg, wo die anderen warten. Kopfschüttelnd folge ich ihm. Noch vor einer Woche hätte ich die Worte *Freund* und *Yasin* nicht einmal in einem Satz verwendet. Aber jetzt verletzt mich seine Kälte. Ich habe ihm anvertraut, dass ich meinen eigenen Vater umgebracht habe, verdammt! Was bitte ist so schlimm, dass er es mir nach diesem Geständnis nicht sagen kann?

Mannshohes Schilf umgibt den schmalen Holzsteg, über den wir, eine schwedische Schulklasse und mehrere Familien an Land gehen. Auf dem Schiff wurde durchgesagt, dass die englischsprachige Führung in einer Stunde am Museum beginnt, also entscheiden wir, uns dort als Erstes umzusehen.

»Was ist da eigentlich zwischen dir und Yasin?«, fragt Alice, nachdem sie sich vergewissert hat, dass die anderen weit genug vor uns laufen.

»Nichts«, sage ich.

»Und warum siehst du dann so genervt aus?«

Ich betrachte die roten Holzhäuser, in denen sich das Restaurant und die Toiletten befinden. »Das ist mein normaler Zustand, nachdem ich mit Yasin geredet habe.«

Alice sieht mich forschend an. »Also ist nichts zwischen euch … passiert?«

Einen Moment lang bleibt mir der Mund offen stehen. »Du glaubst, ich hatte etwas mit Yasin?«, bringe ich dann heraus.

»Es würde erklären, warum er sich im Wald so um dich gekümmert hat«, verteidigt sich Alice. »Und warum du dich an ihn geklammert hast, als hinge dein Leben davon ab.«

»Ich war kurz davor, zu kollabieren!« Ich ziehe mein Tempo an. »Im Ernst, Al. Du irrst dich gewaltig.«

»Na ja, es war einfach naheliegend«, keucht Alice. Wir passieren das nachgebaute Wikingerdorf, wo verkleidete

Schauspieler die begeisterten Kinder mit Holzschwertern begrüßen. »Ihr wart auf der Fähre immerhin die halbe Nacht zusammen draußen an Deck.«

»Was dich was genau hat denken lassen?«, frage ich und kann mir das Lachen beim Anblick von Alice' Mühe, die richtigen Worte zu finden, nicht verkneifen. »Sex gegen eine Reling im Regen bei zehn Grad und Wind steht relativ weit unten auf meiner Liste noch zu erlebender Abenteuer«, stelle ich klar. »Und wenn, dann garantiert nicht mit Yasin.«

»Immer verpasse ich die interessanten Gespräche«, sagt Coco, die neben der Tür des Museums lehnt.

»Glaub mir, es gab nicht viel zu verpassen«, verspreche ich ihr und recke suchend den Hals.

»Die anderen sind schon drinnen«, sagt Coco und hakt sich bei uns unter. Geschlossen betreten wir den Holzbau, in dem die gelangweilte Schulklasse murrend zwischen Vitrinen und Informationstafeln entlangstreift. Wir sehen uns alte Kämme, Speerspitzen und Glasperlen an, die hier früher als Währung galten, und finden Tom vor einem Modell der Siedlung wieder. Die Texte über das Leben in Birka, wo Handelsleute aus aller Welt Station machten und sich teilweise niederließen, sind interessant, doch je näher der Beginn unserer Führung rückt, desto nervöser halte ich Ausschau nach Matti und Yasin.

»Vielleicht sind sie im Shop?«, überlegt Alice.

Wir sehen nach, doch zwischen den Lederarmbändern und Silberketten sind die beiden nicht zu finden. Erst als wir uns zu der Touristengruppe gesellen, die sich für die geführte Tour zu den archäologischen Ausgrabungsstätten vor dem Museum sammelt, entdecke ich endlich Mattis blonden Haarschopf.

»Hey«, sage ich, nachdem wir uns zueinander durchgedrängt haben. Unser Guide, der sich als Per vorstellt und eine mittelalterliche Tunika mit einem Ledergürtel trägt, verkündet, dass die Tour in fünf Minuten losgeht.

»Wo ist Yasin?«, frage ich.

»Am Anleger«, erwidert Matti. »Er will eine Fähre eher zurückfahren und versucht, das umzubuchen.«

»Warum das denn?«, frage ich verwirrt.

Matti weicht meinem Blick aus. »Er will nicht, dass ich mit jemandem darüber rede. Macht Fotos, okay?« Er lächelt mit zusammengepressten Lippen. »Wir treffen uns dann später im Hostel.«

»Moment mal, du fährst auch?«, frage ich ungläubig.

»Ja. Ich bin nur noch hier, um euch Bescheid zu geben.«

»Matti –«

»Yasin braucht mich, Hell.«

»Und was ist, wenn du ihn brauchst?«, frage ich hart. »Wo war Yasin, als du ins Krankenhaus gekommen bist, weil du dir das Schienbein gebrochen hattest? Wo war er, als es dir so schlecht ging, weil du dachtest, den NC für Berlin nicht zu packen?«

»Ich hatte euch«, unterbricht mich Matti ungeduldig. »Al und dich.«

Ich nicke. »Genau wie du uns hattest, als Yasin dich Ausländer genannt und deine Brotdosen in den Mülleimer geschmissen hat.«

Matti lacht auf. »Du stellst das immer so übertrieben dar.«

»Nein, Matti!« Ich greife nach seinem Arm. »Du willst dich einfach nicht daran erinnern, weil Yasin sich irgendwann mal zwischen Tür und Angel entschuldigt hat. Und jetzt ruinierst du dir den ganzen Tag, weil er irgendein Problem hat, aus dem er mal wieder nicht alleine rauskommt? Mach doch endlich mal die Augen auf!«

Matti reißt sich von mir los. »Aber dass ich für dich auf den Abiball verzichtet habe, war okay, richtig?« Die Gruppe und Per setzen sich langsam in Bewegung, und Alice winkt uns hektisch zu sich heran. »Wem ich aus welchem Grund vergebe, ist meine Sache«, sagt Matti ungewöhnlich scharf. Mein Herz schmerzt beim Anblick des bitteren Zuges, der sich um seine Mundwinkel gebildet hat. »Und wem ich meine Hilfe anbiete, auch. Wir sehen uns heute Abend, Hell.«

Ich nicke. »Es …«, beginne ich, doch da ist Matti schon in Richtung des Fähranlegers verschwunden. »… tut mir leid«, flüstere ich, wie immer zu spät.

»Hell!«, höre ich Alice rufen. Ich wende mich ab und laufe den anderen hinterher.

Wir reden nie darüber, dass Matti gemobbt wurde. Wir machen Witze über meinen erfolglosen Verteidigungsversuch und die daraus resultierende verstauchte Hand und Yasins Idiotentum. Aber wir sprechen nicht über die Zeit, als sei sie ernst gewesen. Ich hätte nichts von dem sagen dürfen, was ich ihm entgegengeworfen habe. *Egoistisch. Irrational. Böse.* Ich knibble an der Kruste, die sich über dem Schnitt in meinem Nacken gebildet hat. Warum zum Teufel kann ich meine verdammte Klappe nicht halten?

Ein schmaler Pfad führt uns zwischen hohen Gräsern hindurch über immer größer werdende Hügel. *Du hast schon deine Familie weggestoßen.* Ich zucke zusammen, als der Schnitt wieder zu Brennen beginnt. *Willst du deine Freunde auch noch verlieren?*

»Birka war nicht nur eine der größten Siedlungen der Wikingerzeit«, ruft Per und bedeutet uns mit einer Handbewegung, einen Halbkreis um ihn zu bilden. »Es war auch der größte Friedhof. Auf dieser Insel liegen schätzungsweise 9000 Menschen in Hügeln wie diesem begraben.« Er deutet auf die Erhebungen, auf denen die meisten von uns stehen, und Coco stolpert schaudernd zurück. »Birka war mit seinen rund 3000 Gräbern eine sogenannte Nekropolis«, erklärt

Per. »Ein Ort, an dem neben den üblichen Toten bedeutende Menschen aus dem ganzen Land begraben wurden, die höchsten von ihnen in Schiffsgräbern.«

Meine Gedanken schweifen ab, während Per die verschiedenen Grabtypen erklärt. *Ich muss lernen, mich zu kontrollieren.* Nicht bloß wegen meines Ausbruchs gegenüber Matti. Es ist der einzige Weg, wie Ma mir vielleicht irgendwann verzeihen kann. Und ich mir selbst …

»Bisschen gruselig, findet ihr nicht?«, fragt Coco, während wir dem Rest der Truppe auf dem Weg über die Hügelgräber hinterherstapfen. »Wenn man sich vorstellt, wie viele Tote hier liegen. Bei den ganzen Seelen würde ich hier abends nicht mehr rumlaufen.« Ausnahmsweise bin ich nicht in der Stimmung, Cocos Aberglaube irgendetwas entgegenzusetzen, und die anderen sind zu beschäftigt damit, auf dem hügeligen Weg nicht den Anschluss an die Gruppe zu verlieren. Ein paar Minuten später erreichen wir die kniehohen Überreste eines Steinwalls. Wacholder und Moos haben die Lücken gefüllt, die Jahrhunderte von Wind, Wetter und Angriffen verursacht haben. Doch ein Durchgang, wo mal ein Tor gewesen sein muss, ist frei von wuchernden Sträuchern geblieben. Dahinter ragt eine Dreiecksformation aus mächtigen Bäumen mit ausladenden Kronen in den Himmel.

»Nun kommen wir zum Mysterium dieser Insel.« Per dreht lächelnd eine Strähne seines roten Bartes um seinen Finger. »Der Wall, den ihr hinter mir seht, ist der Überrest von Birkas Stadtmauer. Alle Mitglieder der Wikingergesellschaft wurden in ihren Grenzen beerdigt. Doch ein Grab, nur ein einziges, liegt hinter der Mauer.« Das Gras raschelt, als zwanzig Fußpaare ein wenig näher in Richtung des alten Tors tappen. Umrahmt von den drei mächtigen Ebereschen liegt ein Hügel, größer als diejenigen, über die wir bisher gelaufen sind, und noch dazu umspannt von einem neu gebauten Holzgeländer.

»Aufgrund seiner Lage könnte man glauben, dieses Grab gehöre einem Verbrecher«, spricht der Guide weiter. »Einem Ausgestoßenen. Doch als Archäologen Anfang des zwanzigsten Jahrhunderts den Hügel öffneten, fanden sie das reichste Grab von ganz Birka. In ihm ruhte nicht nur das Skelett des Begrabenen in einem prachtvollen Schiff, sondern mit ihm zwei Pferde, mehrere Waffen verschiedener Art, Glasperlen, Schmuck und ein goldener Reif, der durchaus als Krone interpretiert werden kann.«

»Der Mann war also Birkas König?«, fragt eine Frau mit irischem Akzent.

»Zumindest war er ein großer Krieger, der größte dieser Region.« Per zwirbelt erneut seinen Bart. »Nun standen die Archäologen also vor demselben Rätsel wie wir. Warum liegt dieses ehrenvolle Einzelgrab außerhalb der Stadtmauern, was einer Ausgrenzung, wenn nicht sogar Beleidigung gleichkommt?« Der Wind treibt mir eine Gänsehaut über die Arme. Ich setze meinen Rucksack ab und ziehe meine Jeansjacke heraus. »Es wurden über die Zeit mehrere Vermutungen angestellt«, spricht Per weiter.

Ich wünschte, er würde sich mit seinem Vortrag beeilen – so langsam knurrt mir der Magen, und ich schätze, es wäre dreist, auf einem gigantischen Friedhof meine Brotdose auszupacken.

»Das Skelett des Kriegers befindet sich momentan in den Laboren der Universität Stockholm, wo es modernsten DNA-Analysen unterzogen wird.« Per lächelt. »Wenn Sie uns also in einem Jahr noch mal besuchen, kann ich Ihnen an dieser Stelle vielleicht mehr erzählen.« *Sag es*, flehe ich innerlich. »Und damit sind wir auch schon am Ende unserer Tour.« *Yes*! »Sie sind herzlich eingeladen, sich das Kriegergrab anzuschauen oder die nächste Stunde im Restaurant, dem Dorf oder dem Museum zu verbringen, bis die letzte Fähre um siebzehn Uhr ablegt.« Per hebt die Hand zum Gruß, bevor er durch den Gang in der alten Stadtmauer verschwindet und am Kriegergrab vorbei zurück in Richtung Museum läuft. Die meisten Paare mit Kindern folgen ihm, der Rest drängt zu dem von Ebereschen eingerahmten Grabhügel.

»Ich würde mir gern noch die Ansgar-Kirche am Ostende der Insel ansehen«, sagt Coco nach einem Blick auf die Karte, die wir aus dem Museum mitgenommen haben. »Wie siehts bei euch aus?«

»Ich bin dabei«, sagt Tom, während ich versuche, die Hälfte des Müsliriegels, die in meinem Mund steckt, schnell herunterzuschlucken, ohne zu ersticken.

»Restaurant für uns beide?«, fragt Alice grinsend.

Ich räuspere mich. »Klingt gut.« Ganz abgesehen von der lockenden Vorstellung eines warmen Essens ist der Wind hier draußen wirklich scharf.

»Dann sehen wir uns später«, sagt Coco.

»Willst du noch ein Foto von dir vor dem See?«, frage ich Alice, als die beiden zwischen den Hügeln verschwunden sind. Zu meiner Überraschung schüttelt sie den Kopf.

»Nee, danke.«

»Du siehst gut aus!«, sage ich. »Die Funktionssachen sind vielleicht nicht dein normaler Stil, aber das spricht doch noch lange nicht gegen Urlaubsfotos.«

»Wenn du unbedingt willst, machen wir ein Selfie«, gibt Alice nach. »Aber nirgendwo posten, okay?«

»Ist das FBI auf der Suche nach dir?«, frage ich. Alice beißt sich auf die Lippe. »Al, was ist los?« Tränen treten in ihre Augen.

»Nichts ist los.«

»Sehr überzeugend«, sage ich und lege einen Arm um sie. »Wie wäre es, wenn wir zum Restaurant laufen, uns einen Kaffee holen und dann in Ruhe reden?«

»Keinen Kaffee«, sagt Alice. Sie wischt sich über die Wangen und blinzelt den Rest der Tränen weg. »Es ist alles gut. Ich brauche nur ein bisschen Abstand von allem.«

»Von Benjamin?«, frage ich. Eine schreckliche Vorstellung keimt in mir auf. »Hat er dich betrogen, Al?«

»Nein! Gott, wie kommst du darauf? Egal.« Sie läuft im Stechschritt los.

»Zum Restaurant geht es da lang«, sage ich und zeige in die entgegengesetzte Richtung.

»Mir ist der Appetit vergangen«, erwidert Alice knapp. »Wir werden uns jetzt dieses Kriegergrab ansehen und dann zurück zum Fähranleger gehen. Ich will das letzte Schiff nicht verpassen.«

»Okay«, sage ich hastig und folge ihr durch die Lücke in der Mauer. Mittlerweile steht niemand mehr vor den Infotafeln, die an das hölzerne Geländer genagelt sind, das Touristen von dem mysteriösen Grab fernhalten soll.

»Gibt es da überhaupt was zu sehen, wenn das Skelett nach Stockholm transportiert wurde?«, frage ich, während ich einen dornigen Zweig von meiner Hose löse.

»Ja, auf dieser Seite«, antwortet Alice. Ich folge ihrer Stimme. Zwei der Ebereschen werfen ihre Schatten auf eine Glaswand, die den hinteren Teil des Hügels ersetzt hat. Innendrin sind die Grabbeigaben zu erkennen: Perlen, Armreifen, Speere, Schwerter und die Skelette zweier Pferde, umhüllt von einem Holzbogen, der einmal eins der typischen flachen Wikingerschiffe gewesen sein muss.

»Das Grab von Birka stammt aus dem 10. Jahrhundert nach Christus«, beginnt Alice von der größten Infotafel neben einem der Bäume vorzulesen. »Dass es sich bei dem Begrabenen um einen hochrangigen Clanchef handelt, wird durch die Grabbeigaben deutlich, unter denen …«

Mein Fuß sinkt in aufgelockerte Erde, als ich einen Schritt näher an das Grab herantrete. Halt suchend greife ich nach dem Holzgeländer, während Alice' Stimme in den Hintergrund tritt, übertönt von einem Rauschen, das mir seit gestern bekannt ist. Auf einmal durchfährt mich Hitze wie ein Blitz. Sie nistet sich in meinem Inneren ein und entzündet ein Feuer, dessen Flammen an meinen Eingeweiden lecken. *Atmen.* Ich grabe meine Finger ins Holz und versuche, einen klaren Gedanken zu fassen, während mein Herz rasend gegen meinen Brustkorb hämmert. Ich brauche einen Arzt. Jetzt sofort! Doch gerade, als ich Alice um Hilfe bitten will, versiegt das Feuer, als hätte man einem Flammenwerfer in mir den Sauerstoff abgedreht. Al liest noch immer die Inschrift der Tafel vor, ein Stück entfernt von uns fotografieren Touristen den See. Niemand hat bemerkt, was gerade passiert ist. Ich sehe auf meine Hände herunter. Die blutigen Fingernägel, die ich mit zu viel Kraft ins Holz gerammt habe, sind der einzige Beweis dafür, dass ich mir die Hitze und das Herzrasen nicht eingebildet habe.

»Eine erstaunliche Entdeckung, nicht wahr?« Ich zucke zusammen. Links von mir steht eine ältere Frau, die ein einfaches Leinenkleid trägt, das Pers Tunika ähnelt. Arbeitet sie auch als Tourguide? *Hat sie gesehen, was mit mir passiert ist?* Die Fremde lächelt mich an, woraufhin sich winzige Fältchen um ihre Augen auffächern. »Macht ihr Urlaub hier?«

»Ja«, sage ich zögernd. »In Stockholm.«

»Stockholm ist schön.« Ihre grauen Augen durchleuchten mich wie Röntgenstrahlen. »Aber manche, die hierherkommen, packt auch das Waldfieber.« Irritiert ziehe ich die Augenbrauen zusammen. »Mein Name ist Astryd.« Ihr Blick flackert zu meinen Händen, dann zu dem Grab vor uns. Eine unheimliche Vorstellung macht sich in mir breit. *Weiß Astryd, was mit mir los ist?* Ich öffne den Mund, um –

Nein, das kann ich nicht fragen. Sie würde mich für seltsam halten. Ich starre auf die Glaswand und den leeren Platz dahinter, wo der begrabene Krieger inmitten all seiner Schätze gesessen hat.

»Wer war dieser Mann?«, frage ich.

Astryds Lachen vermischt sich mit dem Wind. »Tja. So viele Wissenschaftler, so wenig Wissen.«

Ich runzle die Stirn. »Wie meinen Sie das?« Als ich keine Antwort bekomme, sehe ich auf. Die Touristen sind weitergezogen. Alice tippt einige Meter hinter den Ebereschen auf ihrem Handy herum. Und Astryd – Astryd ist nirgendwo zu sehen.

KAPITEL 4

Ich schwöre dir, da war eine Frau!«, keuche ich.

»Ich sage ja auch nicht, dass du Gespenster siehst«, erklärt Alice geduldig, während wir den Pfad zum Anleger entlanghasten. »Nur, dass ich keine Frau bemerkt habe.«

Aber Astryd war da. Und ich glaube, sie will nicht, dass ich schon gehe.

»Ich hole dich ein«, sage ich, werfe einen letzten Blick auf die Touristengruppe, die sich um das Restaurant und die Toilettenhäuser schart, und drehe um.

»Hell, die Fähre!«, ruft Alice mir hinterher, doch ich höre nicht hin. *Stockholm ist schön*, klingt Astryds Stimme in meinem Kopf. *Aber manche, die hierherkommen, packt auch das Waldfieber.* War das bloß Small Talk? Oder weiß sie von der Hitze, die mich auf dem Sörmlandsleden überfallen und mein Herz beinahe zum Kollabieren gebracht hat? Von dem Ziehen in meiner Brust, das mich in den Wald gelockt hat?

Ich laufe schneller. Astryd hat auf meine Hände gesehen. Auf meine blutigen Fingernägel, die ich zu stark ins Holz gerammt habe, als das Fieber mich heute zum zweiten Mal überkam. *Waldfieber.* Meine Beine beginnen zu rennen. Wer auch immer Astryd ist, sie weiß vielleicht, was mit mir passiert. Ich stürme durch die Felder und über die Grabhügel, immer höher, bis die alte Stadtmauer in Sicht kommt. Mittlerweile ist niemand mehr hier draußen bis auf mich und den Wind, der über die Gräser streift, unter denen jahrhundertealte Tote ihre zweifelhafte Ruhe gefunden haben. Und wenn ich mich irre? Wenn Astryd wirklich nur ein Guide ist und sich deshalb mit mir über meinen Urlaub unterhalten hat? Kalte Furcht kriecht durch meine Adern. *Wenn ich erneut einen Anfall bekomme und niemand in der Nähe ist, um mir zu helfen*? Das Kriegergrab ist der letzte Ort, an dem ich sein sollte. Und trotzdem gehe ich durch das alte Tor, hinter dem sich der Hügel zwischen den wogenden Ebereschen aufbaut.

»Das reicht!« Abrupt bleibe ich stehen. »Nicht zu nah rangehen.« Astryds schlanke Gestalt tritt zwischen den Bäumen hervor. Ihr silbergraues Haar und die Falten auf ihrem wettergegerbten Gesicht zeigen, dass sie meine Großmutter sein könnte. Doch ihre fließenden, kraftvollen Bewegungen haben nichts Gebrechliches an sich.

»Warum nicht?«, frage ich kühn.

»Ich würde gerne verhindern, dass der Zorn dich noch einmal so überanstrengt. Und du sicher auch.« Ich muss Astryd angestarrt haben, denn sie lacht laut auf. »Tja, Kind, du hast dir nichts eingebildet. Das Fieber des Waldes ist sehr real.«

»Also bin ich … krank?« Meine Stimme klingt heiser. Ich habe nicht überhört, dass Astryd von einem Zorn gesprochen hat. Aber ich will es ignorieren.

»Das, was du da vorhin gespürt hast, war genauso wenig eine Krankheit, wie das Leben eine ist. Es war das Erbe der Tochter der Dunkelheit.« Ich sollte mich umdrehen und zurück zur Fähre laufen, zu Alice und den anderen. Jetzt sofort. Aber ich tue es nicht.

»Tochter der Dunkelheit?«, frage ich stattdessen.

Astryd lächelt verschmitzt, als hätte ich einen Test bestanden, indem ich nicht das Weite gesucht habe. »Oder auch die *Starke*, wie wir sie nennen. Sie war eine Kriegerin, die rechtmäßige Anführerin des Clans der Svear. Was du spürst, ist ihr Ruf.« *Was zur Hölle redet sie da?* »Es fühlt sich an wie ein Feuer, richtig?« Astryd sieht mich forschend an. »Flammen lecken an deinen Eingeweiden. Dein Herz rast, Blut rauscht in deinen Ohren. Du fühlst dich schwach und gleichzeitig stark.« Sie lächelt, als ich nach Luft schnappe. »Ich weiß es. Weil du nicht die Einzige bist.«

»Nein«, stoße ich aus. Astryd macht einen Schritt auf mich zu, doch ich weiche mit erhobenen Händen vor ihr zurück. »Sie haben nicht mehr alle Tassen im Schrank!«

»Du hast dich untersuchen lassen«, erwidert sie. »Aber die Ärzte haben nichts gefunden, oder?«

Ich mustere sie. Vielleicht ist Astryd dement. Das muss es sein. Sie ist verwirrt und mischt irgendwelche Sagengeschichten mit der Realität. *Aber warum kann sie dann so genau beschreiben, wie es sich anfühlt?*

»Woher wissen Sie, dass ich im Krankenhaus war?« Meine Stimme ist zu hoch, und ich schäme mich ein wenig, Angst vor einer alten Frau zu haben. Oder vor dem Bullshit, den sie von sich gibt.

»Weil alle zuerst zum Arzt gehen«, erklärt Astryd ruhig. »Weil alle mit einem bedauernden Lächeln wieder nach Hause geschickt werden. Weil die Ärzte bei keiner eine medizinische Ursache finden.«

Ich will etwas erwidern. Irgendetwas, das ihr beweist, dass sie unrecht hat. Oder vielmehr, das *mir* beweist, dass sie unrecht hat.

Ein Krachen wie von einem brechenden Ast lässt mich herumfahren. Über die Ebene läuft eine Gestalt auf uns zu. Wind peitscht über das Gras, das sich in Wellen wiegt, und die leichten Wolken, die am Tag über dem See aufgezogen sind, hängen nun dunkelgrau und bedrohlich vom Himmel.

»Matti!« Ungläubige Erleichterung durchflutet mich, als

ich die vertrauten blonden Haare und die knielange Windjacke erkenne.

Er greift nach meinen Händen. »Die Fähre!«, bringt er heraus. *Richtig, die Fähre. Meine Freunde. Die Realität.*

»Hör auf deine Wut, Hell.« Ich drehe mich zu Astryd, die mir zunickt. »Sie wird dich leiten.«

Bernds Gesicht taucht vor meinen Augen auf. *Egoistisch. Irrational. Böse.* So wurde ich schon oft genannt. Aber noch nie … wütend.

»Ich muss gehen«, stammle ich.

Astryd tut nichts, um uns aufzuhalten. Sie sieht mich nur an mit diesem Blick, der durch Mark und Bein geht.

»Na los, Hell!« Matti zieht an meiner Hand, und ich folge ihm, doch im Rennen drehe ich mich noch einmal um. Astryd steht vor dem Grab und hebt das Gesicht zum sturmverhangenen Himmel, als es zu regnen beginnt. Und dann höre ich sie.

»Deine Schwestern warten auf dich. In den nördlichen Wäldern.« Astryds Stimme ist glasklar, als würden uns nicht das halbe Feld und der stürmische Wind trennen. »Wir sind die Einzigen, die dir helfen können.« Ich werde langsamer. »Lies nach. Über die Tochter der Dunkelheit. Dann wirst du wissen, was in dir vorgeht. Und du wirst kommen.«

»Nein.« Astryd ist zu weit weg, um meine geflüsterte Erwiderung verstehen zu können, doch trotzdem höre ich ihre Antwort, weich, als würde sie mir die Worte direkt ins Ohr flüstern.

»Wir sind dein Schicksal, Hell.« Ich bleibe stehen.

»Hell, komm schon!«, ruft Matti gegen den Wind. Seine Haare kleben ihm in durchnässten Strähnen an den Wangen.

»Hast du das gehört?«, frage ich panisch. »Was sie gerade gesagt hat?«

Matti packt mich an den Schultern. »Das war wahrscheinlich der Wind. Wir müssen uns beeilen, die warten am Anleger nicht ewig auf uns!«

Wir laufen weiter, vorbei am Museum und der nachgebauten Wikingerstadt. Erst als der Holzsteg in Sicht kommt, werden wir langsamer. Matti wischt sich den Regen aus den Augen.

»Warum bist du noch hier?«, frage ich.

»Wir haben die Fähre vorhin verpasst. Al hat gesagt, dass du zurückgelaufen bist. Also bin ich dich holen gegangen.«

Ich sehe Matti in die Augen. »Es tut mir unendlich leid.« Es sind bloß Worte. Aber Worte sind alles, was ich ihm anbieten kann.

»Ich weiß, Hell«, sagt Matti. »Es ist alles gut zwischen uns. Solange du jetzt nicht zu dieser Verrückten zurückläufst.« Ich zwinge mich, sein Lächeln zu erwidern.

Unter Deck warten die anderen an einem der langen Holztische. Jemand hat heiße Schokolade bestellt. Ich sollte froh sein, dass Matti sich neben mich setzt und mir einen Becher zuschiebt. Aber obwohl sich schokoladige Wärme auf meiner Zunge ausbreitet und mein bester Freund mir vergeben hat, bleibt mein Inneres eiskalt.

Am nächsten Morgen passe ich, als die anderen vorschlagen, einen Ausflug zu einem berühmten Karamellgeschäft im Szeneviertel Södermalm zu machen.

»Ich gehe in die Bibliothek«, erkläre ich.

»In die Bibliothek?«, wiederholt Alice ungläubig. »Hell, wir sind hier, weil wir feiern, dass wir nicht mehr den ganzen Tag lernen müssen.«

Lies nach. Über die Tochter der Dunkelheit.

»Morgen gehe ich überallhin, wo ihr wollt – meinetwegen

auch ins Abba-Museum«, verspreche ich Alice. »Aber heute muss ich in die Universitätsbibliothek. Dringend.« Gestern Abend, während wir in einer von Stockholms vielen Taco-Bars erstaunlich authentische Quesadillas gegessen haben, habe ich im Netz nach der Tochter der Dunkelheit gesucht. Und bin dabei auf ein einziges Ergebnis gestoßen.

Als ich an Matti vorbei aus der Küche gehen will, nimmt er mich zur Seite.

»Du benimmst dich seltsam seit gestern.« Ich zucke mit den Schultern, als hätte ich keine Ahnung, wovon er spricht. »Ich kenne dich seit unserer Einschulung«, fährt Matti eindringlich fort. »Du kannst Bücher nicht ausstehen. Und jetzt willst du lieber in eine Bibliothek, statt dich mit uns durch ein riesiges Karamellsortiment zu probieren?«

Für einen Moment überlege ich, Matti zu erzählen, was Astryd zu mir gesagt hat. Aber er würde es nicht verstehen. Ich verstehe es ja selbst nicht! Und genau deshalb muss ich das einzige Buch finden, in dem die Tochter der Dunkelheit erwähnt wird.

»Mein Vater hat seine Doktorarbeit in der Bibliothek geschrieben«, sage ich und fühle mich gleich darauf schlecht dafür, ihn als Ausrede zu benutzen. »Deshalb wollte ich mich da mal umsehen.«

Mattis Augen weiten sich. »Oh. Sorry, da hätte ich selbst drauf kommen können.« Er zögert einen Moment. »Ich stelle mein Handy laut. Falls irgendetwas ist.« Eine Welle der Zuneigung überkommt mich.

»Danke, Matti. Bis heute Abend, ja?« Ich habe mich schon umgedreht, als seine Stimme mich noch einmal innehalten lässt.

»Was wollte diese Frau gestern eigentlich von dir?«

Ich erstarre. »Wir haben über Stockholm geredet«, sage ich und drehe mich langsam um. »Und über den Wald.« Wenigstens ist es keine direkte Lüge. Aber Matti schüttelt den Kopf.

»Irgendetwas an dieser Sache ist komisch, Hell. Sie war kein Guide.«

Ich senke den Blick. Wer Astryd nicht ist, war mir bereits klar. Ihr Kleid war weiß, nicht braun wie Pers Tunika, und sie trug keinen Gürtel mit einer Schlüsselkarte.

»Warum interessiert dich diese Frau so?« Ich zwinge mich zu einem lockeren Lachen. »Mein Gott, dann hat sie eben nichts Besseres zu tun, als Touristen in ihrer Freizeit Geschichten zu erzählen. Vielleicht hat sie früher in Birka gearbeitet und vermisst es.«

Nach einem Moment erwidert Matti mein Lächeln. »Wahrscheinlich hast du recht.«

Ich atme aus. *Wie viel ich darum geben würde …*

»Also dann, viel Spaß in Södermalm!« Ich winke Matti zu und fahre mit dem Aufzug zu unserem Zimmer, um mein Portemonnaie aus dem Schließfach zu holen. Während ich mir noch eine Jacke aus dem Schrank nehme, stürzen all die Gedanken, die mir in der Nacht den Schlaf geraubt haben, wieder mit voller Wucht auf mich ein. Astryd arbeitet nicht in Birka. Warum also war sie dann gestern auf der Insel, ausgerechnet an dem Tag, an dem wir spontan beschließen, einen Ausflug dorthin zu machen? Um mich abzupassen? Das macht keinen Sinn – außer, Astryd sagt die Wahrheit und es gibt andere wie mich, andere, die von diesem Fieber befallen werden. Die mir helfen wollen. *Wir sind dein Schicksal, Hell.* Woher kennt Astryd überhaupt meinen Namen?

Draußen vor dem Hostel begrüßen mich warme Sonnenstrahlen, doch sie können mich nicht von der wichtigsten Frage ablenken: Woher wusste Astryd haargenau, wie sich mein Fieber anfühlt?

Nachdem ich mir im Bahnhof mit zittrigen Fingern eine

Fahrkarte für 80 Minuten gelöst habe, steige ich in die Straßenbahn, die mich von unserem Stadtteil ins Universitätsviertel bringen wird. Die Ansagen auf Schwedisch verstehe ich nicht, und englische gibt es keine, weshalb ich die Stationsanzeige fixiere, bis meine aufblinkt. Beim Verlassen des Waggons erwische ich mich dabei, wie ich mir über die Schulter schaue. *Reiß dich zusammen, Hell!*

Tief durchatmend mische ich mich unter die Pendler, die alle in dieselbe Richtung strömen. Sprachfetzen aus den verschiedensten Ländern, Laptoptaschen und übermüdete Gesichter verraten mir, dass ich auf dem richtigen Weg bin. Und auch ohne die Herde von Studierenden ist die Bibliothek nicht schwer zu finden. Das imposante Gebäude aus Glas und Beton liegt im Herzen einer riesigen Rasenfläche, zu der mehrere Schilder den Weg weisen.

Während ich die schwere Tür aufschiebe, ziehe ich mein Handy aus der Tasche und rufe die Website der Bibliothek auf, die ich gestern Abend gefunden und gespeichert habe. Ein langer Tresen an der rechten Seite des Raums ist mit einem gelangweilt aussehenden Mitarbeiter besetzt. Ich gehe auf ihn zu, doch bevor ich überhaupt anfangen kann zu sprechen, schnarrt er: »Handys sind hier nicht erlaubt.«

»Ich suche dieses Buch.« Ich halte ihm mein Handydisplay entgegen.

»Haben Sie einen Studierendenausweis?«

Ich schüttle den Kopf – an diese Hürde habe ich keinen Gedanken verschwendet.

»Dann füllen Sie bitte das hier aus.« Der Typ schiebt mir einen Zettel hin, auf dem ich meinen Namen, meine Nummer und meine Adresse angeben muss. Hastig kritzle ich die Daten auf das Papier, dann schiebe ich es ihm zusammen mit dem Screenshot des Titels, den ich suche, zu.

»Einen Moment.«

Ungeduldig tippe ich mit meinen Fingern auf den Tresen. Der Typ wirft mir über den Rand seines Computers einen genervten Blick zu, und ich hebe die Hand in einer entschuldigenden Geste.

»Historienabteilung. Die Treppe hoch, dann links abbiegen, die nächste Treppe hoch und dann in den Lesesaal Nummer sechs. Ausleihen ist nicht möglich.« Ich habe zwar nur die Hälfte seiner hastigen englischen Wegbeschreibung verstanden, nicke aber trotzdem, weil ich mir vor diesem unhöflichen Typ garantiert nicht die Blöße geben werde, um eine Wiederholung zu bitten.

Die Bibliothek ist ein modernes Gebäude, aber die alten Bücher, die ab und an in Glasvitrinen ausgestellt sind, und die über allem liegende Stille verleihen ihr eine geschichtsträchtige Aura. Am Ende der ersten Treppe bleibe ich stehen und sehe mich um. Hat er links oder rechts gesagt? Ich fluche leise, was mir einige böse Blicke einbringt. Da niemand aussieht, als würde er mir bereitwillig den Weg zeigen wollen, klappere ich die Bücherregale einzeln ab, bis ich mich schließlich auf der nächsten Etage in einer Art Rondell wiederfinde. Am Eingang hängt ein goldenes Schild mit der Gravur *Historia*. Endlich! Ich gehe in die Mitte der runden Einbuchtung, in der es noch stiller zu sein scheint. Um mich herum erheben sich Reihen über Reihen unterschiedlichster Bücher bis in den nächsten Stock, wo eine Art Balkonbrüstung angebracht wurde. *Das kann ja heiter werden.*

Ich trete an die Bücherwand heran und fahre vorsichtig über die Buchrücken. Gerade, als ich mir Sorgen mache, die nicht allzu stabil aussehende Holzleiter benutzen zu müssen, um an die höheren Regale heranzukommen, bleibt mein Zeigefinger an dem Titel hängen, nach dem ich gesucht habe. *Sweden's early medieval history*. Vorsichtig, denn das Lehrbuch ist beinahe so lang wie mein Unterarm und ziemlich schwer, ziehe ich es aus dem Regal und puste Staub von seiner Oberfläche. Außer mir scheint sich niemand für Schwedens frühmittelalterliche Geschichte zu interessieren. Ich trage den Wälzer hinüber in den angrenzenden Lesesaal, in dem Tischreihen, Sessel und Computer bereitstehen. An einem der letzten freien Schreibtische schalte ich die Lampe an und lege das Buch ab. Ein leicht modriger, aber nicht unangenehmer Geruch schlägt mir entgegen, als ich die dünnen Seiten umblättere. Mit dem Finger fahre ich Stammbaumlinien entlang, überfliege winzig klein gedruckte Texte, immer auf der Suche nach einem einzigen Begriff. Und dann, ungefähr in der Mitte des Buches, finde ich ihn.

Die junge Frau wurde auch als Tochter der Dunkelheit bezeichnet.

Das ist es! Ich blättere zurück zum Anfang des kurzen Abschnitts und entziffere langsam den englischen Text.

Der spätere erste König Schwedens, Tyr der Mächtige, kam als drittes Kind von Erin und Henrik zur Welt. Wie sein Vater vor ihm wurde Tyr zum Anführer der Svear, doch die bloße Herrschaft über seinen Clan genügte ihm nicht. Aus einem von Wikingerfürsten beherrschten Flickenteppich der Hoheitsgebiete schuf Tyr durch zahlreiche Überfälle das »Reich der Svear«, unser heutiges Schweden. An seiner Seite herrschten nicht seine wechselnden Ehefrauen, sondern seine jüngere Schwester Svea, die noch heute sinnbildlich als Mutter Schwedens verehrt wird. Tyrs ältere Schwester Hellea hingegen starb, kurz bevor Tyr zum König gekrönt wurde.

Ich bin gerade dabei, ein paar der folgenden Worte in meine Übersetzer-App einzugeben, als ich stocke. Verwirrt reibe ich mir über die Augen, aber ich habe mich nicht verguckt. Da steht mein Name! Und mein Name steht sonst nie irgendwo, weder auf Tassen, noch auf Schlüsselanhängern. Nicht selten bekomme ich an »Helena Curtens« adressierte

Briefe, weil selbst Rechtschreibprogramme meinen Namen für einen Fehler halten. Und ausgerechnet hier taucht er auf?

Hellea von Schweden wird in den existierenden Schriften der Krone als Verräterin dargestellt, die ihrem Bruder die Herrschaft über den Clan der Svear stehlen wollte, um das gute Volk mit schwarzer Magie zu regieren. Ob ihr früher Tod mit diesen Anschuldigungen zu tun hat, ist unklar, da man ihre Grabstätte nie fand. Die junge Frau wurde auch als Tochter der Dunkelheit bezeichnet und ging später als Todesgöttin in die nordische Mythologie ein, die ihren Bruder Tyr als Kriegsgott verehrt.

Das war's. Ich schlage das Buch zu. Eigentlich sollte ich erleichtert sein. Nirgendwo in dem Text ist die Rede von innerem Feuer oder zu schnell schlagenden Herzen. Nichts davon hat etwas mit mir zu tun. Ich könnte jetzt gehen und mich mit einer Zimtschnecke und einem Kaffee in die Sonne setzen. Aber der kurze Text hat zu viele Fragen aufgeworfen. Warum starb Hellea, kurz bevor ihr Bruder König wurde? Warum machte sich Tyr solche Mühe, ihren Ruf in den Dreck zu ziehen, als sie doch sowieso schon tot war? Schließlich lässt man seine Schwester nicht umsonst zur Todesgöttin machen. *Und ist es bloßer Zufall, dass ich so heiße wie sie?*

Leise stehe ich auf und gehe zu der Reihe von Computern am anderen Ende des Lesesaals hinüber. Vielleicht finde ich mehr heraus, wenn ich nach *Hellea von Schweden* suche statt nach der *Tochter der Dunkelheit*. Ich schalte den Bildschirm ein und fluche, als ich nach Zugangsdaten gefragt werde.

»Entschuldigung?« Die Frau neben mir sieht von ihren Büchern auf. »Könnte ich kurz Ihren Computer benutzen? Ich studiere hier nicht und habe kein Passwort.« Erstaunt darüber, wie leicht mir der englische Redeschwall über die Lippen gekommen ist, halte ich inne.

»Klar.« Sie rückt ein wenig zur Seite, sodass ich meinen

Stuhl vor ihren Bildschirm schieben kann. Ich lächle ihr dankbar zu. Dann richte ich meinen Blick auf die Tastatur und tippe *Hellea von Schweden* in die Suchleiste. Es dauert zwei ganze Seiten, bis ich auf einen Artikel stoße, der nichts mit dem schwedischen Modelabel Helena oder diversen Foren über nordische Mythologie zu tun hat.

Schwedens vergessene Heldin, strahlt mir die Überschrift eines Artikels entgegen. Ich klicke die Seite an und beginne zu lesen.

Hellea hätte Schwedens erste Königin werden können. Doch es war ihr Bruder, der die Wikingerstämme im zehnten Jahrhundert unter einer Krone vereinte. Während die fügsame Svea noch heute als Mutter Schwedens verehrt wird, spricht niemand über Schwedens drittes Kind, über die »dunkle Tochter« – weil sich bis auf ihre Darstellung als Todesgöttin Hel in der nordischen Mythologie niemand an die echte Hellea von Schweden erinnert. Dabei war sie eine Kriegerin. Die rechtmäßige Anführerin ihres Clans. Eine Frau, die in die Geschichte eingegangen wäre, wenn sie nicht eben das gewesen wäre: eine Frau.

Der Artikel geht noch weiter, aber ich kann mich nicht mehr konzentrieren. *Sie war eine Kriegerin*, höre ich Astryd sagen. *Die rechtmäßige Anführerin des Clans der Svear.* Auf einmal stehe ich wieder vor dem Grab von Birka und höre Astryd lachen, als ich sie nach dem begrabenen Krieger frage. *So viele Wissenschaftler, so wenig Wissen.* Sehe das leere Grab vor mir, dessen Skelett wegen neuer DNA-Untersuchungen an der Uni Stockholm fehlt. Mit fliegenden Fingern gebe ich *Grab von Birka* in die Suchleiste ein und klicke auf den ersten Eintrag, der aufploppt.

Wurden Frauen als Trägerinnen der Menschheitsgeschichte übergangen?

Diese Frage stellen sich aktuell zwei Mitarbeiter der Universität Stockholm, nachdem sie das berühmte Grab von Birka, das Vermutungen zufolge Henrik von Schweden gehören soll, erneut untersuchten. Dem Skelett entnommene DNA-Proben, die eigentlich nur die königliche Abstammungslinie beweisen sollten, enttarnten ein unverhofftes Mysterium, denn die entnommene DNA ist weiblich. Die unbekannte Frau war jung, schätzungsweise zwanzig Jahre alt. Trotzdem musste sie zu den höchsten Kriegern der Svear gehört haben, um in einem so luxuriös ausgestatteten Grab beigesetzt worden zu sein. Der Ort des Grabes, weit außerhalb der Siedlung von Birka, weist allerdings darauf hin, dass es sich nicht um ein Begräbnis in Ehren gehandelt hat.

Ein erstickter Laut entfährt mir, als sich die Puzzleteile in meinem Kopf zusammenfügen. Im Grab von Birka wurde kein Krieger beerdigt, sondern eine unbekannte Kriegerin. Hellea von Schwedens Grab hat man nie gefunden. Meine Brust schnürt sich zu. *Das, was du da vorhin gespürt hast, war das Erbe der Tochter der Dunkelheit.* Ich schüttle den Kopf, um Astryds Stimme zum Schweigen zu bringen. Hellea von Schweden ist tot. Tot, und zwar seit einem Jahrtausend. Wie zur Hölle sollte sie verantwortlich sein für das, was-auch-immer-es-ist, das seit Neuestem Besitz von meinem Körper ergreift? *Aber du hast es an ihrem Grab gespürt, oder nicht?* Ich lege eine Hand auf meinen Bauch, genau dorthin, wo das seltsame Feuer beide Male am stärksten loderte. Auf einmal ist mir statt nach Schreien nach Weinen zumute. Ich will mich in irgendeiner Ecke zusammenrollen und vergessen, dass mein Leben sich gerade in eine moderne Version von *Rosemarys Baby* verwandelt.

»Brauchst du Hilfe?« Erschrocken sehe ich auf. Die Frau, die mir ihren Computer überlassen hat, lächelt mich fragend an. Einen Moment lang bleibt mein Blick an ihren verschiedenfarbigen Augen hängen – eins grün, eins braun –, bis mir auffällt, wie unhöflich ich mich verhalte.

»Ich muss gehen«, stottere ich und ziehe meine Sweatshirtjacke über, dann greife ich nach der Maus, um meine Tabs zu schließen. Der Beitrag über das Grab verschwindet. Ich will gerade auch den Artikel über Hellea von Schweden wegklicken, als mir ein Name ins Auge sticht.

Behilflich bei der Recherche: Nathaniel Curtens, Doktorand der Geschichte.

Mein Atem stockt. Ich lese die Zeile noch einmal, aber ich habe mich nicht geirrt. Da steht er, schwarz auf weiß.

Der Name meines Vaters.

KAPITEL 5

Den ausgedruckten Artikel in der Hand, stürme ich durch die Glastür der Bibliothek nach draußen. *Papa.* Ein Schluchzen steckt in meiner Kehle, doch ich zwinge mich, es herunterzuschlucken. Ich brauche jetzt einen klaren Kopf. Mit zitternden Beinen lasse ich mich auf eine Bank sinken.

Mein Vater hat über die Tochter der Dunkelheit geforscht. Denn daran, dass es sich bei dem Doktoranden Nathaniel Curtens um meinen Vater handelt, besteht kein Zweifel. Der Artikel ist 1997 erschienen, dem Jahr, das mein Vater an der Universität Stockholm verbracht hat. Mit fahrigen Fingern ziehe ich mein Handy aus der Tasche und tippe *Nathaniel Curtens* in die Suchzeile, finde neben dem Artikel über Hellea von Schweden aber nur drei über den frühen Götterglauben der Maya, die er später als Dozent an der Uni Hamburg veröffentlicht hat. Nichts weiter. Der Name meines Vaters auf einem Artikel über eine mittelalterliche Kriegerin, deren Namen ich trage, kann kein Zufall sein. Es muss noch mehr geben als den einen kleinen Artikel, noch etwas anderes, das mir erklärt, was er mit dem, was mir passiert, zu tun hat … Mein Blick fällt auf die Papiere in meinem Schoß. *Nathaniel Curtens, Doktorand der Geschichte.* Natürlich! Ich springe auf. Wenn ich Antworten will, muss ich diese Doktorarbeit finden. Online ist sie offensichtlich nicht verfügbar, aber dafür vielleicht in den Archiven der Bibliothek.

Doch als ich wieder an der schweren Glastür ankomme, lässt sie sich keinen Millimeter bewegen. Der unfreundliche Bibliothekar fängt meinen verzweifelten Blick auf, zuckt mit den Schultern und deutet auf ein Schild links neben der Tür. *Mittwochs und freitags ab 14 Uhr geschlossen.* Na super. Mit dem Rücken lehne ich mich gegen das Glas. Ich könnte morgen wiederkommen. Oder ... Zögernd beiße ich mir auf die Lippe und entsperre mein Handy. Oder ich rufe die einzige Person an, die mir mit Sicherheit sagen kann, worum es in der Doktorarbeit meines Vaters ging. Bevor ich es mir ausreden kann, tippe ich auf die Nummer unseres Festnetztelefons. Es tutet, und ich glaube schon, dass niemand abnimmt, als ...

»Hallo?« Ich lächle bei dem Klang der hohen Kinderstimme.

»Hallo, Kilian. Alles okay bei dir?«

»Wir fahren in den Urlaub! Nach Santorni!«

»Santorini«, korrigiere ich ihn automatisch.

»Kann sein. Papa sagt, da kann man auf Eseln reiten.«

»Das klingt schön.« Im Hintergrund höre ich jemanden reden. »Kannst du mir Ma geben?«

»Die ist nicht zu Hause.« Wieder Gemurmel. Diesmal antwortet Kilian. »Lass mich!«

»Kilian, wo ist Ma denn hingegangen?«

»Weiß nicht.«

Ich schlucke. »Okay. Sag ihr, dass sie mich zurückrufen soll, ja?«

»Mach ich.«

»Danke.« Ich atme aus. »Ich hab dich lieb, Kilian.«

»Ich dich auch.«

»Drück Karl von mir. Und geht nicht zu viel in die Sonne in Griechenland, setzt eure Käppis auf.«

»Die sind uncool. Ich muss jetzt auflegen.« Ich ziehe die Augenbrauen zusammen.

»Kilian –« Doch in meinem Ohr ist nur noch ein monotones Tuten. Sicherheitshalber schicke ich Ma eine Nachricht, in der ich sie bitte, mich anzurufen. Dann schließe ich für einen Moment die Augen. *Griechenland also.* Sie hätte es mir schreiben müssen. Hat sie nicht daran gedacht, was für Sorgen ich mir machen würde, wenn ich zu Hause niemanden erreiche?

An einem Foodtruck kaufe ich mir einen Kaffee und einen handgroßen Keks mit Schokostückchen. Zurück auf meiner Bank hypnotisiere ich mein Handy, während ich mir die Lippen mit ungeduldigen Schlucken verbrenne. Zehn Minuten vergehen. Dann zwanzig. Ich beobachte Leute, die im Park rund um die Bibliothek Volleyball spielen. Kaufe mir am selben Truck wie vorhin eine Zimtschnecke, obwohl mir langsam schlecht wird. Sehe mir die Bronzestatue von Svea, der sinnbildlichen Mutter Schwedens, an, die inmitten eines Blumenrondells steht. Von Hellea gibt es keine Statuen. Ich kaue auf meiner Lippe herum. Zwei Schwestern, die so verschieden in die Mythologie eines Landes eingegangen sind. Mutter und Todesgöttin. Mutter und Tochter der Dunkelheit. *Mutter.*

Mittlerweile sind dreißig Minuten vergangen, und mein Handy bleibt still. Eine altbekannte Panik beginnt ganz langsam, mir die Luft abzuschnüren. Ist Ma etwas passiert? Ich versuche, mich gegen die Bilder zu wehren, die in meinen Kopf strömen, aber sie kommen trotzdem. Ma, die am Hauptbahnhof auf die Zugschienen fällt. Ma, die von einem Auto angefahren wird. Ma, die aus meinem Leben verschwindet, genau wie mein Vater. *Stopp*!

Ich atme tief ein und tippe mir mit den Fingern gegen die Schläfen, wie es mir die Kindertherapeutin beigebracht hat, zu der ich nach unserem Unfall geschickt wurde. Die Ablenkung funktioniert nur mäßig. Zwar verschwinden die Bilder verdrehter Gliedmaßen aus meinem Kopf, aber die Angst bleibt und pocht mit jedem Herzschlag kaltes Adrenalin durch meine Adern. Matti. Ich könnte Matti anrufen. Aber dann laufe ich Gefahr, Mas Rückruf zu verpassen. *Falls sie dich zurückruft …* Die vielen Leute um mich herum lassen den Druck in meiner Brust steigen. *Ich muss zurück zum Hostel.*

Mit gesenktem Kopf laufe ich durch die Menschenmengen, die von der warmen Mittagssonne auf die Straßen und in die kleinen Cafés und Restaurants gelockt werden. Immer wieder versuche ich, Ma zu erreichen, doch ich komme nicht durch. Hat sie ihr Handy ausgeschaltet?

Ein Markt zwingt mich, langsamer zu laufen und mich durch schlendernde Menschen mit Körben voller Obst und Gemüse zu drängen. Ich könnte die Bahn nehmen, um schneller am Hostel zu sein, aber ich bin mir relativ sicher, dass ich den Verstand verliere, wenn ich jetzt in einen winzigen Container voller Menschen steige.

Zwei Brücken und eine halbe Stunde später haste ich am Thai-Massage-Salon vorbei, der neben unserem Hostel liegt. Und dann stolpere ich endlich in das viel zu bunte Foyer. Während ich auf den Aufzug warte, wähle ich noch einmal erfolglos Mas Handynummer. *Vielleicht ist sie so mitgenommen von allem, was passiert ist, dass sie einen Unfall gebaut hat.* Tränen steigen mir in die Augen. *Vielleicht hast du sie beide umgebracht.*

Die Türen öffnen sich.

»Hell?« Yasin steigt aus der wild gemusterten Kabine und sieht mich erschrocken an.

»Meine Mutter.« Meine Stimme zittert. »Ich kann meine Mutter nicht erreichen.«

Yasin sagt nichts, sondern streckt mir die Hand hin. *Ich dachte, wir sind keine Freunde?*, würde ich ihm am liebsten entgegenwerfen. Stattdessen nehme ich sie.

»Wo sind die anderen?«, frage ich, als er die Küchentür hinter mir schließt.

»Noch unterwegs.« Yasin stellt ein Glas Wasser vor mir auf den Tisch. »Seit wann geht deine Mutter denn nicht ans Telefon?«

Ich presse die Lippen zusammen. Auf einmal ist mir die ganze Sache peinlich. »Ich weiß, dass wahrscheinlich alles okay ist«, setze ich an.

»Du musst dich nicht rechtfertigen, weil du Angst hast, jemanden zu verlieren«, unterbricht Yasin meine Erklärung. Ich trinke einen Schluck, denn ich weiß nicht, was ich sagen soll. Der Yasin, der ständig Witze auf Kosten anderer macht, und der verständnisvolle Mann, der jetzt vor mir sitzt, passen einfach nicht zusammen. Und obwohl ich in der Mittelstufe monatelang zusehen musste, wie er Matti wehgetan hat, glaube ich, dass diese Seite, die Yasin mir an Deck der Fähre zum ersten Mal gezeigt hat, seine wahre ist.

»Warum bist du nicht mit den anderen in Södermalm?«, frage ich.

»Mir war nicht nach Süßigkeiten.« Yasin hat dunkle Ringe unter den Augen, die Art, die man bekommt, wenn man mehr als bloß ein paar Nächte lang schlecht schläft. Ich will ihm nach meinem gescheiterten Versuch auf dem Weg nach Birka gerade zum zweiten Mal meine Hilfe anbieten, als mein Handy klingelt. Vor Aufregung lasse ich es beinahe fallen.

»Ma?« Ich kann nichts dagegen ausrichten, dass ich klinge wie eine Siebenjährige, die ihre Mutter im Einkaufszentrum verloren und soeben wiedergefunden hat.

»Hallo, Lea.« Eine Lawine aus Eiswasser löscht die Wärme in meiner Brust.

»Was ist mit Ma?«

»Deiner Mutter geht es gut«, sagt Bernd knapp. Ich stoße

die angehaltene Luft aus. *Es geht ihr gut.* »Und damit das so bleibt, bitte ich dich, sie nicht noch einmal anzurufen. Weder auf ihrem Handy noch über das Festnetztelefon. Karl und Kilian gehen inzwischen immer öfter ran, und mit ihnen wirst du auch nicht mehr sprechen.« *Wie bitte?*

»Sie ist meine Mutter«, zische ich. »Und die Zwillinge sind meine Brüder.« Heißes Feuer schwillt in meinem Bauch an. Astryds Worte flackern durch meinen Kopf, und zum ersten Mal verstehe ich, was ich da spüre. Was es ist, das mich hysterisch werden lässt, wie Bernd sagt. Oder egoistisch. Oder irrational. *Wut.* Und in diesem Moment vergesse ich jeden Schwur, den ich geleistet habe, um sie zu verbannen. »Du kannst mir nicht den Umgang mit meiner Familie verbieten!«

»Halbbrüder«, korrigiert mich Bernd. »Und doch, ich kann. Denn es geht hier um meine Frau und meine Söhne, denen du schadest. Außerdem, ich zitiere: ›Wenn es irgendetwas gibt, das ich tun kann, sag es mir.‹« Ich hole scharf Luft. Weiß Ma, dass Bernd ihre Nachrichten liest? »Halt dich fern«, sagt er sachlich. »Das ist es, was du für deine Mutter tun kannst.«

»Ich …« Meine Stimme gibt nach. »Ma habe ich wehgetan, das weiß ich«, bringe ich heraus. »Aber Karl und Kilian?« Einen Moment herrscht Stille am anderen Ende der Leitung.

»Erinnerst du dich an das, was du mir im Restaurant entgegengeworfen hast?«, fragt Bernd dann. »Ich meine, es war so etwas wie, *Ich wünschte, ihr hättet euch nie kennengelernt.*«

Ich schlucke. Meine genauen Worte lauteten, *Wir wären besser dran gewesen, wenn du einfach den Mut gehabt hättest, alleine zu bleiben.* Aber Ma war nicht die Einzige, die sie gehört hat. Ich drücke meinen Zeigefinger in den Schnitt in meinem Nacken, bis es brennt.

»Gib mir Karl«, verlange ich. Kilian ist wie ich. Er versteht, wozu Wut verleitet. Anders als sein zwei Minuten jüngerer Bruder. Karl, der jedes Mal weint, wenn ich Bernd anschreie. Der sich an den Tagen, an denen Ma es nicht aus dem Bett schafft, leise in ihren Arm schmiegt, weil er weiß, dass er ihren Schmerz erträglicher machen kann, indem er einfach nur da ist. Auf einmal ist mir klar, wer mit Kilian geredet hat, als wir telefoniert haben. Wer wollte, dass er auflegt. »Bitte, Bernd, lass mich mit Karl reden und das klarstellen!«

»Ich musste meinen weinenden Sohn trösten, der glaubt, dass seine große Schwester sich wünscht, er würde nicht existieren.« Er sagt das ruhig, als würde die Erinnerung nichts in ihm auslösen. Als wäre Karls kleines gebrochenes Herz nichts weiter als eine Ass-Karte, die er jetzt aus dem Ärmel ziehen kann, um den letzten Rest meiner Mauern einzureißen.

»Und deshalb muss er wissen, dass das nicht die Wahrheit ist!«, flehe ich. Einen Moment lang herrscht Stille am anderen Ende der Leitung.

»Alles Gute, Lea.«

»Nein, bitte –«

»Es tut mir leid. Aber ich werde nicht zulassen, dass du das Leben meiner Familie weiter zerstörst. Wenn du dich nicht an meine Bitte hältst, werde ich Maßnahmen ergreifen.« Eine Sekunde später ist die Leitung tot.

Ungläubig nehme ich das Handy vom Ohr und starre aufs Display. *Das kann nicht sein.* Ma würde mich niemals verlassen! Doch es ist ihr Name, der mir entgegenleuchtet wie eine wortlose Einwilligung. Ich höre Yasin fragen, was passiert ist, doch ich schaffe es nicht zu antworten. Ich kann nur das rote Herz anstarren, das ich neben Mas Namen eingespeichert habe und das nun zu einem unförmigen Fleck verschwimmt, während sich eine dumpfe Erkenntnis in mir breitmacht.

Meine Wut hat mir nicht nur meinen Vater genommen.

Sie hat mich meine gesamte Familie gekostet.

Am Abend höre ich zu, wie die anderen begeistert von Södermalm mit seinen Bars und der belebten Kulturszene erzählen, und lächle, als Alice mir eine Tüte mit gemischten Karamellbonbons in den Schoß legt. Ich esse wenig von den indischen Gerichten, die wir online bestellt haben, und trinke umso mehr von dem dank schwedischer Alkoholsteuern sündhaft teuren Weißwein aus Tetrapacks.

»Können wir morgen ausschlafen?«, fragt Coco gähnend. »Ich bin total fertig.«

Alice nickt zustimmend. Ihre Wangen sind gerötet von der Sonne des Tages. »Und nachmittags gehen wir beide ins Abba-Museum«, sagt sie zu mir. Mein Versprechen von heute Morgen erscheint mir Lichtjahre entfernt. Damals war ich auf der Flucht. Jetzt bin ich eine Verstoßene. *Und wer ist schuld daran?* Ein Teil von mir will »Bernd!« schreien, doch der andere, größere Teil weiß ganz genau, dass ich selbst dafür verantwortlich bin. Mein Leben lang habe ich Menschen weggestoßen. Sollte es mich da wundern, wenn sie sich irgendwann selbst von mir entfernen? Ich will noch ein wenig mehr Wein in mein Glas gießen, aber bis auf ein paar Tropfen kommt nichts mehr aus der Packung. Ich knalle sie auf den Tisch und stütze meinen Kopf in meine Hände.

»Komm, Hell, ich bringe dich hoch«, sagt Matti, doch ich schüttle seine Hand ab. Hochbringen. Als ob ich nicht alleine laufen könnte. Die Welt schwankt, als ich aufstehe, um ein neues Tetrapack zu holen. *Deine Schwestern warten auf dich.*

Astryds Stimme, die leider auch von zu viel Wein nicht verschwindet, geistert durch meinen Kopf. *In den nördlichen Wäldern. Wir sind dein Schicksal, Hell. Wir sind die Einzigen, die dir helfen können.* Auf einen Schlag fühle ich mich wieder nüchtern. Ich stelle die ungeöffnete Weinpackung wieder hin und zwinge meinen Kopf, sich zu konzentrieren. Die Hitze, der rasende Herzschlag, das Rauschen von Blut in meinen Ohren. All diese Dinge haben mich erschreckt – aber ich kannte sie. Denn so, nur deutlich schwächer, fühlt es sich an, wenn ich wütend bin. Ich sehe Astryd und das Grab von Birka vor mir. *Das, was du da vorhin gespürt hast, war das Erbe der Tochter der Dunkelheit.* Ich lasse mich auf meinen Stuhl fallen. Wut, tote Kriegerin aus dem Frühmittelalter, mein Vater. Ich habe keine Ahnung, wie diese Punkte zusammenpassen – aber vielleicht weiß ich auch schon längst genug. *Wir sind die Einzigen, die dir helfen können.* Zum ersten Mal seit meinem Telefonat mit Bernd spüre ich so etwas wie Hoffnung. Ich kann dafür sorgen, dass alles wieder gut wird, dass Ma mir verzeiht, dass ich nie wieder jemanden verletze! Denn wenn die Schwestern die seltsame Wut heilen können, die mich auf dem Sörmlandsleden und am Grab von Birka befallen hat – dann vielleicht auch meine eigene.

»Matti?« Mein Gott, ich lalle, als hätte ich die letzten beiden Tetrapacks alleine getrunken …

»Ich bring sie hoch«, sagt Matti zu Alice und legt einen Arm um mich.

»Matti, ich habe einen Plan!«

»Jetzt konzentrieren wir uns mal aufs Gehen und nicht aufs Sprechen«, ächzt Matti, und ich merke erst jetzt, dass er mein gesamtes Körpergewicht trägt.

»Sorry. Sorry«, murmele ich und setze taumelnd einen Fuß vor den anderen, bis wir im Aufzug stehen. Als wir in unserem Zimmer im siebten Stock angekommen sind, setzt

Matti mich aufs Bett und kniet sich hin, um mir die Schuhe auszuziehen.

»Ich muss in die nördlichen Wälder, Matti.«

Er hält inne und sieht zu mir auf. »Die nördlichen Wälder?«

»Mhm«, mache ich.

Er zieht argwöhnisch die Augenbrauen zusammen. »Hell, hat das was mit dieser komischen Frau am Grab von Birka zu tun?«

Wohl eher mit der komischen Frau *im* Grab von Birka. Ich halte mir die Hand vor den Mund. *Nicht lachen*! Sonst denkt Matti noch, ich sei betrunken. Ich atme tief durch. »Absolut nicht!«

Matti sieht mich skeptisch an. Er kennt mich zu gut ... Ein Teil von mir will ihm einfach die Wahrheit sagen. Über Astryd, die Schwestern und meine neueste Erkenntnis, was die Anfälle angeht. Die Verbindung zu meinem Vater. Und über das Telefonat mit Bernd. Aber dann würde er sein Golden-Retriever-Gesicht machen, und ich könnte in seinen großen Augen das Mitleid lesen, das ich im Augenblick nicht ertragen kann. Heiße Tränen steigen in mir auf. *Reiß dich zusammen, Hell!* Wenn ich diese Schwestern finde, dann wird mir so ein Wutanfall nie wieder passieren. Sie werden meine Wut auslöschen. Und dann wird mich niemand mehr alleinlassen.

Matti steht auf und setzt sich neben mich auf die Bettkante.

»Was ist passiert, Hell?« Er seufzt, als ich nicht antworte. »Das letzte Mal, dass du dich mit schlechtem Weißwein betrunken hast, war an dem Tag, an dem Bernd dir verboten hat, nach der Zehnten abzugehen.«

Ich lasse mich auf den Rücken fallen. Ja, das war ein ziemlich beschissener Tag. Zumindest nach damaligen Maßstäben.

»Ich habe eine Lösung«, verrate ich der Zimmerdecke.

»Für alles.« Ich stütze mich auf, um Matti anzusehen. »Nur muss ich dafür in die nördlichen Wälder.« Die Tür geht auf, und ein breiter Lichtstrahl fällt ins Zimmer.

»Al.« Matti klingt erleichtert. »Sie redet wirres Zeug«, sagt er mit gesenkter Stimme. Die Zimmerdecke mit der Ikealampe dreht sich, also schließe ich die Augen. *Wir sind die Einzigen, die dir helfen können.* Meine Matratze senkt sich nach unten.

»Hey«, flüstert Alice. Sie zieht meine Decke über uns beide. Anders als Matti stellt Alice keine Fragen, sie schiebt bloß ihre Hand in meine, während ich den gewohnten Duft nach Chanel Mademoiselle, Honig-Haarkur und Alice einatme. Ich muss die Schwestern finden. Gestern hat Matti mir verziehen, aber irgendwann werden wir uns heftiger streiten, und ich werde andere Sachen sagen, die Al oder er nicht mehr entschuldigen können. Ich halte Alice' Hand ganz fest. *Ich muss meine Wut loswerden, bevor ich auch noch meine Freunde verliere.*

»Also ich finde, das ist eine tolle Idee.« Tom lächelt mich über den Frühstückstisch hinweg an. »Und wenn Hell sagt, es geht ihr gut ...«

»Mir geht's fantastisch«, krächze ich und würge einen Schluck Kaffee hinunter.

»Eine Wanderung durch die nördlichen Wälder?«, wiederholt Coco meinen Vorschlag. »Sind wir dafür denn gut genug ausgerüstet? Da gibt es doch kaum Schutzhütten.«

»Die Zelte haben wir ja eh mit«, sagt Tom. »Wir bräuchten bloß noch ein bisschen mehr Proviant, Wassertabletten und Filter. Wenn wir heute alles besorgen, können wir morgen früh losfahren.«

Matti, der bis jetzt noch kein Wort gesagt hat, lässt seine Tasse sinken. »Die Wege sind beschwerlicher als die des Sörmlandsleden. Wir werden weniger Leuten begegnen und keine Möglichkeit haben, Hilfe zu holen, wenn etwas passiert.« Die letzten Worte betont er so deutlich, als wollte er sie mithilfe seiner Stimme in unser Bewusstsein meißeln.

»Im Krankenhaus haben sie nichts gefunden«, erinnere ich ihn. »Und meine Laborwerte sind auch in Ordnung.«

»Dann spricht doch nichts dagegen«, sagt Yasin.

»In den nördlichen Wäldern gibt es kein Netz.« Matti sieht Yasin eindringlich an. »Wir wären für die Außenwelt unerreichbar.«

»Nicht, wenn wir uns ein Satellitentelefon besorgen«, schlägt Tom vor. Weder Matti noch Yasin würdigen ihn eines Blickes.

»Ich würde sagen, wir stimmen ab.« Coco streckt den Arm in die Luft. »Team Abenteuer?« Tom, Yasin und ich heben ebenfalls die Hand.

Zögerlich sieht Alice zu Matti. »Sind die Wege sehr schwer zu laufen?«

»Nichts, was du nicht schaffen würdest«, erwidert Matti, doch er sieht nicht Alice an, sondern Yasin. »Bist du dir sicher, dass eine Wanderung jetzt eine gute Idee ist?«, fragt er ihn mit einem durchdringenden Blick, den ich so noch nie bei Matti gesehen habe.

»Hältst du mich für schwach oder was?« Yasin wischt sich die ernste Miene aus dem Gesicht, steht auf und beginnt grinsend, auf dem Boden der Küche Liegestütze zu machen.

»Okay, wir haben es begriffen.« Coco, die von der Spannung im Raum anscheinend nichts mitbekommen hat, verdreht die Augen. »Wenn es eine Felslawine gibt, hält Yasin die Steine auf. Ansonsten müssen wir noch klären, wer die Vorräte besorgt und wer das Satellitentelefon.«

Für einen Moment ist alles wie früher: Yasin spielt den Clown, und Coco organisiert. Nur dass Yasin auf meiner Seite ist, passt nicht ins Bild. Ich werfe ihm einen dankbaren Blick zu. Vielleicht ahnt er, dass mein spontaner Wunsch nach einer Wanderung etwas mit meinem gestrigen Zusammenbruch zu tun hat, aber er hat Matti nichts von dem Telefonat mit Bernd erzählt.

»Ich kann mich auf jeden Fall mit um die Vorräte kümmern«, sagt Tom. Vorfreude lässt seine Augen glänzen, doch Mattis Blick ist düster, und ein Stich von schlechtem Gewissen durchfährt mich.

»Ich dachte, du freust dich«, sage ich leise. »So bekommt ihr doch noch eure Wanderung. Al und ich kommen schon irgendwie hinterher.«

Matti erwidert mein Lächeln nicht. »Woher kommt diese fixe Idee, Hell?«

Schweigend senke ich den Blick. Ich kann Matti nicht sagen, dass ich nach einer Gruppe von Frauen suche, die wie ich ab und an von überirdisch starken Wutanfällen in Besitz genommen werden. Genauso wenig, wie ich ihm sagen kann, dass ich die Frauen bitten will, mich neben diesem Fluch auch gleich von meiner eigenen Wut zu befreien, wenn sie schon mal dabei sind. Er würde mich hier und jetzt für unzurechnungsfähig erklären. Ich bin kurz davor, es selbst zu tun.

»Mein Vater«, sage ich schließlich. »Ich würde gerne dorthin wegen meines Vaters.« Die Lüge kommt mir erschreckend leicht über die Lippen. Aber schließlich ist es ja zum Teil die Wahrheit. An Deck der Fähre habe ich meinem Vater geschworen, meine Wut loszuwerden. Und die Schwestern werden mir dabei helfen.

Matti und Alice wechseln einen Blick.

»Okay«, sagt Matti. Dann dreht er sich um und gibt Yasin ein Zeichen. »Wir besorgen das Satellitentelefon.«

»Ihr könntet trotzdem Abräumen helfen«, ruft Coco den beiden hinterher, als sie die Küche verlassen, und schüttelt den Kopf. »Wie die zwei zurechtkommen sollen, wenn ihre Mamis ihnen nicht mehr hinterherräumen, weiß ich auch nicht.«

Nachdem der Tisch abgeräumt ist und der Rest von uns verabredet hat, sich für die Vorrats-Shoppingtour in einer halben Stunde im Foyer zu treffen, nehme ich meine Kulturtasche und gehe ins glücklicherweise leere Gemeinschaftsbad. Die Duschen sind keine Wellnessoasen, aber das heiße Wasser tut trotz fragwürdig hygienischer Plastikvorhänge gut. Ich lasse es eine ganze Weile auf meine Schultern prasseln in der Hoffnung, dass die Kombination aus Hitze und den zwei Aspirin, die ich nach dem Aufstehen genommen habe, den Presslufthammer in meinem Kopf bald zum Schweigen bringt. Als ich das Wasser abdrehe, sind alle fünf Spiegel beschlagen. Ich wische einen mit dem Handrücken frei und presse die Lippen zusammen, als mir die dunklen Augen meines Vaters entgegensehen. Neben meiner Größe sind sie das Einzige, was ich von ihm geerbt habe. *Was hattest du mit dieser Tochter der Dunkelheit zu tun?* Ich rubble meine kurzen Haare trocken. Hat mein Vater bloß aus Zufall zu Hellea von Schweden geforscht? Oder kannte er Astryd, wusste, wer sie ist und wer diese Frauen in den nördlichen Wäldern sind? *Wolltest du, dass ich hierherkomme? Hast du mich deshalb nach Hellea von Schweden benannt?*

Wenn wir mit Einkaufen fertig sind, werde ich einen Abstecher zur Bibliothek machen, beschließe ich. Mein Vater kann mir keine Antworten mehr geben. Aber seine Doktorarbeit vielleicht schon.

In Jeans und einem ausgeleierten Sweatshirt laufe ich Minuten später gedankenverloren den Flur entlang, als ein lauter Wortwechsel mich abrupt innehalten lässt.

»Du verspielst dir deine einzige Chance!« Mattis Stimme kommt aus dem letzten Raum des Ganges, dessen Tür nur angelehnt ist.

»Ich habe dir gesagt, dass ich noch nicht weiß, was ich machen soll!« Yasin. Er klingt wütend und eine Spur verzweifelt.

»Aber du hast eine Frist bekommen«, erwidert Matti. »Und was ist, wenn sie Rückfragen haben? Weißt du, wie verantwortungslos es wirkt, wenn du jetzt einfach eine Woche lang nicht erreichbar bist? Denn so lange sind wir mindestens unterwegs!«

»Wir haben doch das Satellitentelefon.«

»Also willst du beim Jugendamt anrufen, ihnen die Nummer geben und sagen, dass du dich auf Sinnsuche in die Pampa Schwedens begibst, während die wichtigste Entscheidung deines Lebens ansteht?«

»Das werde ich garantiert nicht tun«, erwidert Yasin gepresst. »Ich dürfte im Moment nicht mal hier sein, falls du das vergessen hast.«

Schritte nähern sich der Tür des Schlafsaals, an die ich immer weiter herangerückt bin. Hastig weiche ich zurück.

»Ich würde dich nie verraten, und das weißt du«, sagt Matti, dann schließt er die Tür mit einem lauten Klack. Hastig laufe ich zurück zu unserem Zimmer, scanne die Schlüsselkarte, als wäre der Teufel hinter mir her, und werfe meine Kulturtasche aufs Bett. *Deshalb also die Augenringe*, denke ich. *Deshalb Mattis Sorge um seinen Freund.*

»Bist du fertig?«, fragt Alice, die sich vor dem Spiegel einen hohen Zopf bindet.

»Mhm«, erwidere ich abwesend.

»Na dann los!« Alice wartet ungeduldig, bis ich mir Schuhe angezogen habe, dann drückt sie mir meine Tasche in die Hand und zerrt mich hinaus auf den Flur.

»Wo warst du überhaupt so lange?«, fragt sie. »Die anderen warten bestimmt schon.« Eine Antwort bleibt mir erspart, da Coco uns in der Sekunde, in der wir das Foyer betreten, mit ihrem Masterplan bombardiert.

»Ich habe einen Wandershop gefunden, wo wir Wasserfilter und ein besseres Medizin-Kit bekommen. Nur zwei Straßen weiter gibt es einen Coop, da sollten wir dann alles an Lebensmitteln kriegen, was wir brauchen.«

Während wir eine große Einkaufsstraße entlanglaufen, denke ich an das, was Yasin auf der Fähre zu mir gesagt hat. *Manche Dinge können wir nicht beeinflussen. Das bedeutet noch lange nicht, dass wir schuld sind. Auch wenn es sich so anfühlt.* Ich sehe wieder vor mir, wie er aus dem Café in Gamla Stan stürmt, das Handy gegen sein Ohr gepresst. Was hat Yasin getan? Denn auch wenn er sich selbst nicht für schuldig hält – das Jugendamt scheint es zu tun.

»Hell ist die einzige Vegetarierin, oder?«, fragt Coco, als wir im grell beleuchteten Supermarkt vor dem Regal mit Fertiggerichten stehen. Ich nicke. In unserem Einkaufswagen stapeln sich schon Dosen mit Eintöpfen, jede Menge Knäckebrot und Proteinriegel. An der Kasse ziehe ich mein Portemonnaie aus der Tasche, während die anderen unsere Vorräte scannen. Doch das EC-Gerät gibt einen unzufriedenen Piepton von sich, als ich meine Karte davorhalte.

»Declined?«, lese ich ungläubig.

Alice sieht mir über die Schulter. »Hast du dein Konto vielleicht überzogen?«, fragt sie. Ich schüttle den Kopf. Der August hat gerade erst angefangen, und bis auf die kleinen Beträge für Essen und den Ausflug nach Birka habe ich noch kein Geld ausgegeben. Ich versuche es noch einmal, doch auf dem Display erscheint wieder ein rotes Kreuz. Alice schiebt mich zur Seite und bezahlt hastig, um die Schlange nicht weiter aufzuhalten.

»Du solltest deine Bank anrufen«, rät Coco, als wir vollbepackt vor dem Supermarkt stehen. »Wahrscheinlich ist das irgendein Fehler.«

Ein ungutes Gefühl macht sich in meinem Bauch breit. Ich ziehe mein Handy aus der Tasche, aber nicht, um mich bei der Sparkasse zu melden. Mit klopfendem Herzen drücke ich auf meine Anrufliste. Gestern Abend um 23:09 Uhr habe ich versucht, zu Hause anzurufen. Ich schließe die Augen, als die Erinnerung langsam zurückkommt. Ich, wie ich ins Badezimmer stolpere. Ich, wie ich unserem Anrufbeantworter erkläre, dass ich meine Brüder liebe und dass sie mich im Restaurant missverstanden haben. Und wie ich Bernd entgegenknalle, dass ich meine Familie niemals im Stich lassen werde.

»Shit«, flüstere ich.

»Wurde dein Konto gehackt?«, fragt Alice besorgt. Ich schüttle den Kopf. Nein, es wurde gesperrt. Und ich weiß auch, von wem. Bernds Stimme hallt durch meinen Kopf. *Wenn du dich nicht an meine Bitte hältst, werde ich Maßnahmen ergreifen.*

»Nee, mein Akku ist bloß leer«, antworte ich. Auf dem Weg zurück zum Hostel rattern meine Gedanken. Mit dem Zugriff auf mein Konto hat Bernd mich von dem gesamten Geld abgeschnitten, das ich je besessen habe. Ist das überhaupt legal? Wahrscheinlich schon, sonst hätte die Bank mein Konto ohne meine Zustimmung ja nicht gesperrt. Ich schüttle den Kopf. Er sperrt mein Konto als Konsequenz dafür, dass ich angerufen habe. Was würde er denn bitte machen, wenn ich wieder zu Hause auftauche? Die Polizei rufen?

Die anderen halten an, weil sie sich an einem Stand ein Eis kaufen wollen. Ich gebe mein Bestes, um so unbesorgt wie möglich zu wirken, doch in mir verknoten sich alle Organe bei dem Gedanken an die Zukunft. Meine Ausbildung beginnt erst in zwei Monaten. Und das Gehalt ist knapp, obwohl ich noch nicht einmal genau weiß, wie knapp. Diese Information war mir nicht wichtig, als ich mich bei meiner Ausbildungsstelle beworben habe. Ich habe nur das moderne Seniorenheim gesehen und meinen Traum, für andere da zu sein. *Weil ich es gewohnt bin, ein Sicherheitsnetz zu haben.* In meinem Kopf listen sich die Dinge auf, die ich jetzt allein stemmen muss. Das Drittel der Kaution für unsere Wohnung plus Abschlagszahlungen, Miete, Essen, eine Karte für die Straßenbahn … Mir wird übel. *Ich könnte Ausbildungshilfe beantragen,* überlege ich. *Kellnern. Bernd auf Unterhalt verklagen.* Die letzte Option streiche ich direkt wieder. Meinetwegen schlafe ich unter einer Brücke, aber diesen Mann werde ich nie wieder in meinem Leben um etwas bitten. Alice drückt mir eine Waffel mit zwei Kugeln Stracciatella in die Hand, obwohl ich gesagt habe, dass ich nichts möchte.

»Um den Schreck zu verdauen«, sagt sie, und ich wünschte, mein Leben wäre auch nur einen Moment lang so leicht wie ihres. Ich bitte Coco, mein Eis zu halten, während ich mir die Jacke ausziehe.

»Was hast du da?« Alice hebt die Hand und dreht meinen Kopf ganz leicht zur Seite.

»Das ist nichts«, sage ich wegwerfend.

»Nichts würde ich das nicht nennen.« Alice hält mir ihren Handspiegel hin, und ich zucke zusammen. Der feine Schnitt, den die Kette mit dem Amulett meines Vaters hinterlassen hat, ist zu einer an den Rändern geröteten Wunde geworden. Ich denke daran, wie meine Finger in den letzten Tagen ihren Weg zu dem Schnitt gefunden haben, wenn die Wut mich überkommen hat.

Deine Schwestern warten auf dich, hallt es durch meinen Kopf. *In den nördlichen Wäldern.* Ich schließe die Augen.

Und ich werde kommen.

KAPITEL 6

Die Morgensonne fällt gleißend hell durch die Windschutzscheibe, und ich halte mir eine Hand über die Augen.

»Frag sie, ob sie sich ganz sicher ist«, zische ich Matti zu.

Er bringt mich mit einer Geste zum Schweigen und hält das Handy dichter an seinen Mund, um Granates knatternden Motor zu übertönen. »Exakt. Curtens, med C.« Er nickt. »Tack så mycket.«

»Und?«, frage ich, als er aufgelegt hat.

»Dein Vater hat seine Doktorarbeit zuerst über die nordische Mythologie schreiben wollen, dann aber das Thema geändert.«

»Zu?«

»Hochkulturen und ihre Religionen.«

Das passt zur Forschung über die Maya, die er danach in Hamburg betrieben hat. Aber was hat ihn dazu bewogen, das Thema zu wechseln?

»Und unter seinem Namen findet sich im Archiv der Uni nichts weiter?«, frage ich.

»Bis auf den Artikel, den du schon kennst, nichts, nein.«

Enttäuscht lasse ich mich in Granates Stoffpolster sinken. Den Artikel über Hellea von Schweden habe ich gestern Abend noch zwei Mal durchgelesen, ohne irgendeine weiterführende Info zu entdecken. Ich habe auch die Professorin gegoogelt, für die mein Vater gearbeitet hat. Aber außer einer

Reihe von Preisen und ein paar anderen, uninteressanten Publikationen ist über Selma Bergström nichts zu finden, nicht einmal ein Foto. Lag ich falsch in dem Glauben, mein Vater hätte etwas mit den Schwestern zu tun gehabt? Wahrscheinlich ist er im Zuge seiner Recherchen über die nordische Mythologie auf Hellea von Schweden gestoßen, hat an einem Artikel über sie mitgeschrieben und dann entschieden, seine Doktorarbeit doch in einem anderen Feld zu schreiben. Aber das Gefühl, dass mein Vater irgendwie mit dieser ganzen Sache verbunden ist, lässt mich nicht los. Ich zücke mein Handy und tippe zum zweiten Mal innerhalb dieser Woche *Nathaniel Curtens* in die Google-Suchleiste, um seine Arbeiten nach irgendeinem Hinweis zu durchforsten. Doch nichts erscheint. Ich scrolle weiter nach unten auf der Suche nach dem üblichen Verweis zur Website der Uni Hamburg, bleibe jedoch auch auf Seite zwei und drei erfolglos. Nicht ein einziger Eintrag über meinen Vater – ganz so, als hätte er nie existiert. Selbst der Artikel über Hellea von Schweden ist verschwunden. Dabei waren seine veröffentlichten Arbeiten doch vorgestern, als ich im Park der Bibliothek nach ihnen gesucht habe, noch da …

Ich sehe durchs Fenster auf das flache Land, an dessen Horizont sich ein Meer aus Grün erstreckt. Auf einmal fühle ich mich furchtbar allein. Wer genau sind diese Schwestern? Wie werde ich sie finden in einem Wald, der fast so groß ist wie ganz Schleswig-Holstein? *Und was mache ich,* wenn *ich sie finde?*

Dreieinhalb Stunden später halten wir auf einem winzigen Parkplatz, auf dem bis auf unsere beiden kein einziges Auto steht.

»Bist du sicher, dass das hier ein offizieller Startpunkt ist, Matti?«, zweifelt Alice.

Matti macht die Tür auf und tritt mitten in ein matschiges Schlagloch. Mit einem Ruck befreit er seinen Fuß. »Ich habe euch gewarnt.« Er schüttelt einen Schlammbrocken von seinem Schuh, dann dreht er sich zu uns um. »Hier oben gibt es keine Bushaltestellen und keine Hotdog-Buden. Hier gehen Leute wandern, die sich auskennen. Und die sich an einem schlammigen Parkplatz nicht stören, genauso wenig wie an Übernachtungen im Zelt oder an der Waldtoilette.«

Alice' Gesicht ist bei Mattis letztem Zusatz in stillem Schock erstarrt. Ich sehe den majestätischen Fichten entgegen, die das Eingangstor zum dichten Wald vor uns bilden. Der Weg, ein schmaler, von mächtigen Wurzeln durchzogener Pfad, ist zwischen dem dichten Grün kaum auszumachen. Ich lege den Kopf in den Nacken. In den haushohen Baumwipfeln hängen weiße Nebelschwaden wie Zuckerwatte. Während die anderen ihre Rucksäcke aufsetzen und die Autos abschließen, hole ich tief Luft. *Jetzt nur nicht den Mut verlieren.*

»Ich wollte dich vor den anderen nicht fragen«, sagt Yasin leise neben meinem Ohr. »Aber was ist eigentlich der wahre Grund für diesen Trip?«

»Für den Urlaub?«, entgegne ich. »Erholung.«

»Du weißt genau, was ich meine«, sagt Yasin. »Wovor willst du in diesem Wald fliehen?«

Ich fahre herum. *Das fragt er* mich? Er, der mit dieser Reise die Auflagen des verdammten Jugendamts verletzt? »Ich fliehe vor gar nichts«, sage ich. Es klingt härter als beabsichtigt, aber ich habe die Nase voll davon, dass das Vertrauen zwischen Yasin und mir immer nur in eine Richtung geht.

»Hey ihr zwei!«, ruft Coco. Ich habe nicht bemerkt, dass die anderen sich unter den Fichten gesammelt haben. »Beeilt euch, sonst verliert ihr den Anschluss!«

Ihre Worte lassen Alice' Gesicht kalkweiß werden. Ich schultere meinen Rucksack und schließe zu ihnen auf.

»Wehe«, sagt Alice und deutet abwechselnd auf Matti und mich, »ihr lasst mich da drinnen auch nur eine Sekunde alleine!«

»Auch nicht auf der Waldtoilette?«, versuche ich, die Stimmung zu lockern. Wenn Blicke töten könnten, würde ich in diesem Moment zu Staub zerfallen.

»Ich bleibe immer hinter dir«, verspricht Matti und lässt Alice den Vortritt. Einer nach dem anderen treten wir gebückt durch den Vorhang aus Fichtenzweigen auf den schmalen Pfad. Augenblicklich senkt sich eine tiefe Stille auf mich herab, die nur durch das schmatzende Geräusch unserer Wanderschuhe in der sumpfigen Erde unterbrochen wird. Anders als auf dem Sörmlandsleden hat dieser Wald nichts Luftiges. Seine Wipfel reichen so hoch in den Himmel, dass nur wenig Licht auf uns herabfällt, und die alles umgebende Feuchtigkeit erschwert mir das Atmen. Wenn die Erde zu schlammig wird, unterbrechen marode Holzplanken den Pfad. Ihre Anwesenheit beruhigt mich. Es gibt also irgendwelche Ranger, die auf diesen Wald achtgeben.

»Schaut mal!« Coco bückt sich hinunter zu einem Gewächs, das sich fein wie ein Spinnennetz über das allgegenwärtige Moos zieht. Die hellgrünen, sternförmigen Ärmchen der Pflanze recken sich gen Himmel, als kämpften sie hier unten erbittert um jedes bisschen Sonnenlicht.

Coco pflückt zwei Äste, was ihr eine Lektion von Matti über das Jedermannsrecht einbringt, nachdem man in Schweden lediglich auf fremdem Grundbesitz schlafen darf, auf keinen Fall aber Pflanzen oder Früchte stehlen kann.

»Das gilt auch für Beeren!«, ruft er, als Alice einen vermeintlichen Heidelbeerbusch entdeckt. »Ein falscher Bissen, und es ist nicht bloß unhöflich, sondern lebensgefährlich.«

Hastig zieht Alice ihre Hand zurück. Wir wandern weiter, achten auf jeden Schritt, um nicht über eine der unterarmdicken Wurzeln zu stolpern, und balancieren über Holzplanken, bis wir schließlich ein Seeufer erreichen, wo genügend Boden flach und fest ist, um unsere Zelte aufzuschlagen. Während Matti Anweisungen erteilt, horche ich in mich hinein, doch da ist keine Spur von Hitze. Kein Herzrasen, kein Schwindel.

Was habe ich mir erhofft? Dass Astryd neben mir auftaucht, sobald ich den Wald betrete, wie eine schräge Form der guten Fee? Dass mein Inneres noch in dem Moment zu brennen beginnt, in dem ich einen Fuß in den Wald setze?

Matti kniet sich neben mich und hilft mir, die Heringe mit einem Stein in den Waldboden zu drücken.

»Früher war ich öfter so wandern«, erzählt er. »Nicht hier, wir sind meistens im Gebiet rund um Stockholm geblieben. Aber mein Großvater hat immer einen Weg gefunden, den niemand sonst kannte.« Kurz sehe ich den unbekümmerten Matti aufblitzen, den ich kenne, bevor sich seine Stirn wie so oft in den letzten Tagen wieder in Falten legt. »Ich verstehe, dass du den Spuren deines Vaters folgen willst«, sagt er leise. »Aber wir können nicht lange bleiben. Ich habe uns die kürzeste Route rausgesucht, die möglich ist. Mehr als eine Woche … ist einfach nicht drin.«

Ich blicke zu Yasin hinüber, der Äste aus dem Dickicht trägt und auf dem freien Platz zwischen unseren Zelten aufschichtet. Ich könnte Matti fragen, warum Yasin vom Jugendamt gesucht wird, aber ich weiß, dass er es mir nicht verraten würde. Matti ist der loyalste Mensch, den ich kenne. *Ich hoffe nur, dass Yasin das nicht ausnutzt …*

»Wer von euch Naturfreaks kann hiermit Feuer machen?« Jetzt sieht auch Matti zu Yasin hinüber. Seine Augen weiten sich.

»Niemand macht Feuer, Leute!«, sagt er und springt auf. »Wir haben die Campingkocher nicht umsonst mitgeschleppt.«

Yasins Fehler bringt uns einen ausladenden Vortrag über Waldbrandgefahr, das Ökosystem und den touristischen Fußabdruck ein. Als Matti fertig ist, hat der Rest von uns seine sicherheitskonform auf dem Campingkocher erhitzten Dosen mit Linseneintopf schon aufgegessen. Eine Weile spielen wir noch Karten, aber nach der dritten Runde schläft Coco gegen Toms Schulter gelehnt ein, und auch ich gähne öfter, als dass ich etwas zum Gespräch beitrage. Die dichten Baumwipfel, die das meiste Sonnenlicht schlucken, tun ihr Übriges.

»Ich bringe Coco mal ins Bett«, sagt Tom. Vorsichtig hebt er seine Freundin hoch und trägt sie zum linken Zelt.

»Es ist so unendlich still hier draußen«, sagt Alice andächtig. »Wenn alle ruhig sind, hört man sich selber atmen.«

»Im Norden sind wenig Leute unterwegs«, sagt Matti und nickt. »Selbst Ranger sieht man hier oben kaum, und wenn, dann nur in den Randgebieten. Der nördliche Wald gehört noch vollkommen sich selbst.«

Ja, hier draußen ist das Wanderabenteuer perfekt. Aber anders als die anderen bin ich nicht deshalb hier. *Wenn ich bloß wüsste, wonach ich Ausschau halten muss!* Schließlich habe ich nur eine Woche Zeit, um die Schwestern zu finden, unbemerkt zu verschwinden, wenn ich es schaffe, und rechtzeitig zu den anderen zurückzukehren, bevor sie sich Sorgen machen. Nachts wäre ein perfekter Zeitpunkt. Doch allein bei dem Gedanken, mich in der Dunkelheit von den anderen zu entfernen, kriecht mir eine Gänsehaut über den Nacken.

»Ich gehe mich umziehen.« Alice stöhnt, als sie aufsteht. »Wie kann ich jetzt schon Muskelkater haben?«

»Am besten dehnst du dich, bevor du dich hinlegst«, rät Matti. »Rücken und Beine. Ich kann dir zeigen, wie.«

Alice macht einen Schritt zurück. »Geht schon.« Sie stolpert, als sie auf unser Zelt zuläuft.

»Na dann«, sagt Yasin, greift nach seiner Taschenlampe und steht auf. »Gute Nacht.«

»Gute Nacht«, sagen Matti und ich gleichzeitig. Er hält mir eine Hand hin, und ich ziehe mich auf die Füße.

»Ich gehe noch mal …«, sage ich und deute vage auf das Unterholz.

»Nicht zu weit weg, okay?«

Ich nicke, bleibe aber erst stehen, als die gedämpften Stimmen der anderen nicht mehr zu hören sind. Der Schein meiner Taschenlampe erleuchtet die dichten Pflanzen, die den Boden überwachsen. *Du schaffst das.* Ich klemme meine Taschenlampe zwischen zwei Steine und will mir gerade die Hose aufknöpfen, als mich ein Rascheln zusammenfahren lässt. Langsam richte ich mich auf, drehe mich um und lasse den Kegel meiner Taschenlampe an den Baumstämmen vorbeistreifen. Nichts. Ich atme aus, gleichzeitig enttäuscht und erleichtert. Was habe ich auch erwartet? Dass eine Horde von Frauen in Mittelalterklamotten zwischen den Bäumen hervorstürmt?

»Hallo?«, frage ich zaghaft in das Dämmerlicht hinein. Niemand antwortet mir.

Als ich ein paar Minuten später zwischen Matti und Alice in meinem Schlafsack liege und in die Stille hineinlausche, frage ich mich, ob ich mich geirrt habe. Vielleicht wartet in diesem Wald niemand auf mich, und Astryd hat einfach nicht mehr alle Tassen im Schrank. Ich drehe mich auf die andere Seite. Nein, das will ich nicht glauben.

Denn das hieße, dass mir niemand helfen kann.

Am nächsten Morgen weckt mich Vogelgezwitscher, doch das friedliche Urlaubsgefühl verschwindet, als ich mich strecke.

»Jemand hat meine Beine geklaut und durch Baumstämme ersetzt«, stöhne ich.

»Dir auch guten Morgen.« Matti schält sich aus seinem Schlafsack. Seine blonden Locken stehen in alle Richtungen ab. »Also hört ihr demnächst auf mich, wenn ich euch rate, euch zu dehnen?«

»Ich hätte Ja gesagt, wenn du angeboten hättest, mich zu massieren«, sage ich und lasse mich zurück auf die dünne Isomatte fallen – nicht gerade die beste Idee.

»Würde ich sogar machen, wenn du im Gegenzug aufhörst zu meckern.« Matti zieht sich sein Shirt über den Kopf und wirft es nach mir.

»Al!«, sage ich und rüttle an Alice' Schulter, die neben mir noch immer auf derselben Seite liegt, auf der sie gestern Abend eingeschlafen ist. »Matti hat angeboten, uns zu massieren!«

Draußen höre ich das Klackern von Blechtassen.

»Nehm ich an, Matti«, ruft Tom.

Ich grinse, stehe auf und ziehe den Reißverschluss unseres Zeltes hoch. Frische Morgenluft strömt herein, und Alice dreht sich auf den Rücken.

»Au«, sagt sie und verzieht das Gesicht.

»Siehst du, ich bin nicht die Einzige, die meckert.« Ich werfe Matti sein Shirt zu.

»Aber du bist der Grund, warum wir hier sind«, stöhnt Alice. Sie setzt sich auf und streicht ihre Haare zurück, obwohl sich über Nacht keine einzige Strähne aus ihrem geflochtenen Zopf gelöst hat. »Ich würde jetzt alles geben für eine Dusche.«

»Du kannst im See schwimmen gehen«, schlägt Matti vor. Alice verzieht das Gesicht.

»Und mir 'ne dicke Erkältung holen? Plus Blutegel oder was auch immer da noch drinnen rumschwimmt? Herzlichen Dank auch.«

Matti zuckt mit den Schultern. »Achtundvierzig-Stunden Deos halten nicht ewig, Al.« Er grinst. »Überleg es dir. Wenn wir unser Pensum schaffen, kommen wir heute Nachmittag wieder an einen See.« Er hält uns seinen Wanderführer hin. »Sogar an einen größeren.«

Ich schlucke, als ich die riesige Grünfläche betrachte und den kleinen roten Filzstiftpunkt, der unseren Standort markiert. Selbst wenn sie existieren, wie soll ich die Schwestern jemals finden?

»Das ist nicht dein Ernst!«, höre ich Coco rufen. »Bücher – echt jetzt?«

»Ein Buch«, korrigiert Tom seine Freundin. »Wusstest du, dass man in Stockholm eine Walkingtour machen kann, die an allen Orten vorbeiführt, die in Stieg Larssons Reihe vorkommen?«

»Ich weiß nur, dass es absolut sinnlos ist, einen Achthundert-Seiten-Wälzer mit auf eine Wanderung zu schleppen, wenn wir den Platz wirklich gut für eine weitere Packung Knäckebrot hätten gebrauchen können …«

Matti klappt den Wanderführer zu. »Lasst uns mal frühstücken gehen und Tom retten, bevor Coco ihn mit seinem Buch erschlägt.«

Unser Frühstück besteht aus Bananen, Knäckebrot und Pulverkaffee. Ich beschwere mich über die kargen Rationen, während Alice still an einem Kräcker knabbert und mir seltsamerweise auch ihre Tasse Kaffee überlässt. Es werden Witze darüber gerissen, wie laut Coco schnarcht, über die alle lachen außer Yasin, der ein wenig abwesend auf das Wasser starrt. Dann packen wir unsere Sachen zusammen.

»Dieser See sah auf der Karte ganz schön weit weg aus«, sagt Alice, die ein wenig blass um die Nase wirkt.

»Das schaffen wir schon«, versichert Matti ihr. »Der Weg wird nicht schwerer als gestern.«

Entweder, Matti hat uns angelogen, oder er wusste wirklich nichts von den Felsen, die wir gegen Mittag erreichen.

»Das ist jetzt nicht wahr«, sagt Alice, nachdem sie den ersten Schock verdaut hat.

»So steil sieht es doch gar nicht aus«, versucht Tom sie zu beschwichtigen.

»Ich gehe da nicht hoch.« Alice schüttelt den Kopf. »Vergesst es. Mache ich nicht.«

Zugegeben, der steinige Pfad, der sich vor uns auftut, hat mehr mit einer Kletterwand gemein als mit einem Weg.

»Du musst dich einfach weit genug nach vorne lehnen«, erklärt Tom, »sonst verlierst du wegen des Rucksacks das Gleichgewicht. Es hat alles mit dem richtigen Winkel zu tun.«

Alice weicht einen Schritt von dem Hang zurück, an dem die Felsen sich vor uns auftürmen. »Das ist doch verrückt!«, sagt sie schrill. »Wenn sich hier einer von uns was bricht, schaffen wir es nie wieder in die Zivilisation zurück!«

»Hubschrauber kommen hier tatsächlich nicht durch«, bestätigt Tom, »aber es können Boote mit Sanitätern über den großen Fjord geschickt werden, der nördlich von hier am Wald entlangläuft.«

Alice' Augen weiten sich.

»Lass mal gut sein, Tom«, sagt Matti. Er stellt sich vor Alice und legt seine Hände auf ihre Schultern. »Wir lassen jetzt alle anderen zuerst hochklettern, okay? Und dann gehen wir. Ganz in Ruhe.«

Alice schluckt. »Versprichst du mir, dass ich nicht falle?«

Ich presse die Lippen zusammen. Alice hasst alles, was mit Gleichgewicht und Höhe zu tun hat. Und jetzt steht sie hier mit kalkweißem Gesicht, statt durch das Abba-Museum zu schlendern und Zimtschnecken am Hafen zu essen. Ich bedeute den anderen mit einer Handbewegung, sich ans Klettern zu machen.

»Ich gehe hinter dir«, sage ich, als nur noch wir drei unten stehen. »Dann kannst du Mattis Füßen folgen, und ich bin da, falls du das Gleichgewicht verlierst.«

Tränen treten in Alice' Augen. »Okay«, sagt sie tonlos. Matti wirft mir hinter ihrem Rücken einen fragenden Blick zu. Ich zucke mit den Schultern. Alice ist in letzter Zeit eigentümlich nah am Wasser gebaut, und ein wenig schmal geworden ist sie auch. Ich denke an die Vehemenz, mit der sie meine Frage nach Benjamins Treue in Birka zurückgewiesen hat. Betrogen hat er sie auf seinen tausend Geschäftsreisen also wohl wirklich nicht. Aber gut kann es zwischen den beiden nicht laufen … Normalerweise schafft Alice es keine zwei Sekunden, ohne ihrem Freund zu schreiben, doch seit wir in Schweden sind, hat sie ihr Handy kaum angefasst und jeden Anruf ignoriert. Diese Digital-Detox-Sache kann sie vielleicht den anderen verkaufen, aber nicht Matti und –

Ich keuche erschrocken auf, als sich ein Stein unter meinem Fuß löst und die Felsen herunterrollt.

»Alles okay?«, ruft Alice, die den Blick fest auf Mattis Fußstapfen gesenkt hält.

»Ja!«, rufe ich zurück und nehme mir fest vor, sie, sobald wir allein sind, dasselbe zu fragen.

Nachdem wir die Felsen ohne gebrochene Knochen erklommen haben, atmen alle kurz auf. Doch je weiter wir in seine Tiefen vordringen, desto wilder wird der Wald. Immer häufiger steigen wir über umgestürzte Bäume, deren ausgerissene Wurzeln in die Höhe ragen wie abstrakte Kunstwerke der Natur, und die Planken, die uns über unwegsame Abschnitte hinweghelfen, werden immer weniger. Wandernde haben wir noch keine gesehen, genauso wenig wie Anzeichen für die Existenz hier lebender Frauen. Ich wische mir den klebrigen Schweiß von der Stirn. Vielleicht muss ich mich an den Gedanken gewöhnen, dass Astryd sich einen verdammt schlechten Witz mit mir erlaubt hat. Ein spitzer Schrei reißt mich aus meinen frustrierenden Gedanken.

»Wir sind da!« Coco schnallt ihren Rucksack ab und rennt mit fliegenden Beinen durch die Bäume auf einen See zu, dessen Wasser einladend glänzt. Am Ufer zieht sie sich bis auf die Unterwäsche aus und stürzt sich hinein. Ich folge ihr bis zur Wasserkante und sehe nach oben. Zum ersten Mal, seit wir den Wald betreten haben, habe ich freien Blick auf den Himmel, der dem kobaltblauen See seine Farbe leiht.

»Na, dann lasst uns mal schnell das Gepäck loswerden, Leute«, sagt Matti. Wir wählen ein vergleichsweise wurzelfreies Stück Wald in sicherer Entfernung vom Ufer, wo wir unsere Rucksäcke abstellen und uns strecken. Matti und Tom verschwinden gleich darauf johlend im Wasser, während Yasin sich damit beschäftigt, die Stäbe des ersten Zeltes zusammenzustecken.

»Was sagst du?« Ich drehe mich zu Alice. »Abkühlung gefällig nach dem Stress heute?«

Sie kniet sich vor ihren Rucksack und holt eine der Planen heraus, mit denen wir uns nachts vor Feuchtigkeit schützen. »Ich glaube nicht.«

»Komm schon, Al, ich muss mit dir in einem Zelt schlafen!«, necke ich, bevor ich merke, dass Alice ihre Finger in ihre Funktionsjacke krallt, als hätte sie Angst, jemand würde ihr das quadratische Ding im nächsten Moment vom Leib reißen. Ein erschreckender Gedanke macht sich in mir breit. Die ungewöhnlich weiten Klamotten, Alice' schärfer gewordenen Gesichtszüge, ihr karges Frühstück in letzter Zeit, der prüfende Blick in den Spiegel vor unserer Abiverleihung. Und ich bin mir relativ sicher, am Morgen unseres Ausflugs nach Birka gehört zu haben, wie sich im Badezimmer des Hostels jemand übergeben hat. Ich schlucke.

»Hör mal, Al«, beginne ich vorsichtig, nachdem ich sie ein Stück von Yasin und den Zelten weggeführt habe. »Wenn irgendetwas los ist, kannst du mit mir reden. Ich meine, es ist wichtig, zu reden, wenn man ein Problem hat, statt es mit anderen Dingen zu unterdrücken, wie zu wenig zu essen zum Beispiel.« Ich beiße mir auf die Lippe. Vielleicht hätte ich dieses Gespräch lieber Matti überlassen, der wenigstens schon mal in ein Psychologie-Lehrbuch reingelesen hat. Aber der ist gerade damit beschäftigt, sich eine gnadenlose Wasserschlacht mit Coco und Tom zu liefern. »Was ich sagen will, ist, dass deine Gesundheit wichtiger ist als vollkommen übertriebene Schönheitsideale, und die ganzen Mädels auf Instagram nutzen eh nur Filter! Mit denen sollte man sich auf keinen Fall vergleichen, wenn es das ist –«

Alice berührt sanft meinen Arm. »Willst du mich fragen, ob ich eine Essstörung entwickle?«

Ich atme aus. »Ich schätze schon. Ich mache mir Sorgen um dich. Und ich will, dass du weißt, dass ich für dich da bin, egal, was los ist.«

Alice presst die Lippen zusammen, dann zieht sie mich in eine feste Umarmung. »Als ob ich das nicht schon längst wüsste«, flüstert sie mir ins Ohr. Wir lassen uns los, und ich frage mich gerade, ob ich erleichtert sein soll, weil Alice zu mir kommen würde, wenn etwas ist, oder besorgt, weil sie die Sache mit der Essstörung nicht klar verneint hat. Doch im nächsten Moment verschwindet jede Sorge um meine beste Freundin aus meinem Kopf.

»Hell?«, höre ich Alice' verwunderte Stimme, als ich sie zur Seite schiebe. Dort, hinter dem See, in dem meine Freunde planschen wie Kinder im Freibad, steht jemand zwischen den Bäumen. Eine Frau in einem wadenlangen, schneeweißen Kleid. Sie sieht zu uns herüber, und nur für einen Moment kreuzen sich unsere Blicke.

»Hell!« Alice' Gesicht schiebt sich in mein Blickfeld. »Alles okay? Du siehst aus, als hättest du ein Gespenst gesehen!«

»Al, da –« Meine Stimme versagt. Alice dreht sich in die Richtung, in die ich zeige. Ihre Augenbrauen ziehen sich zusammen.

»Hey, Tom!«, ruft sie. »Ich brauch Matti noch auf diesem Trip.« Tom, der Matti mit Cocos Hilfe unter Wasser gezogen hatte, hebt grinsend die Hände. »Die machen doch nur Quatsch«, sagt Alice lächelnd an mich gewandt, als Matti wieder auftaucht. »Siehst du?« Ich nicke mechanisch. Dabei sind meine Augen nicht auf Matti und die anderen gerichtet, sondern auf den Waldrand hinter ihnen. Doch dort zwischen den Bäumen am anderen Ufer ist niemand mehr zu sehen.

Ich schäle mich aus meinen verschwitzten Klamotten, während die anderen Dosen aus ihren Rucksäcken holen und die Zelte aufbauen. Habe ich mir die Frau bloß eingebildet? Der See ist riesig. Vielleicht habe ich mich verguckt, und es war bloß eine Wanderin. *In einem Kleid ohne Rucksack?*

Ich beiße die Zähne zusammen, während ich ins kalte Seewasser tauche und versuche, die Gestalt aus meinen Gedanken zu vertreiben. Sie kann unmöglich real gewesen sein. *Und was, wenn doch?* Mein Mund wird trocken.

Vielleicht muss ich die Schwestern gar nicht suchen.

Vielleicht haben sie mich schon längst gefunden.

Auf einmal jagt mir der Gedanke Angst ein. Ich weiß, was ich von Astryd und ihren Schwestern will: Sie sollen mich heilen, damit ich aus diesem Wald verschwinden und endlich ein normales Leben führen kann. *Aber vielleicht werden sie gar nicht wollen, dass du gehst*, flüstert eine kleine Stimme in meinem Kopf. Ich tauche wieder auf und schnappe nach Luft. Der Geruch von Dosenchili wabert über den See, begleitet vom Lachen meiner Freunde.

Sei nicht albern, Hell, befehle ich mir, während ich zurück zum Ufer schwimme. *Das hier ist kein Horrorfilm.* Tropfnass gehe ich zu unserem kleinen Camp, krame in meinem Rucksack nach meinem Handtuch und meinen Schlafklamotten.

»Essen ist gleich fertig!«, ruft Matti mir hinterher, als ich zwischen die Bäume gehe, um mich umzuziehen. Vielleicht war diese Frau wirklich bloß wandern, genau wie wir, denke ich und lege meine Jogginghose auf einem gefallenen Baumstamm ab. So muss es sein. Ich rubble mir die Haare trocken und ziehe mir den Pullover über den Kopf. Dann höre ich ein Knacken. Das Blut in meinen Adern gefriert zu Eis. Langsam, als hätte ich Angst, ein wildes Tier zu verschrecken, drehe ich mich um.

Zwischen den Bäumen ist niemand zu sehen. Mein Herz hämmert gegen meinen Brustkorb.

»Hallo?«, rufe ich. Stille.

»Alles in Ordnung?« Ich zucke zusammen, als Yasin hinter mir auftaucht.

»Da war jemand«, sage ich und schaffe es kaum, das Zittern meiner Stimme zu unterdrücken. »Ich habe etwas gehört.«

»Was denn?«, fragt Yasin.

»Ein Knacken.«

»Ein Knacken?«

»Als wäre da jemand langgelaufen«, sage ich ungeduldig.

Yasin horcht einen Moment. »Hm, ich höre keine Stimmen. Wahrscheinlich war es bloß ein Tier.«

»Ja, vielleicht«, sage ich zögerlich.

»Jetzt sag bloß nicht, Coco hat dich mit ihrem Aberglauben angesteckt.« Yasin sieht mich von der Seite an.

»Nein, natürlich nicht.« Ich bringe ein Lächeln zustande.

»Dann bin ich ja froh.« Er drückt meine Schulter, kurz und unbeholfen. Ich betrachte Yasins ebenmäßiges Gesicht, auf dem sich ein dunkler Bartschatten abzeichnet, und kann mir beim besten Willen nicht vorstellen, dass er eine Straftat begangen haben soll. Nicht, seitdem ich ihn richtig kennengelernt habe. Aber wenn er Deutschland eigentlich nicht verlassen darf, dann wohl kaum, weil er am Kiosk Kaugummi geklaut hat …

»Hab ich Erde im Gesicht oder so?«, fragt Yasin belustigt. Hastig wende ich den Blick ab. »Erzähl den anderen lieber nichts von dem geheimnisvollen Knacken«, rät er, während wir zu den Zelten zurückgehen. »Coco glaubt sonst noch, in diesem Wald gäbe es Geister oder so was.« Bei dem Gedanken an das Grab von Birka und Geister, an Hellea von Schweden und die Gestalt im weißen Kleid wird mir flau im Magen. *Tochter der Dunkelheit.* Ist es das, was ich am anderen Ufer des Sees gesehen habe? Oder besser gesagt … sie? Den Geist einer Kriegerin?

Die anderen schalten nach dem Essen zum Kartenspielen die Lampen ein, doch ich starre in die Dämmerung und frage mich, wer mir in diesem Moment vielleicht entgegensieht. Denn wenn ich ehrlich zu mir bin, ist eins klar: Wen auch immer ich da zwischen den Bäumen gesehen habe – es war keine Wanderin.

KAPITEL 7

Fluchend reiße ich meinen Arm los. Das dornige Geäst, in dem ich mich verfangen habe, hinterlässt einen Riss in meiner Jacke.

»Passt auf, wo ihr hintretet«, warnt Matti, der sein Bein gerade mühsam aus einem Schlammloch befreit. Aber es fällt mir schwer, denn letzte Nacht habe ich nach Albträumen von weißen Kleidern und mythischen Totengöttinnen kein Auge zubekommen.

»Nicht gerade einfach, wenn man nichts sehen kann«, ruft Coco, die vor mir durch das abwechselnd felsige und schlammige Gelände stapft. Dann schaltet sie ihre Taschenlampe ein.

»Wir müssen –«

»Mir ist egal, ob wir Batterien sparen müssen, Matti!«, unterbricht Coco ihn gereizt. »Ich will nicht in irgendeinen Abgrund fallen.«

Es ist zwar erst zwei Uhr mittags, aber dem Dämmerlicht unter den immer dichter werdenden Baumwipfeln zufolge könnte auch schon der Abend hereingebrochen sein. Hinter mir raschelt es im Unterholz, und ich fahre herum, doch es ist bloß ein träger Bach, der über moosige Felsen fließt.

»Alles okay?« Der Lichtstrahl von Cocos Lampe trifft mich im Gesicht. Ich kneife die Augen zu.

»Ja! Könntest du –«, beginne ich, doch da hat sie ihre Lampe schon gesenkt.

»Was ist das?«, flüstert sie. Ich drehe mich um. Coco hält den Lichtstrahl auf den Bach gerichtet. Zuerst verstehe ich ihre Frage nicht, doch dann sehe auch ich, was sie meint. Das Wasser, das über die flachen Steine läuft, ist tiefrot.

»Hell!« Matti ist stehen geblieben und hebt die Arme. »Coco! Was macht ihr da?«

Ich nehme Cocos Hand, die mit bleichem Gesicht auf das Wasser starrt. »Die anderen warten«, zische ich ihr zu.

»Du glaubst doch nicht …« Cocos Lippe zittert. »Ist das Blut im Wasser?«

»Quatsch!«, sage ich resolut, obwohl ich mir da nicht so sicher bin. Wölfe sind im Norden Schwedens nicht selten, und auch Luchse jagen anderes Wild. Es kann gut sein, dass ein verendendes Tier hier am Bach verblutet ist. Aber dieser Gedanke würde Coco nur Angst machen.

»Nicht zurückbleiben, okay?«, sagt Matti, als wir zu den anderen aufschließen. Die Unruhe in seiner Stimme zeigt, dass nicht nur ich bemerkt habe, wie anders der Wald um uns herum geworden ist. Düsterer. Und ein wenig kälter. Als wir unsere Rucksäcke für eine kurze Essenspause neben ein paar umgekippten Baumstämmen abstellen, schlüpft Alice unter Mattis Arm wie ein Schutz suchendes Vogelküken.

»Hier.« Matti legt ihr einen Proteinriegel in den Schoß, seinen, wie ich weiß, letzten mit Schoko-Geschmack. »Du hast seit gestern Abend kaum etwas gegessen.«

»Leute.« Toms alarmierte Stimme erspart Alice eine Antwort. »Wer von euch hat mein Handy?« Wir sehen uns gegenseitig verwirrt an.

»Niemand«, sagt Yasin. »Warum fragst du?«

»Weil es nicht da ist!«, erwidert Tom. Der Inhalt seines Rucksacks liegt verstreut auf dem Waldboden. »Das ist echt nicht lustig«, sagt er, während er hektisch seine Jackentaschen abtastet.

Coco legt ihm beschwichtigend eine Hand auf den Arm. »Wann hast du es denn zum letzten Mal gesehen?«, fragt sie.

»Gestern Abend.« Tom fährt sich durch die dunklen Haare. »Ich habe es in die Seitentasche vom Rucksack gesteckt, wie immer, aber da ist es nicht.«

»Tom?« Meine Stimme klingt hölzern. »Du hast deinen Rucksack gestern Nacht vor dem Zelt stehen gelassen, oder?« Tom nickt, und meine Kehle schnürt sich zu.

»Tiere klauen für gewöhnlich keine Handys«, unterbricht Matti meine Vorstellung von der weißen Frau, die sich nachts in unser Lager schleicht. »Oder hast du schon mal einen Elch mit Wander-App gesehen, Hell?«

Ich habe ja auch nicht an Tiere gedacht. Aber das kann ich schlecht sagen.

»Es kann niemand geklaut haben«, stimmt Alice Matti zu. »Hier ist keine Menschenseele außer uns.«

Ich schließe die Augen. Die Möglichkeit, mich von meiner Wut zu befreien, hin oder her – ich habe mir noch nie so sehnlichst gewünscht, meine beste Freundin hätte recht.

Heute schlagen wir unsere Zelte unter den dichten Zweigen einer majestätischen Birke auf. Tom durchsucht noch einmal seinen und Cocos Rucksack, doch das Handy bleibt verschwunden. Ich zwinge mich, einen Löffel Kartoffelpüree nach dem anderen zu essen, obwohl der mit Wasser angerührte Tüteninhalt für mich nach Pappe schmeckt. Vielleicht ist es der Wald, der immer unheimlicher wird, oder der Fakt, dass wer auch immer uns folgt, Tom bestohlen hat. Aber auf einmal halte ich nicht mehr ganz so viel davon, mich hier draußen auf die Suche nach einer Gruppe Frauen zu machen, die an den Geist einer mittelalterlichen Kriegerin glauben. Ich kratze meine Schüssel aus, um etwas zu tun zu haben, während Tom ausrechnet, wie viele Stunden er in der Kanzlei seiner Eltern Akten sortieren muss, um sich ein neues Handy leisten zu können. Doch lange kann ich mich nicht auf das Gespräch konzentrieren.

Stattdessen lasse ich gedankenverloren meinen Blick von einem zum anderen schweifen. Mattis sonnengebräuntes Gesicht, Cocos große Augen, Alice' verschlossene Miene. Toms mutloses Achselzucken. Yasins mit jedem Tag dunkler werdende Augenringe. Und auf einmal läuft mir ein Schauer über den Rücken. Astryd wollte, dass *ich* komme, nicht meine Freunde. Was, wenn Astryd und wer auch immer noch in diesem Wald lebt, meine Freunde vertreiben wollen, bevor sie sich mir offenbaren? Ich schlucke. Ist der Wald deshalb so unwirtlich geworden? Habe ich die anderen in Gefahr gebracht? Ich betrachte Matti, der gerade eine leidenschaftliche Rede über den Vorteil gebrauchter Handys hält.

»Ich sag's ja nur. Während sich unter unseren Weihnachtsbäumen die iPhones stapeln, vergiften die dafür nötigen Goldminen brasilianisches Wasser mit Arsen.« Matti legt seinen Löffel beiseite, als würde der Gedanke an die Ausbeutung von Rohstoffen ihm den Appetit verderben.

»Ist unsere Route ein Rundweg?« Alle drehen sich zu mir.

»Klar«, sagt Matti, verwirrt von dem plötzlichen Themenwechsel. »Ab übermorgen sind wir bei der Hälfte.«

»Also wären wir schneller zurück am Parkplatz, wenn wir umdrehen«, schließe ich.

»Theoretisch ja.« Matti nickt. »Aber warum sollten wir das wollen?«

Um verdammt noch mal von hier wegzukommen. Ich habe meine Entscheidung gefällt. Wir müssen aus dem Wald verschwinden, und zwar geschlossen und so schnell wie möglich. Ja, ich wollte zu den Schwestern. Aber seltsam ist gar kein Ausdruck für das, was hier vor sich geht.

Fünf Augenpaare schauen mich an, und mir wird klar, dass ich Mattis Frage noch nicht beantwortet habe. Ich deute auf unsere Umgebung.

»Der Wald war in den ersten Tagen schöner, oder nicht?«

»Wir kommen schon wieder an nettere Plätze«, sagt Matti beschwichtigend. »Aber wenn noch mehr umdrehen wollen?« Er wirft einen fragenden Blick in die Runde.

»Ich klettere diesen Abhang nicht wieder herunter«, erklärt Alice entschieden. Die anderen lachen, doch mein Mund ist auf einmal ganz trocken. Was wird passieren, wenn wir nicht freiwillig gehen?

»Wer weiß, was noch vor uns liegt«, sage ich. »Vielleicht kommen noch ganz andere … Abhänge.«

»Du klingst schon wie Coco«, sagt Yasin. »Nicht falsch verstehen«, schiebt er hinterher. »Aber nur weil es hier ein bisschen dunkler ist, steht noch lange kein Hexenhaus hinter der nächsten Ecke.«

»Ich werte das mal als Nein zum Umkehren«, fasst Matti zusammen. Niemand widerspricht, und kurz überlege ich, ihnen von der weißen Frau zu erzählen. Aber dann würde Coco Panik bekommen. Und der Rest würde sich fragen, ob mit meinem Verstand alles in Ordnung ist. Nein, ich muss es geschickter anstellen. Eine Weile starre ich in den immer dunkler werdenden Wald um uns herum, während meine Gedanken rasen. Schließlich formt sich in meinem Kopf ein Plan. Ich stehe auf.

»Wenn es euch nichts ausmacht, gehe ich schlafen. Ich bin todmüde.« Über weiches Moos gehe ich zu unserem Zelt hinüber. Morgen früh werde ich krank aufwachen. Wenn ich auch nur die leisesten Anzeichen eines Anfalls wie dem auf dem Sörmlandsleden simuliere, wird Matti sofort umkehren wollen. Zum ersten Mal, seit ich die weiße Frau gesehen habe, macht sich so etwas wie Ruhe in mir breit, die selbst das leise Donnergrollen über uns nicht vertreiben kann. Wir werden von hier verschwinden. Und ich werde alles, was ich in diesem verfluchten Land erlebt habe, vergessen. Entschlossen ziehe ich den Reißverschluss unseres Zeltes auf.

»Al?«, frage ich überrascht.

Alice sitzt in ihren Schlafsack gehüllt auf ihrer Isomatte und starrt auf ihr Handy. Ich habe gar nicht gemerkt, dass sie nicht mehr bei uns saß. »Hast du hier etwa Empfang?«, frage ich. Erst als Alice aufblickt, sehe ich, dass ihre Wangen glänzen. Jeder Gedanke an meine bevorstehende Schauspielaufgabe verschwindet aus meinem Kopf. »Oh Gott, Al!« Ich hocke mich neben sie. »Warum weinst du denn?«

»Ich muss es ihm sagen.« Sie wischt sich mit dem Handrücken die Tränen ab. »Es ist nicht fair, ihn in der Luft hängen zu lassen, aber ich habe kein Netz. Ich hätte es in Stockholm machen sollen, aber da wusste ich noch nicht, was ich sagen soll –«

»Was musst du wem sagen?«

»Dass ich es nicht kann!«, stößt sie hervor. »Nicht so, ich …« Sie fährt sich durch die Haare, dann sieht sie mich an. »Benjamin hat mir einen Heiratsantrag gemacht.«

»Er hat WAS?«, platzt es aus mir heraus.

»Auf dem Abiball.« Sie legt das Handy zur Seite. »Nach den Reden, als alle getanzt haben, hat er mich gebeten, mit ihm rauszugehen. Ich dachte, es sei irgendetwas.« Sie schüttelt den Kopf. »Wir sind in den Schulgarten gegangen. Auf einmal hat von irgendwoher *Somewhere Only We Know* gespielt, und er hat mich gefragt, ob ich ihn heiraten will.« Sie betrachtet ihre Hand. »Der Ring meiner Großmutter war sogar schon auf meine Größe angepasst.«

»Du hasst *Somewhere Only We Know*«, sage ich.

Ein verzweifeltes Lachen bricht aus Alice heraus. »Und wie!«

Ich ziehe sie zu mir heran, und Alice legt ihren Kopf auf meinen Schoß.

»Was hast du ihm gesagt?«, frage ich.

»Dass ich Zeit brauche, um nachzudenken. Und dann bin ich abgehauen.« Sie sieht zu mir auf. »Coco weiß Bescheid, weil sie mich nach Hause gefahren hat. Ich wollte es dir erzählen«, fügt sie hastig hinzu, »aber es schien nie der richtige Zeitpunkt zu sein.«

Ich streiche Alice über die Haare. »Deshalb ignorierst du also jeden Anruf.«

»Es ist nicht nur Benjamin«, seufzt sie. »Meine Eltern schicken mir jeden Tag ungefähr zehn Nachrichten, in denen sie mir vorhalten, wie absolut unschicklich ich mich verhalte. Sie haben sich sogar extra einen Instagram-Account eingerichtet, als ich ihnen über WhatsApp nicht mehr geantwortet habe.«

»Unschicklich?«, frage ich. Alice nickt. Ich mime mit der Hand einen Telefonhörer. »Das achtzehnte Jahrhundert hat angerufen. Es will sein Weltbild zurück.«

Alice schüttelt lachend den Kopf, doch dann wird sie wieder ernst. »Ich weiß einfach nicht, wie ich es machen soll. Sie alle enttäuschen.«

»Besser jetzt als in zehn Jahren, wenn du mit deinem Pilateslehrer durchbrennst, weil du deine tote Ehe nicht mehr aushältst«, sage ich trocken. Alice beißt sich auf die Lippe. »Es ist doch noch irgendetwas«, füge ich behutsam hinzu. Sie weicht meinem Blick aus.

»Ich habe gedacht, ich liebe Benjamin«, sagt sie nach einem Moment. »Aber da wusste ich noch nicht –« Ihre Stimme stockt, und sie räuspert sich. »Da konnte ich noch nicht wissen, was Liebe ist.«

Der Reißverschluss wird aufgezogen, und Matti steckt den Kopf ins Zelt. »Fängt gleich an zu regnen«, sagt er, dann sieht er von Alice zu mir. »Habe ich was verpasst?«

»Benjamin hat Alice einen Heiratsantrag gemacht«, sage ich, als sie nicht antwortet.

»Wow.« Er setzt sich neben uns. »Und wir … sind traurig darüber?«

»Er hat dabei *Somewhere Only We Know* laufen lassen«, sage ich.

Matti verzieht das Gesicht. »Böser Fehler.« Er sieht Alice an. »Also hast du Nein gesagt, Al?«

»Ich habe noch gar nichts gesagt«, erwidert sie knapp.

»Aber du wirst doch Nein sagen«, merke ich verwirrt an. »Du meintest doch gerade –«

»Können wir einfach über etwas anderes reden?«, unterbricht mich Alice. Ihre Wangen sind auf einmal feuerrot.

»Klar«, sagt Matti schnell. »Ich wollte euch eh noch fragen, was ihr davon haltet, ein paar der Möbel für die WG selbst zu bauen. Wir könnten die Werkstatt meiner Eltern für ein paar Tage bekommen, nachdem wir aus Schweden zurück sind.«

»Klingt gut«, sage ich, während ich Alice beobachte, die ein Loch in die Zeltwand starrt.

Als wir wenig später nebeneinander in unseren Schlafsäcken liegen, taste ich nach ihrer Hand.

»Du wirst deine Märchenhochzeit kriegen«, flüstere ich. »Mit Lichterregen, Wahnsinnskleid und einem Springbrunnen.«

Alice lacht ungläubig. »Du erinnerst dich an mein Album?«

»Klar erinnere ich mich. Du hast mich regelmäßig gezwungen, mit dir Bilder aus Zeitschriften auszuschneiden.«

»Oh Gott«, sagt Alice und dreht den Kopf zu mir. »Das hatte ich komplett vergessen!«

Ich denke daran, wie enttäuscht sie nach dem Abiball war, und drücke ihre Hand. »Deine Hochzeit wird sich aber nur anfühlen wie das Märchen, von dem du immer geträumt hast, wenn du denjenigen auch liebst.«

»Genauso wie das ganze Leben danach«, sagt Alice nach einem Moment, und kurz glaube ich, dass sie mir erzählen wird, wegen wem sie erkannt hat, was Liebe wirklich ist. Doch die Sekunden der Stille dehnen sich zu Minuten, und irgendwann, dicht aneinandergekuschelt gegen die Kälte, schlafen wir ein.

Es ist stockdunkel, als ich die Augen aufreiße. Mein Herz pocht. *Was war das?* Ich ziehe meine Hand aus der von Alice und setze mich auf. Es klang wie ein Kichern. Ich blinzle, doch meine Augen wollen sich nicht an die Dunkelheit gewöhnen. Angestrengt lausche ich in die Nacht hinein. Bis auf das Rascheln des Windes in den Zweigen ist aber nichts zu hören. Habe ich bloß geträumt? Ich will mich gerade wieder hinlegen, als meine Gliedmaßen mitten in der Bewegung erstarren. Da ist es wieder. Die Kaskade aus spitzen Tönen jagt mir eiskalte Schauer über den Rücken. Mit der rechten Hand umklammere ich meine Taschenlampe, ohne sie anzuschalten. Der Lichtkegel würde unser Zelt für denjenigen, der da draußen herumgeistert, in ein Schattenspiel verwandeln. Wieder horche ich in die Dunkelheit hinein. Draußen ist jetzt alles still, doch mir ist trotzdem flau im Magen. *Wir hätten gestern Abend schon umkehren sollen.*

Der Griff meiner Taschenlampe ist mittlerweile schweißnass, doch ich umfasse ihn noch fester. Ich hätte die anderen zwingen müssen, zurückzugehen, direkt nachdem ich die weiße Frau gesehen habe …

In der Dunkelheit erkenne ich die Umrisse von Matti und Alice, zusammengerollt in ihren Schlafsäcken. Ich will sie wachrütteln. Aber mitten in der Bewegung ziehe ich meinen ausgestreckten Arm wieder zurück. Sie sind meinetwegen hier. Wenn ihnen etwas passiert, bin ich daran schuld. Ein Gewicht senkt sich auf meine Brust herab. *Was auch immer da draußen wartet – ich muss allein damit fertigwerden.*

Leise öffne ich den Reißverschluss unseres Zeltes. Das bläuliche Licht der Taschenlampe fällt auf die beiden Campingkocher, die noch immer in der Mitte zwischen unseren beiden Zelten stehen. Da sind die Rucksäcke, unter dem Vorzelt der anderen fein säuberlich in einer Reihe geordnet. Der Müllbeutel, den Matti an einen der Zweige der mächtigen Birke geknotet hat. Nichts weiter. Ich schlüpfe vorsichtig in meine Wanderschuhe und schleiche auf die Bäume zu. Leuchte ins Unterholz und steige durch das Geäst, während alle Arten von Pflanzen ihre regenfeuchten Arme um meine Fußknöchel schlingen.

»Hallo?« Meine Stimme zittert, obwohl ich mein Bestes gebe, um furchtlos zu klingen. Ich laufe weiter und drehe mich ab und an um, damit ich unser Lager wiederfinde, doch die Dunkelheit hat unsere Zelte bereits verschluckt. *Ich sollte umkehren, sofort!* »Hallo!«, versuche ich es aber stattdessen noch einmal. Ein hohes Kichern beantwortet meinen Ruf und lässt mir das Blut in den Adern gefrieren. »Wer ist da?«

Ich laufe schneller und stolpere prompt über einen quer liegenden Ast. Die Taschenlampe fällt zu Boden, und in ihrem breiten Lichtkegel blitzt eine Gestalt auf. Ich kneife die Augen zusammen. Vor mir steht ein Kind, gerade einmal um die acht Jahre alt. Es trägt das gleiche weiße Kleid, das ich am See gesehen habe. *War die weiße Frau ein Mädchen?*

»Wer bist du?« Meine geflüsterten Worte hängen für einen Moment zwischen uns. Ihr schmales Gesicht, umrahmt von hellblonden Locken, wendet sich scheu von mir ab und erinnert mich mit solcher Macht an Karl, dass auch der letzte Rest meiner Angst verschwindet.

»Hey, brauchst du Hilfe?« Ich hebe langsam die Hände, um ihr zu zeigen, dass ich ihr nichts tun werde.

»Hell!« Schwere Schritte nähern sich. Dann bricht mein bester Freund in einem Pulli und seiner karierten Schlafhose durch das Unterholz. »Bist du verletzt?« Matti greift mich am Oberarm und zieht mich auf die Füße.

»Nein«, sage ich hastig. »Aber mit ihr stimmt was ni–« Ich wende mich um, und die Worte ersticken in meiner Kehle. »Da war ein Mädchen«, stammle ich.

Matti leuchtet mit seiner Taschenlampe in die Richtung, in die ich zeige. Aber alles, was das kühle Licht enthüllt, sind vor Regen glänzende Bäume und Sträucher. Matti hebt meine Taschenlampe auf und drückt sie mir in die Hand. »Komm, wir gehen zurück. Ich habe mich halb zu Tode erschreckt, als ich deinen leeren Schlafsack gesehen habe, du nicht zurückkamst und –«

»Matti!« Er hält inne. Ich schlucke, um den Kloß in meinem Hals zu vertreiben. »Da war ein kleines Mädchen, genau dort.« Ich deute auf die Bäume vor uns. »Ihr Kichern hat mich geweckt.« Dabei schien ihr das Lachen vergangen zu sein, als wir uns gegenüberstanden. Hatte sie Angst vor mir? Vor irgendjemandem sonst?

»Du hast schlecht geträumt, Hell.« Matti nimmt mich in den Arm. Seine Wärme schafft es für einen Moment, dass ich mich sicher fühle. Doch es dauert nicht lange, bis eine eisige Angst zurück in mein Innerstes kriecht. Die Kleine war noch ein Kind. Was macht sie in diesem Wald, noch dazu mitten in der Nacht? Ich denke daran, wie Astryd mir gefolgt ist, und eine dunkle Ahnung macht sich in mir breit. *Hat sie dieses Mädchen entführt?*

»Ich glaube, wir sind hier nicht sicher«, flüstere ich an Mattis Wange. Er schiebt mich ein Stück von sich weg.

»Hell, ich habe kein Mädchen gesehen. Und selbst wenn es eins gibt, müssten wir uns eher Sorgen um ein allein herumirrendes Kind machen als um uns selbst!«

»Sie wollte, dass ich hierherkomme.« Meine Brust hebt und senkt sich in Stößen. »Astryd. Die Frau am Grab von Birka.« Ein Funke von Unbehagen flackert in Mattis Blick auf. »Sie wusste von meinem Fieber. Sie hat gesagt, es sei keine Krankheit, sondern das Erbe der Tochter der Dunkelheit.«

»Das Erbe von wem?«, fragt Matti verwirrt, doch ich habe keine Zeit, ihm lang und breit zu erklären, was ich in der Bibliothek herausgefunden habe.

»Ich glaube, ich habe das Rätsel meiner Anfälle gelöst«, sage ich eindringlich. »Es sind Wutanfälle, nur tausendmal stärker. Und ich bin nicht die Einzige, die sie bekommt. Astryd hat gesagt, in den nördlichen Wäldern gibt es noch mehr Frauen, die davon befallen werden. Dass sie mir helfen können.«

Mattis Augen verengen sich. »Das ist Wahnsinn.«

»Ich weiß!«, sage ich verzweifelt. »Aber es ist meine einzige Erklärung für das, was mit mir passiert. Ich bin mir noch nicht sicher, wie, aber die Anfälle hängen mit Hellea von Schweden zusammen. Und sie liegt im Grab von Birka bestattet – genau dort, wo ich meinen zweiten Anfall hatte. Warum ich einen auf dem Sörmlandsleden bekommen habe, weiß ich nicht, aber –«

»Moment«, unterbricht mich Matti. »Dein Fieber ist noch einmal zurückgekommen?« Ich nicke, und Mattis Augen weiten sich.

»Verdammt«, flüstert er, bevor er sich fasst und mich ansieht. »Dann treten wir den Rückweg an, morgen früh.« Er wendet sich in Richtung der Zelte.

»Hast du nicht gehört, was ich gerade gesagt habe?«

Matti fährt herum. »Doch, Hell. Laut und deutlich. Du hattest einen wiederholten Anfall. Und statt uns das zu sagen, damit wir dich nach Deutschland bringen können, folgst du lieber der absolut irren Story irgendeiner Fremden in den gottverlassensten Wald, den Schweden zu bieten hat!« Er greift nach meinem Arm. »Wir haben das Satellitentelefon. Am besten rufen wir jetzt gleich bei dir zu Hause an. Deine Mutter soll dir einen Facharzttermin besorgen. Wir können noch diese Woche wieder in Hamburg sein.«

Ich reiße mich los. »Meiner Familie bin ich egal!« Verwirrt sieht Matti mich an. »Ma antwortet auf keine Nachricht von mir. Ich habe sie angerufen, als ihr in Södermalm wart, aber sie ging nicht ran. Und dann hat Bernd sich bei mir gemeldet«, sage ich leise. »Vorgestern. Er hat gesagt, dass ich weder Ma noch die Zwillinge je wieder kontaktieren darf, weil –« Meine Stimme schwankt. »Weil ich ihnen wehtue.«

Mattis Gesichtsausdruck schwankt zwischen Fassungslosigkeit und Mitgefühl. »Dieser Mistkerl«, zischt er schließlich.

»Es ist nicht nur Bernd«, sage ich leise. »Wenn Ma mit mir sprechen wollte, wäre sie an ihr Handy gegangen. Aber sie will nichts mehr mit mir zu tun haben. Genauso wenig wie Karl, der glaubt, ich würde ihn nicht lieben.« Tränen schnüren mir den Hals zu. »Und es wird nicht lange dauern, bis sie Kilian so oft gesagt haben, was für ein Monster ich bin, dass er mich auch hasst.«

»Hell«, sagt Matti sanft. »Sie hassen dich nicht. Sie können dich nicht für einen Unfall hassen!«

»Aber dafür, wie ich bin!«, platzt es aus mir heraus. Matti macht einen Schritt auf mich zu, doch ich verberge mein Gesicht mit den Händen, denn jetzt weine ich richtig. Nicht auf die Art, bei der einem ein paar Tränen über die Wangen laufen, sondern auf die Art, die schmerzt, weil man glaubt zu ersticken. Meine Taschenlampe fällt mit einem dumpfen Geräusch zu Boden.

»Ich finde absolut nichts falsch daran, wie du bist.« Warme Finger legen sich vorsichtig um meine Handgelenke, bis ich die Hände herunternehme. Mattis Gesicht ist nur Zentimeter von meinem entfernt. Ich senke den Blick.

»Ich bin zu oft wütend«, sage ich. »Ich kann mich nicht beherrschen, und dann verletze ich andere. So wie dich, in Birka.«

»Weil du mich schützen wolltest«, sagt Matti, ohne auch nur eine Sekunde nachzudenken. »Du bist stark. Du warst schon immer unsere Löwin, Hell.« Ich wage es, den Blick zu heben.

»So siehst du mich?«

Er nickt. »Niemand anderes hat sich je die Hand verstaucht, um mich zu verteidigen.« In Mattis Lächeln liegt alles, was wir zusammen erlebt haben. Der erste Wortwechsel am Tag unserer Einschulung. Die Abende in Mattis Keller, den er in der neunten Klasse zu einem kleinen Kino umgebaut hat. Die Sommer am Elbstrand, die Ausflüge mit Granate. Und schließlich der Tag unserer Abiverleihung, an dem Matti ungefragt für mich da war – genau wie in jeder Sekunde der letzten dreizehn Jahre.

Meine Hände handeln ohne Erlaubnis, als sie nach dem Kragen von Mattis Pulli greifen und ihn so dicht zu mir heranziehen, dass auch die letzten Zentimeter zwischen uns verschwinden. Er zuckt zusammen, als ich meine Lippen auf seine presse, aber er schiebt mich nicht weg. Mattis kurze Bartstoppeln reiben über mein Kinn, und ich schmecke meine eigenen Tränen, als ich meine Hand in seinen Nacken lege. Ich will ihn nie wieder loslassen, will, dass er nie aufhört, da zu sein. Ich kann auf keinen Fall zulassen, dass der einzige Mensch, der blind für meine Fehler ist, mich jemals verlässt.

»Leute?« Als hätte Alice' entfernte Stimme ihn aus einer Trance gerissen, stößt Matti mich von sich. »Hell? Matti? Ich glaube, das Satellitentelefon ist verschwunden!«

Ich starre in den Lichtkegel von Alice' Taschenlampe wie ein Reh in einen Autoscheinwerfer. Erst als ich sehe, wie sich Alice' Mund zu einem erstaunten O formt, wird mir bewusst, dass meine linke Hand noch immer in Mattis Nacken liegt. Rasch ziehe ich sie weg, doch der Schock weicht nicht aus Alice' Gesicht. »Ihr …«, stammelt sie.

Matti schüttelt den Kopf. »Nur eine Kurzschlussreaktion.« Er lacht ein wenig verlegen, dann sieht er mich an. »Oder?«

Ich nicke hastig, doch meine Dankbarkeit für Mattis Verständnis schwindet, als ich den Schmerz in Alice' Augen sehe. Und dann verstehe ich.

»Oh Gott, Al!« Sie zuckt zurück, als ich die Hand nach ihr ausstrecke. Für einen winzigen Moment flackert ihr Blick zu Matti, dann dreht sie sich um. »Warte!«, rufe ich, doch Alice stolpert unaufhaltsam durch das Unterholz. *Es ist Matti.* So schnell ich kann, renne ich hinter ihr her. Wegen Matti hat sie Benjamins Antrag nicht angenommen. Wie konnte ich nur so dumm sein, das zu übersehen? Kurz vor den Zelten hole ich Alice ein und halte sie am Arm fest.

»Es tut mir so leid, Al! Ich hätte es wissen müssen –« In diesem Moment schließt Matti keuchend zu uns auf.

»Du hast gesagt, das Satellitentelefon ist weg?«, fragt er Alice.

»Wen kümmert denn noch dieses beschissene Telefon?«, schreit sie ihn an.

»Hell glaubt, dass wir verfolgt werden.«

»Was?« Für einen Moment verschwindet die Mischung aus Enttäuschung und Schmerz aus Alice' Gesicht.

»Die Frau, die ich am Grab von Birka gesehen habe«, beginne ich vorsichtig. »Sie hat mir gesagt, dass ich in die nördlichen Wälder kommen soll. Deshalb habe ich diese Wanderung vorgeschlagen.«

»Das Telefon«, unterbricht mich Matti. »Bist du dir sicher, dass es weg ist?«

Alice nickt. Dann weicht jede Farbe aus ihren Wangen. »Oh Gott«, flüstert sie. »Glaubt ihr … es wurde gestohlen?« Angst kriecht zurück in meine Glieder. Warum sollten die Schwestern uns die letzte Verbindung zur Zivilisation nehmen?

»Es ist schon fast Morgen«, sagt Matti anstelle einer Antwort. Erst jetzt fällt mir auf, dass die tiefe Dunkelheit irgendwann zwischen dem Kichern des Mädchens und meinem Kuss mit Matti einer grauen Dämmerung gewichen ist. Trotzdem schalte ich meine Taschenlampe nicht aus. »Wir brechen auf, sobald die anderen wach sind«, fährt Matti fort. »Wenn wir zurück auf dem Parkplatz sind, melden wir das Mädchen, das Hell gesehen hat, den Behörden, und alles wird gut.«

»Alles wird gut?«, wiederholt Alice ungläubig. »Habt ihr denn noch nie einen Horrorfilm gesehen?« Als wir nicht reagieren, hebt sie verzweifelt die Hände. »Eine Gruppe von Jugendlichen macht Urlaub im Wald. Erst verschwinden Sachen, dann Menschen, und dann findet sich der Rest in irgendeinem Keller wieder, wo ihnen die Körperteile abgeschnitten werden!« Matti packt Alice an den Schultern, doch sie hört nicht auf, zu schnell zu atmen. »So etwas passiert auch in Wirklichkeit, Matti!«, fährt sie ihn an. Ich versuche, das Bild des blutroten Bachs aus meinem Kopf zu verjagen.

»Es war nur ein kleines Mädchen«, sagt Matti eindringlich.

Alice schubst ihn weg. »Und? Noch nie von Serienmördern gehört, die Kinder benutzen, um Leute in die Falle zu locken? Vielleicht ist das ja die Masche von dieser Frau, die offensichtlich Hell stalkt!«

»Das ist unmöglich, Al«, sage ich leise. Astryd mag vieles sein, aber keine Mörderin. Alice' Haare fliegen, als sie sich zu mir umdreht.

»Nein, Hell. Unmöglich ist es, den besten Freund zu benutzen, um sich besser zu fühlen.« Sie sieht Matti an, als würde sie abwägen, ob sie ihn wirklich hören lassen will, was als Nächstes kommt. Dann richtet sie ihren Blick zurück auf mich. »Weißt du, warum ich nichts gesagt habe?«, fragt sie mit zitternder Stimme. »Weil ich Angst hatte, alles kaputtzumachen! Aber das hat dich nicht aufgehalten, oder?«

»Ich habe mich verloren gefühlt«, versuche ich zu erklären, doch Alice lässt mich nicht weitersprechen.

»Wie wir alle! Scheiße, Hell, du bist nicht die Einzige mit Problemen! Aber der Rest von uns hält irgendwie durch, ohne alle anderen mit ins eigene Drama zu ziehen.«

»Wenn du mit mir geredet hättest«, sage ich leise. »Wenn ich gewusst hätte –«

»Jetzt ist dieser ganze Mist meine Schuld?«

»Nein!«, sage ich hastig.

»Genau.« Alice' Lippen verziehen sich zu einem bitteren Lächeln. »Es ist deine. Weil du dich nicht unter Kontrolle hast.«

Ich weiß, dass ich einen Fehler gemacht habe. Aber so langsam geht es mir zu weit. »Vielleicht könntest du mich verstehen, wenn du auch nur ein einziges Mal die Kontrolle abgeben würdest, Al«, schleudere ich ihr entgegen. »Aber das tust du nicht. Stattdessen klammerst du dich an diese ekelhaft elitäre Hotelakademie, auf die deine Eltern dich schicken wollen, und an Benjamin, weil du keine Ahnung hast, wie dein Leben ohne deinen goldenen Käfig aussehen soll!«

»Das ist nicht –«

»Also lehnst du Benjamins Antrag ab?«, frage ich. Alice öffnet den Mund, doch es kommt kein Ton heraus. »Das meine ich«, sage ich an Matti gewandt. »Sie wird ihr Leben lang das Mäuschen an irgendjemandes Seite spielen, und es wird sie kaputtmachen. Aber für alles andere bräuchte sie Mut, den sie nicht hat!«

Matti hebt beschwichtigend die Hand, doch Alice hat ihre Stimme wiedergefunden.

»Vielleicht hatte Bernd die ganze Zeit recht, Hell«, sagt sie kalt. »Du tust Menschen weh, immer und immer wieder. Und irgendwann übertreibst du es.«

Ihre Worte holen mich zurück auf den Boden. Und dort schneiden sie mir mitten ins Herz. Ich will glauben, dass ich mich verhört habe, aber ein Blick in Alice' Gesicht schreit mir ihre Worte in doppelter Lautstärke entgegen. *Ich habe ihr wehgetan.* Ich wollte sie aufwecken, verdammt! Aber stattdessen habe ich ihr wehgetan. Neben mir fährt Matti sich durch die Haare, wie immer, wenn er gestresst ist. Ich habe Matti geküsst. Alice ist in ihn verliebt. Unsere unkomplizierte Freundschaft ist vor unseren Augen in die Luft gegangen. *Und ich bin daran schuld.*

Auf einmal höre ich ein Rascheln. Yasin steigt durch das Geäst. Hinter ihm erkenne ich schemenhaft unsere Zelte.

»Kann mir einer von euch mal verraten, warum ihr um fünf Uhr morgens den ganzen Wald zusammenschreit?« Der Vorwurf verschwindet aus seiner Stimme, als er unsere Gesichter sieht.

»Weck Tom«, sagt Matti zu Yasin. »Er soll nach der kürzesten Strecke zurück zum Parkplatz suchen.« Matti sieht zu Alice, die mir starr wie eine Salzsäule gegenübersteht, und hält ihr seine Hand hin. Es ist Mattis Art, ihr zu zeigen, dass sie ihm nichts weiter zu erklären braucht. Ich presse die Lippen zusammen. Mein selbstloser Matti, immer darauf bedacht, dass es allen gut geht, egal, was für ein Chaos in ihm selbst tobt. Ich weiß nicht, was mir in diesem Moment mehr wehtut. Alice' Worte oder dass Matti sich umdreht und mich ohne einen weiteren Blick stehen lässt. Leere breitet sich in mir aus wie ein schwarzes Loch. Ich will sie aufhalten, sie bitten, mir zu verzeihen, noch einmal über alles zu reden. Aber der Versuch, sie zurückzurufen, erstickt in meinem Mund. Matti und Alice wollen nicht mit mir reden. Sie wollen Abstand von mir. Das schwarze Loch in meiner Brust breitet sich aus, aber ich kann jetzt nicht daran denken, was dafür sorgen könnte, dass ich mich besser fühle. Ich habe nur noch eine Möglichkeit, den wichtigsten Menschen in meinem Leben eine gute Freundin zu sein – so weh mir dieses Vorhaben auch tun mag.

Coco lässt den Müllsack, den sie gerade zugeknotet hat, fallen und läuft auf mich zu, als ich zwischen den Bäumen hervortrete.

»Ist es wahr, Hell? Du hast ein verlorenes Kind gesehen?« Ich nicke. »Gott, wie schrecklich«, murmelt Coco. »Dann müssen wir das wirklich so schnell wie möglich melden. Die arme Kleine hat bestimmt furchtbare Angst. Und ihre Eltern erst.«

Ich schiebe mich an Coco vorbei und gehe auf unser Zelt zu. Mit mechanischen Bewegungen stopfe ich Sweatshirts und Funktionswäsche in meinen Rucksack und beiße mir fest auf die Innenseite meiner Wange, um nicht zu weinen. Ich muss mich zusammenreißen. Nur noch ein kleines bisschen.

Es dauert nicht lange, bis die Zelte abgebaut sind und Tom einen Weg herausgesucht hat, der in nur anderthalb Tagen zurück zum Parkplatz führt. Die anderen setzen ihre Rucksäcke auf und machen sich bereit zum Aufbruch. Der Moment der Wahrheit ist gekommen.

»Ich gehe in diese Richtung.« Ich deute tiefer in den Wald hinein. Meine Stimme klingt wie geraspeltes Eisen.

»Hell«, sagt Matti. Mein Blick wandert zu seiner Hand, die Alice' hält, und ein bittersüßer Schmerz durchfährt mich. Es gibt kein *Wir* mehr, nur noch ein *Sie*.

»Ich wollte diese Wanderung«, sage ich zu den anderen, die uns anstarren, als hätten wir alle drei den Verstand verloren. »Also werde ich sie auch zu Ende bringen. Es braucht keine sechs Leute, um ein verloren gegangenes Kind zu melden.« Ich richte meinen Blick auf Matti und Alice. »Denn das war es. Ein verloren gegangenes Kind. Nichts weiter.« Alice nickt mir zu. Mit der Dunkelheit müssen auch ihre Serienmörder-Fantasien verschwunden sein. Oder es ist ihr einfach nur egal geworden, was mit mir passiert.

»Und was ist mit dieser Frau?«, fragt Matti. »Astryd. Was, wenn die dir wirklich hierher gefolgt ist?«

Das will ich stark hoffen. Ich zwinge mich zu einem Lächeln. »Es würde mich wundern, wenn eine Oma wie sie mit uns Schritt halten könnte.«

»Das ist nicht lustig, Hell!«, sagt Matti wütend. »Ich habe nicht vergessen, was du gestern Nacht gesagt hast.«

Ich deute auf den Wald um uns herum. »Hier ist niemand! Ich wollte es glauben, aber es ist nicht so.« Tief hole ich Luft. »Ich kann mir nur noch selbst helfen, Matti. Das schaffe ich nicht in der Stadt, in der ich an jeder Straßenecke an meinen Vater denken muss. Und außerdem bin ich stark.« Mein zu breites Lächeln schmerzt. »Das hast du doch selbst gesagt, oder nicht?«

»Aber du hast kein Zelt –«, beginnt Tom, bevor Coco ihn mit einer Handbewegung zum Schweigen bringt.

»Leute, was auch immer passiert ist«, sagt sie und sieht von Matti und Alice zu mir. »Wollt ihr das nicht lieber bei Zimtschnecken und mit einem Dach überm Kopf im Hostel klären?«

Ich denke an alles, was wir noch vorhatten. Schloss Drottningholm besuchen, Gamla Stan erkunden, die letzte Urlaubswoche in der Pension von Mattis Großeltern im Stockholmer Land verbringen. Aber mich sehe ich nicht mehr in irgendeinem dieser Bilder.

»Wenn Hell unbedingt in diesem verfluchten Wald einen auf Selbstfindungstrip machen will, dann lasst sie doch.« Alle drehen sich zu Alice. »Anders als wir hat sie doch so viel Mut.«

Ich sehe von Alice' steinernem Gesicht zu Mattis schmerzhafter Grimasse. Zwischen uns liegt alles, was wir einmal hatten, in Fetzen gerissen.

»Ich brauche Zeit«, sage ich zu Matti. »Und ihr sicher auch.« Dieses Mal widerspricht er mir nicht.

Ich reiße mich zusammen, als Coco mich umarmt.

»Dann sehen wir uns spätestens an der Fähre, ja?«, fragt sie. Ich nicke. Tom verstaut unsere Reiseapotheke und eine wasserdichte Plane in meinem Rucksack, während er mir erklärt, dass ich ohne ein Zelt immer im Windschatten eines Felsens oder unter einem Baum übernachten soll. Als Yasin an der Reihe ist, drückt er mir seine zerknitterte Karte in die Hand.

»Der Rundweg, den Matti geplant hat, ist eingezeichnet«, sagt er. »Pass auf, dass du nicht in das Sumpfmoor nördlich von hier gerätst. Wenn du durch bist mit der Route, gibt es einen kleinen Ort, nur ein paar Kilometer vom Parkplatz entfernt. Blommerby. Wahrscheinlich ein ziemliches Kuhdorf.« Yasin grinst, doch seine Stimme wackelt ein wenig, als er weiterspricht. »Ich bin mir sicher, von dort aus geht ein Zug nach Stockholm.«

»Danke«, sage ich, obwohl ich ihn am liebsten fragen würde, seit wann ich ihm wichtig bin.

»Hey.« Er zwinkert mir zu. »Wenn du springst, werfe ich wenigstens einen Rettungsring ins Wasser.«

Spontan schlinge ich die Arme um Yasin, der vielleicht als Einziger mein Bedürfnis zu fliehen versteht.

»Pass auf dich auf, ja?«, flüstere ich und wünschte, ich könnte ihm sagen, dass ich nicht glaube, dass er schuld ist – egal, was das Jugendamt sagt. Er nickt, dann dreht auch er sich um.

Erst nachdem der letzte Rucksack aus meinem Blickfeld verschwunden ist, erlaube ich den Tränen, meine Wangen hinunterzulaufen. Jede Faser meines Körpers will Alice und Matti hinterherlaufen und sie auf Knien anflehen, mir zu verzeihen. Aber das wäre egoistisch. Ich kann ihnen nur Zeit geben und hoffen, dass sie mein Fortgehen irgendwann als Liebesbeweis ansehen können, denn das ist es.

Ich lehne mich mit dem Rücken gegen einen Baumstamm. Während sich meine Lunge aus ihren Schnüren zu befreien versucht, nehme ich zum ersten Mal wahr, wie still es hier draußen wirklich ist. Ab und an zwitschert ein Vogel oder raschelt es in den Baumkronen. Aber ansonsten ist es so still, dass ich meinen eigenen Herzschlag hören kann. Panik erfasst mich. Ich habe die einzigen Menschen, die ich in diesem Land kenne, fortgeschickt, um einem kleinen Mädchen durch einen verwilderten Wald zu folgen. Und alles nur in der Hoffnung, dass es mich zu einer Gruppe von Frauen führt, die ich nicht einschätzen kann. Ich sehe zu dem Pfad, den Matti und die anderen zurück zum Parkplatz genommen haben. Ich könnte ihnen folgen. In Blommerby den Zug nach Stockholm nehmen und von dort in einen Flieger nach Hamburg steigen, um –

Um an der Tür meines eigenen Zuhauses abgewiesen zu werden. Denn wenn Bernd eins klargemacht hat, dann, dass ich in unserer kleinen Doppelhaushälfte nicht mehr willkommen bin. Das ist es schließlich, was mich überhaupt in diesen verfluchten Wald getrieben hat. Tränen wallen wieder in mir auf. Die Wahrheit ist, dass ich keinen Ort habe, an den ich gehen kann. Ich wollte so verzweifelt nicht verlassen werden, dass genau das passiert ist. Alles, was mir bleibt, ist eine vage Hoffnung … Ich wische mir über die Wangen und trinke einen Schluck aus meiner Wasserflasche. Noch im selben Moment wird mir klar, dass der Liter vielleicht für eine ganze Weile ausreichen muss. Andererseits hatte das kleine Mädchen noch nicht mal eine Tasche dabei, was bedeutet, dass die Schwestern ganz in meiner Nähe sein müssen. Der Gedanke macht mir keine Angst mehr, im Gegenteil.

Ich setze meinen Rucksack auf und beginne, in dieselbe Richtung zu laufen wie gestern Nacht. Meine Jogginghose bleibt an Dornen hängen, doch ich kümmere mich weder um die Risse im Stoff noch um die Kratzer, die auf meiner Haut zurückbleiben.

»Wo seid ihr denn?«, brülle ich in den Wald, in dem es nur Schatten gibt und kein Licht. »Ich bin allein! Sie sind gegangen, wie ihr wolltet.« Ich fühle mich eigentümlich leicht. Da ist niemand mehr, für den ich mich unter Kontrolle halten muss. Ich laufe schneller. Das Ziehen kehrt in meine Brust zurück und erinnert mich an Astryds Worte. *Hör auf deine Wut, Hell. Sie wird dich leiten.* »Bin ich verflucht, oder was zur Hölle ist los mit mir?« Der Wald wird immer dichter, etwas, das ich nicht für möglich gehalten hätte. Äste verflechten sich über meinem Kopf zu einem Dach, unter dem meine Worte widerhallen. »Reicht es nicht langsam mit eurem verdammten Versteckspiel?«

Ich kreische auf, als ein brennender Schmerz meine Brust durchzuckt. Mein Herz rast, und Feuer frisst sich von meinem Bauch aus in jeden Winkel meines Körpers. Das Rauschen in meinen Ohren ist so laut, als stünde ich direkt unter den Niagarafällen. Ich presse meine Hände auf meine Ohren, doch es hört nicht auf. Mein Herzschlag pocht in meinem Kopf. *Weiterlaufen.* Aber es geht nicht.

Mit einem dumpfen Geräusch fällt mein Körper zu Boden, und Panik erfasst mich. Dieser Anfall ist stärker als der auf dem Sörmlandsleden. Stärker als der am Grab von Birka. Stärker als alles, was ich je gespürt habe – und auf einmal bezweifle ich, dass mein Körper sein rasendes, pulsierendes Selbst noch lange ertragen kann. Ich grabe meine Hände in die feuchte Erde, während meine Organe in Flammen aufgehen. *Hier werde ich sterben. Ganz allein.* Das sind die letzten Gedanken, die durch meinen berstenden Kopf strömen, bevor das Feuer mir gnädigerweise das Bewusstsein raubt.

KAPITEL 8

Sonnenstrahlen kitzeln meine Wangen. *Ich bin nicht tot.* Denn wenn, dann wäre ich garantiert in der Hölle gelandet statt auf überraschend weichem Gras inmitten eines süßen Duftes nach Spätsommer. Blinzelnd öffne ich die Augen.

»Der Mutter sei Dank!« Die schwarzen Punkte verschwinden langsam aus meinem Blickfeld und enthüllen Augen, so hellbraun wie Karamell oder Honig.

Ihre Besitzerin legt sich eine Hand aufs Herz, die andere auf den Bauch und nickt dem Baum zu, dessen gewaltige Äste über uns mit dem Wind schwingen. Dann steht sie auf.

»Wa–« Ich räuspere mich. Meine Stimme klingt rau, als wäre ich länger als bloß ein paar Stunden bewusstlos gewesen. *Was ich vielleicht auch war …* Hektisch setze ich mich auf.

»Hey, warte!«, rufe ich. Sternchen tanzen vor meinen Augen und zwingen mich dazu, wieder ins weiche Gras zu sinken. »Wo … wo bin ich?«

»In Sicherheit«, erwidert die junge Frau knapp. Ihr Gesichtsausdruck ist nicht abweisend, aber etwas an der Art, mit der ihre Hände sich gegenseitig festhalten, verrät mir, dass sie sich unwohl fühlt. *Etwa meinetwegen?* Ich durchforste die wenigen Sekunden unserer Bekanntschaft nach etwas, das ich falsch gemacht haben könnte. Aber bis auf beinahe zu sterben fällt mir nichts ein.

»Es tut mir leid«, sage ich. »Falls ich dich erschreckt habe.«

Ihr Blick wird weicher. »Keine Sorge, ich bin hart im Nehmen. Mein Name ist Majvie«, fügt sie zögernd hinzu, als wüsste sie nicht, warum sie mir diese Information gerade ungefragt preisgibt. *Majvie.* Die Sonne, die ich eben noch durch die lichteren Astausläufer auf meiner Haut gespürt habe, scheint durch ihr offenes Haar, das keiner eindeutigen Farbe zugeordnet werden kann. Sie legt den Kopf schief. »Geht es dir gut?« Erst jetzt wird mir klar, wie unverhohlen ich sie anstarre. Hastig wende ich meinen Blick von ihrem herzförmigen Gesicht zu den Ästen voller Blüten, die auf uns hinabhängen wie die einer Weide. Nur kräftiger. Und atemberaubender.

»Gut?« Ich lasse mir das Wort auf der Zunge zergehen wie einen Eiswürfel, während ich mich zu dem majestätischen, ebenholzschwarzen Baumstamm umdrehe, der fast so breit ist wie ich lang. »Klar geht es mir gut.« Majvie nickt erleichtert und will sich schon wieder zum Gehen wenden. »Äh, das war ein Witz!«, füge ich hastig hinzu. »Natürlich geht es mir *nicht* gut! Ich dachte, ich bin tot, und wache stattdessen unter einem vollkommen unnatürlichen Baum auf, während eine Fremde in einem weißen Kleid irgendeine Mutter anbetet!«

Ich wollte aufgebracht klingen, aber selbst in meinen Ohren hören sich die Worte einfach nur hilflos an. Dass ich mich noch immer nicht aufsetzen kann, ohne temporär meine Sehkraft zu verlieren, macht die Sache nicht besser.

»Du liegst unter dem natürlichsten aller Bäume«, erklärt Majvie mit einem kleinen Lächeln, das gleich darauf wieder verschwindet, als hätte sie sich bei etwas Verbotenem ertappt. »Wir nennen sie den Weltenbaum«, erklärt sie jedoch weiter. »Die alten Geschichten kennen sie auch als Yggdrasil. Sie ist die Verbinderin der Welten.«

Ich löse meinen Blick von Majvies Gesicht und richte ihn

nach oben. Die vielen Äste des mächtigen Stammes tragen nicht nur eine Art von Blüte. Ich erkenne gelbe mit spitzen Blättern, hellblaue, weiß gebauschte, die sich wie Zuckerwatte um das schwarze Holz ziehen, und immer wieder zwischendrin blutrote. Sie sehen wunderschön aus. Und gleichzeitig tödlich.

»Verbinderin welcher Welten?«, frage ich, einerseits aus Neugier, andererseits weil ich aus einem Grund, der mir nicht ganz klar ist, verhindern will, dass Majvie geht.

»Die der Lebenden und der Toten«, erwidert Majvie. Sie streicht sich eine leicht gewellte Haarsträhne aus dem Gesicht. »Dafür hat die Mutter den Weltenbaum erschaffen.«

»Wen nennst du die Mutter?«, frage ich. »Astryd?«

Wieder versuche ich, mich aufzusetzen, und wieder werde ich von einer Welle des Schwindels zurück ins Gras gedrückt. Zu meiner Überraschung rafft Majvie den Rock ihres einfachen Kleides mit einer eleganten Handbewegung und setzt sich neben mich.

»Astryd ist nicht die, zu der wir beten.«

Ich stütze mich auf die Ellbogen, um zu ihr aufzusehen. »Und wer ist es dann?«, frage ich. Majvie hebt die Schultern, als wäre die Antwort auf meine Frage sonnenklar.

»Die Natur«, sagt sie, ohne mich anzusehen. »Empfängliche verehren sie als Mutter allen Lebens und der Stärke. Unseres aukis«, fügt sie hinzu, als würde das irgendetwas erklären. Ich beschließe, beim wichtigsten Punkt anzufangen. *Was zur Hölle sind Empfängliche?* Doch bevor die Frage meine Lippen verlässt, dringt eine Kaskade hoher Töne an meine Ohren.

»Das Mädchen«, flüstere ich. Majvie nickt.

»Ich muss mich entschuldigen.« Ihr Blick trifft meinen. »Die Zwillinge hätten dir nicht folgen dürfen. Wir sollten besser auf sie aufpassen.« *Zwillinge?*

Ich setze mich weiter auf, ganz langsam diesmal, und sehe mich um. Der Weltenbaum, wie Majvie die riesige Weide mit den tausend Blüten genannt hat, ist aus diesem Blickwinkel noch imposanter. Fast könnte man meinen, die höchsten ihrer Äste reichen bis zu den tiefsten Wolken, was natürlich unmöglich ist. *Oder zumindest sollte es das sein ...*

Mit Mühe löse ich den Blick von der einschüchternden Pracht des Baums, der einsam in der Mitte einer großen, kreisrunden Lichtung steht. Ich kneife die Augen zusammen. Am Waldrand herrscht geschäftiges Treiben. Frauen in weißen Kleidern binden Kräuter zu Sträußen, schichten Holz in Körbe und decken eine lange Tafel mit einfachem Tongeschirr. Aus der Ferne höre ich ein rhythmisches Klirren, als würde jemand mit einem Hammer arbeiten, und über all dem liegt ein rauchiger Geruch nach Lagerfeuer. Auf der Lichtung selbst, nicht weit von uns entfernt, sitzen vielleicht zehn Frauen schweigend in einem Kreis, die Hände neben sich auf den Boden gelegt, als würden sie meditieren. Der Kreis hat zwei Lücken.

»Mia und Luise sind unsere jüngsten Schülerinnen«, erklärt Majvie. »Astryd ist nachsichtig mit ihnen. Manchmal etwas zu nachsichtig. Es ist den Zwillingen eigentlich streng verboten, außerhalb von Vekja herumzustreunen, aber sie folgen –« Majvie unterbricht sich und lächelt unsicher. »Ich meine, sie tun es immer wieder.«

Mein Blick wandert von den beiden identisch aussehenden Mädchen, die zwischen den Bäumen herumhuschen, zu den meditierenden Frauen über die Arbeiterinnen am Waldrand und die seltsamen, zwischen den Bäumen verstreuten Hügel zurück zu Majvie, die mich mit einem unlesbaren Gesichtsausdruck beobachtet. Ich räuspere mich.

»Und du findest es in Ordnung, Kinder in dieses ...«

»Vekja ist ein Walddorf«, hilft Majvie mir aus.

»… Kinder in dieses Walddorf zu bringen?«, vollende ich meinen Satz.

»Das Alter einer Schülerin ist unwichtig«, sagt Majvie. »Jede Empfängliche, die nach Vekja kommt, steht unter dem Schutz der Schwestern und hat das Recht, mit ihrer Hilfe zu ihrem auki zu finden.«

Zum ersten Mal sehe ich an mir herunter. Wie alle anderen Frauen stecke ich in einem langärmligen, weißen Leinenkleid. Meine Wanderschuhe und Socken sind verschwunden, genau wie mein Rucksack. Alles an diesem Dorf deutet darauf hin, dass diejenigen, die herkommen, auch bleiben, und zwar für nicht gerade kurze Zeit. Aber auch wenn die Schwestern das offenbar gern tun – in dieser sonderbaren Hippie-Traumwelt zu leben und Mutter Natur anzubeten, kommt für mich auf keinen Fall infrage.

»Ich möchte Astryd sprechen«, sage ich. Es ist Zeit, zu tun, wofür ich hierhergekommen bin. »Sie hat mir versprochen, dass ihr mir helfen könnt, die Anfälle loszuwerden und ich –« Meine Stimme stockt. *Vielleicht hatte Bernd die ganze Zeit recht, Hell,* hallt Alice' Stimme durch meinen Kopf. *Du tust Menschen weh, immer und immer wieder. Und irgendwann übertreibst du es.* »Ich will, dass ihr meine Wut heilt«, bricht es aus mir heraus. Hinter mir erklingt ein leises Lachen.

»Ich erinnere mich nicht im Geringsten, dir das je versprochen zu haben.«

Ich versuche aufzustehen, doch ich brauche drei Anläufe, bis meine Beine mir gehorchen. Wackelig drehe ich mich um.

»Herzlich willkommen, Hell«, sagt Astryd. Ihr graues Haar weht frei um ihre Schultern. Sie wirkt anders als in Birka. Größer. Und auf eine gewisse Weise, die ich mir nicht erklären kann, strahlend.

»Sie haben gesagt, die Schwestern könnten mir helfen!«, platzt es aus mir heraus. Hilfe suchend sehe ich zu Majvie, die mitfühlend die Lippen zusammenpresst.

»Oh, das können wir«, erwidert Astryd ruhig. »In der Tat. Aber vielleicht nicht auf die Art und Weise, die du dir vorstellst.«

Mein Herz stolpert. Die Schwestern waren meine letzte Hoffnung. Ich denke an die Kälte, mit der meine beste Freundin mich angesehen hat, und an Mattis Enttäuschung. An Ma und Karl und Papa. Tränen kribbeln in meinen Augen.

»Sie verstehen nicht«, sage ich gepresst. »Meine Wut hat alles zerstört, was mir je etwas bedeutet hat, und ich … ich kann so nicht mehr leben!« Eine Spur von Bitterkeit flackert in Astryds Blick auf. Sie nimmt meine Hand und bedeutet Majvie mit einem Nicken, uns allein zu lassen.

»Ich weiß genau, wie du dich fühlst, Hell«, sagt sie ruhig, als Majvie zwischen den anderen Frauen am Waldrand verschwunden ist. »Und wir werden dir helfen, das verspreche ich dir. Doch das geht nicht von heute auf morgen.«

»Wie lange muss ich hierbleiben?«

Astryd lächelt nachsichtig. »So lange, wie du brauchst. Das hier ist keine Klinik. Es gibt kein Entlassungsdatum und niemanden, der dich hier festhält.« Ihre wachen, grauen Augen suchen meinen Blick. »Ich stelle dir jetzt sofort eine Schülerin zur Verfügung, die dir den Weg zurück aus dem Wald weist, wenn du das willst.«

Ich sehe hinüber zu den Frauen, die sich gerade um die gedeckte Tafel versammeln. Andere kommen mit Schüsseln und Körben beladen aus dem Wald, wo sich eine Küche befinden muss.

»Du könntest dich allerdings auch zu uns gesellen und verstehen lernen«, fügt Astryd hinzu.

Ich fange Majvies Blick auf, die mich über die Köpfe der

Zwillinge hinweg anschaut. Sie hat sich irgendwann dazu entschieden, hierzubleiben. Und sie wirkt nicht seltsam, im Gegenteil. *Sie wirkt ähnlich verzweifelt wie ich.*

»Okay«, bringe ich heraus.

Astryd weist mir mit einer Geste den Weg zur Tafel, und erst jetzt merke ich, dass Vekjas versammelte Bevölkerung mich ebenso neugierig beobachtet wie ich sie. Ich will Astryds Hand loslassen, doch als meine Beine nach dem ersten Schritt unter mir wegknicken, bin ich froh um den festen Griff, mit dem sie mich hält. Trotz ihres Alters und ihrer deutlich geringeren Größe scheint ihr mein Gewicht nichts auszumachen.

»Was ist los mit mir?«, frage ich, als meine Hände zu zittern beginnen.

»Dein Körper ist geschwächt«, antwortet Astryd. »Ein Phänomen, das die meisten Empfänglichen erleben, die ungeschützt alte Erde betreten, noch dazu die mächtigste.« Schon wieder dieses Wort, *Empfängliche*. Mein Kopf schwirrt. »Mit der Ohnmacht hast du das Schlimmste überstanden«, redet Astryd weiter. »Wenn du jetzt etwas isst und dich ausruhst, bist du –«

Aber ich will nicht hören, wann es mir besser geht, und ich will mich erst recht nicht ausruhen. »Was sind Empfängliche?«, unterbreche ich Astryd.

Sie spitzt die Lippen. »Empfängliche sind Frauen, die wählen, sich zu widersetzen.«

»Sich wem zu widersetzen?«

Astryd lacht in sich hinein. »*Was* trifft es eher.« Ich bin froh, als Astryd mich vorsichtig ganz am Ende einer der beiden langen Bänke absetzt. Noch einen Schritt mehr, und sie hätte mich zum Tisch tragen müssen. »Iss etwas«, weist sie mich an. »Dann bekommst du deine Kraft zurück.«

»Aber –«, wende ich ein, doch Astryd lässt mich sitzen und geht ohne jede weitere Erklärung zum anderen Ende der langen Tafel. Kurz überlege ich, ihr zu folgen, doch das würde höchstwahrscheinlich mit meinem Gesicht im Gras enden, schließlich traue ich meinen Beinen noch nicht einmal zu, mich von der Bank zu heben, geschweige denn zu gehen. Resigniert wende ich meinen Blick nach vorn und sehe in ein rundes, rotwangiges Gesicht.

»Wir dachten schon, du wirst nie wieder wach«, sagt die Frau und reicht mir einen geflochtenen Korb, in dem sich Brotfladen stapeln. »Ich bin Johanne«, stellt sie sich vor.

»Hell.«

»Wissen wir«, sagt jemand zu meiner Linken. Ich traue meinen Augen kaum.

»Beth?«, frage ich ungläubig. Die junge Frau mit den dunklen, schulterlangen Haaren ist der Amerikanerin, die Alice und mich an unserem ersten Tag im Stockholmer Hostel herumgeführt hat, wie aus dem Gesicht geschnitten. Ist sie es wirklich, oder halluziniere ich jetzt?

»Schön, dich wiederzusehen.« Also ist sie es tatsächlich. Beth quittiert mein Erstaunen mit einem verschwörerischen Zwinkern. »Glaubst du etwa, wir hätten nicht auf dich aufgepasst?«

Ich bin froh zu sitzen, als ich neben Beth eine Frau mit rotem Zopf entdecke und mich erinnere, dass sie unter den Wandernden war, die mich auf dem Sörmlandsleden so besorgt angesehen haben.

»Mirta«, stellt sie sich vor. »Ich hätte dich davon abgehalten, dich alter Erde zu nähern, aber ich konnte nicht vor deinen Freunden mit dir sprechen.«

»Ich verstehe nicht«, stammle ich.

Johanne schiebt mir einen Becher zu, in dem sich dem würzigen Geruch nach zu urteilen eine Art Brühe befindet. »Wir haben Ausschau nach dir gehalten und dir geholfen, den Weg nach Vekja zu finden«, erklärt sie.

Ich hebe die Augenbrauen. »Ihr hättet ein bisschen direkter sein können.«

Beth lacht. »Du kannst ja mal versuchen, Astryd zu überreden, ein Schild aufzustellen. *Empfängliche bitte an der großen Birke links abbiegen* oder so.«

»*Achtung, Ohnmachtsgefahr!*«, fügt eine rundliche Frau mit kupferroten Locken hinzu. Die anderen kichern.

»Aber im Ernst, beschwer dich nicht«, sagt Beth. »Wir haben dich ja geradezu nach Vekja gelotst. Für keine von uns wurde so ein Aufwand betrieben.«

»So ist es«, sagt Mirta. »Wir durften uns ohne Geleitschutz durch den äußeren Kreis schlagen.« Sie zwinkert mir zu. »Du musst etwas ganz Besonderes sein.«

»Ich –«, stammle ich.

»Jetzt lasst die Arme doch erst mal zu Kräften kommen«, sagt Johanne vorwurfsvoll in die Runde, und an mich gewandt: »Gib nichts auf sie. Hier draußen leiden wir unter einem chronischen Mangel an Neuigkeiten, weshalb jede Info gnadenlos aufgebauscht wird.«

Ich nehme den Tonbecher in die Hand und trinke von der heißen Brühe, deren Geschmack sich nicht anders beschreiben lässt als grün. Sofort hören meine Hände auf zu zittern. Hungrig reiße ich ein Stück Fladenbrot ab. Jetzt verstehe ich, was Astryd gemeint hat. Mein Körper giert geradezu nach Nahrung.

»Was ist der äußere Kreis?«, frage ich mit vollem Mund.

»Der Landstreifen rund um Vekja, den wir verwildert haben«, erklärt Beth und schiebt mir eine Schale mit gegrillten, runden Wurzeln zu.

»In den nördlichen Wäldern sind nicht viele Menschen unterwegs«, ergänzt Mirta. »Wenn überhaupt, dann bleiben sie im südlichen Teil. Aber sicher ist sicher, dachten wir uns. Kein Abenteurer, der noch alle Tassen im Schrank hat, schlägt sich durch den äußeren Kreis, vor allem, weil Vekja auf jeder Karte als Sumpfmoor eingezeichnet ist. Und auch sonst findet uns niemand.«

»Auch sonst?«, frage ich, während ich mir die lila schimmernden Wurzeln auf mein Holzbrett lade. »Hat Vekja Feinde oder so?« Die Vorstellung kommt mir abwegig vor.

»Vekja nicht«, sagt Mirta, deren spitzes Gesicht mich ein wenig an einen Fuchs erinnert. »Aber Empfängliche schon.« Sie mustert mich. »Wundert dich das wirklich, bei dem System, in dem wir leben?«

»Ich … in welchem System leben wir denn?«, frage ich.

»In einem, das Frauen hasst«, sagt eine melodiöse Stimme zu meiner Linken. Ich drehe den Kopf und muss mich gleich darauf beherrschen, um nicht zusammenzuzucken. Das Gesicht der jungen Frau, die sich mir zugewandt hat, ist von einem Netz aus groben und feineren, noch nicht vollständig verheilten Narben überzogen. Doch das ist nicht, was mich so erschreckt hat. Es ist die miteinander verschmolzene Haut rund um ihre Augen, von denen eins nicht mehr existiert. Über dem anderen liegt ein silbriger Schleier. *Wer hat ihr das angetan*? Doch die Antwort, die sie auf meine letzte Frage gegeben hat, beantwortet auch diese. Ein Kloß formt sich in meinem Hals, als ich zu verstehen beginne, dass die junge Frau, die nun beinahe herausfordernd das Kinn reckt, vor mehr geflohen sein muss als bloß vor ihrer eigenen Wut.

»Genug von den ernsten Themen«, sagt ihre Sitznachbarin und wirft mir ein Lächeln zu. »Mein Name ist Lilith, das hier ist Calla. Und du bist hier absolut sicher, sicherer als überall sonst auf dieser Welt.«

Es sind fast dieselben Worte, die Majvie zu mir gesagt hat, als ich aufgewacht bin. Ich suche die lange Tafel ab, bis ich an einem blondbraunen Haarschopf hängen bleibe. Majvie sitzt zwischen Astryd und einer hochgewachsenen Frau mit harten Gesichtszügen. Mir fällt auf, wie gerade sie sich hält und wie geschickt jede ihrer Bewegungen wirkt, als hätte ihr einmal jemand beigebracht, ihren Körper bis ins kleinste Detail zu kontrollieren. *Warum bist du hier?* Majvies Blick trifft meinen, als hätte sie den Gedanken gehört, und ich sehe hastig weg.

»Hey, Beth«, sagt Lilith an unserem Ende der Tafel. Sie streicht ihre fliegenden, weißblonden Locken zurück. »Wurde dein Bruder eigentlich an der Long Island University angenommen?«

Beth nickt. »Schon vor Wochen. Als ich ihn das letzte Mal angerufen habe, hatte ich seinen neuen Zimmergenossen am Telefon. Die beiden verstehen sich gut.« Beth beißt in einen Apfel. »Samuel hat mir sogar seine Hilfe bei der Bewerbung angeboten, falls ich auch an die Long Island will. Die Journalistik-Kurse sollen echt gut sein.«

»Samuel«, imitiert Mirta Beths Tonfall. »Soso. Und weiß Samuel, dass du gerade nicht wirklich ein Auslandsjahr machst?«

Beth zerknüllt ihre Stoffserviette und wirft sie nach Mirta. »Streng genommen mache ich ja eins. Nur eben nicht als Aupair.«

Ich räuspere mich. »Ihr habt Kontakt zu euren Familien?«

Johanne nickt. »Einmal im Monat wandern diejenigen, die das möchten, nach Blommerby, das ist ein kleines Dorf direkt am Waldrand. Dort gibt es einen Kiosk, in dem man alles bekommt, was wir nicht anbauen oder jagen können. Schokolade, Zeitungen, Hygieneprodukte. Solche Dinge. Und es gibt eine Telefonzelle, falls man jemanden anrufen möchte.«

»Ohne demjenigen irgendetwas über Vekja und die Schwestern zu verraten«, fügt Mirta hinzu. Ihren Worten lässt sie einen beinahe bedrohlichen Blick folgen.

Ich nicke hastig. »Damit Vekja ein sicherer Ort bleibt. Ich verstehe.«

Beth lächelt mir zu, wie um Mirtas Worten die Schärfe zu nehmen. Ich denke daran, was sie über das Auslandsjahr erzählt hat, das sie eigentlich gerade macht, und frage mich zum ersten Mal, was mich schon hätte wundern müssen, als ich mit Majvie gesprochen habe.

»Warum können wir uns verstehen?«, platzt es aus mir heraus. Ich habe kein Englisch gesprochen, nachdem ich aufgewacht bin. Trotzdem konnten Majvie und ich uns mühelos unterhalten, genau wie wir jetzt. *Und genau wie Astryd und ich in Birka …*

»Es ist Teil der Magie der Mutter«, sagt Johanne. Ich verschlucke mich an einem Bissen Fladenbrot, und die anderen lachen.

»Keine Sorge«, sagt Beth. »Als ich ankam, hatte ich nicht die geringste Ahnung, wovon alle reden. Um ehrlich zu sein«, sagt sie mit einem Blick in die Runde, »dachte ich, ihr wärt auf Drogen oder verrückt.«

»Oder beides«, fügt Calla hinzu.

Die anderen lachen, doch ich fühle mich, als würde ich im Meer treiben und langsam im Fragenwasser versinken, während meine Beine strampelnd nach Halt suchen. Ich brauche Antworten, und zwar sofort.

»Wie lange bin ich schon hier?«

»Relativ genau einen Tag«, sagt Johanne. »Majvie hat dich im äußeren Kreis gefunden.«

Wieder sehe ich zu Majvie hinüber, deren herzförmiges Gesicht aufleuchtet, als die Zwillinge zu ihr kommen und ihr etwas ins Ohr flüstern. *Sie hat mich also gefunden.* Ich frage mich, ob es deshalb ihre Pflicht war, bei mir zu bleiben, während ich bewusstlos unter dem Weltenbaum lag, oder ob sie es freiwillig getan hat. Und warum mir das überhaupt wichtig ist.

»Mist!« Neben mir legt Mirta ihr Messer zur Seite und hält bedauernd ihren Arm hoch. Mein letzter Bissen Fladenbrot bleibt mir beim Anblick der klaffenden Wunde in ihrer Handfläche im Hals stecken.

»Blut kriegst du mit Salz raus, wenn du dein Kleid kalt einweichst«, rät Lilith seelenruhig. Ungläubig starre ich auf den riesigen roten Fleck auf Mirtas Oberschenkel, wo ihr Blut in einem stetigen Strom hinfließt. Sehen die anderen denn nicht, wie ernst Mirtas Verletzung ist? Warum holt denn niemand Verbandszeug?

»Wo habt ihr meinen Rucksack hingebracht?«, frage ich hastig.

»Oh, in eine der Hütten«, erwidert Johanne. Ich sehe zu den bewachsenen Hügeln, die sich rund um die Lichtung zwischen den Bäumen auftun. Dann erkenne ich, dass es sich gar nicht um Hügel handelt, sondern um gebogene, bepflanzte Dächer. Doch ich habe keine Zeit zu staunen.

»Kannst du mir zeigen, in welche?«, frage ich Johanne. »In meinem Rucksack ist ein kleines Erste-Hilfe-Set. Wir brauchen Mullbinden und –« Das Lachen der anderen unterbricht mich.

»Ganz ruhig, ich verblute schon nicht«, sagt Mirta. »Siehst du? Schon wieder so gut wie neu.« Sie hält mir ihre Hand hin, und für einen Moment traue ich meinen Augen nicht. Statt der klaffenden Wunde, die ihre Handfläche gerade noch entzweigeteilt hat, ist nur noch ein hauchdünner, rosafarbener Schnitt zu sehen.

»Das ist nicht möglich«, stammle ich.

»Für dich noch nicht«, erwidert Mirta trocken. »Also bitte nicht nachmachen.« Ich starre den melonengroßen Blutfleck auf ihrem Kleid an. *Ich verliere den Verstand.* Oder vielleicht habe ich über der lockeren Unterhaltung auch nur vergessen, dass ich mich in einem magischen Walddorf befinde. Die Begriffe, die ich innerhalb der letzten Stunde gehört habe, wirbeln durch meinen Kopf. *Empfängliche. Alte Erde. Magie der Mutter.* Mir wird schwindelig. Entfernt höre ich Lilith oder Beth fluchen, während mein Körper von der Bank gleitet.

»Hell?« Karamellfarbene Augen strahlen mir entgegen. Sie sind das Letzte, was ich sehe, bevor ich zum zweiten Mal innerhalb von vierundzwanzig Stunden das Bewusstsein verliere.

»Was habe ich euch gesagt?«, dringt eine wütende Stimme an mein Ohr. »Keine Vorführungen vor Neuen!«

»Es war ein Unfall.«

»Geht jetzt, sonst kommt ihr zu spät, und Schwester Nerea beschwert sich wieder bei mir.«

Ich öffne die Augen, doch in dem herrschenden Dämmerlicht erkenne ich nicht viel mehr als eine kuppelförmig gebogene Decke aus Lehm. Ich muss mich in einer der Hügelhütten befinden, die die Lichtung umgeben wie schlafende Trolle.

Ich stütze mich auf die Ellbogen und sehe mich in dem schwach erleuchteten Raum um. Anders als es von außen den Anschein macht, ist es hier drinnen recht geräumig. Pergamentpapiere hängen mit Schnüren zusammengerollt von den Wänden, nur unterbrochen von Mulden, in denen Kerzenstummel flackern. In einer von ihnen steht eine Holzschatulle, deren Silberbeschläge im Flammenschein aufblitzen.

»Das hätte nicht passieren sollen, Hell.« Ich sehe zu Astryd, die mich wachsam beobachtet. »Ich kann mir vorstellen, dass du nun noch mehr Fragen hast als vorher.«

Allerdings. Es ist schwer, sich zwischen all dem, was mir

im Kopf herumspukt, zu entscheiden. Also beginne ich am Anfang. »Woher kennen Sie –«

»Du«, unterbricht mich Astryd. »Schülerinnen haben Respekt vor den Schwestern, aber ihr müsst uns nicht siezen.«

»Okay.« Ich nicke. »Woher kennst du meinen Namen?«

Astryd lächelt. »Ich kenne deinen Namen, weil du zu uns gehörst.« Sie dreht sich um, und erst jetzt bemerke ich die Truhe, vor der sie sitzt. Astryd hebt den mit Schnitzereien verzierten Holzdeckel an. Metall blitzt im Kerzenschein auf. Es gehört zu einem stattlichen Schwert, das in einer Halterung im Deckel der Truhe steckt. Ich schlucke. Ich bin wahrlich keine Expertin, aber die armlange Waffe sieht nicht aus wie die Spielzeugmodelle, die in Birka verkauft wurden. Astryd hebt ein ledergebundenes Buch aus der Truhe, bevor sie den Deckel schließt.

»Du gehörst zu einer Geschichte, die schon lange vor unserer Zeit begonnen hat und die größer ist als jede Einzelne von uns.«

»Geht es vielleicht noch ein bisschen schleierhafter?«, frage ich verzweifelt. »Du holst mich in ein Dorf unter dem Vorwand, dass dort Leute sind, die mir helfen können, meine Wut loszuwerden –«

»Ich wiederhole mich, aber das habe ich nie gesagt.«

»Also haben meine Anfälle nichts mit Wut zu tun?«, frage ich. »Genau so fühlen sie sich aber an!«

Astryd nickt zufrieden. »Nur wenige Empfängliche können identifizieren, was sie überfällt, wenn sie sich alter Erde nähern.«

Ich atme tief ein. »Was sind Empfängliche?«, frage ich dann beherrscht. »Und was soll das heißen – alte Erde?«

Astryd sieht von dem Buch, das sie vorsichtig auf ihrem Schoß abgelegt hat, zu mir. »Du warst in Stockholm in der Bibliothek«, sagt sie. Es ist keine Frage, und es sollte mich nicht mehr wundern, dass Astryd über jeden meiner Schritte, seit ich in Göteborg von Bord gegangen bin, Bescheid weiß.

»Ich habe nach Hellea von Schweden gesucht«, sage ich knapp. »Wie du es mir auf Björkö geraten hast und was mir überhaupt gar nichts gebracht hat.«

»Also hast du nichts herausgefunden?«, fragt Astryd.

»Ich habe gelesen, dass sie die Schwester des ersten Königs von Schweden war.«

»Und weiter?«

»Sie starb kurz vor seiner Krönung.«

Astryd nickt. »Und sie galt als Verräterin«, ergänzt sie, »die versuchte, ihrem Bruder Tyr den Thron zu stehlen.« Astryd hält so lange inne, bis ich sie ansehe. »Kannst du dir vorstellen, was Hellea von Schweden mit dem zu tun hat, was du bei deinen Anfällen verspürst?«

Wäre ich hier, wenn ich es könnte?

»Wenn eine mittelalterliche Kriegerin mich mit irgendeinem Wut-Fluch belegt hat, würde ich das gerne jetzt wissen«, sage ich. Astryd kichert. »Findest du diese ganze Scheiße etwa witzig?«, rufe ich aufgebracht.

»Du bist nicht verflucht, Hell«, sagt Astryd, bevor ich ihr den Wortschwall an den Kopf werfen kann, der sich in mir anstaut. »Du bist begabt. Sowohl durch deine eigene Wut als auch durch den Zorn, den du empfangen kannst.«

Ich schüttle den Kopf. »Wenn Wut eine Begabung ist, will ich sie zurückgeben«, sage ich bitter.

»Ich verstehe, dass du so fühlst. Aber ist dir schon einmal in den Sinn gekommen, wie außergewöhnlich deine Wut ist in einer Welt, die alles getan hat, um sie dir zu nehmen?« Astryd beobachtet mich, während Bernds Worte durch meinen Kopf hallen. *Egoistisch. Irrational. Böse.*

»Wut zerstört«, flüstere ich.

»Wut ist die stärkste natürliche Waffe der Menschheit«, hält Astryd dagegen. »Sie kommt zustande, wenn uns Unrecht getan wird. Und genau deshalb existiert über alle Kulturen hinweg diese tiefe Angst vor weiblicher Wut. Denn eine Frau, die keine Wut empfindet, wird auch nicht zur Gefahr.«

»Worauf willst du hinaus?«, frage ich.

Astryd klopft sachte auf das Buch in ihrem Schoß. »Um das zu verstehen, musst du wissen, was wirklich passiert ist, als Tyr vor einem Jahrtausend zum ersten König von Svearike, dem Schwedenreich, wurde.«

Der Rücken des alten Buches knackt, als Astryd es aufschlägt. Ich sollte sie bitten, endlich Klartext zu reden. Doch etwas an dem Buch auf ihrem Schoß fasziniert mich. Es strahlt eine für einen Gegenstand völlig unnatürliche Autorität aus, als wüsste es mehr als jeder Mensch, der darin liest. Astryd senkt den Blick.

»Zur Zeit des Frühmittelalters wurde der Norden von Wikingerclans beherrscht«, beginnt sie. »Der mächtigste unter ihnen war der Clan der Svear. Seine Anführerin Erin hatte drei Kinder. Hellea, die Älteste, Tyr, den Ungestümen, und Svea, die Sanfte.«

Ich stutze. »Ich dachte, Helleas Vater wäre der Clanchef gewesen«, sage ich. »Henrik oder so?« Astryd hebt den Blick. »So stand es zumindest in dem Geschichtsbuch, das ich gefunden habe«, schiebe ich hinterher. »Und außerdem waren Frauen doch damals noch keine Anführerinnen, oder?«

Zumindest habe ich Mühe, mir das vorzustellen. Im Mittelalter beschränkte sich Frausein schließlich eher darauf, nicht bei der Geburt des zehnten Kindes zu sterben und, wenn möglich, Vergewaltigungen zu entgehen.

»Natürlich dachtest du das«, sagt Astryd, der die Unterbrechung nichts auszumachen scheint. »Welches Geschichtsbuch kennt schon Frauen? Welches wurde von ihnen geschrieben?« Sie lächelt, als mein Mund offen stehen bleibt. »Wir glauben zu wissen, was vor uns passiert ist. Wir glauben, dass Frauen vor unserer Zeit keine Macht hatten. Aber woher wollen wir wissen, ob das wirklich wahr ist, wenn wir nur eine Seite der Vergangenheit kennen?«

Ich deute auf das Buch in ihrem Schoß. »Wer hat das geschrieben?«

Astryd streicht zärtlich über den lädierten Einband. »Jede von uns«, sagt sie.

Ich lehne mich ein wenig nach vorn. Im warmen Flackerlicht der Kerzen wirken die Seiten vergilbt und brüchig. »Was ist das für eine Sprache?«, frage ich, während ich versuche, die Zeichen einzuordnen.

»Altnordisch«, erwidert Astryd. »Helleas Sprache und die der ersten Schwestern.«

»Lies weiter«, bitte ich, nicht ohne Ehrfurcht davor, wie Astryd es schafft, den Kurven und Strichen Sinn zu verleihen.

»Als Erins Kräfte schwanden«, fährt sie fort, »ließ sie ihre drei Kinder zu einem Schwertkampf antreten, der ihre Nachfolge bestimmen sollte. Sie traten an auf der Lichtung, auf der sie einst geboren worden waren, erwartet von ihrem zukünftigen Volk.« Astryds Worte wabern durch das warme Dämmerlicht in der Hütte, und ich höre den Lärm der Clansleute und spüre die prasselnde Wärme der Feuerschalen. »Svea, die Jüngste der drei Geschwister, verlor beide ihrer Kämpfe schnell, sodass die Entscheidung um die Herrschaft über den Clan der Svear zwischen Hellea und ihrem Bruder Tyr fiel.«

Ich versuche, mich zu erinnern, ob ich über diesen Kampf irgendetwas in der Bibliothek gelesen habe, aber meine Gedanken schaffen es nicht, sich aus Astryds Geschichte zu befreien. Helleas Herz klopft schnell in meiner Brust, und Tyrs Angst schießt durch meine Adern. Ich höre Trommeln schlagen und zwischen all dem Astryds Stimme.

»Als Hellea gegen Tyr zu kämpfen begann, wurde schnell klar, dass sie die Überhand besitzt. Und sie gewann, dank ihres Wissens über Taktik und ihrer Kampfstrategie. Hellea war die geborene Anführerin. Sie wandte sich zu ihrem Publikum, die Arme zu einer Siegesgeste erhoben. Dass Tyr sein Schwert wieder aufhob, merkte sie erst, als er ihr die Klinge in den Rücken stach.«

Die erschrockenen Rufe in meinen Ohren verschwinden, als Astryd innehält. Ich schüttle den Kopf, um meine Gedanken zu ordnen.

»Ihr eigener Bruder hat sie einfach erstochen?«, frage ich ungläubig.

»Der Mord an Hellea war kein Produkt von Impulsivität.« Astryd verzieht den Mund, als würde es sie schmerzen auszusprechen, was jetzt kommt. »In der Nacht von Helleas Ermordung wurden mit ihr auch alle anderen weiblichen Clanchefinnen getötet.«

»Was?«, stammle ich ungläubig.

»Der Fall, wie wir es nennen, war ein wohlgeplanter Putsch«, sagt Astryd. »Während Tyr auf Anweisung seines Vaters die verstreuten Wikingerclans unter seiner Krone vereinte, setzte Henrik die Sage der *Tochter der Dunkelheit* in die Welt. Er ließ das Volk glauben, Hellea hätte das Land mit schwarzer Magie regieren und es zu einem Vorhof der Unterwelt machen wollen, aus der sie selbst stammte. Tyr habe sie vertrieben, zurück in ihr Reich, Helheim, wo sie über die unehrenvoll gestorbenen Seelen in tiefster Kälte herrsche.«

»Die nordische Göttin des Todes«, flüstere ich. Genau, wie es im Geschichtsbuch stand. Nur mit einem vollkommen anderen Hintergrund.

Astryd nickt. »Dazu wurde sie gemacht. Den Sagen zufolge ist eine Hälfte ihres Gesichts jung und schön wie am Tag ihres Todes, die andere verrottet und schwarz wie ihre Seele. Sie wartet auf alle, die an Krankheit und Alter gestorben sind statt heldenhaft im Kampf. Hellea ist eine Ausgestoßene unter den Nordgöttern.«

»Aber wozu?«, frage ich verwirrt. »Was hat es Henrik gebracht, seine Tochter als Herrscherin der Hölle darzustellen?«

»Es brachte ihm den Grund dafür, alle anderen Frauen, die Hellea in ihrem Ehrgeiz und ihrem Machtanspruch glichen, zu bekämpfen«, erwidert Astryd. »Solche Frauen wurden als Anhängerinnen der dunklen Tochter dargestellt. Ihnen wurde vorgeworfen, Hellea anzubeten, was im damaligen Götterglauben Ketzerei glich. In besonders schweren Fällen sagte man ihnen nach, selbst eine Abgesandte aus Helheim zu sein. Beides war tödlicher als jeder Dolch.«

Auf einmal rieche ich Rauch. Er ist beißender als der angenehme Feuergeruch, der über der Lichtung lag. Schwerer. Äste knacken in meinen Ohren. Und dann höre ich Schreie.

»Im Norden wütete damals die erste Hexenjagd der Geschichte, wenn du so willst«, sagt Astryd. »Tyr, Henrik und ihre Anhänger haben jede Frau, die es wagte, ihre Stimme zu erheben, gnadenlos töten lassen.«

»Was ist mit Helleas Schwester passiert?«, erkundige ich mich, um nicht fragen zu müssen, was mich an meinem Verstand zweifeln lässt: *Warum kann ich hören und spüren, wovon Astryd spricht?*

»Svea ging als Tochter des Lichts in die Mythologie ein«, sagt Astryd bitter. »Als leuchtendes Beispiel der perfekten Frau. Still, untergeordnet und lächelnd.«

Ich kann nicht anders, als an Ma zu denken. »Aber hat sie denn nicht gesehen, dass man sie nur benutzt hat?«, frage ich.

Astryd zuckt mit den Schultern. »Vielleicht. Aber sie brauchte Sicherheit, weil sie ihre eigene Stärke vergessen hatte. Also wurde sie zu einer Verräterin, die vor den Scheiterhaufen stand und zusah, wie ihre Schwestern brannten.« Ich zucke zusammen, als die Kerzen hinter Astryd aufflammen.

»Ich verstehe das nicht«, sage ich. »Wie konnten Tyr und sein Vater so ein Massaker veranstalten?«

»Macht«, antwortet Astryd trocken. »Männer haben schon immer in Angst vor dem Tag gelebt, an dem sie ihre Macht an uns verlieren. Und Angst bringt uns Menschen an Abgründe, die wir nie für möglich gehalten hätten.« Astryds graue Augen durchleuchten mich wie Röntgenstrahlen, doch falls ich auf eine Probe gestellt werde, dann habe ich keine Ahnung, auf welche.

»Was hat das alles mit meinen Anfällen zu tun?«, frage ich.

Astryd nickt, als wären wir endlich an dem Punkt angekommen, den sie mir schon die ganze Zeit erklären wollte. »Die Geschichte geht noch weiter«, sagt sie. »Denn wir – die Schwestern – haben unsere eigene Sage. Die Sage der zwei Töchter.« Vorsichtig schlägt sie ein paar der vergilbten Seiten um, doch statt auf den seltsamen Buchstaben verharren ihre Augen auf mir, als sie weiterspricht. »Henrik, Tyr und ihre Anhänger sahen in der Frau die Wurzel allen Übels. Sie strebten danach, sie aus jeder Machtposition zu verbannen. Und sie waren erfolgreich. Hellea und die Clanchefinnen wurden in der Nacht, die als *der Fall* bekannt wurde, ermordet. Angst vor dunkler Magie oder schlichtweg davor, als Nächste auf einem Scheiterhaufen zu brennen, ließ die anderen Frauen Sveas Vorbild der Fügsamkeit folgen. Wenn sie noch auf Wikingerzügen kämpften, dann nur unter dem Befehl eines Mannes.« Astryds Augen werden dunkler, und ich glaube, ein Flackern von Gold inmitten des Graus zu erkennen. Auf einmal, als hätte sie mich angesteckt, macht sich tiefe Wut in mir breit.

»Mit der Zeit vergaßen sie, dass es einmal einen Norden voller Herrscherinnen gegeben hatte. Doch die Natur vergaß nicht. Die Mutter sah ihre Schöpfung an der Machtgier der Männer und der Gespaltenheit der Frauen scheitern. Also zog sie ihre Magie aus der Hitze des Feuers und der Kraft des Windes in die Erde zurück, in die das Blut der zu Unrecht Getöteten geflossen war, und bewahrte ihren Zorn. Sie ließ diesen Zorn zu einer Quelle der Stärke für all jene Frauen werden, die sich gegen das ihnen angetane Unrecht auflehnten. Solche Frauen nennen wir Empfängliche.« Astryd schlägt das Buch zu. »Hellea starb. Aber ihr Zorn und der all der anderen Frauen blieb am Leben, symbolisiert vom Weltenbaum Yggdrasil, der uns für immer mit ihnen verbindet.«

Ich schlucke. »Das ist es, was ich spüre, wenn ich einen Anfall bekomme?«, frage ich. Den … erhaltenen Zorn?«

Astryd nickt. »Und das Erste, was du lernen musst, wenn du überleben willst, ist, ihn zu lenken.«

Ich denke an die überwältigende Hitze, unter der mein Körper vor einem Tag zusammengebrochen ist. »Ich glaube nicht, dass ich das kann«, zweifle ich.

Astryd legt den Kopf schief. »Fühlst du dich gut genug für einen kleinen Ausflug?«

KAPITEL 9

Das Erste, was ich wahrnehme, als Astryd die Tür der kleinen Rundhütte öffnet, ist die Musik. Rhythmische Klänge, die eher an einen südamerikanischen Strand als in die nördlichen Wälder passen würden, dringen durch die Bäume. Erst jetzt wird mir klar, dass Vekja sich keineswegs auf die Lichtung und den Waldrand beschränkt. Hier unter den Bäumen liegen nicht nur die verstreuten Hütten, sondern auch ein Kochplatz mit einem offenen Feuer, einem Steinofen und einer Art Holzschuppen, in dem – den aufsteigenden Rauchschwaden und dem Geruch zufolge – Fleisch oder Fisch geräuchert wird. Auf dem Boden des großen Kreises sitzen die Zwillinge und spielen ein Brettspiel mit bunten Steinchen. Als ich zögernd die Hand hebe, winken sie zurück.

Ein kleiner Fluss trennt uns von der Lichtung, doch er ist so schmal, dass wir problemlos über das klare Wasser steigen können. Ich folge Astryd auf Wegen, die sich wie erdige Adern durch den mit Moos und Wacholder bewachsenen Waldboden ziehen. Vorbei an zwei Frauen, die eine Art Spinnrad bedienen, dann an einem großen Gemüsegarten und einer Werkstatt, wo eine Frau mit beachtlichen Armmuskeln eine Zange mit Metall in tiefrote Glut hält, bevor eine andere es mit einem Hammer bearbeitet. Sie stellen Armreifen her, wie mir klar wird, als ich genauer hinsehe. Die Form – an einem Ende geöffnet und mit gedrehten Metallfäden verziert – kommt mir bekannt vor. Ich weiß nicht, weshalb, bis mir wieder einfällt, wo ich einen ähnlichen Armreifen schon einmal gesehen habe: in Tante Emmis Schmuckkasten, vor Jahren, als ich mit ihr Verkleiden gespielt habe. Wahrscheinlich hatte sie ihn von einem Mittelaltermarkt. Ein Anflug von Heimweh legt sich über mich, aber Astryd bewegt sich so schnell durch den Wald, dass ich zu beschäftigt damit bin, zu ihr aufzuschließen, um länger über zu Hause nachzudenken.

Die Musik wird lauter, je näher wir der Lichtung kommen. Als das Geäst schließlich den Blick auf den Platz freigibt, ist er kaum wiederzuerkennen. Vor dem majestätischen Weltenbaum stecken geschnitzte Stäbe ein großes Viereck ab.

»Konzentriert euch!«, ruft eine Frau mit schwarzen Locken, die in der Mitte der Tanzenden steht. Dabei ist tanzen nicht wirklich das richtige Wort, um zu beschreiben, was Mirta, Lilith und die anderen Schülerinnen da tun. Die groben Drehungen wirken fast, als würden sie kämpfen, bloß tun sie es, ohne einander auch nur zu berühren.

»Capoeira«, sagt Astryd neben mir. »Ein brasilianischer Kampfsport, den Schwester Nerea mit hierhergebracht hat.«

»Warum lernen sie Kampfsport?«, frage ich verwirrt.

»Neben anderen Techniken hilft Capoeira dabei, sich auf sich selbst zu fokussieren«, erklärt Astryd. »Nur, wer eine Verbindung zu seiner eigenen reinen Wut herstellt, kann es schaffen, mit ihrer Hilfe den Zorn der Starken zu lenken. Dafür braucht es Bewusstsein. Eine bestimmte Fähigkeit, sich zu öffnen und auf sich selbst zu hören.« Astryd sieht mich an. »Verstehst du jetzt, was ich meinte, als ich gesagt habe, du seist begabt?«

»Ich bin impulsiv.«

Astryd lächelt. »Du kannst deine Wut zulassen.«

»Und das ist eine gute Sache?«, frage ich.

»Es wird dir eine Menge Vorarbeit ersparen«, erwidert Astryd. »Tatsächlich wäre ich nicht überrascht, wenn du schnell eine unserer besten Schülerinnen werden würdest.«

Ich sehe zu den Mädchen und Frauen, die im Inneren des abgesteckten Kampfplatzes Räder schlagen und sich mit wirbelnden Armen und Beinen drehen. Hängen bleibt mein Blick jedoch an einer Gestalt, die mit gesenktem Kopf am Rand der Lichtung sitzt. Der Wind weht Majvies blondbraunes Haar durcheinander. Sie bemerkt es kaum, während sie sich über ein Gewand beugt, das auf ihrem Schoß liegt. Für einen Moment sehe ich ihren Fingern zu, die in schnellen Bewegungen buntes Garn mit einer Nadel durch den Stoff führen. Dann reiße ich mich los.

»Ich kann nicht eure Schülerin werden.« Ich erwarte, dass Astryd mir widerspricht, doch sie sieht mich bloß interessiert an. »Ich bin hierhergekommen, um meine Wut loszuwerden. Ich will nicht lernen, wie ich den Zorn toter Frauen lenke, ich will, dass ihr meinen Zugang zu ihm trennt. Sofort.«

Astryd wartet einen Moment, bevor sie antwortet. »Den Zugang, wie du es nennst, kann dir niemand nehmen. Du hast ihn dir selbst geschaffen, Hell.« Ich schüttle den Kopf, doch bevor ich widersprechen kann, redet Astryd weiter. »Du lehnst dich gegen Unrecht auf, nicht wahr?« Ich denke an Yasins erschrockenes Gesicht, als ich Matti auf dem Sportplatz unserer Schule hinter mich schob und ihm dann mit der Faust auf die Nase schlug.

»Wenn man es nett ausdrücken will, ja«, sage ich trocken. »Aber ich verstehe nicht, was das mit dem Zorn der Starken zu tun haben soll.«

»Es gab zwei Gruppen von Frauen nach dem Fall«, erklärt Astryd ruhig. »Die, die sich nach Sveas Vorbild der neuen Ordnung unterwarfen, und die, die sich widersetzten. Es waren nur wenige, die den Mut hatten, auf ihren Gerechtigkeitssinn zu hören und ihre Wut nicht herunterzuschlucken. Sie trafen sich, hier in Vekja, wo Hellea von ihrem Bruder ermordet worden war. Diese Frauen waren die Ersten, die fähig waren, den Zorn zu spüren. Sie waren die ersten Empfänglichen. Und in Solidarität mit allen ermordeten Frauen nannten sie sich die Schwestern Helleas.« Astryd wirft mir einen durchdringenden Blick zu. »Du hörst auf deinen Gerechtigkeitssinn, Hell. Du willst Veränderung! Das macht dich zur Empfänglichen, und niemand kann –« Sie hält abrupt inne und hebt den Kopf. Ich ziehe die Augenbrauen zusammen.

»Was ist?«

Astryd bringt mich mit einer erhobenen Hand zum Schweigen. Wenige Sekunden später tritt eine schlanke, schwarze Frau zwischen den Bäumen hervor. »Kaira!«, grüßt Astryd sie und deutet auf mich. »Hast du Hell schon kennengelernt?«

Kaira mustert mich mit ernsten Augen. »Nicht im Wachzustand.«

Mein Gesicht wird heiß bei dem Gedanken an die Stunden, die ich auf der Lichtung gelegen haben muss wie ein schlafendes Zootier. Kaira sieht von mir zurück zu Astryd.

»Es ist so weit«, sagt sie. »Wir brauchen dich im äußeren Kreis.«

Astryd nickt und wendet sich zum Gehen, bevor sie sich noch einmal zu mir umdreht. »Denk darüber nach, warum du deine Wut so dringend loswerden willst. Ich würde mich freuen, wenn du bis heute Abend eine andere Antwort für mich hast.«

Ich öffne den Mund, um zu sagen, dass das nicht der Fall sein wird, doch da haben Astryd und Kaira der Lichtung schon endgültig den Rücken gekehrt.

Mein Kopf schwirrt von dem, was ich gehört habe. Alles, was Astryd sagt, klingt logisch. Und doch wehrt sich mein Verstand gegen die Vorstellung, dass mein Gerechtigkeitssinn mir Zugang zu einem jahrhundertealten Zorn gewährt. Ich denke an Coco und ihren Aberglauben. Sie wäre begeistert von Vekja mit seinen Sagen und seiner Magie. Ein Kloß formt sich in meinem Hals, denn an Coco zu denken bedeutet, mich zu fragen, wo meine Freunde gerade sind. Ob Matti und Alice mittlerweile in den Sinn gekommen ist, dass ich sie angelogen habe? Dass ich sie sehr wohl brauche? Kurz gebe ich mich der Vorstellung hin, meine besten Freunde zwischen den Bäumen hervorstürmen zu sehen. Matti würde mich umarmen und mir sagen, dass ich mich für ihn nicht ändern muss. Und Alice würde mir noch eine Chance geben. Sie würden mich mitnehmen, und alles wäre genau wie früher. *Leider weißt du, dass das nicht möglich ist.* Sonst hätten sie mich schließlich nicht einfach im Wald zurückgelassen, noch dazu nach einer mehr als dürftigen Erklärung für meinen Wunsch, mich einsam durch die Wildnis zu schlagen. Ich schließe die Augen in einem verzweifelten Versuch, mich zu konzentrieren. Matti und Alice sind der Grund, warum ich meine Wut loswerden muss. *Aber du brauchst Wut, um den Zorn zu lenken.* Bilder von Mirtas zusammenwachsender Hand und dem unverkennbaren Gold in Astryds Augen dringen in mein Bewusstsein. *Wer weiß, was geschieht, wenn du es lernst?*

»Fühlt euren Körper in den Bewegungen!«, ruft Schwester Nerea, deren Stimme mühelos gegen die Trommelmusik ankommt. Ich sehe hinüber zu Majvie, die noch immer im Gras sitzt und mit konzentriertem Blick Muster auf Stoff bannt. Bilde ich es mir nur ein, oder sucht sie Abstand zu den anderen – und zu mir? Wahrscheinlich sollte ich sie allein lassen. Andererseits … Ich denke an die Art, mit der sie die Lippen zusammengepresst hat, als ich Astryd angefleht habe, mich von meiner Wut zu befreien. Die anderen Schülerinnen waren zwar nett zu mir, aber etwas an Majvie gibt mir das Gefühl, sie könnte mich vielleicht verstehen.

Ich atme tief durch und gehe am Rand der Lichtung entlang. Wenn sie allein sein will, kann sie mir immer noch sagen, dass ich verschwinden soll. Mit ein wenig Abstand lasse ich mich neben sie ins Gras fallen.

»Warum machst du nicht mit?«, frage ich. Ohne jedes Zeichen von Überraschung sieht Majvie von ihrer Näharbeit zu mir auf. *Hat sie mich etwa auch beobachtet?*

»Nereas Stunden sind nichts für mich«, unterbricht sie meine Gedanken.

»Kann ich gar nicht verstehen«, sage ich. »Ich bin super in allem, was mit Tanzen zu tun hat.«

»Echt?« Majvie sieht mich mit einer Verwunderung an, die mich wahrscheinlich beleidigen sollte.

Doch ich schüttle nur lachend den Kopf. »Du hast es nicht so mit Sarkasmus, oder?«, frage ich.

Majvie hebt die Schultern. »Sieht nicht danach aus.«

»Also dann: Ich tanze grauenvoll«, stelle ich klar. »In der neunten bin ich dem Jungen, in den ich verliebt war, bei der Schuldisco mindestens vier Mal auf die Füße getreten.« Noch im selben Moment bereue ich die Worte, doch dann zuckt ein Lächeln um Majvies Mundwinkel.

»Wirklich?«, fragt sie.

Ich nicke gequält. »Unsere Liebesgeschichte endete etwas früher, als ich es mir ausgemalt hatte.« Majvie schüttelt grinsend den Kopf, und für einen Moment werden die Fragen über Empfängliche und den Zorn, die durch meinen Kopf geistern, unwichtig. »Am nächsten Tag habe ich zum ersten Mal in meinem Leben die Schule geschwänzt«, erzähle ich weiter. »Was vielleicht ganz gut war, denn er ist in der dritten

Stunde mit Annika aus meiner Parallelklasse zusammengekommen.«

»Tragisch«, kommentiert Majvie ironisch.

»Hattest du etwa keine Teenie-Dramen?«, frage ich.

Sie schlingt die Arme um ihre Beine. »Ich gehe seit der Grundschule auf die Stockholmer Akademie für Ballett. Selbst wenn wir Zeit und Energie für Teenie-Dramen gehabt hätten, wären sie verboten gewesen – genau wie Partys, Beziehungen, Mittsommer und alles andere, was Spaß macht.«

Ballett also. Das erklärt, warum Majvie sich mit einer Eleganz bewegt, die den Eindruck erweckt, sie liefe über einen roten Teppich statt durch einen Wald. Doch die bittere Note ihrer Worte ist mir nicht entgangen.

»Die haben euch Beziehungen verboten?«, frage ich erstaunt. »Warum das denn?«

»Hast du schon mal ein Ballett gesehen?«, fragt Majvie zurück.

»Ich war mal in Schwanensee, weil –« *Weil Alice die Musik so gern mochte, dass Matti und ich für die Vorstellung unseren Freitagabend geopfert haben.* Ich setze ein Lächeln auf. »Weil ich billige Karten bekommen habe.«

»Dann ist dir sicher aufgefallen, dass Tänzer ein nicht gerade geringes Maß an Körperkontakt haben.«

»Was wahrscheinlich schwer auszuhalten ist, wenn man vor der Aufführung Schluss gemacht hat oder so«, schließe ich.

Majvie nickt. »In etwa.«

»Da wäre ich auch abgehauen«, sage ich. »Falls man mich nicht vorher aus Mangel an Talent rausgeschmissen hätte. Wahrscheinlich wäre ich bei einer Aufführung in die Kulisse gestolpert. Oder direkt von der Bühne gefallen. Unfreiwilliges Stagediving, sozusagen.« Ich habe keine Ahnung, wo dieser Wortschwall herkommt. Es gibt einen guten Grund, warum ich genau fünf Freunde habe. Normalerweise rede ich mit Fremden nur das Nötigste.

Majvie hebt eine Augenbraue. »Damit hättest du tatsächlich keine großen Chancen auf die Prima-Rolle gehabt.« Ihr Lächeln schwindet.

»War das dein Traum?«, frage ich, bevor ich mich aufhalten kann. »Primaballerina zu werden?«

Die Muskeln in Majvies Kiefer spannen sich an. »War es mal, ja.«

Ich wende den Blick ab. »Meiner Ansicht nach ist das hier die bessere Wahl. Ich meine, Ballett ist ein harter Sport, und jeden Abend ganz vorne zu stehen wäre bestimmt wahnsinnig stressig geworden, mitten im Scheinwerferlicht, wo man jeden Fehler sieht …« *Gott, hör endlich auf zu reden*!

Majvie sieht mich an. »Also gefällt es dir hier?«, fragt sie.

Ich zucke mit den Schultern. »Bisher habe ich noch nicht genug gesehen, um mir eine Meinung zu bilden. Gefällt es dir denn?«

Sie schaut zurück auf die Lichtung. »Ich schätze schon.«

»Das klingt nicht sonderlich überzeugt«, sage ich lächelnd.

Majvie schweigt so lange, dass ich glaube, keine Antwort zu bekommen. Doch dann holt sie tief Luft. »Vekja gefällt mir in dem Maße, in dem einem ein Ort gefallen kann, an den man gebunden ist.«

Verwirrt sehe ich sie an. »Die anderen haben gesagt, ihr macht Ausflüge. Und Astryd hält niemanden hier.«

Majvie seufzt leise. »Wir alle sind aus einem Grund in Vekja. Manchen macht ihr Grund es nicht leicht, die Sicherheit des Dorfes zu verlassen.«

Ich denke an die Narben der Frau namens Calla, deren Ursprung mir niemand erklären muss. Vor zwei Jahren wurde eine Bekannte meiner Mutter von ihrem Ehemann mit Säure angegriffen. Ihr Gesicht wies danach genau das gleiche

Narbenmuster auf wie Callas, obwohl sie das Glück hatte, ein gesundes Auge behalten zu haben. In der Zeitung wurde von einer Beziehungstat geschrieben, von einem »Angriff aus Leidenschaft«. Als liefere der Fakt, dass die beiden in einer Beziehung waren, einen mildernden Umstand. Als wäre Eifersucht ein rechtfertigendes Motiv, um seiner Frau das Augenlicht zu nehmen. Und als hätte diese Gewalt auch nur das Geringste mit Leidenschaft zu tun. Ich erinnere mich daran, wie Bernd am Küchentisch die Zeitung zusammengefaltet hat.

»Sie wollte ihn verlassen.« Das war alles, was er zu dem Thema zu sagen hatte. Und ich verstand zum ersten Mal, warum Frauen in Beziehungen bleiben, unter denen sie leiden. Die Geschichte von Hellea von Schweden kommt mir wieder in den Sinn. Damals waren wütende Frauen in Lebensgefahr. *Heute sind sie es noch immer.*

Majvie sammelt ihre Sticknadeln ein und rafft den Stoff zusammen. »Ich muss jetzt gehen.«

»Kannst du es mir zeigen?«, frage ich im selben Moment. »Vekja, meine ich?«

Mein Herz schlägt schneller. Sie wird Nein sagen – und aus irgendeinem unerfindlichen Grund schmerzt diese Vorstellung mehr, als ich erwartet hätte.

Majvie sieht mich an, als würde sie versuchen, ein Rätsel zu lösen. Dann steht sie auf und legt sich den Umhang über den Arm. »Was ist, kommst du?«

Ich blicke auf und sehe, dass sie mir ihre Hand entgegenstreckt. Wortlos schiebe ich meine in ihre und komme nicht umhin zu bemerken, wie einfach unsere Hände zusammenpassen.

Wir orientieren uns an dem schmalen Fluss, der durch Vekja fließt und den großen, schilfumwachsenen Teich nährt, der als Badeplatz dient. Das Eisen aus der dahinter liegenden Schmiede färbt das Wasser, das Vekja flussabwärts verlässt, rot. Kurz muss ich an Coco denken und wünschte, ich könnte ihr erklären, warum die Bäche im Wald verfärbt waren, damit sie auf dem Rückweg keine Angst mehr haben muss. Doch schnell nimmt dieses ungewöhnliche Dorf meine Aufmerksamkeit wieder voll und ganz in Beschlag. Majvie erzählt mir, dass es zu den Aufgaben der Schülerinnen zählt, sich um die Wäsche und das Geschirrspülen zu kümmern. Die Schwestern übernehmen neben ihrem jeweiligen Handwerk und der Anleitung der Schülerinnen das Kochen.

»Und wann wird man eine Schwester?«, frage ich, während wir am Kochplatz vorbei weiter gen Norden laufen.

»Eine Schwester wird, wer sich in der Magisk Natt dazu entscheidet«, sagt Majvie. Mühelos weicht sie den Farnen aus, die meine Knöchel umschlingen wie lebendige Fallstricke. »Wir feiern sie jeden Monat bei Vollmond.«

»Und opfert dabei eine Jungfrau?«

Majvie bleibt stehen. »Du hältst uns für seltsam.«

Ich breite die Arme aus. »Mir wurde gerade erklärt, dass ich den kollektiven Zorn meiner Vorfahrinnen spüren kann, der von einer ominösen Mutter Natur und ihrer Magie am Leben erhalten wird. Ich wäre nicht überrascht, wenn gleich noch ein Kobold hinter einem der Bäume hervortanzt. Ja, ich halte das alles hier für ziemlich seltsam!«

Majvie legt den Kopf schief. »Es tut mir leid, aber Kobolde haben wir nicht zu bieten.«

Diesmal lachen wir beide.

»Wie lange bist du schon hier?«, frage ich dann.

»Ein paar Monate. Glaube ich«, fügt Majvie hinzu. »Die Zeit verläuft zäher hier in Vekja.«

»Fühlt es sich nur so an«, frage ich vorsichtig, »oder ist das hier eine Art Narnia?«

Majvie grinst. »Es fühlt sich bloß so an«, sagt sie. »Die Magie der Natur ist mächtig, aber die Zeit anhalten kann sie nicht.«

Ich sehe hinauf zu dem dichten Blätterdach, das uns von der Sonne abschirmt. »Aber sie kann Wunden heilen?«

»Das war Mirtas auki. Ihre Stärke«, fügt Majvie hinzu. »Hast du gemerkt, wie die Schwestern Dinge hören, die eigentlich viel zu leise sind, um wahrgenommen zu werden? Wie schnell ihre Reaktionen sind?« Ich denke daran, wie Astryd schon wusste, dass Kaira auf die Lichtung kommen würde, bevor sie zu sehen war. »Wenn du zu deinem auki gefunden hast, wird deine Wahrnehmung schärfer«, erklärt Majvie, was mein Verstand nicht wahrhaben will. »Die Hitze des Zorns, den du einlässt, beschleunigt deine Gedanken und Reaktionen. Du spürst keinen Schmerz mehr, und deine Wunden heilen in Sekundenschnelle.«

Ich würde ihr kein Wort glauben, wenn ich nicht mit eigenen Augen gesehen hätte, wie der klaffende Schnitt in Mirtas Hand sich selbst zu einem feinen, rosafarbenen Strich zusammenzog. *Auki.* Ein Teil von mir will sich noch immer einreden, dass ich mir das bloß eingebildet habe. Eine optische Täuschung, weiter nichts. Aber leider weiß ich, dass weder Majvie noch meine Augen mich belügen.

»Und wozu sollte ich mich in die Waldedition von Wonder Woman verwandeln?«, frage ich.

Neben zwei hüfthohen Felsen bleibt Majvie stehen. Ihre Finger streichen über ihre Arme. »Fällt dir keine Situation ein, in der es dich gerettet hätte, körperlich überlegen zu sein?«

Jeder Anflug des Lachens, das sich gerade noch in mir aufgebaut hat, verschwindet, als ich an das denke, was nach meinem misslungenen Angriff auf Yasin auf dem Sportplatz unserer Schule passiert ist. Ich senke den Blick.

»Wie?« Ich erkenne meine eigene Stimme kaum wieder. »Wie entwickeln wir diese Kraft?«

»Unsere eigene Wut vervollständigt uns«, sagt Majvie. »Wenn wir lernen, sie zuzulassen, werden wir zu dem ganzen Wesen, als das uns die Natur erschaffen hat.«

»Ich bin seit neunzehn Jahren wütend«, unterbreche ich sie kopfschüttelnd.

»Aber du hattest nur deine eigene Wut«, sagt Majvie. »Hier in Vekja, und an jedem anderen Ort der alten Erde, hast du den Zorn Tausender Frauen zur Verfügung.«

Astryds Worte kommen mir wieder in den Sinn. *Die Natur zog ihre Magie aus der Hitze des Feuers und der Kraft des Windes in die Erde zurück, in die das Blut der zu Unrecht Getöteten geflossen war.* Der Gedanke, dass unter dem weichen Gras, auf dem wir stehen, der Zorn von Erin, Hellea von Schweden und den anderen Clanchefinnen schlummert, ist beängstigend. Doch es wäre eine Lüge, wenn ich behaupten würde, dass er mich nicht auch fasziniert.

»Hast du zu deinem auki gefunden?«, frage ich.

Majvie schüttelt den Kopf. »Nein. Die eigene Wut zuzulassen ist nicht so einfach, wie es klingt. Und wer das nicht schafft, hat keine Chance, den Zorn zu lenken.«

Ich sehe hinab auf das Gras unter unseren Füßen. »Warum spüre ich den Zorn jetzt nicht? Wenn Vekja doch … alte Erde ist?«

»Weil du geschützt wirst«, sagt Majvie. »Wie jede von uns, die den Zorn noch nicht lenken kann.« Sie macht einen Schritt auf mich zu, und für einen kurzen Moment glaube ich, sie will mich umarmen. Doch stattdessen greift Majvie vorsichtig nach dem Lederband um meinen Hals, das ich bisher nicht bemerkt habe.

»Das Kors schirmt dich von dem Zorn der Starken ab. Ohne seine Wirkung würde er dich wieder überwältigen.« Sie zieht einen Anhänger aus dem Ausschnitt meines Kleides hervor. Mein Atem stockt, als ich die Form wiedererkenne: eine Acht mit offenen Enden. Ein verformtes Unendlichkeitszeichen. Das kann nicht wahr sein! Aber es besteht kein Zweifel.

Das Amulett meines Vaters.

Ich ziehe mir das Lederband über den Kopf.

»Stopp!«, ruft Majvie im selben Moment, in dem die Erde unter meinen Füßen zu vibrieren beginnt. Hitze strömt durch meinen Körper und sammelt sich in meinem Bauch. Zum ersten Mal nehme ich wahr, was hinter dem wilden Brennen liegt. Stärke und eine atemberaubende Macht.

»Willst du dich umbringen?« Kurz glaube ich, Majvie hätte mir einen Eimer Wasser über den Kopf geschüttet. Doch es ist nur das Kors, das sie wieder um meinen Hals gelegt hat.

»Wo ist Astryd?«, frage ich, als ich wieder zu Atem gekommen bin.

»Im äußeren Kreis und höchstwahrscheinlich nicht zu sprechen«, sagt Majvie verärgert. »Könntest du mir jetzt bitte verraten, warum du dich zum Kollabieren bringen wolltest? Das hier ist kein Spiel!«

Statt zu antworten, lasse ich Majvie am Bach stehen und stürme los. Die Natur um mich herum wird von Sekunde zu Sekunde wilder und das Gras unter meinen nackten Füßen härter.

»Jetzt warte doch mal!«, höre ich Majvie hinter mir rufen, doch ich bleibe nicht stehen. Dieses Kors ist eine detailgetreue Kopie des Amuletts, das in diesem Augenblick in Yasins Rucksack durch Stockholm wandert. Vielleicht könnte ich mich dazu überreden, die gleiche Form und das gleiche Material für Zufall zu halten. Doch das Gefühl, das mich durchströmt hat, als Majvie mir das Kors umlegte, war dasselbe wie das auf dem Sörmlandsleden. Jetzt weiß ich, warum Yasins Berührung mein inneres Feuer zum Erlöschen bringen konnte. Er trug ein Kors, ein Schutzamulett der Schwestern. Ein Kors, das meinem Vater gehört hatte, bevor es zu seinem letzten Geschenk an mich wurde. Meine Gedanken überschlagen sich. Kannte mein Vater die Schwestern? War er mit einer von ihnen befreundet oder vielleicht sogar zusammen? Die Sträucher werden immer dichter, bald muss ich sie mit den Händen zur Seite schieben.

»Hell, warte!«

Ich bleibe wie angewurzelt stehen, doch Majvies Ruf ist nicht der Grund dafür. Zwischen den Bäumen stehen Astryd und Kaira. Sie haben mir den Rücken zugewandt, anders als Lilith, die mit ausgestreckten Armen zum Blätterdach hinaufsieht. Ihre blasse Haut ist gerötet. Ich stoße einen erschrockenen Laut aus, als sie den Kopf neigt und ich ihre Augen sehen kann. Sie strahlen in einem tiefen, dunklen Gold. Ich klammere mich so fest an den breiten Baumstamm, hinter dem ich mich verberge, dass sich Holzsplitter unter meine Fingernägel graben.

»Bleib ruhig, Lilith«, sagt Astryd.

Ich schließe meine Augen, so fest ich kann, aber als ich sie öffne, sind der Rotschimmer von Liliths Haut und das funkelnde Gold ihrer Iris nicht verschwunden.

»Du machst das großartig«, sagt Astryd beschwörend.

»Ich kann nicht«, stößt Lilith aus. Kaira macht einen Schritt auf sie zu, ein Lederband mit einem Kors in der Hand. Doch Astryd streckt den Arm aus und hält sie zurück.

»Du kannst«, sagt sie mit fester Stimme. »Lenke den Zorn. Lass seine Hitze einsinken. Sie ist ein Teil von dir.«

Liliths Augen flammen auf, und ich hole erschrocken Luft. Eine Hand legt sich auf meinen Arm.

»Du darfst sie nicht ablenken«, flüstert Majvie mir ins Ohr. »Wenn Lilith jetzt den Fokus verliert, wird es gefährlich.«

Ich umklammere mein Kors, während Lilith die Augen schließt. Ihre Lippen bewegen sich, doch ich verstehe nicht, was sie sagt. Dann verschwindet der rötliche Schimmer ganz langsam, als würde er in ihre Haut sickern. Sie öffnet die Augen. »Da ist jemand hinter den Bäumen.«

Astryd lächelt. »Ich weiß.«

Lilith hebt den Kopf wie ein Hund, der eine Witterung aufnimmt. »Der Bach. Ich kann ihn hören und –« Sie stockt und streicht suchend über ihren Unterarm. »Sie sind weg. Meine Narben! Alle, einfach weg.«

Ich drehe mich zu Majvie, die sich genauso fest an meine Schulter klammert wie ich mich an den Baumstamm. Augenblicklich lässt sie mich los.

»Was war das?«, flüstere ich und kann nicht verhindern, dass meine Stimme zittert. Ich habe heute schon viel gesehen, aber nichts davon reicht an ein Mädchen heran, das vor meinen Augen in Flammen aufgeht.

»Das war eine Empfängliche, die soeben zu ihrem auki gefunden hat.«

Ich fahre herum und stehe Astryd gegenüber. Hinter ihr betastet Lilith ihren Körper, als hätte das auki ihr einen anderen verliehen. Ihre Augen sind jetzt wieder blau und ihre Haut blass, doch ich habe nicht vergessen, dass sie noch Sekunden zuvor aussah wie ein Vulkanwesen. Mächtig. Stark. Und unbesiegbar.

»Lilith hat es geschafft, den Zorn in sich aufzunehmen«, erklärt Astryd. »Jetzt stärkt er ihren Körper, statt ihn zu überschwemmen.« Sie sieht mich mit demselben durchdringenden Blick an wie vorhin in der Hütte. »Aber du wolltest sicher nicht wegen Liliths auki mit mir sprechen, oder?«

Meine Gedanken lassen sich nur schwer von dem ablenken, was ich gerade gesehen habe. *Weswegen bin ich davongelaufen*? Erst als ich sehe, wie Kaira Liliths Kors in die Tasche ihres Kleides gleiten lässt, erinnere ich mich. Das Kors. Mein Vater.

»Können Männer Empfängliche sein?«, frage ich. Kaira lacht scharf.

»Nein, Hell«, antwortet Astryd ernst. »Zwar sind sich manche Männer der Ungleichberechtigung bewusst, aber sie teilen weder unsere Geschichte noch unsere Erfahrungen. Sie können keinen Zorn in sich tragen, den sie nie selbst spüren mussten.«

Also hat mein Vater nicht in Vekja gelebt. Ich versuche, mich zu erinnern, wann genau er mir das Amulett geschenkt hat, doch alles, was mir in den Sinn kommt, sind die Worte, mit denen er es mir um den Hals gelegt hat.

Du musst sie immer tragen, Hellea. Hörst du? Diese Kette ist keine normale Kette. Sie hat Zauberkräfte. Sie kann dich beschützen.

Mein Vater wusste von dem Zorn der Starken. Und aus irgendeinem Grund wollte er mich von ihm fernhalten.

»Warum fragst du?« Kaira sieht mich mit hochgezogenen Augenbrauen an. »Gibt es jemanden, den du gerne mit hierhergebracht hättest?«

Majvie, die Lilith gratuliert hat, sieht zu uns herüber. Ich schüttle rasch den Kopf. »Nein. Niemanden.«

Auf dem Weg zurück ins Dorf spüre ich Astryds Blick auf mir. Doch erst, als wir über den Bach gestiegen sind, hält sie mich am Arm fest, während die anderen weitergehen. »Ich stehe zu dem, was ich gesagt habe. Du kannst dich jederzeit entscheiden zu gehen.«

Vom Kochplatz aus, der hinter den nächsten Bäumen liegt, dringt Jubel zu uns heran. Es sieht ganz so aus, als wäre Liliths auki für das ganze Dorf ein Grund zum Feiern.

»Ich persönlich glaube, dass du besser hierher passt als an jeden anderen Ort«, fährt Astryd fort. »Aber ich werde dich nicht überreden zu bleiben.«

Ich denke an Bernd und die Art, mit der er mir eingeredet hat, dass meine Wut falsch ist. An das, was Astryd über die Angst vor weiblicher Wut gesagt hat, an das Gold in Liliths Augen und das schwindelerregende Gefühl von Stärke, das mich durchströmt hat, als ich das Kors abnahm. Und an meinen Vater, der mich allem Anschein nach genau davor bewahren wollte.

»Ist es gefährlich?«, frage ich. »Das auki, meine ich.« Musik klingt vom Kochplatz herüber, doch diesmal sind es keine südlichen Trommeln, sondern dunkle Töne, die sich in der Abendluft verlieren und eine ziehende Sehnsucht in mir heraufbeschwören.

»Dein auki wird dich stärker machen«, sagt Astryd. »Stärker, als du sowieso schon bist.« Sie bedeutet mir, ihr zum Kochplatz zu folgen. Mit noch warmen Fladenbroten und Tonbechern in den Händen, die mit einer herbsüßen Limonade gefüllt sind, setzen wir uns auf die Baumstämme, die den Platz einrahmen. Jetzt sehe ich, dass die Melodie aus einer langen, dunklen Flöte kommt, die von einer Frau mit kurzem Haar gespielt wird. Ihr Klang ist wunderschön und zugleich auf eine Weise urtümlich, die mir eine Gänsehaut über die Arme jagt.

»Die Natur hat Männer und Frauen als ebenbürtige Wesen erschaffen«, sagt Astryd. »Unterdrückung ist eine Erfindung des Menschen.« Sie trinkt einen Schluck und beobachtet, wie Lilith von Schwester Nerea in einen Tanz gedreht wird. Zum ersten Mal fällt mir auf, wie schnell und präzise die Bewegungen der Schwestern sind. Sie scheinen nie außer Atem zu kommen oder erschöpft zu sein, und als Nerea Lilith anmutig durch die Luft wirbelt, erkenne ich einen Schimmer von Gold in ihren dunklen Augen.

»Der Mord an den Clanchefinnen, der Mythos der Tochter der Dunkelheit – das war der Anfang«, erklärt Astryd. »Männer bastelten sich eine natürliche Ordnung, die nichts mit der menschlichen Natur und alles mit ihrer Angst vor Machtverlust zu tun hat. Also beschloss die Mutter, sich zu wehren. Sie erwählte Frauen, die bereit waren, für ihr Geburtsrecht zu kämpfen, und machte sie zu Empfänglichen, indem sie ihnen den Zorn ihrer Vorfahrinnen gab. Seine Hitze verwandelte ihre Körper.« Astryd sieht mich an. »Dein auki, Hell, macht dich unverletzbar. Es macht dich stark. Und es bewahrt dich davor, je wieder den Kopf einziehen zu müssen.«

Ich sehe zu den Frauen hinüber, die sich in der Mitte des Platzes unterhalten oder tanzen. Es ist die Art, mit der Schwester Kaira das Kinn oben hält, die Sicherheit in Schwester Nereas Augen, die mich verstehen lassen, was Astryd meint. Für einen Moment frage ich mich, wie unsere Welt aussehen könnte, wenn keine Frau sich mehr kleinmachen müsste.

»Über die Jahrhunderte wurden uns viele Namen gegeben«, sagt Astryd, die mich beobachtet. »Göttinnen. Hexen.« Sie lächelt. »Dabei sind wir wütende Frauen. Nicht mehr und nicht weniger.«

»Warum hat sich dann noch nichts geändert?«, frage ich. »Denn Empfängliche müsste es doch unendlich viele geben.«

Eine Frau mit scharfen und dennoch freundlichen Gesichtszügen, die ein Stück von uns entfernt sitzt, lacht bitter. »Weil sie alles tun, um Frauen kleinzuhalten.«

Wer ist *sie*? Das System, von dem Mirta und Calla gesprochen haben? Zum ersten Mal frage ich mich, was genau sie damit meinten. Es klang nach mehr als dem, was ich über die Unterdrückung von Frauen weiß. Es klang, als stünde eine Absicht dahinter …

»Edda hat recht«, stimmt Astryd ihr zu, bevor ich nachfragen kann. »Aber wir sind viele. Frauen überall auf der Welt sind wütend und nicht mehr willens, diese Wut einfach herunterzuschlucken. Unsere Zahl wächst. Nur ist da die Sache mit der alten Erde.«

»Das sind die Stellen …«, sage ich und lasse den Satz auslaufen. Beim besten Willen erinnere ich mich nicht mehr daran, was alte Erde ist.

»Das sind die Stellen, an denen das Blut der zu Unrecht gestürzten Frauen in die Erde floss«, ergänzt Astryd. »Es gibt sie in ganz Schweden, weil in ganz Schweden Clanchefinnen ermordet wurden. Und genau wie du am See des Sörmlandsleden oder am Grab von Birka spüren Empfängliche an diesen Stellen den Zorn.«

Ich denke an meine beiden Anfälle, bevor ich in die nördlichen Wälder kam. Sie waren heftig, aber auch kurz. Im äußeren Kreis von Vekja hingegen hätte die Hitze des Zorns meinen Körper jeden Moment bersten lassen.

»Aber der Zorn ist nur hier stark genug«, schließe ich. Astryd und Edda nicken.

»Nur hier, wo das Blut der Starken selbst den Boden tränkte, ist der Zorn stark genug, um das auki zu schmieden«, sagt Edda. Sie ist jünger als Astryd, vielleicht im Alter meiner Mutter. Zum ersten Mal beginne ich zu verstehen, wie man ein Leben in der vollkommenen Abgeschiedenheit der nördlichen Wälder wählen kann.

»Verschwindet das auki, wenn wir Vekja verlassen?«, frage ich.

Astryd schüttelt den Kopf. »Nicht vollständig. Das auki ist eine innere Stärke, die vom Zorn genährt wird. Es schwächt sich ab, wenn kein Zorn zur Verfügung steht. Aber es vergeht nie ganz, wenn es einmal geschmiedet wurde.«

Ich reiße ein Stück von meinem Fladenbrot ab und denke

an Ma, die ich so oft weinen gesehen habe, aber kein einziges Mal wütend. »Ich wünschte, es gäbe einen Weg, Vekjas Zorn irgendwie auszubreiten«, sage ich. *Zumindest bis nach Hamburg …*

»Hell!« Lilith läuft auf mich zu und zieht mich auf die Beine. Beim Anblick ihrer geröteten Wangen frage ich mich kurz, ob in der Kräuterlimonade vielleicht Alkohol ist. »Entschuldigt«, sagt Lilith an die beiden Schwestern gewandt, »aber ihr könnt unseren Neuzugang nicht den ganzen Abend für euch beanspruchen.«

Astryd lächelt nachsichtig. »Wenn unser Neuzugang denn bleiben möchte«, sagt sie. Ich denke an die feine Linie in Mirtas Hand, die alles ist, was von ihrer klaffenden Schnittwunde zurückgeblieben ist. Sehe zu Lilith, in deren Iris regelmäßig ein Goldschimmer aufblitzt, und schließlich zu Majvie, die ein Stück von uns entfernt am Rand sitzt, allein neben einer müde aussehenden Frau.

»Ja«, sage ich und stelle mir vor, wie ich das Feuer aushalte. Wie es meinen Körper nicht mehr schwächt, sondern ihn so stark macht, dass ich in Flammen aufgehe, ohne zu verbrennen. Was auch immer meinen Vater dazu bewogen hat, mich vor meinem eigenen auki schützen zu wollen, er muss sich geirrt haben. Denn wie kann eine Kraft, die Frauen ihr Recht zurückgeben will, schaden? Lilith stößt einen Jubelschrei aus und zieht mich mit sich.

»Leute, Hell ist offiziell eine Schülerin!« Bei der Gruppe, neben der ich schon beim Essen gesessen habe, bleiben wir stehen. »Calla kennst du ja schon«, sagt Lilith und legt den Arm um die hochgewachsene Frau, die mir freundlich zunickt. »Und hier haben wir unser unzertrennliches Trio«, fährt Lilith fort.

»Johanne, richtig?«, frage ich.

»Ganz genau«, erwidert die rotwangige junge Frau. »Das

hier sind Beke und Lykke.« Die beiden schüchtern wirkenden Frauen, die dicht neben Johanne stehen, lächeln mir zu.

»Tilda ist das Genie unter uns«, erklärt Lilith, woraufhin die Frau mit den blauen Strähnen im Haar, auf die sie deutet, stolz lächelt.

»Ich bin Neuropsychologin«, erklärt sie. »Bevor ich nach Vekja kam, habe ich an Studien zur gehirnphysiologischen Grundlage der Gruppenpolarisierung gearbeitet.«

»Sag ich ja, sie ist ein Genie.« Lilith drückt mir beiläufig einen Tonbecher in die Hand und deutet auf eine junge Frau mit kupferroten Locken, an die ich mich vom Mittagessen erinnere. »Das da vorne neben Mirta ist Cersty. Und das war es dann auch an Schülerinnen – bis auf Majvie, und die Zwillinge natürlich, aber kein Mensch weiß, wo die beiden sich mal wieder herumtreiben.« Lilith sieht mich strahlend an. »Herzlich willkommen in unserer Mitte!«

»Danke«, sage ich. »Und dir herzlichen Glückwunsch zu deinem auki!« Ich hebe meinen Tonbecher, und die anderen tun es mir gleich.

»Ich bin sehr stolz«, sagt Lilith, auf einmal ernster. Sie verschränkt ihre Arme, und ich erinnere mich an das, was sie vorhin im Wald über die verschwundenen Narben gesagt hat. In diesem Moment drückt Calla Liliths Schulter.

»Also, Hell«, wendet sie sich an mich. »Was ist deine Story?«

Ich trinke einen Schluck Limonade. »Ich, ähm«, bringe ich heraus, während ich überlege, was für eine Geschichte ich erzählen soll. Niemand stolpert ohne Grund auf der Suche nach magischen Schwestern durch die nördlichen Wälder – aber bei dem Gedanken, Lilith, Calla und den anderen zu erzählen, warum ich hier bin, wird mir schlecht. Diese Frauen müssen zum Teil Schreckliches erlebt haben, bevor ihre

Wut sie nach Vekja geführt hat. Ich hingegen … Ich und meine Wut sind der Grund für ein schreckliches Erlebnis.

»Wo kommst du denn her?«, fragt Tilda mit einem mitfühlenden Lächeln. »Wenn du darüber sprechen möchtest.«

»Deutschland«, erwidere ich dankbar. »Ich komme aus Hamburg in Norddeutschland.«

»Dann bist du als Touristin nach Schweden gekommen?«, hakt sie nach. Ich nicke.

»Und deine Freunde?«, fragt Beth. »Was denken die, wo du bist?« Mein Innerstes gefriert zu Eis. Als ich nicht antworte, beginnt Beth aufzuzählen, wen sie meint. »Das Pärchen, die beiden Jungs mit den schwarzen Haaren und das schreckhafte Mädchen mit der Pagenfrisur. Du musst denen doch irgendwas erzählt haben.«

Ich brauche einen Moment, bis ich verstehe, dass Beth mit *dem Pärchen* nicht Coco und Tom meint, sondern Matti und Alice. Was für eine Freundin bin ich, wenn selbst eine Fremde eher erkannt hat, was zwischen den beiden los ist?

»Keine Sorge«, sage ich und zwinge mich zu einem halbwegs authentischen Lächeln. »Die suchen mich nicht.« Ich trinke einen weiteren Schluck der herbsüßen Limonade und wünschte mit jeder Faser meines Körpers, dass sie tatsächlich einen Schuss hätte.

»Sagt mal«, frage ich, bevor Beth das Thema vertiefen kann. »Wie genau findet man eigentlich zu seinem auki?«

»Es ist ein Prozess«, sagt Mirta, die gemeinsam mit Cersty zur Gruppe dazustößt, und bringt die anderen damit zum Prusten.

»Astryds Lieblingsfloskel, wenn mal wieder jemand frustriert ist«, erklärt Calla.

»Also werden wir von Astryd angeleitet?«, frage ich. Lilith schüttelt den Kopf.

»Na ja, schon«, korrigiert Mirta sie. »Aber eben nicht alle

von uns.« Sie stützt die Hände in die Seiten. »Astryd ist die oberste Schwester, quasi die Chefin von Vekja«, erklärt Lilith. »Sie trifft Entscheidungen für das Dorf und kann als Einzige das Buch der Schwestern lesen.«

Ich denke an das dicke Buch mit dem brüchigen Einband. »Die oberste Schwester spricht als Einzige Altnordisch?«, frage ich ungläubig. Klar, die Symbole sahen fremd aus, aber ich sehe keinen Grund, warum Astryd sie den Schülerinnen nicht beibringen sollte oder wenigstens den anderen Schwestern.

»Die oberste Schwester«, sagt Mirta, »und ihre Nachfolgerin.«

Ich folge ihrem Blick zu dem Platz, auf dem Majvie bis gerade noch gesessen hat. Jetzt ist sie verschwunden.

»Majvie ist Astryds Nachfolgerin«, sage ich mehr zu mir selbst als zu den anderen.

»Obwohl sie eine Katastrophe im Training ist«, fügt Mirta hinzu.

»Wow, Mirta«, sagt Calla. »Super Art, deine Unterstützung zu zeigen. Wirklich unfassbar nett.«

»Ich meine es ja nicht böse, aber sie ist jetzt wie lange hier? Vier Monate?« Mirta schüttelt den Kopf. »Und obwohl sie jede freie Minute mit Astryd verbringt, bricht sie immer noch zusammen, sobald sie ihr Kors auch nur hochhebt.«

»Ich habe auch lange gebraucht«, wirft Lilith ein. »Und wenn ich mich richtig erinnere, Mirta, dann hast du dein auki erst seit letzter Woche.«

»Aber auf mir wird auch nicht eines Tages die Verantwortung für ganz Vekja lasten«, hält Mirta dagegen.

»Warum wird überhaupt eine Schülerin gewählt?«, frage ich hastig. Auch wenn Majvies Sinne noch nicht übermenschlich scharf sind, will ich nicht riskieren, dass sie die anderen so über sich sprechen hört. Bei dem Druck, der auf ihr lasten muss, wäre das wohl alles andere als hilfreich. »Warum nicht gleich eine Schwester?«

»Es ist Astryds Wahl«, mischt Tilda sich ein. »Sie kann bestimmen, wer ihr würdig erscheint. Und Schwester Fenja hat erzählt, dass Astryd Majvie zwei Tage, nachdem sie hier ankam, ausgesucht hat.«

»Dann scheint sie sich ja sehr sicher gewesen zu sein«, sage ich, was mir ein Lächeln von Beth einbringt. Mirta hebt die Augenbrauen, erwidert aber nichts.

»Schluss jetzt mit den ernsten Themen«, bestimmt Calla. »Lilith hat zu ihrem auki gefunden, und das sollten wir feiern!«

»Exakt.« Lilith, deren gute Laune zurückgekehrt ist, grinst, bevor sie weiterspricht. »Heute Abend will ich euch alle tanzen sehen!« Sie legt einen Arm um die stille Beke und den anderen um die ebenso schüchtern wirkende Lykke. »Oder muss ich euch erst dazu bringen?« Bei dem Versuch, beide hochzuheben, taumelt Lilith nach hinten und kann sich gerade noch so davor bewahren, auf den Hintern zu fallen.

»Deine Muskeln wachsen ab jetzt vielleicht schneller, querida«, – Nerea, gegen die Lilith gestolpert ist, lacht –, »aber du bist nicht der Hulk!«

»Das auki lässt Muskeln wachsen?«, wiederhole ich, während Lilith mit Calla und Beth zu tanzen beginnt. Ab und an halten beide Frauen Calla mit unauffälligen Berührungen davon ab, die Richtung zu verlieren. *Ich würde nicht damit klarkommen, blind zu sein*, denke ich, bevor mir bewusst wird, wie unsensibel das klingt. Als hätte Calla ihre Sehkraft freiwillig verloren …

»Hitze beschleunigt Prozesse«, holt Mirta mich zu unserem Gespräch zurück, und ich erinnere mich, dass Astryd vorhin so etwas Ähnliches gesagt hat. »Stell dir deinen Körper vor wie ein Netz aus Autobahnen. Im Moment fahren noch eine ganze Menge lahmer Karren rum. Mit höchstens 70 km/h. Aber dann«, sagt Mirta und zieht mich mit glänzenden Augen ein Stück näher, »kommt ein Sturm auf. Heißer, starker Wind fegt über die Straßen, und auf einmal zischen die Autos so schnell wie der neueste Tesla.«

»Klingt atemberaubend«, sage ich, dabei macht die Intensität von Mirtas Worten mir eher Angst. Sie wirkt nicht bloß begeistert, sondern geradezu … besessen vom auki.

»Ist es auch.« Mirta grinst mich an. »Willst du mal was Cooles sehen?« Bevor ich etwas erwidern kann, dreht sie sich zu den anderen um. »Hell will *Fast & Furious* spielen.«

Obwohl die Himmelsfetzen, die durch die Baumwipfel erkennbar sind, zeigen, dass die Sonne noch lange nicht untergegangen ist, senkt sich eine bleierne Müdigkeit auf mich herab. Dieser Tag war endlos.

»Ich würde eigentlich gerne schlafen gehen«, wende ich ein. In diesem Moment wird mir klar, dass ich keine Ahnung habe, wo die Schwestern und ihre Schülerinnen die Nacht verbringen. In den Rundhütten? Ich sehe hinüber zu den Hügeln, die auf dieser Seite des Bachs verteilt zwischen den Bäumen stehen. Es sind kaum genug, um Platz für die knapp dreißig Frauen zu bieten, die wir sein müssen.

»Schlafen kannst du, wenn du tot bist«, sagt Mirta brüsk, dann zieht sie mich mit sich. Im Vorbeigehen stoße ich gegen die Frau, die vorhin neben Majvie gesessen hat.

»Entschuldigung!«, sage ich und stocke. Nur für einen winzigen Moment hat ihr Blick meinen getroffen und –

Nein, ich muss mich getäuscht haben. Oder der Schein des Feuers hat mir einen Streich gespielt, denn kurz meinte ich, in tiefrote Augen zu sehen. *Das ist nicht möglich.* Oder doch? Schließlich flackert auch das auki golden in der Iris seiner Trägerin auf. Aber das, was ich gesehen habe, war kein Gold, sondern Blutrot. *Was hat das zu bedeuten*? Ich sehe der Frau nach, die mit zittrigen Fingern ihre verrutschten Pulswärmer aus grobem Filz zurück über ihre Handgelenke schiebt. Tante Emmi hat ganz ähnliche, gegen die Schmerzen ihrer Arthrose. Verwirrt runzle ich die Stirn. Die Schwester kann kaum älter als 40 sein, und trotzdem wirkt sie mit ihrer papiernen Haut und den zitternden Händen wie eine Greisin. Und dann die Pulswärmer, wo den Schwestern doch dank ihres aukis nie kalt ist …

»Komm schon, Hell!« Mirta winkt mich zwischen die Bäume, und nach einem letzten Blick in die Menge aus weißen Frauen, in der die seltsame Schwester verschwunden ist, folge ich ihr und den anderen, die sich uns mehr oder weniger begeistert angeschlossen haben. Einige Meter hinter dem Kochplatz halten wir an.

»Ihr bleibt hier stehen«, bestimmt Mirta und misst mit ihren Schritten drei Meter einer freien Strecke ab.

»Was wird das?«, zische ich Lilith zu, die sich neben mir an einen Baum lehnt.

»Ein Spiel«, sagt sie. Mit hochgezogenen Augenbrauen beobachte ich, wie Mirta und Cersty handgroße Steine zu einem Haufen auftürmen.

Calla dreht eine Haarsträhne um ihren Zeigefinger. »Ihr seid so was von komisch, wisst ihr das?«, sagt sie.

Mirta streckt ihr die Zunge heraus. Dann wirft sie Lilith einen auffordernden Blick zu. »Willst du?«

Lilith schüttelt den Kopf. »Danke, aber ich vertraue meinen Fähigkeiten noch nicht genug, um eine Gehirnerschütterung zu riskieren. Auch wenn sie schnell heilt.«

»Wie du meinst.« Mirtas Augen glänzen. »Also Mädels, gebt euer Bestes.«

Cersty drückt mir einen Stein in die Hand. »Du musst so schnell wie möglich sein«, erklärt sie. »Mirta gewinnt, wenn sie mehr Steine hat als wir, ohne von einem berührt worden zu sein. Wir gewinnen, sobald wir sie ein Mal treffen.«

Ich glaube schon, Cersty missverstanden zu haben, als Mirta »Los!«, ruft und die anderen beginnen, Steine auf sie abzufeuern.

»Komm schon, Hell, wir verlieren!«, ruft Beth. Das tun wir definitiv, denn Mirta weicht dem Steineregen schneller aus, als ich blinzeln kann. Ihre Arme und Beine bewegen sich mit unnatürlicher Geschwindigkeit, und fast kommt es mir vor, als wüsste sie schon, wo der nächste Stein landet, bevor die anderen ihn überhaupt werfen. Cersty zielt nach oben, doch auch diesem Wurf weicht Mirta aus. Geschmeidig wie eine Leopardin springt sie auf einen der Bäume.

»Gewonnen!«, jubelt sie. Der einzige Stein, der auf unserer Seite noch übrig ist, liegt in meiner Hand. Mirta springt von dem Ast, auf dem sie gesessen hat. Als sie aufkommt, erzittert der Boden unter unseren Füßen. »Das war irre«, seufzt sie. »Pures Adrenalin.« In der Ferne höre ich ein Rascheln, dann das Geräusch von trampelnden Tierfüßen.

»Was ist das?«, frage ich alarmiert. »Gibt es hier Wölfe?«

»Natürlich gibt es hier Wölfe«, sagt Mirta. »Aber keine Sorge, sie haben genauso viel Angst vor uns wie der Rest der Tiere. Deshalb meiden sie Vekja.«

»Angst?«, stammle ich ungläubig. »Vor uns?«

Mirta lächelt. »Wölfe nehmen uns als Raubtiere wahr. Und sie haben nicht unrecht. Im Kampf wäre ihnen jede Schwester überlegen.«

Ich reibe mir über die Schläfen. Es ist zu viel zu verdauen für einen Tag. Als ich heute Morgen die Augen geöffnet habe, war meine Wut noch mein größter Makel. Jetzt bin ich in einer anderen Welt, wo Zorn unverwundbar macht und ich nicht länger die Einzige bin, die ihn spürt.

»Niemand von uns kämpft mit Wölfen«, sagt Lilith und legt mir beruhigend eine Hand auf den Rücken.

»Außer, du würdest das sehen wollen«, grinst Mirta. »Ich wette, ich kann einen aufspüren.«

»Das auki ist kein Spielzeug.« Ich fahre herum. Majvie steht zwischen den Bäumen. Der Feuerschein des Kochplatzes lässt ihr offenes Haar schimmern wie einen Heiligenschein. »Euch könnte etwas passieren.«

Mirta hebt die Hand, in die sie sich heute Mittag geschnitten hat. »Wohl eher unwahrscheinlich, meinst du nicht?«

Doch Majvies Blick ruht auf mir. »Ihr seid nicht alle unverletzlich«, sagt sie schlicht. Hitze strömt in meine Wangen. *Sie macht sich Sorgen um mich.*

»Majvie hat recht«, ertönt eine klare Stimme hinter uns. »Jede von euch, die ich noch einmal dabei erwische, wie sie ihre Kräfte verschwendet, erledigt eine Woche lang den kompletten Abwasch und die Wäsche ohne Hilfe.« Unter Kairas einschüchterndem Blick senkt Cersty den Kopf, und selbst Mirta hält die Klappe. Kaira nickt zufrieden. »Und jetzt ab ins Bett. Wer müde ist, macht Fehler – und die könnt ihr euch auf dem Weg zu eurem auki nicht leisten.«

Während ich unserer kleinen Prozession am Kochplatz vorbei durch die Bäume folge, hoffe ich inständig, dass es nicht Kaira ist, die mich ab morgen anleitet. Denn so einfach Mirta das Spiel mit der Stärke auch hat aussehen lassen – etwas sagt mir, dass zu meinem auki zu finden alles andere als leicht sein wird.

KAPITEL 10

Die Morgensonne strahlt grell von einem wolkenlosen Himmel hinab auf die Lichtung.

»Oh nein«, murmele ich, als ich sehe, wer uns mit einem ungeduldigen Gesichtsausdruck auf der Wiese erwartet.

»Entspann dich«, sagt Calla. »Kaira ist nicht so streng, wie sie aussieht.«

»Außer du redest, bist abgelenkt, niest«, zählt Mirta auf. Cersty lacht, aber ich gehe stoisch weiter geradeaus. Ein paar Schwestern, von denen ich nur die blonde Reili, neben der ich geschlafen habe, beim Namen kenne, tragen lange Holzplanken über die Lichtung.

»Sei nicht nervös«, rät Mirta. »Wenn du aufgeregt bist, wird es sowieso nichts. Ich war am Anfang ein komplettes Nervenbündel, aber zu meinem auki habe ich erst gefunden, als ich das ablegen konnte.«

»Leute«, unterbricht Calla sie und legt ihre Hände in gespielter Überraschung an die Wangen. »Habt ihr mitbekommen, dass Mirta zu ihrem auki gefunden hat?«

»Ich hatte ja keine Ahnung«, sagt Lilith todernst. Tilda und Johanne lachen.

»Wir könnten ein Plakat am Kochplatz aufhängen oder so«, schlägt Lykke vor.

»Oder Schwester Edda bitten, einen Heldinnengesang darüber zu schreiben.« Tilda grinst.

»Ihr seid doch alle nur neidisch«, sagt Mirta und zieht ihren langen Zopf über die Schulter nach vorn. »Aber ich nehme es euch nicht übel. Stattdessen opfere ich wie Lilith meine wertvolle Zeit, um euch zu helfen.«

»Du hast einfach nur keine Lust auf deinen Waschdienst«, bemerkt Lilith trocken. Als sie und Mirta mit uns zur Lichtung aufbrachen, habe ich mich kurz gefragt, warum, wenn sie doch zu ihrem auki gefunden haben und nun Schwestern sind. Aber dann habe ich mich an Majvies Erklärung erinnert: Zur Schwester wird nur, wer sich in der Magisk Natt dazu entscheidet. *Magische Nacht* … Erst jetzt fällt mir auf, dass Majvie mir nichts darüber verraten hat, was sich in dieser Nacht zuträgt.

Eine nach der anderen setzen sich Calla, Lilith, Tilda, Mirta, Cersty und der Rest der Schülerinnen auf den Boden und bilden einen Kreis um Kaira, in dem eine einzige Schülerin schon sitzt. Das erklärt, warum Majvies Matte ganz links im schräg gebauten Verschlag aus Birkenästen leer war, als ich aufgewacht bin und sie auch das Frühstück auf dem Kochplatz verpasst hat. Ich frage mich, warum sie sich so wenig aus der Gesellschaft der anderen macht.

»Das hier ist nicht dein erster Tag in einem neuen Job.« Kaira zieht eine fein geschwungene Augenbraue zu ihrem Haaransatz. Ich bin die Einzige, die noch steht, alle anderen haben sich bereits in den Schneidersitz gesetzt. Ich reiße meinen Blick von Majvie los, deren Finger jetzt, wo sie weder Nadel noch Faden zur Verfügung haben, unermüdlich durch die langen Grashalme fahren. »Willst du dich vorstellen? Kekse verteilen?«

»Nein«, sage ich und hebe mein Kinn ein kleines Stück. Wenn Kaira mich einschüchtern will, muss sie sich schon etwas Besseres einfallen lassen. Ich setze mich auf den freien Platz neben Beth.

»Wie die meisten von euch wissen«, beginnt Kaira, »gewinnt ihr euer auki über eure Wut.« Ihre gebieterische Stimme bringt selbst das Flüstern der Blätter zum Schweigen. »Indem ihr sie zulasst, um genau zu sein. Eine Verbindung zu ihr aufbaut.« Kaira dreht sich zu mir. »Wenn du dein Kors jetzt abnimmst, würde der Zorn dich überwältigen, so wie es bisher passiert ist.« Sie deutet auf Lilith. »Was hast du gestern getan, um das zu verhindern?«

»Ich habe meine Wut benutzt, um den Zorn in mich hineinzuleiten.« Lilith lächelt entschuldigend, als wüsste sie, dass ich mit dieser Beschreibung genauso viel anfangen kann, wie wenn sie mir geraten hätte, eine Leiter zum Mond zu erklimmen. Doch Kaira nickt zufrieden.

»Der Zorn hat seinen Platz genau dort, wo unsere eigene Wut sitzt«, erklärt sie und legt eine Hand auf ihren Bauch. »In unserem Zentrum. Aber das Erbe unserer Vorfahrinnen kann sich nur in uns einnisten, wenn unsere eigene Wut ihm den Weg weist.« Ich blicke auf, als Kaira vor mir stehen bleibt. »Wut ist unbequem. Aber wer lernt, mit ihr umzugehen, den befreit sie. Viele Frauen mögen ihre Wut nicht, erkennen sie noch nicht einmal, weil uns von Geburt an beigebracht wird, sie zu unterdrücken. Sie wird uns abgesprochen, indem man uns hysterisch nennt, gestört, empfindlich, verrückt.«

Bernds immer kleiner werdende Augen sickern in mein Bewusstsein, sein verächtliches Lächeln. *Egoistisch. Irrational. Böse.* Ich schüttle den Kopf.

»Wir finden zu unserem auki, wenn wir uns unsere Wut zurückholen«, erklärt Kaira. »Was sich einfacher anhört, als es ist. Du wirst dich in den nächsten Wochen mit unserer Hilfe der Kultivierung deiner Wut widmen. Nur starke, reine Wut schafft es, den Zorn anzuziehen. Und nur, wenn du ihn anziehst und lenkst, kann der Zorn dich nicht überwältigen. Wer eine gute Verbindung zu ihrer Wut hat, kann im äußeren Kreis versuchen, ihr Kors abzulegen. Dort ist der Zorn weniger stark als hier auf der Lichtung.« Ich schlucke, als ich daran denke, wie mein Körper sich angefühlt hat, kurz bevor ich auf dem Weg nach Vekja das Bewusstsein verlor. Heiß. Überspannt. Kurz davor, endgültig zusammenzubrechen. *Und das versteht Kaira unter weniger stark?* Sie schreitet durch unseren Kreis.

»Schließt eure Augen und legt eure Hände neben euch auf den Boden«, weist sie uns an. Ich erinnere mich, genau das beobachtet zu haben, als ich gestern Mittag unter dem Weltenbaum erwacht bin. Zögernd schließe ich die Augen. »Geht zurück zu einem Moment, in dem ihr eure Wut ganz deutlich spüren konntet«, sagt Kaira in die Dunkelheit hinein.

Ich denke an die vergangenen vierzehn Jahre, in denen ich mit Bernd unter einem Dach gelebt habe. An all die Eruptionen, die ich nicht zuordnen konnte und von denen ich noch immer nicht glauben kann, dass sie mir zustanden. In all diesen Momenten hat ein Feuer in meinem Bauch gebrannt, das ich immer schlechter kontrollieren konnte. Aber am stärksten war es –

Nein! Ich werde nicht an unser letztes Telefonat denken. Nicht an sein Verbot, meine Mutter und meine Brüder zu sehen. Nicht daran, dass Karl glaubt, ich würde ihn nicht lieben.

»Eure Wut hat euch vielleicht überrascht oder beschämt«, fährt Kaira fort. »Aber sie hat euch auch handlungsfähig gemacht. Sie hat euch die Stärke gegeben, Rückgrat zu beweisen. Eure Wut ist euer Motor.«

Der Motor, alles kaputt zu machen, was ich je hatte. Ich drücke meine Hände fester in den Boden. Ich bin nicht mehr in Deutschland. Ich muss meine Wut nicht mehr zurückhalten, im Gegenteil, ich *soll* sie spüren.

»Wenn ihr euch eine Situation herausgesucht habt, dann fühlt euch in euer damaliges Ich hinein«, sagt Kaira. »Spürt, wie machtvoll ihr wart. Ihr hattet keine Angst. Ihr wart furchtlos und mutig.«

Meine Gedanken flattern von einem Moment zum nächsten. Ich, wie ich Bernd im Restaurant anschreie und in Alice' Armen ende. Ich, wie ich hilflos mein Handy anstarre, auf dem mich die Nummer einer Frau anrief, die beschlossen hat, nie wieder mit mir zu sprechen. Ich, wie ich Matti küsse, wie ich Alice Vorwürfe mache und allein auf dem Waldboden zusammenbreche. Ich schlage die Augen auf. Wo genau war ich da bitte machtvoll oder mutig? Verzweifelt versuche ich, Kairas Worten zu folgen. Aber trotz aller Verbissenheit taucht Alice' versteinertes Gesicht vor meinem inneren Auge auf. Mattis wortloses Abwenden. Karls verletzter Gesichtsausdruck, den ich durch die Autoscheibe sah, als er auf dem Rücksitz von Bernds Tiguan vom Parkplatz fuhr.

Ich will das auki. Ich will Teil dieser Geschichte unbeugsamer stolzer Frauen sein, aber –

»Ich kann das nicht!« Erst als das stetige Summen von Kairas Stimme innehält, wird mir klar, dass ich die Worte laut ausgesprochen habe. Zehn Augenpaare sehen mich erstaunt an.

»Astryds strahlende Hoffnung hat Probleme«, stellt Kaira trocken fest. Ich erinnere mich an das Gespräch, das Astryd und ich gestern Nachmittag am Rande der Lichtung geführt haben. *Tatsächlich wäre ich nicht überrascht, wenn du schnell eine unserer besten Schülerinnen werden würdest.*

»Allem Anschein nach hat sie sich geirrt«, stoße ich hervor. Und ich mich auch. Ich habe keinen Zugang zu meiner Wut, weil es nach allem, was passiert ist, einfach zu wehtut.

»Du hast den Fehler gemacht und an die negativen Konsequenzen deiner Wut gedacht«, sagt Kaira. »Stärke ruft Angst hervor. Zurückweisung. Feindlichkeit. Das ist nichts Neues.« Sie wendet sich an alle. »Eure Schwestern wurden aus Angst vor der zerstörerischen Kraft ihrer Wut auf Scheiterhaufen verbrannt. Was auch immer euch passiert ist, ist Teil einer langen Geschichte, die sich nur umkehren lässt, wenn wir die Erzählperspektive ändern.« Die anderen nicken, doch Kairas Blick ruht nun einzig und allein auf mir. »Schließ deine Augen«, befiehlt sie.

Ich beiße die Zähne zusammen. Es ist das Letzte, was ich tun will – aber gleichzeitig auch der einzige Weg, so stark zu werden wie die Schwestern. Dunkelheit senkt sich über mich, und ich schlucke, als ich dabei zusehe, wie meine Freunde mit ihren neonfarbenen Wanderrucksäcken einer nach dem anderen im Wald verschwinden. Meine Wut hat dafür gesorgt, dass sie mich verlassen. Genau wie Ma. Genau wie –

Ich reiße die Augen auf, doch das ändert nichts daran, dass Worte und Bilder ungebremst auf mich einhämmern wie Trommelschläge. Das Lächeln meines Vaters, an das ich mich nur noch bruchstückhaft erinnere. Der Schmerz in den Augen meiner Mutter, der sich umso tiefer in mein Gehirn gebrannt hat. *Es gab kein Glatteis.*

Die Gesichter der anderen verschwimmen zu verschiedenfarbigen Ovalen, überstrahlt vom Blaulicht des Rettungswagens.

»Hell?«, höre ich jemanden fragen. Nicht Kaira. Die Stimme klingt weicher, trotz der Sorge, die sie vorantreibt. Wie ein Sommerwind. *Majvie.*

»Bleib hier auf der Lichtung, Hell«, höre ich Kaira eindringlich sagen. Doch es ist, als hätte meine Erinnerung ein Eigenleben entwickelt. Sie zeigt mir den Arm meines Vaters, der sich nach hinten streckt, um mich zu schützen. Den Baum, auf den unser Auto unkontrolliert zurast. Ich höre meine wütenden Schreie, das Quietschen der Reifen und den dumpfen Aufprall der Rose, die ich auf den Sarg meines Vaters werfen musste. Die Eiseskälte in Alice' Stimme. *Vielleicht hatte Bernd die ganze Zeit recht, Hell. Du tust Menschen weh, immer und immer wieder.* Mir ist schwindelig, als ich aufspringe.

»Hell!« Kairas schneidende Stimme folgt mir über die Lichtung, vorbei am Weltenbaum Yggdrasil, für dessen majestätische Schönheit ich heute keinen Blick habe. Ich renne in die entgegengesetzte Richtung, aus der wir gekommen sind, obwohl ich keine Ahnung habe, was mich hinter den Bäumen erwartet. Bisher habe ich mich immer nur im Norden der Lichtung aufgehalten, wo der Kochplatz und die Rundhütten und der schräge, mit Ästen gedeckte Schlafverschlag liegen. Doch jetzt schlängele ich mich zwischen fremden Baumstämmen hindurch, die auf dieser Seite dichter stehen. Weiches Gras wird immer öfter von spelzigem Erdboden durchbrochen, ein Tannenzapfen bohrt sich in meine nackte Fußsohle, und dicke Wurzeln bringen mich mehrmals beinahe zu Fall. Doch ich werde nicht langsamer. Die Schwestern liegen falsch. Wut ist keine glorreiche Kraft. Ich kann sie nicht feiern oder daran arbeiten, sie stärker zu machen. *Nicht, wenn sie mich meinen Vater gekostet hat.*

Ich zwinge meine Beine, schneller zu laufen, obwohl die Muskeln in meinen Waden rebellieren und die Schnitte in meinen Füßen brennen. Aber ich bleibe erst stehen, als ich vom Ufer eines breiten Flusses zurücktaumeln muss. Erdbrocken fallen in das klare Wasser, und ich sehe auf. Ich stehe auf einer Wiese. Wildblumen wachsen mir bis zum Knie, der eine oder andere Baum spendet Schatten. Doch es ist der Fluss, der schnell meine ganze Aufmerksamkeit auf sich zieht. Er umschlingt die Wiese beinahe vollständig mit seinem eisklaren Wasser und ist so breit, dass ich schwimmen müsste, um ans andere Ufer zu gelangen. Nährt er sich etwa aus dem winzigen Strom, der durch das Dorf fließt? Ich versuche, seinem Verlauf mit den Augen zu folgen, doch hinter dieser kleinen Halbinsel verschwindet der blaue Strom im Wald. Die Landbrücke am Kopf der Schlinge ist schmal, und ich frage mich gerade, warum ich das Wasser rechts und links von mir nicht bemerkt habe, als ich eine Gestalt zwischen den Wildblumen erkenne. Instinktiv weiche ich zurück. Der eine Schritt nach hinten bringt mich erneut aus dem Gleichgewicht, und nur indem ich wie eine Ertrinkende mit den Armen rudere, schaffe ich es, nicht in den Fluss zu fallen.

»Keine Angst, sie ist nicht tief.« Ich sehe auf. Majvie steht vor mir, die Wangen gerötet, das blondbraune Haar durcheinander. Fast erwarte ich, dass Kaira und die anderen hinter ihr auftauchen, doch wir sind allein auf dieser seltsamen Insel.

»Sie?«, frage ich.

»Die Slidur.«

»Wie der Fluss in der nordischen Unterwelt?«

Majvie lächelt. »Die ersten Schwestern hatten Humor.«

Schweigend stehen wir uns gegenüber. Ich sollte etwas sagen, um die Stille zu beenden. Aber die Worte, die ich mir zurechtlege, entwischen mir wie glitschige Fische. *Wie wäre es, wenn du für den Anfang mal aufhören würdest, sie anzustarren?* Ich gebe mein Bestes, aber es ist schwer, woanders hinzusehen, denn Majvie passt zwischen die Wildblumen und das glitzernde Wasser, als wäre sie einem Gemälde entsprungen. Ich frage mich, was sie sieht.

»Ich wollte sichergehen, dass mit dir alles in Ordnung ist«, sagt Majvie schließlich. »Die ersten Stunden können hart sein.«

»Das heißt, es wird leichter?«, frage ich.

»Für die meisten.«

»Aber für dich bis jetzt nicht.«

Majvie lächelt sanft. »Ich bin dir nicht hinterhergelaufen, um über mich zu reden.«

»Das habe ich befürchtet«, sage ich mit einem Lachen, das klingt, als würde ich nach Luft schnappen.

»Du musst mir nichts erzählen. Ich wollte dich einfach nur nicht allein lassen.« Majvie hält meinem Blick stand, und zum ersten Mal bemerke ich die goldenen Sprenkel in ihrer Iris. Karamell. Das ist das Erste, woran ich denken musste, als ich unter dem Weltenbaum aufgewacht bin und ihr in die Augen gesehen habe. Ich betrachte Majvies Gesicht mit den hohen Wangenknochen, die nur auffallen, wenn sie nicht lächelt so wie jetzt. Es kostet meine gesamte Kraft, nicht vor ihr zusammenzubrechen. Aber das Chaos in mir unter Verschluss zu halten, ist nötig. *Denn wenn sie wüsste, was du getan hast, würde sie dich nie wieder so ansehen wie jetzt …*

Ich drehe mich zum Fluss und setze mich zwischen die Wildblumen. Dann tauche ich meine Beine ins Wasser.

»Es fällt mir einfach schwer, Wut so zu sehen wir ihr«, sage ich vorsichtig. »So … glorreich. Ich würde es gern. Aber Wut hat auch Schattenseiten.«

Majvies Rock raschelt, als sie sich neben mich setzt. »Ist an diesen Schattenseiten denn wirklich deine Wut schuld oder die Reaktion von anderen, die nicht mit ihr zurechtkommen?« Als ich nichts erwidere, berührt sie meine Hand, die zwischen uns im Gras liegt. Ein kurzer Stromschlag blitzt über meine Haut, und für eine Sekunde spült die Wärme, die ihm folgt, jeden Gedanken aus meinem Kopf.

»Du warst wütend, Hell«, sagt Majvie. »Aber deine Freunde sind auch nicht ganz unschuldig an dem, was passiert ist.« Zuerst glaube ich, mich verhört zu haben. »Der Junge, Matti«, fährt Majvie fort. »Als dein bester Freund hätte er deine Lüge durchschauen müssen. Es war feige von ihm, dich allein zu lassen, nur weil du ihm diesen Ausweg geboten hast. Und deine beste Freundin hatte keine Skrupel, dich genau der Einsamkeit zu überlassen, vor der sie selbst sich so fürchtet.« Mir wird klar, was Majvies Worte bedeuten.

»Du warst die weiße Frau«, stammle ich. »Du warst es, die ich am See gesehen habe!« Majvie nickt. »Warum hast du dich mir nicht einfach gezeigt?«, frage ich. »Du hättest mir alles erklären können, und ich –« *Ich hätte nicht meine Freunde verlieren müssen, um nach Vekja zu kommen.*

»Das war der Plan«, erklärt Majvie. »Ich sollte versuchen, dich allein zu erwischen, um in Ruhe mit dir zu sprechen. Als du dich am See umziehen gingst, bot sich mir endlich die Gelegenheit. Aber dann kam Yasin dir nach, und ich musste verschwinden.«

»Und dann hast du die Zwillinge geschickt?«

Majvie schüttelt den Kopf. »Nein. Nachdem du mich gesehen hattest, war mir klar, dass es vielleicht schwierig werden könnte, dich zu überzeugen mitzukommen. Du hattest Angst vor uns bekommen. Also bin ich zurück nach Vekja gegangen, um mit Astryd zu sprechen. Wir waren uns einig, dass es besser ist, dich einen Tag lang in Ruhe zu lassen, um dich nicht zu überfordern. Doch dann habe ich bemerkt, dass die Zwillinge fehlten. Mir war sofort klar, dass Mia und Luise mir gefolgt sind. Sie mussten versäumt haben, dass ich nach Vekja zurückgekehrt bin. Deshalb bin ich noch einmal aufgebrochen, um sie nach Hause zu holen.«

»Und hast den Streit zwischen Matti, Al und mir mit angehört«, schließe ich. Majvie nickt, und Scham prickelt in meinem Nacken. Ich wünschte, ich könnte die Dinge ungeschehen machen, die ich in dieser Nacht gesagt und getan habe. Ich will die Art von Person sein, der Majvie vertraut – und obwohl ich sie eigentlich kaum kenne, weiß ich, dass sie dieses Privileg nicht leichtfertig gewährt.

»Ich bin gegangen, als ihr zurück zu euren Zelten wolltet«, fährt Majvie fort. »Ich war mir sicher, dass du den Wald mit deinen Freunden verlassen willst, und musste Astryd fragen, wie wir weiter vorgehen sollen. Dann habe ich dich rufen gehört.« Majvie rupft ein paar der Glockenblumen aus, die überall um uns herum wachsen. »Als ich dich fand, hast du dich nicht mehr bewegt«, sagt sie leise. »Ich hatte solche Angst, dass der Zorn zu stark war.«

Wäre er vielleicht auch geworden, wenn du mich nicht gerettet hättest. Doch die Erinnerung an meinen Anfall erfüllt mich auf einmal nicht mehr mit Furcht – im Gegenteil. Ich erwische mich dabei, froh über meinen lebensgefährlichen Zusammenbruch zu sein. Denn sonst wäre ich vielleicht nicht hier. *Sonst wäre ich nicht bei ihr …*

»Es ist wohl an der Zeit, mich zu bedanken«, sage ich, um meine verwirrenden Gedanken auszublenden.

Majvie schüttelt den Kopf. »Nicht nötig.« Sie sieht mich an. »Das ist das Gute daran, Schwestern zu haben. Sie lassen dich nicht im Stich.« Ich versuche, ihr Lächeln zu erwidern, doch es rutscht von meinem Gesicht. »Hell?«, fragt Majvie besorgt.

»Ich …« Ich beiße mir auf die Lippe. Majvie darf nicht erfahren, weshalb ich nach Vekja gekommen bin. Sie wird abgestoßen sein. Und ich werde sie verlieren. »Es sind nicht nur Matti und Alice«, platzt es trotzdem aus mir heraus. Vielleicht habe ich mich zu lange zusammengerissen. Vielleicht macht Majvies Art es mir unmöglich, das weiter zu tun. »Es ist noch etwas anderes passiert. Jemand anderem.«

Majvies schlanke Finger hören auf, die Blumenstängel in ihrem Schoß zu einer Girlande zu flechten. Abwartend sieht sie mich an. Und dann erzähle ich ihr alles. Wie mein Vater starb. Wie meine Mutter sich vom Leben zurückzog und einen Mann heiratete, der sie darin bestärkt, immer mehr zu verblassen. Wie ich erst vor wenigen Wochen erfahren habe, warum sie meine Anwesenheit kaum ertragen kann.

»Es fühlt sich an, als wäre alles meine Schuld«, schließe ich. »Oder besser gesagt, die meiner Wut. Deshalb versuche ich seit Jahren, sie zu unterdrücken. Und weil ich das nicht schaffe, haben sie mich verlassen.« Für einen Moment ist alles, was ich höre, das leise Flüstern der Slidur.

»Du hast recht«, sagt Majvie schließlich. »Es fühlt sich so an, als wäre der Unfall deine Schuld. Es ist ein Gefühl, kein Fakt.« Ich öffne den Mund, um zu widersprechen, doch Majvie redet weiter. »Vielleicht konnte deine Mutter dir das nicht begreiflich machen, weil sie noch immer trauert. Aber ich kann es.« Sie wartet, bis ich sie ansehe. »*Dir* ist eine grauenvolle, traumatische Sache passiert, Hell«, sagt sie dann. »Du bist ebenso ein Opfer dieses Unfalls wie deine Mutter. Und du darfst genauso wütend und traurig sein wie sie.«

»Ich …« Mir fehlen die Worte für das, was auf einmal in mir vorgeht. Matti, Alice, Yasin – sie alle haben mir gesagt, dass ich nichts für den Tod meines Vaters konnte, weil ich ein Kind war. Aber trotzdem sahen sie mich als Verursacherin. Und eine Verursacherin darf sich nicht erlauben, wütend zu sein. Darauf, dass mein Vater mir genommen wurde, dass meine Mutter mich ebenso verlassen hat wie er, dass sie Bernd erlaubt hat, mit mir so umzugehen wie mit ihr. Ich hatte kein Recht auf Wut oder Trauer – dachte ich. Doch jetzt erlaube ich mir, das Geschehene aus Majvies Perspektive zu sehen. Mir ist etwas passiert. Nicht: Ich bin passiert. Der Gedanke fühlt sich fremd an, aber auf seltsame Weise erleichternd. Denn obwohl der Schmerz nicht verschwindet, beginnt die Schuld, ganz langsam ihre kalten Arme zurückzuziehen. Zum ersten Mal seit dem Tag meiner Abientlassung kann ich richtig atmen.

»Es ist okay, wenn du Zeit brauchst, um deine Sicht auf die Dinge zu verändern«, sagt Majvie sanft. »Aber bestraf nicht deine Wut. Sie hat dich über all die Jahre am Leben erhalten.«

Etwas in meiner Brust, das sich angefühlt hat wie ein riesiger Felsbrocken, wird weicher. Wer wäre ich geworden ohne meine Wut? Wahrscheinlich eine jüngere Version von Ma. Ich hätte mich Bernds Befehlen gebeugt. Ich wäre niemals nach Schweden gereist. Ich hätte niemals nach Vekja gefunden. *Ich hätte niemals diesen Menschen kennengelernt, der mir so mühelos die Augen öffnen kann …*

»Wir sollen euch zum Essen holen.«

Majvie und ich zucken zusammen. Dann drehen wir uns um. Die Zwillinge haben sich uns lautlos genähert und stehen direkt hinter uns auf der Wiese.

»Schwester Merle hat gesagt, noch zehn Minuten.« Mia oder Luise, ich kann die beiden nur schwer auseinanderhalten, sieht mich mit schief gelegtem Kopf an. »Warum weinst du?«

»Mia!«, mahnt Majvie erschrocken.

»Ich habe doch nur gefragt, warum sie weint!«

»Das ist aber eine sehr persönliche Frage«, sagt Majvie. Ich lege ihr eine Hand auf den Arm, leicht und unsicher, bis sie meine Hand mit ihrer umschließt.

»Ist schon okay«, sage ich zu Mia, die mich neugierig ansieht. »Ich weine, weil ich jemanden verloren habe.«

»Wen?«, fragt Mia und sieht sich um, als erwarte sie, einen Toten zwischen den Wildblumen zu entdecken.

»Keine Sorge«, sage ich. »Es ist schon sehr lange her.«

»Und warum weinst du dann jetzt?«

Majvie wirft Mia einen scharfen Blick zu, aber das Mädchen beachtet sie nicht. Ein kleines bisschen erinnert Mia mich an mich selbst.

»Weil ich zum ersten Mal richtig trauern kann.« Ich trockne mein Gesicht mit dem Ärmel meines Kleides ab. »Aber das ist keine schlechte Sache«, sage ich mit einem Lächeln, das sich echt anfühlt. *Denn vielleicht kann ich jetzt irgendwann Frieden finden.*

Majvie, die aufgestanden ist, reicht mir die Hand. Ich ziehe mich hoch, und sie mustert die roten Schnitte, die meine Füße übersäen.

»Kannst du laufen?« Ihr Tonfall verrät mir, was sie eigentlich fragt. *Bist du bereit zurückzugehen?* Ich drücke kurz ihre Hand und nicke.

»Warte!« Mias Schwester kniet sich hin und betastet vorsichtig das Gras.

»Luise, ich bin mir nicht sicher, ob das eine gute Idee ist«, sagt Majvie alarmiert. An einer Stelle direkt neben mir hält Luise inne und beginnt konzentriert den Boden zu streicheln.

»Was macht sie denn da?«, flüstere ich Majvie zu.

»Dir helfen«, seufzt sie.

Ich will gerade fragen, was sie meint, als ich ein dunkelgrünes Gewächs mit starken, länglichen Blättern bemerke, die sich um Luises Finger winden. Ich blinzle, aber meine Augen täuschen mich nicht. Die Pflanze wächst wie auf Kommando.

»Schlangenzunge hilft bei Schnittwunden«, sagt Majvie, als wäre das die Erklärung, nach der ich suche.

»Was –« Ich räuspere mich. »Diese Pflanze … war doch gerade noch nicht da?«

Die beiden Mädchen kichern. Majvie sieht sie streng an.

»Luise, wir haben schon mehr als genug Blätter, um Hells Wunden zu behandeln. Und du, Mia, hörst auf zu lachen, jede von uns war mal neu in Vekja.«

Gehorsam nimmt Luise ihre Hände von der Pflanze, die augenblicklich in ihrem Wachstum erstarrt. Ein leichter Wind lässt ihre jungen Blätter erzittern.

»Bitte sag mir, dass das gerade nicht passiert ist«, sage ich.

Majvie lächelt mitfühlend. »Was ist denn deiner Hoffnung nach nicht passiert?«

Ich lege mir die Finger an die Schläfen und lasse sie kreisen, wie ich es normalerweise mache, wenn ich Kopfschmerzen habe. Erst das Gespräch über meinen Vater, das mich vollkommen ausgelaugt hat. Und jetzt das.

»Luise hat diese Pflanze nicht aus dem Nichts erschaffen«, sage ich, obwohl ich genau weiß, was ich gesehen habe. Aber es auszusprechen würde bedeuten, es als real anzuerkennen.

»Das stimmt sogar«, sagt Majvie. »Erdmagierinnen können keine Pflanzen aus dem Nichts erschaffen. Aber sie können sie zum Wachsen anregen, sobald auch nur ein Samenkorn in ihrer Nähe ist.«

Sprachlos lasse ich es zu, dass Mia und Luise die tiefgrünen Blätter der Pflanze ernten, zerquetschen und auf meine Wunden legen. Das Brennen, auf das ich mich vorbereitet habe, bleibt aus. Stattdessen verbindet sich der Blättersaft mit der Feuchtigkeit der Wunden und legt sich wie eine gräuliche Schutzhülle über meine Haut.

»Die beiden verbringen viel Zeit mit Schwester Wilma«, erklärt Majvie. »Sie wissen eine ganze Menge über Heilpflanzen.«

»Okay«, stottere ich. »Das ist super und vielen Dank für die Hilfe, aber zurück zu der Sache mit der … Erdmagie?«

Majvie nickt. »Im Gegenzug für unser Bekenntnis zur Mutter beweist sie uns ihre Verbundenheit, indem sie uns einen Teil ihrer Magie schenkt. Erdmagie ist die häufigste Gabe. Seltener sind Wassermagierinnen und Weberinnen. Und in den letzten zweihundert Jahren gab es keine Windmagierin mehr, worüber Astryd sich ständig beschwert, weil die Stürme im Winter selbst für vom auki gewärmte Schwestern ganz schön kühl werden können«, schließt Majvie. Abwartend beobachtet sie mich.

»Diese Magie der Natur«, sage ich und denke an das gestrige Mittagessen zurück. »Johanne hat gesagt, sie sei auch der Grund, aus dem wir uns verstehen können.«

Majvie nickt. »So ist es. Sie sorgt dafür, dass wir zusammenhalten. Dass wir Schwestern sind, eine Einheit.«

»Eine Einheit, die die Elemente beherrscht«, sage ich schwach.

»Wir beherrschen nichts«, sagt Luise und wischt sich die grünen Finger an ihrem Kleid ab. »Wir haben bloß die Gabe, mit der Natur und ihren Elementen zu sprechen.« Kaum dass sie ihren Satz beendet hat, sieht sie scheu wieder weg. Ein Stechen durchfährt mich, als ich an ein anderes schüchternes Zwillingspaar denken muss, für das ich nicht mehr da sein darf. Ich blinzle die wieder aufsteigenden Tränen fort und setze ein Lächeln auf.

»Ich merke schon«, sage ich. »Von euch beiden kann ich noch einiges lernen.«

Luise mustert mich mit unlesbarer Miene, aber Mia erwidert mein Lächeln. »Wir können dir auch zeigen, aus welchen Kräutern man Limonade machen kann.«

»Ihr stellt Limonade aus Kräutern her?«, frage ich. »Wie cool ist das denn!«

Mia nickt wichtig. »Aus Zitronenmelisse und Rosmarin und –«

»Und das erklärt ihr Hell auf dem Weg zurück ins Dorf«, unterbricht Majvie sie lächelnd. »Wir wollen doch noch was vom Mittagessen abbekommen, oder nicht?«

Die Zwillinge nehmen Majvies Hände, und während wir durch das Wildblumenfeld streifen, beschreiben sie mir nicht nur Schwester Wilmas Limonadenrezept, sondern erklären mir auch, dass die Gabe einer Empfänglichen auftaucht, kurz bevor sie zu ihrem auki findet, dass das bei ihnen vor einem Mond der Fall war, dass es heute Steckrübeneintopf zum Essen gibt und Schwester Inge ihnen versprochen hat, bald wieder süße Brötchen zu backen.

»Bringst du Hell jetzt öfter mit hierher?«, fragt Luise schließlich.

»Hell hat die Insel ganz allein gefunden«, erklärt Majvie, als wir aus der Flussschlinge heraustreten.

»Ist die Insel euer Geheimplatz?«, frage ich die Mädchen, als wir im Wald weitergehen.

»Majvie hat sie entdeckt«, sagt Mia. »Sie geht hierhin, wenn sie allein sein will. Das will sie oft, wir dürfen nur manchmal mitkommen.«

Röte schießt in Majvies Wangen, und zum ersten Mal fallen mir die zarten Sommersprossen auf, die sich über ihre Nase, die Wangen und die Stirn ziehen.

»Außer uns weiß aber niemand von der Insel.« Ich reiße meinen Blick von Majvies Profil los, um Mias ernsten Augen zu begegnen. »Du darfst sie keinem zeigen«, betont sie.

Ich hebe die rechte Hand. »Ehrenwort.«

Als wir am südlichen Rand der Lichtung angelangt sind, laufen die Zwillinge los zu ihren Plätzen.

»Sie mögen dich«, sagt Majvie, während wir auf die Tafel zugehen.

»Ich würde mich geschmeichelt fühlen, wenn du nicht so überrascht klängst«, erwidere ich.

Majvies Lächeln schwindet. »Die Zwillinge tauen nicht so leicht auf«, erklärt sie. »Normalerweise schnappen sie zu wie Austern, sobald man sie aus ihrer eigenen kleinen Welt herausholt.« Sie wirft mir einen Blick zu. »Es bedeutet mir viel, dass du mir von deinem Vater erzählt hast.«

»Und mir, dass du mich nicht allein lassen wolltest«, erwidere ich, überrascht von der Leichtigkeit, mit der mir die Worte über die Lippen kommen. Über Gefühle zu sprechen, ist normalerweise nicht gerade meine Stärke. Aber die Angst, jemand anderem gegenüber zu viel von mir preiszugeben, scheint für Majvie eine Ausnahme zu machen.

»Hey, Hell!«, ruft Calla. »Wenn du dich nicht beeilst, ist dein Eintopf gleich kalt!«

Nebeneinander gehen Majvie und ich über die Lichtung. Kurz bevor wir an der Tafel ankommen, drehe ich mich zu ihr.

»Willst du dich heute zu uns setzen?«

Majvies Blick wandert von Astryd, die sich gerade mit ernster Miene zu der Schwester mit den Pulswärmern beugt, zu mir. Dann lächelt sie. »Gern.«

Als wir uns auf die Bank setzen, reicht Beth Majvie einen Krug frisches Wasser. Niemand fragt mich, was mit mir los war oder wo ich gewesen bin. Stattdessen höre ich zu, wie die ausnahmsweise gesprächige Beke von ihrem Erfolg im Training berichtet, wie Mirta mehr oder weniger erwünschte Tipps verteilt und wie Pläne für das Stockbrot-Essen am Abend geschmiedet werden. Kurz schließe ich die Augen und lausche der Stille des Waldes, die hinter den Gesprächen allgegenwärtig ist. Und zum ersten Mal, seit ich die Fähre nach Göteborg bestiegen habe, fühle ich mich nicht mehr, als würde ich fliehen. Ich drehe den Kopf und fange Majvies Blick auf. Zum ersten Mal in meinem Leben fühlt es sich an, als würde ich auf etwas zugehen.

TEIL II

She will rise
with a spine of steel,
and a roar like thunder,
she will rise.

– Nicole Lyons

KAPITEL 11

Lauft!«, ruft Lilith und jagt vorneweg zwischen den Bäumen hindurch. Calla hat uns alle schon längst abgehängt – kein Wunder. Wenn seit Neuestem heißer Zorn durch meinen Körper strömen würde, käme ich auch pünktlich zum Unterricht.

»Kaira bringt uns um«, keuche ich. Obwohl wir beide so schnell rennen, dass meine Kehle brennt, lacht Majvie neben mir. Wahrscheinlich könnte sie mich mit ihrer eisernen Ballerina-Kondition locker zurücklassen, ganz ohne die Hilfe mystischer Kräfte. Aber stattdessen bleibt sie an meiner Seite. Wind fegt durch ihr Haar, das sie wie immer offen trägt. Ich denke an die vergangenen vier Tage, oder waren es fünf? Majvie hatte recht, die Zeit verläuft anders hier in Vekja. Zäher und schneller zugleich. Wie die Dias in Tante Emmis altem Projektor wechseln sich Bilder vor meinem inneren Auge ab. Der Nachmittag, an dem Johanne uns beigebracht hat, wie man auf Bäume klettert. Tilda, die sich beinahe alle Knochen gebrochen hätte, als sie aus der Krone einer riesigen Birke fiel, und Lilith, die uns allen den Atem raubte, indem sie Tilda auffing, als wöge sie nicht mehr als eine Stoffpuppe. Die Abende am Lagerfeuer, die Geschichten von Schwester Edda, das Stockbrot, an dem ich mir die Zunge verbrannt habe, und schließlich unser heutiger, unüberlegter Ausflug zur Klippe, die steil hinab zu einem eisblauen Fjord führt. Es war einzigartig, die rote Sonne aus dem spiegelglatten Wasser auftauchen zu sehen. Aber wir mussten uns weit von Vekja entfernen. Zu weit, um pünktlich zur morgendlichen Stunde zu kommen.

»Was soll Kaira schon machen?«, meint Majvie. Wir sind langsamer geworden, denn mittlerweile liegt der äußere Kreis hinter uns, und wir müssen aufpassen, keins von Schwester Wilmas überall in Vekja angelegten Beeten zu zertrampeln. »Astryd ist die Einzige, die uns Strafdienste aufbürden könnte, und sie«, sagt Majvie und zwinkert mir verschwörerisch zu, »ist nicht da.«

Wir kommen am Kochplatz vorbei und schnappen uns zwei der weichen Brötchen, die immer honigsüß sind, wenn Schwester Inge sie backt.

»Hier, nehmt noch eins mit«, sagt sie und steckt mir das warme Gebäck in die Tasche meines Kleides. »Kühl schmecken sie nicht mehr so gut.«

Mit ihrem braun gebrannten, wettergegerbten Gesicht und der Schürze, die sie nur selten ablegt, könnte Schwester Inge geradewegs einem Bullerbü-Buch entsprungen sein. Man darf sich davon allerdings nicht täuschen lassen, denn ihr auki ist eins der stärksten im ganzen Dorf. Ich war geschockt, als ich gesehen habe, wie Inge das Lagerfeuer mit ihren bloßen Händen entzündet hat. Manchmal, wenn ihr die Laune danach steht, lässt sie die Funken ihrer Hitze in Mustern über ihre Hände und Arme wandern, was besonders die Zwillinge begeistert.

Ich danke ihr und lächle Schwester Jördis aufmunternd zu, deren Handwerk eigentlich das Holzbauen ist, die aber jetzt ins Leere starrend neben dem Ofen lehnt. Wie die meisten Schwestern, mit Ausnahme vielleicht von Kaira, wirkt sie ein wenig verloren in den letzten Tagen. Die jüngsten Schwestern Fenja, Merle, und Reili, die Schmiedinnen Annbritt und Jarla, Stine, Jördis, die Näherinnen Signe und Nerea – sie alle können die Rückkehr von Astryd und Schwester Solveig, der rothaarigen Frau, die ich an meinem ersten Abend auf dem Kochplatz angerempelt habe, kaum erwarten. Doch mich stört ihre Abwesenheit nicht im Geringsten. Denn mit jedem Abend, den Majvie mit dem Rest von uns am Lagerfeuer verbringt, statt zu irgendwelchen Altnordischstunden mit Astryd zu verschwinden, werden ihre Augen leuchtender und ihr Lächeln breiter.

»Inge ist eine Göttin.« Majvie schließt genussvoll die Augen, als sie beim Laufen in das noch warme Gebäck beißt, und ich nehme schnell ihren Ellbogen, damit sie nicht gegen eine stämmige Fichte knallt.

»Ein Bluterguss würde uns eine Entschuldigung für die Verspätung liefern«, gibt Majvie zu bedenken.

»Und die Zwillinge hätten endlich eine Patientin«, füge ich hinzu. Die Heiltinkturen, die Mia und Luise unter Schwester Wilmas Anleitung herstellen, nutzen zu ihrem Leidwesen nur den wenigen von uns, die noch nicht zu ihrem auki gefunden haben. Ich sehe zu Lilith, die sich heute dagegen entschieden hat, uns im Unterricht zu helfen, und sich mit einem Winken verabschiedet, um zusammen mit Beke, Calla und Mirta in die Richtung des Schwimmteichs zu verschwinden. Der leichte, fast kaum merkliche Rotschimmer ihrer Haut und das Gold, das ab und an in ihren Augen aufblitzt, sind die einzigen Hinweise darauf, dass in diesen jungen Frauen ein jahrhundertealter Zorn schlummert. Majvie ist meinem Blick gefolgt. Prompt schwindet ihr Lächeln.

»Hey«, sage ich. »Wenn heute nicht der Tag ist, dann ist heute eben nicht der Tag, okay?« Majvies Gesichtszüge versteinern.

»Es ist schon seit vier Monaten nicht der Tag.« Ich presse die Lippen zusammen. Es gibt nichts, was ich lieber tun würde, als Majvie zu helfen, so wie sie mir geholfen hat. Aber Majvie hält ihre Wut in sich verschlossen wie in einem Tresor. Und ich habe noch nicht den Mut aufgebracht zu fragen, weshalb.

»Die Damen.« Kaira verschränkt die Arme, als wir alle endlich auf der Lichtung versammelt sind. »Ich weiß, dass wir keine Uhren haben, aber mittlerweile solltet ihr alle verstanden haben, wie man die Zeit an der Sonne misst.«

»Ja, Kaira«, keucht Beth, noch immer außer Atem.

»Entschuldigung«, sagen Cersty und Lykke wie aus einem Mund. Astryd mag die oberste Schwester sein, aber Kaira strahlt eine natürliche Autorität aus, die kein Titel vergrößern könnte.

»Verschiebt eure Ausflüge demnächst auf den Nachmittag«, sagt sie knapp. »Ihr seid noch nicht so weit wie Lilith oder Mirta. Keine von euch kann es sich leisten, müde oder abgelenkt zu sein.« Ich setze mich auf meinen üblichen Platz zwischen Majvie und Johanne. »Wir fangen heute da an, wo wir gestern aufgehört haben«, verkündet Kaira. »Mantraarbeit. Wozu brauchen wir ein Mantra, Tilda?«

Tilda streicht sich eine ihrer blauen Strähnen hinters Ohr. »Unser Mantra hilft uns dabei, zu einer reinen Form unserer Wut zu finden. Nur eine Wut, die stark ist und nicht durchmischt mit anderen Gefühlen oder Erinnerungen, kann den Zorn anziehen.«

Kaira nickt. »So ist es. Jede von euch hat einen anderen Auslöser für diese pure Form eurer Wut. Euer Mantra kann dabei helfen, ihn zu finden.« Kaira weist uns an, die Augen zu schließen, und weil ich nicht weiß, was ich sonst tun kann, lege ich meine rechte Hand zwischen Majvie und mich. Sekunden später verschränken sich kühle Finger mit meinen. Wir schließen die Augen, und ich passe mich ihrem Atemrhythmus an.

Meine Gedanken brauchen einen Moment, um zur Ruhe zu kommen und damit aufzuhören, mir die sterbensschönen Bilder vom Sonnenaufgang hinter den Klippen zu zeigen. Als ich in dem klaren Nichts angekommen bin, das die Schwestern uns mit tausend verschiedenen Techniken von Capoeira bis Tai-Chi näherzubringen versuchen, sage ich im Geiste die Worte, die ich mir als Mantra ausgesucht habe. *Wut ist eine Kraft, keine Schwäche.* Sie spiegeln wider, was ich gelernt habe, seit ich hier angekommen bin. Es ist nicht unsere Wut, die andere dazu bringt, sich von uns abzuwenden. Es ist ihr Unverständnis. Ihr Unwille, unsere Stärke zuzulassen. *Wut ist eine Kraft, keine Schwäche.* Feuer sammelt sich in meinem Bauch, und ich konzentriere mich darauf, es lodern zu lassen. Bis hierhin bin ich schon oft gekommen. Aber es reicht noch nicht, um den Zorn anzuziehen. Das schafft nur reine Wut – und ich habe nicht die geringste Ahnung, wie ich sie herstellen soll. Jemand kichert – die Zwillinge. Meine Gedanken flattern zu Karl und Kilian. Geht es ihnen gut? *Oder sind sie Bernds neue Zielscheibe, jetzt, wo ich nicht mehr da bin?*

Mein Innerstes verwandelt sich zu Stein. Ich habe immer geglaubt, Karl und Kilian wären sicher. Sie vergöttern Bernd und er sie. Aber auch meine kleinen Brüder werden größer, und vielleicht treffen irgendwann auch sie Entscheidungen, die Bernd nicht passen …

Ich schlucke hart, als mir etwas klar wird, was ich schon längst hätte verstehen müssen. Bernd kontrolliert Karl, Kilian und Ma ebenso, wie er mich zu kontrollieren versucht hat. Bloß haben sie sich nicht widersetzt. *Bis jetzt.*

Ich versuche, meine Gedanken zurück zu meiner Aufgabe zu lenken, doch es funktioniert nicht. Was wird mit meinen Brüdern geschehen, wenn auch sie sich von Bernd loszumachen versuchen? Wird er sie auf sich selbst stellen, nachdem er ihnen Jahre lang jeden Schritt vorgegeben hat? Werden sie klarkommen? Würde Ma klarkommen? Ich bezweifle es. *Genau wie Bernd.*

Auf einmal fährt eine eisige Schockwelle durch meinen Körper. Ich keuche erschrocken auf.

»Das ist es«, höre ich Kaira neben mir sagen. »Ganz ruhig, Hell«, flüstert sie. »Du spürst deine reine Wut. Das Kors arbeitet hart, um den Zorn abzuwehren, den sie anzieht.«

Das verschlungene Metallamulett schockfrostet mein Herz, meine Lunge. Ich reiße die Augen auf und sehe in Kairas haselnussbraune. Sie streckt ihre Hand aus, und ich umklammere sie, ohne zu zögern.

»Zeig dem Zorn, wo er hinmuss«, weist sie mich an. »Leite ihn in dein Zentrum.«

Ich atme gegen die Kälte an und versuche, noch etwas anderes zu spüren als den Schmerz, mit dem sich meine Gefäße zusammenziehen. Und da ist es. Das Glühen, das den Zorn und die Abwehr des Kors auf den Plan gerufen hat. Es ist eine andere Wut als die, die ich sonst heraufbeschwöre. Sie ist stärker. Sie gibt mir das Gefühl, unverletzbar und mächtig zu sein, lässt mich glauben, eine Chance zu haben, wenn ich mich entscheiden würde zu kämpfen. Und das würde ich – für Karl, für Kilian, für Ma! Mein Kors wird immer kälter, während ich verstehe, wie die reinste Form meiner Wut zustande kommt. *Sie findet mich, wenn ich für diejenigen brenne, die ich liebe.*

»Das reicht, Hell«, warnt Kaira, doch der Gedanke, dass meinen kleinen Brüdern derselbe Schmerz widerfahren könnte wie mir, lässt meine Wut stärker und beständiger brennen als je zuvor.

Sie ist kein Leuchtfeuer mehr, das heiß aufflammt, bevor es kurz darauf erlischt. Sie ist ein Inferno.

»Kontrolle behalten!«, sagt Kaira scharf. »Denk an das letzte Mal, an dem du glücklich warst.«

Die Klippen tauchen vor meinem inneren Auge auf, die rote Sonne über dem Fjord, Majvies Lachen. Doch mein Feuer brennt weiter und mit ihm die Kälte, bis ich beide kaum noch auseinanderhalten kann. Kairas Stimme, mit der sie mir Anweisungen gibt, ist ruhig, aber ich spüre, dass sie Angst bekommt, was mir zu denken gibt. Was würde geschehen, wenn ich das Kors jetzt abnähme? Wenn da keine Kälte wäre, die mich in Schach hält, sondern noch mehr, noch heißeres, noch tieferes Feuer? Die Antwort ist klar.

Zusammen mit dem Zorn könnte meine Wut die Welt niederbrennen.

Die anderen gratulieren mir, während wir Schüsseln und Körbe vom Kochplatz zur Tafel tragen.

»Klingt ganz so, als wärst du bald so weit, Hell«, sagt Calla. Bevor Lilith sie warnen kann, duckt sie sich unter einem tief hängenden Zweig hinweg. Seit Callas auki ihre anderen Sinne übermenschlich verschärft hat, braucht sie keinerlei Hilfe mehr dabei, sich zurechtzufinden. Lilith weicht ihr trotzdem keine Sekunde des Tages von der Seite, und insgeheim sind Majvie und ich der Meinung, dass das nichts mit Hilfsbereitschaft, sondern alles mit der Art, wie Liliths Wangen erröten, sobald sie Calla sieht, zu tun hat.

Reili, die neben uns läuft, wirft ihre blonde Mähne zurück. »So schnell wie du hat noch keine von uns zu ihrem auki gefunden, Hell. Zumindest, seit ich eine Schwester bin.«

Ich stelle die beiden Tonkrüge mit Wasser auf der Tafel ab. »Habe ich ja auch noch nicht«, sage ich.

»Ich kann es kaum erwarten, Schwester zu werden«, seufzt Mirta. »Innerlich fühle ich mich schon längst wie eine.«

»Ach was«, murmelt Beth, doch Mirta ignoriert sie.

»Du solltest dich über deinen Fortschritt freuen, Hell«, sagt sie. »Denk doch nur an die Macht, die dein auki dir verleiht!«

Genau das bereitet mir Sorge, denke ich, während ich die Schüssel entgegennehme, die Johanne mir reicht. Denn zum ersten Mal kommt mir eine beängstigende Frage in den Kopf: Wozu ist ein Körper fähig, dessen Zellen von der Hitze eines ursprünglichen Zorns zur Höchstleistung getrieben werden? *Und welchen Schaden könnte er anrichten?*

»Schwester Fenja hat wieder Salat gemacht.« Beth zieht die Nase kraus. »Es wird Zeit, dass Astryd aus Stockholm zurückkommt. Ich brauche dringend mal wieder einen Schokoriegel.«

»Wohl eher eine ganze Tafel«, stimmt Tilda ihr zu.

»Hoffentlich bringt Schwester Solveig uns Lakritze mit«, sagt Cersty.

Ich schiebe mir eine Gabel Salat in den Mund. Bis heute habe ich mir keine Gedanken über diese andere mögliche Seite des aukis gemacht. Darüber, was passiert, wenn seine Trägerin sich nicht unter Kontrolle hat. Hätte ich Yasin die Nase gebrochen, statt mir die Hand zu verstauchen, wenn ich damals auf dem Sportplatz den Zorn in mir getragen hätte? Oder wäre Schlimmeres passiert? Mirtas Kommentar über die Wölfe kehrt zurück in meinen Kopf. *Sie halten uns für Raubtiere.* Ich umklammere meine Gabel fester. Mein auki könnte töten, wenn ich nicht schaffe, es zu kontrollieren.

»Wir haben gehört, es gibt eine Überfliegerin.« Ich drehe mich um. Edda, Fenja und Merle stehen zwischen den Bäumen, die Haare zerzaust und die Wangen gerötet von einem Vormittag auf der Jagd. Die Schwestern achten darauf, nur die Tiere zu töten, die sie auch wirklich brauchen, um Vekja zu ernähren. Einerseits, um die Tierpopulationen zu schützen, andererseits, damit nicht doch einmal eine der wenigen Rangerstellen hier draußen auf uns aufmerksam wird. Aus diesem Grund reist Astryd auch bis nach Stockholm, um Dinge wie Stoff und eine neue Zange für Schwester Annbritt zu besorgen. Zu häufig zu viel in Blommerby zu kaufen, wäre auffällig.

»Wenn du zu deinem auki gefunden hast, nehmen wir dich mal mit in den äußeren Kreis«, sagt Edda nun mit einem freundlichen Lächeln. »Dann kannst du deine Kräfte ausprobieren.« In Eddas Augen blitzt ein Schimmer von Gold auf. Ich mustere die große Frau, die sich als Einzige die Mühe macht, den Saum ihrer Kleider mit einem Muster zu besticken. Übereinanderliegende Streifen aus blauem, rosafarbenem und weißem Garn ziehen sich in ordentlichen Stichen durch den groben Stoff. Schwester Edda heiligt ihr auki. Würde sie einer Kraft vertrauen, die anderen schaden kann?

»Ich weiß nicht«, rutscht es mir heraus. Edda sieht mich fragend an. »Ich habe die Kontrolle verloren«, erkläre ich. »Wenn ich das Kors nicht gehabt hätte …«

Meine Finger fahren über das dunkle Metall des Amuletts, das mich vom Zorn trennt. Eine Fessel für die Kräfte einer Empfänglichen. *Und das letzte Geschenk meines Vaters.* Ich lasse das Kors los, als hätte ich mich verbrannt.

»Was ist?«, fragt Majvie, die sich neben mich gesetzt hat, alarmiert. Ich schüttle den Kopf, denn selbst wenn ich wollte, könnte ich in diesem Moment kein Wort herausbringen. Die Stimmen der anderen, die sich über die nächste Magisk Natt zu unterhalten beginnen, rauschen an mir vorbei.

Die ganze Zeit habe ich geglaubt, mein Vater hätte mir das Kors geschenkt, um mich vor dem Zorn zu schützen. *Aber das ist nicht wahr.* Ich denke an die Welle aus Eis, die vorhin nötig war, um den Zorn von mir wegzuhalten. An die Macht, die dahinter lag.

Mein Vater glaubte, dass *ich* es bin, vor der die Welt beschützt werden muss – nicht andersherum.

»Entschuldigt mich«, murmele ich und stehe auf.

Die anderen beachten mich nicht, aber Majvie hält mich am Arm fest. »Alles in Ordnung?«

Ich nicke unbeholfen. »Ich habe bloß … Kopfschmerzen«, sage ich, was noch nicht einmal gelogen ist.

»Sollen wir Schwester Wilma nach geriebener Pestwurz fragen?«

Ich schüttle den Kopf. »Ich brauche nur ein bisschen frische Luft.«

Im Schatten der Bäume angekommen, wird mir klar, wie bescheuert meine Ausrede geklungen haben muss. Frische Luft. Als ob ich davon in den letzten Tagen nicht genug bekommen hätte. Aber Majvie, die jeden Tag mit sich selbst ringt, um ihrem auki näher zu kommen, würde meine Zweifel wohl kaum verstehen. Ich laufe schneller, ohne die geringste Idee, wo ich hinwill.

Mein Vater wollte mich von den Schwestern fernhalten. Aber nicht, weil er Angst um mich hatte, sondern weil er Angst vor dem hatte, was das auki aus mir machen könnte. Hatte er recht? Ist die Stärke der Empfänglichen gefährlich?

Ich zucke zusammen, als schräg hinter mir ein Zweig knackt.

Neben dem dichten Grün einiger Büsche rascheln Schritte. »Warum bist du allein? Wo ist Solveig?«, höre ich Kaira fragen.

»Das erkläre ich dir später.« Diese Stimme ist ebenfalls unverkennbar. *Astryd.* Wann ist sie von ihrem Ausflug zurückgekommen? Vorsichtig spähe ich hinter der Birke hervor, die mich von der obersten Schwester und Kaira trennt. Die beiden Frauen gehen in die Richtung der Hütten. Ich beeile mich, ihnen zu folgen.

»Was könnte wichtiger sein?«, fragt Kaira aufgebracht.

»Ihre Fortschritte. Wie laufen die Stunden?«

»Gut«, erwidert Kaira verwirrt. »Sehr gut sogar. Sie hat heute den Zugang zu ihrer reinen Wut gefunden.«

»Ist sie stark?«

Kaira runzelt die Stirn. »So stark wie die von jeder von uns. Warum sollte es anders sein?«

Für einen Schlag setzt mein Herz aus. *Sprechen die beiden etwa über mich?*

»Astryd?« Mit in die Seite gestützten Händen bleibt Kaira stehen. »Wenn du mir nicht sagen willst, weshalb du auf einmal über den Stand einer Schülerin unterrichtet werden willst, meinetwegen. Aber sag mir wenigstens die Wahrheit über Solveig. Wenn ihr etwas passiert ist, dann bin ich es, die ihr helfen kann –«

»Solveig ist fort«, sagt Astryd knapp. »Ich habe sie in ein Krankenhaus gebracht, genau, wie du es wolltest.«

Kaira lässt erleichtert die Schultern sinken. »Der Mutter sei Dank«, seufzt sie. »Ich habe alles versucht. Aber eine Ärztin ohne Medikamente und Gerätschaften kann auch nicht mehr ausrichten als Wilma mit ihren Kräutermischungen.«

Also ist Kaira Ärztin. Das passt zu ihrer herrischen Art und dazu, wie sie in jeder Situation die Ruhe bewahrt.

»Können wir Solveig besuchen?«, fragt sie jetzt. »Jördis und Inge vermissen sie sehr. Und ich würde gern wissen, was bei ihrem MRT herauskommt. Zumindest hätte ich sie ins MRT gesteckt, wenn sie in meine Notaufnahme gekommen wäre.«

Astryd legt Kaira eine Hand auf den Arm. »Ich bin sicher, dass du viele Fragen hast, aber ich bin erschöpft. Die Reise nach Stockholm war … anstrengend, dieses Mal.«

»Na gut«, sagt Kaira zögernd und tritt einen Schritt zurück. »Aber solltest du dann nicht lieber zum Schlafverschlag gehen als zu deinen Schriften?«

Astryd lacht leise und ein wenig traurig. »Sag den anderen, heute Abend gibt es eine Versammlung. Bis dahin verlässt niemand das Dorf.«

Kaira öffnet den Mund, doch dann entscheidet sie sich dafür, nur zu nicken. Ich warte, bis Kaira zwischen den Bäumen und Astryd zwischen den Hütten verschwunden ist. Dann atme ich die Luft aus, die ich angehalten habe, ohne es zu merken. Was ist los mit Astryd? Warum ist Schwester Solveig krank, wenn das auki seine Trägerin doch eigentlich heilt? Ich lehne mich gegen den harten Baumstamm der Birke, während die wichtigste aller Fragen jede andere zum Schweigen bringt: Weshalb kann die oberste Schwester kaum abwarten, dass ausgerechnet ich meine Stärke entwickle?

»Hell!« Mia und Luise lösen sich aus der Schlange neben dem Feuer, das in der Mitte des Kochplatzes wie jeden Abend gemütlich prasselt, und laufen auf mich zu.

»Hey, ihr zwei«, sage ich und lächle, als Luise ihre dünnen Arme um meine Hüfte schlingt.

»Schwester Edda hat gefragt, wo du bist«, sagt Mia.

»Ich brauchte ein wenig Zeit für mich.«

»Wir haben heute Nachmittag über die Mutter geredet und ihre Magie«, erzählt Luise.

»Klingt spannend.« Ich nehme die Mädchen mit zum steinernen Ofen, wo Majvie auf uns wartet. Ihr Haar ist feucht, wahrscheinlich waren sie und die anderen vor dem Abendessen noch im Badeteich schwimmen.

Sie legt den Kopf schief. *Alles okay*?

Ich deute mit dem Kinn auf die Zwillinge. *Später*.

»Wusstet ihr, dass die Weltreligionen nur deshalb entstanden sind, weil die Magie der Mutter den Menschen Grund zu einem mystischen Glauben geliefert hat?«, fragt Mia. »Und trotzdem wird in keiner von ihnen eine Frau als Göttin verehrt.«

»Ich hatte keine Ahnung, aber ich bin nicht verwundert«, erwidere ich. Majvie grinst und schiebt die Zwillinge vor sich in die kleine Schlange, die sich vor dem Ofen gebildet hat. Heute haben Annbritt und Jarla gekocht, was bedeutet, dass das Essen nur mit Mühe genießbar sein wird. Die beiden Schmiedinnen sehen keinen Sinn darin, ihre Zeit mit dem Ernten von Kräutern aus Schwester Wilmas Beeten zu verschwenden, aber ich bin ihnen dankbar dafür, dass sie anders als Inge, die vegetarische Ernährung als Affront gegen ihren Elcheintopf sieht, immer dafür sorgen, dass es auch etwas ohne Fleisch gibt.

Als wir alle ein Holzbrett mit einer dampfenden Kartoffel und leicht verbranntem Gemüse in der Hand haben, gehen wir wie jeden Abend hinüber zu dem krummen Baumstamm, der eine der Schrägen des Kochplatzes bildet. Es ist erstaunlich, wie schnell sich kleine Gewohnheiten wie diese so fest in meinem Leben verflochten haben, dass ich sie nicht mehr wegdenken kann. Doch heute Abend will sich das friedliche Gefühl, das ich sonst spüre, wenn wir hier sitzen und über den Tag sprechen, nicht einstellen. Ich warte, bis die Zwillinge mit dem Essen fertig sind, dann bitte ich sie, unsere Holzbretter zurückzubringen.

»Ich habe mir Sorgen gemacht, als du nicht beim Nachmittagsunterricht warst«, sagt Majvie, nachdem die beiden aufgestanden sind. »Im Schlafverschlag warst du nicht, und ich habe sogar auf der Insel nach dir gesucht, obwohl Kaira uns gesagt hat, dass wir Vekja nicht verlassen sollen –«

»Ich muss mit dir reden«, unterbreche ich sie. Jetzt, wo ich die Worte ausspreche, spüre ich, wie dringend ich Majvie erzählen will, was in mir vorgeht. Wie dringend ich ihren Rat brauche.

»Es geht um heute Vormittag, oder?«, fragt Majvie.

Ich nicke. »Hast du dich je gefragt, ob das auki … gefährlich werden könnte?«

Ein Lächeln erweicht Majvies Züge. »Dir kann nichts passieren, Hell. Das Kors schützt dich, bis du mit dem Zorn umgehen kannst. Es ist schwer vorstellbar, aber sobald du einmal gelernt hast, ihn zu leiten, kann er dir nicht mehr wehtun.«

»Ich meinte nicht, gefährlich für mich«, sage ich und senke meine Stimme. »Ich meine, gefährlich für andere.«

Majvie schüttelt den Kopf. »Das auki existiert, damit wir uns verteidigen können. Es schadet niemandem. Dazu ist es nicht gemacht.«

»Aber dazu kann es benutzt werden«, sage ich verzweifelt. »Mirta hat es selbst gesagt. Das auki verwandelt uns in Raubtiere. Wir könnten jemanden verletzen, Majvie!«

Ihre Gesichtszüge verhärten sich. »Ohne auki können wir verletzt werden.« Sie schüttelt den Kopf, als sie meinen fragenden Blick bemerkt. »Lass uns das Thema wechseln.«

»Es tut mir leid, wenn ich dir zu nahe getreten bin«, sage ich.

Majvie lächelt, doch anders als sonst erreicht es ihre Augen nicht. »Keine Sorge, bist du nicht.«

Die Schwestern Merle und Reili gesellen sich zu uns, und wir beginnen ein Gespräch über das Schiff, das sie zusammen mit der im Holzbau erfahrenen Schwester Jördis ein wenig abseits von der Lichtung bauen. Aber jetzt bin ich es, die ihr Lächeln aufsetzen muss. Mittlerweile kenne ich Majvie. Ich weiß, dass sie das Meer liebt und immer davon geträumt hat, einmal auf eine Südseeinsel namens Aitutaki zu reisen, von der ich noch nie gehört habe. Ich weiß, dass sie Katzen lieber mag als Hunde, weil sie niemandem gefallen wollen und Majvie das beeindruckend findet. Ich weiß, dass sie im Schlaf redet und ihre Lieblingsfarbe Grün ist. Aber manchmal habe ich den Eindruck, dass sie mich nur die Oberfläche dessen sehen lässt, was sie wirklich ausmacht.

Ohne auki können wir verletzt werden.

Majvies letzter Kommentar will mir nicht aus dem Kopf gehen. Was wollte sie mir damit sagen? Meine Gedanken schweifen zu Yasins Freunden, die mir damals auf dem Nachhauseweg hinterherliefen. Sie hatten Spaß daran, mir Angst zu machen. Nie im Leben hätte ich es geschafft, mich aus dieser Situation herauszukämpfen. Ich konnte nur deshalb unbeschadet gehen, weil ihnen meine Angst gereicht hat. Ich beiße mir auf die Lippe und sehe zu Majvie.

»Schwester Kaira hat gesagt, wir sollen uns hinsetzen.« Mia klettert neben mir zurück auf den Baumstamm und verschüttet dabei die Hälfte ihrer Limonade auf mein Kleid.

»Warte, ich helfe dir«, sagt Majvie. Ich lege meine Hand auf ihre, die an meinem Rock herumtupft.

»Das wollte ich dir noch erzählen«, sage ich. »Astryd –«

»Meine Schwestern!« Überraschte Jubelrufe brechen aus, als Astryd den Platz betritt.

»… ist zurück«, beende ich meinen Satz leise.

»Der Mutter sei Dank!«, ruft Schwester Wilma aus und steht auf, um Astryd zu umarmen. Auf dem Baumstamm neben unserem lächelt Beth, genau wie Lilith, Calla und Johanne. Schwester Fenjas steife Haltung lockert sich, und Schwester Jarla macht Astryd ihren Platz, der am nächsten am Feuer liegt, frei. Die Erleichterung aller ist mit Händen greifbar, als wäre Vekjas Herz soeben in seine Mitte zurückgekehrt.

»Bitte verzeiht«, sagt Astryd und wartet einen Moment, bis sich die Aufregung gelegt hat. »Bitte verzeiht, dass ich mich erst jetzt zu euch geselle.« Trotz ihres Lächelns sieht Astryd mitgenommen aus. Unter ihren eingesunkenen Augen liegen tiefe Ringe, die ich am Vormittag durch die Entfernung nicht bemerkt habe. Auf einmal erkenne ich in ihr die alte Frau, die sie ist.

»Hast du das Briefpapier mitgebracht, um das ich gebeten habe?«, fragt Schwester Merle.

»Oh, und die New York Times?«, meldet sich Beth zu Wort.

Astryd lässt sich auf den Platz sinken, den Schwester Jarla für sie frei gemacht hat.

»Sie sieht krank aus«, flüstert Majvie mir zu. »Findest du nicht?«

Ich mustere Astryds wächserne Haut und dann Majvies besorgtes Gesicht. Ein ungutes Gefühl macht sich in mir breit.

»Ich habe schlechte Nachrichten, meine Schwestern«, sagt Astryd in diesem Moment. »Ab sofort ist es nötig, dass alle Schülerinnen im inneren Kreis bleiben, die Lichtung und den umliegenden Waldstreifen also nicht mehr verlassen. Alle Schwestern bleiben in den Grenzen des äußeren Kreises.« Eine unheilschwangere Stille folgt auf ihre Worte.

»Heißt das, wir können nicht mehr nach Blommerby?«, fragt Lilith verwirrt.

Astryd nickt. »Weder nach Blommerby noch nach Stockholm, um genau zu sein, noch nicht einmal in den Wald außerhalb Vekjas. Bis auf Weiteres sind alle Ausflüge gestrichen.«

»Aber ich wollte diesen Monat meine Familie anrufen«, protestiert Johanne.

»Warum ist das denn nötig, Astryd?«, fragt Tilda.

Alle Augen richten sich auf unsere oberste Schwester, die

den Rücken strafft, bevor sie uns ansieht. »Es ist nötig, weil die Sehenden zurück sind.«

Neben mir schnappt Majvie erschrocken nach Luft. Und auch mir sagt dieser Name etwas. Er gehört zu einer der Geschichten, die abends am Lagerfeuer erzählt werden. Doch ich verstehe nicht …

»Das ist unmöglich, Astryd«, unterbricht Schwester Eddas raue Stimme meine Gedanken. »Die Sehenden sind vor langer Zeit verschwunden!«

Ein Erinnerungsfetzen taucht in mir auf. Es ist mein erster Tag hier, wir sitzen an der Tafel, und meine Hände zittern, geschwächt von einer Macht, die ich noch nicht verstehe.

»Hat Vekja Feinde oder so?«

»Vekja nicht. Aber Empfängliche schon.«

Meine Gedanken fliegen von Mirtas Andeutung beim Mittagessen zu Schwester Eddas Erzählungen am Feuer einen Tag später. Die Sehenden waren ein Geheimbund von Männern, die sich geschworen hatten, Empfängliche auszurotten. Sie verbrannten jede Frau auf einem Scheiterhaufen, die auch nur das leiseste Anzeichen von auki zeigte. Sie waren ebenso grausam wie der König Tyr, den sie anbeteten. *Aber das ist Vergangenheit,* hat Schwester Edda schnell hinterhergeschoben. War das ein Irrtum? Meine Gedanken rasen. Heutzutage würde niemand akzeptieren, dass eine Gruppe von Fanatikern Frauen hinrichtet. Es gibt Gesetze, die Polizei … *Die ja so viel gegen Gewalt an Frauen unternimmt.*

Mein Mund wird trocken. Wie alle anderen richte ich meinen Blick auf unsere oberste Schwester, die den Kopf senkt.

»Ich habe euch vor dem System gewarnt, in dem wir leben, im Wissen, dass es von Männern für Männer geschaffen ist. Doch nun hat sich bestätigt, was ich die ganze Zeit befürchtet habe.«

»Was denn, Astryd?«, fragt Wilma besorgt.

»Sag uns alles, Schwester«, stimmt Annbritt, die so schnell nichts aus der Fassung bringt, mit kalkweißem Gesicht zu.

»Die Sehenden sind nie wirklich verschwunden«, sagt Astryd. »Ich wollte es nicht wahrhaben. Doch nun musste ich erkennen, dass die Sehenden sich nicht zurückgezogen haben, im Gegenteil.« Astryds Gesichtszüge verhärten sich. »Sie haben jeden Winkel der Erde infiltriert mit ihren verzerrten Ansichten über die Plätze von Mann und Frau. Und sie haben sich angepasst. Unsere Feinde sind nicht mehr rohe Männer, die nur ihre Treue zu Tyr und ihr Hass auf Empfängliche verbindet. Sie sind –« Als Astryds Stimme versagt, hält sich Luise mit ihren kleinen, verkrampften Händen an meinem Kleid fest. Ich streichle ihr beruhigend den Rücken. »Sie leben mitten unter uns«, schließt Astryd. »Und es ist meine Schuld, das nicht schon viel früher erkannt zu haben.«

»Was soll das bedeuten, sie leben unter uns?«, fragt Kaira scharf. Astryd schaut zu ihr auf und lässt uns die Tränen sehen, die ihre grauen Augen verschleiern.

»Ich wollte dich nicht anlügen«, sagt sie zu Kaira. »Ich wusste bloß nicht, wie ich es euch beibringen soll.«

Im selben Moment, in dem Kaira alles aus dem Gesicht fällt, verwandelt sich mein Magen zu Stein. Sie und ich sind die Einzigen, die verstehen, was Astryd gerade wirklich gesagt hat.

»Wo ist Solveig?«, fragt Kaira. Auf dem Platz ist es totenstill, bis auf das knackende Feuer, das Schatten auf unsere Gesichter wirft.

Langsam hebt Astryd den Kopf. »Schwester Solveig ist tot.« Eiseskälte macht sich in mir breit, doch dieses Mal geht sie nicht von meinem Kors aus. Neben mir bemerke ich, wie sich die feinen Härchen auf Majvies Armen aufstellen, als sie auf die Worte wartet, die wir alle schon längst kennen. »Sehende haben sie umgebracht.«

Es ist erstaunlich, wie unterschiedlich Menschen auf den Tod reagieren. Fenja und Merle beginnen, haltlos zu weinen. Schwester Nerea flüstert ein lautloses Gebet, und die sonst so robuste Schwester Inge muss sich an Schwester Edda festhalten. Lilith bricht in einen Lachanfall aus, der in Tränen endet, als Calla sie fest in die Arme schließt. Neben mir ist Majvie damit beschäftigt, leise auf die Zwillinge einzureden, die keinerlei Regung zeigen. Sie haben noch nicht verstanden, was sie da gerade gehört haben. *Ebenso wenig wie ich.*

»Was ist genau passiert?«, fragt Kaira ruhig. Ich sehe zu Astryd, die zusammengesunken neben der weinenden Schwester Wilma sitzt.

»Ich wollte Solveig ins Krankenhaus bringen«, sagt sie leise und doch so deutlich, dass wir jedes Wort verstehen können. »Dort hat die Polizei auf sie gewartet. Ich habe keine Ahnung, woher sie wussten, dass wir kommen werden.« Astryd stockt. Sie sieht von den Zwillingen zu Cersty, die sich völlig aufgelöst an Mirta klammert, als würde Astryd abwägen, welche Details die Schwächsten von uns aushalten können. »Es muss der Polizist gewesen sein«, sagt sie schließlich. »Niemand außer ihm und mir durfte Solveig sehen. Er ging unter einem Vorwand zu ihr, er wollte sie zu irgendetwas befragen. Und nur wenige Minuten, nachdem er Solveigs Zimmer und das Krankenhaus wieder verlassen hatte …« Astryd hält einen Moment inne und blinzelt, um die Tränen daran zu hindern, über ihre Wangen zu rollen. »Nur wenige Minuten später war sie tot.«

Kaira, die auf dem Kochplatz auf und ab läuft, zuckt zusammen.

»Und woher weißt du, dass er zu den Sehenden gehörte?«, fragt Schwester Jördis.

Astryd zieht ein Stück Pergament aus ihrem Kleid. »Weil das hier neben Solveig lag.«

Kaira nimmt Astryd den vergilbten Zettel ab. »Hier steht: ›Wir haben Tyr, unserem Gott und König, geschworen, Ragnarök zu verhindern. Und wir werden unseren Schwur nicht brechen. Denn wir sehen, wofür ihr blind seid. Wir haben Macht, die ihr nie erlangen könnt. Wir sind überall.‹«

Die Worte hängen in der Luft wie schwerer Rauch. Obwohl ich ihre Bedeutung nicht verstehe, jagen sie mir Schauer über den Rücken.

Beth ist die Erste, die sich zu Wort meldet. »Was soll das heißen, Ragnarök?«

»Weltenbrand«, antwortet Astryd mit rauer Stimme. »Die Sehenden glauben, dass wir, die Empfänglichen, verantwortlich sein werden dafür, dass die Erde untergeht in Feuer und Eis.«

Für einen Moment ist nur das Prasseln des Lagerfeuers zu hören.

»Aber die Natur selbst hat uns das auki geschenkt«, sagt Lilith dann. »Es wird wohl kaum ihren eigenen Untergang herbeiführen.«

»Die Sehenden glauben nicht an die Mutter«, springt Schwester Edda ein, als Astryd nicht reagiert. »Und sie glauben nicht, dass das auki der Welt Frieden und Gleichberechtigung bringen wird. Für sie ist es eine todbringende, gefährliche Kraft, geschaffen von der Tochter der Dunkelheit zur Rache an Tyr und seinen Nachfahren.«

»Wenn jemand Rache verdient hätte, dann ja wohl dieser Typ mit seinem gigantischen Ego-Problem«, murmelt Calla.

»Ersticht seine Schwester und tötet die eigene Mutter aus purem Neid …«

»Die Sehenden feiern Tyr als Helden, Calla«, sagt Astryd. »In ihrem Glauben stieg er nach seinem Tod zu den Göttern in Asgard auf und herrscht seitdem an ihrer Seite, als Gott des Krieges. Eine Ehre, die ihm dafür verliehen wurde, dass er mit der Verbannung der dunklen Tochter die Welt ins Gleichgewicht gebracht hat. Hellea ist für sie böse, ihr Zorn eine Bedrohung des friedlichen Lebens.« Astryd lässt ihren Blick über unsere starren Gesichter schweifen. »Die Sehenden wollen den Zorn vernichten. Und weil das nicht möglich ist, versuchen sie, das Nächstbeste zu erreichen.«

Ich schlucke. Den Zorn können sie nicht auslöschen. Die Frauen, die ihn empfangen, aber sehr wohl. Ich denke an Astryds und mein Gespräch an meinem ersten Abend in Vekja. *Frauen überall auf der Welt sind wütend und nicht mehr willens, diese Wut einfach herunterzuschlucken. Unsere Zahl wächst.*

»Es muss Millionen Empfängliche geben, überall auf der Welt«, sage ich leise. »Sie können uns doch nicht alle töten!« Majvie greift über die Zwillinge hinweg nach meiner Hand, die genauso zittert wie ihre.

»Nicht unbedingt töten«, sagt Astryd. »Im Mittelalter haben die Sehenden gemerkt, dass sie Empfängliche verbrennen und ertränken können, so viel sie wollen. Es kamen immer neue Frauen nach, die wütend genug waren, um sich zu erheben.« Sie schüttelt den Kopf. »Meine Theorie ist, dass die Sehenden ihre Strategie geändert haben. Sie hoffen, uns einzuschüchtern. Aber wenn sie sehen, dass das nicht funktioniert …« Astryd stockt.

»Was dann?«, fragt Lilith.

»Dann werden wir unser auki brauchen«, flüstert Beke und bekreuzigt sich, was ihr ein Kopfschütteln von Schwester Reili einbringt. Die Schwestern halten das Christentum mit seinem Glauben an einen männlichen Gott und dessen Sohn für ein weiteres Unterdrückungssystem. Mir hingegen ist in diesem Moment relativ egal, wen wir anbeten. *Wenn er oder sie nur macht, dass ich jetzt gleich die Augen öffne und Calla mich wieder für unseren Ausflug zur Klippe weckt, weil das alles hier ein einziger böser Traum ist.*

»Heißt das, wir sind ... im Krieg mit seltsamen Fanatikern, die sogar die Polizei infiltriert haben?« Beth wirft einen Blick über ihre Schulter, als würde ein Sehender mit einer Axt direkt hinter ihr stehen.

»Nicht, wenn ich es verhindern kann«, sagt Astryd. Sie steht auf. »Es war ein langer Abend. Ich schlage vor, wir alle versuchen, ein wenig zu schlafen.«

Schlafen?!

»Ich möchte, dass ihr ruhig bleibt«, erhebt Astryd ihre Stimme über das anschwellende Gerede. »Hier in Vekja sind wir sicher. Die Sehenden mögen in der Welt da draußen jede Macht besitzen, aber sie wissen, was alte Erde ist. Sie kennen ihre Kraft – und unsere. Sie würden sich niemals hierherwagen.«

Und warum machen sie sich dann die Mühe und töten eine von uns? Warum wollen sie eine Gruppe von Frauen einschüchtern, die doch selbst entschieden hat, sich vom Rest der Welt abzusondern? Deren Kraft auf diesen winzigen Ort beschränkt ist? Nichts davon ergibt irgendeinen Sinn ...

»Ab morgen gelten neue Regeln, zu unserer aller Sicherheit«, spricht Astryd weiter. »Niemand verlässt unser Zuhause.«

»Aber –« Schwester Edda stockt. »Was ist mit Besorgungen? Ich muss zumindest zur Apotheke, meine Tabletten –«

»Schwester Wilma ist fähig, sie durch eine Kräutermischung zu ersetzen«, sagt Astryd. »Hab keine Angst, Schwester. Die Mutter versorgt uns mit allem, was wir brauchen. Wir sind nicht auf die Welt der Sehenden angewiesen und wir waren es noch nie.« Sie wendet sich von Schwester Edda ab. »Niemand bewegt sich allein durch Vekja. Gebt aufeinander acht. Wenn jede von uns der anderen vertraut, dann kann uns niemand etwas anhaben. Denn das«, sagt sie und breitet die Arme aus, um unseren Kreis zu umfassen. »Das hier ist es, was den Sehenden am meisten Angst einjagt, heute wie im Mittelalter. Schwesternschaft.« Neben mir nimmt Johanne Schwester Merles Hand, die mir ihre anbietet. »Wir werden einander beschützen«, sagt Astryd.

Ich spüre das Kors unter meinem Kleid und denke an meine Angst zurück, mit meinem auki jemanden zu verletzen. Aber was, wenn das nötig wäre, um eine der Schwestern zu verteidigen? Oder Mia und Luise? *Oder Majvie …*

Ich würde keine Sekunde zögern. Ich würde diejenigen, die ich liebe, schützen, würde meine Stärke nicht zurückhalten, egal, für wie gefährlich mein Vater sie hielt und –

Mein Herz pocht unter meinem Kors, als sich die Puzzleteile, die ich den ganzen Tag lang vergeblich hin und her geschoben habe, endlich zusammenfügen. *Für die Sehenden ist das auki eine todbringende, gefährliche Kraft.* Es gibt nur einen logischen Grund, woher mein Vater von den Schwestern und ihren Kräften gewusst haben kann. Nur einen Grund, warum er seiner Tochter ein Kors geschenkt hat, das ihre Verbindung zum Zorn der Starken kappt. Das die Welt vor ihrer Stärke beschützt.

Der Zauber meiner letzten Tage schwindet dahin wie der Morgennebel über der Lichtung, als mir klar wird, was ich schon längst hätte verstehen müssen.

Mein Vater war ein Sehender.

KAPITEL 12

Heute Nacht liegen wir nicht wie sonst in einer langen Reihe unter dem schrägen Verschlag aus Birkenästen. Heute schieben wir unsere Grasmatten so eng zusammen, dass unsere Arme sich berühren und unsere Beine sich verschränken. Niemand schläft direkt ein. Aber irgendwann werden die meisten Atemzüge um mich herum tiefer, während ich mit aufgerissenen Augen auf das schräge Dach aus Birkenzweigen über meinem Kopf starre.

Mein Vater war ein guter Mensch. Er war freundlich, gütig. Er hat mich geliebt! Ich will nicht glauben, dass er zu einer Verschwörung gehörte, die Empfänglichen ihre Stärke und ihre Stimme zu nehmen versucht. *Du warst ein Kleinkind*, flüstert eine Stimme in meinem Kopf. *Du kanntest ihn kaum. Er hätte ein Serienmörder sein können, ohne dass du es wusstest.*

Die Morgendämmerung bringt keine Erleichterung. Mit mechanischen Bewegungen rolle ich meine Matte auf, falte meine Decke und tausche mein wärmeres Nachthemd gegen das Tageskleid. Die Sehenden hassen Empfängliche so sehr, dass sie bereit sind, uns zu töten. Es ist dieser Hass, den ich meinem Vater nicht zutraue. Aber woher hatte er dann das Kors, woher wusste er um seine Wirkung, wenn nur zwei Gruppen von Menschen auf dieser Welt den Zorn der Starken kennen?

»Ich verstehe immer noch nicht, was es mit diesem Ragnarök auf sich hat«, sagt Beth auf dem Weg zum Kochplatz. »Wenn das auki die Apokalypse auslösen könnte, hätte es das doch schon längst getan! Ich meine, es existiert seit Jahrhunderten, oder nicht?« Die anderen murmeln zustimmend.

»Der Glaube von Menschen ist stark«, sagt Schwester Reili, die nach dem Aufstehen extra auf uns Schülerinnen gewartet hat. Sie hat es nicht ausgesprochen, aber ich weiß, dass sie uns nicht allein gehen lassen wollte. »Und die Geschichte von Ragnarök ist die älteste in der nordischen Mythologie.« Ich betrachte ihr langes, von kleinen Zöpfen durchflochtenes Haar, das im Gehen nach links und rechts wippt. »Die Götterdämmerung beginnt mit Heimdalls Horn, das zum Kampf ruft. Der Weltenbaum Yggdrasil erzittert, und der Fenriswolf erwacht. Er befreit sich von seinen Ketten, um die Sonne zu jagen. Die Sterne fallen vom Himmel, und die Welt versinkt in ihren Gewässern. Raben verkünden den Untergang der Sonne –« Wir zucken zusammen, als in den Baumwipfeln über uns eine Krähe schreit.

»Das ist nur eine Geschichte, wie Schwester Edda sie abends am Feuer erzählt«, beruhigt Majvie die Zwillinge, obwohl sie selbst blass um die Nase geworden ist. Doch all unsere Gespräche verstummen, als wir den Kochplatz betreten – denn es ist niemand dort. Im Steinofen brennt kein Feuer. Lediglich die benutzten Holzbretter von gestern Abend, die niemand mehr weggeräumt hat, stapeln sich neben der Aschegrube unseres Lagerfeuers.

»Wo sind –«, beginnt Cersty, doch Mirta hebt die Hand.

»Hört ihr das?«, fragt sie.

Als wir den Atem anhalten, hören auch wir die Melodie, die durch die Bäume dringt. Ihre tiefen Klänge schnüren mir die Brust zu, als hätte jemand aus Trauer ein Lied gewoben.

Lilith keucht auf. »Was ist das?«

»Es kommt von der Lichtung«, sagt Tilda, der Tränen in

den Augen stehen. Sie geht auf die Bäume zu. Die anderen machen Anstalten, ihr zu folgen. Ich drehe mich zu Majvie. Ihr Gesicht ist versteinert.

»Majvie?«, flüstert Luise und zieht an ihrem Rock, doch Majvie schafft es nicht, ein Lächeln für sie aufzusetzen.

Ich gehe vor den Zwillingen in die Hocke. »Lauft mit den anderen zur Lichtung. Ich bin mir sicher, die Schwestern finden einen Weg, damit es aufhört, ja?«

Was ich mit *es* meine, muss ich nicht näher beschreiben. Jede von uns spürt den unsichtbaren Würgegriff, der uns die Luft zum Atmen nimmt.

Ich drehe mich wieder zu Majvie um und lege sanft meine Hände auf ihre Schultern. »Majvie?«

»Alles okay«, bringt sie heraus, während Tränen über ihre Wangen strömen. »Das ist bloß das Teilen der Trauer.« Mit ihren Worten schnürt sich meine Kehle erneut zu. Es ist das gleiche Gefühl wie damals, als ich neben Ma hinter dem Sarg herging …

»Atme«, weist Majvie mich an, doch ich kann nicht. Sie zieht mich in ihre Arme und hüllt mich in Wärme. Das stetige Klopfen von Majvies Herz an meinem löst die Enge in meiner Brust. Für einen Moment schaffe ich es tatsächlich zu atmen.

»Dein Herz rast«, flüstert Majvie. »Du darfst der Trauer nicht zu viel Macht geben.«

Ich schlucke. »Okay.«

Wäre ich mutig, würde ich ihr sagen, dass mein rasendes Herz nichts mit der Trauer zu tun hat. Aber das würde Fragen aufwerfen, die ich nicht beantworten kann. Warum fasziniert Majvie mich auf eine Art, die mich einerseits dazu bringt, jeden wachen Moment in ihrer Nähe verbringen zu wollen, und mir andererseits mit jedem Wort, das sie sagt, und jedem Blick, den ich auf sie werfe, verdeutlicht, wie unerreichbar sie eigentlich für mich sein sollte? Woher kommt das Bedürfnis, ihr meine tiefsten Geheimnisse zu erzählen und ihre zu kennen?

»Wir müssen gehen«, flüstert Majvie mir nach einem Moment, der Jahre oder Sekunden gedauert haben kann, ins Ohr. Ich lasse sie los, und beinahe sofort habe ich wieder das Gefühl, als würde sich eine eiserne Faust um mein Herz schließen.

»Was passiert hier?«, keuche ich.

Majvie nimmt meine Hand. »Das ist das Trauerritual der Schwestern«, sagt sie. »Komm.«

Ich folge ihr über den verschlungenen Weg zwischen den Bäumen hindurch. Am Rand der Lichtung stehen Lilith und Calla Hand in Hand, Cersty, die laut schluchzt, Tilda und Beth, die mit versteinerten Gesichtern die Szenerie beobachten.

»Was tun sie da?«, fragt Mirta mit vor Ehrfurcht zittriger Stimme. Mein Blick fällt an Johanne, Beke und Lykke vorbei auf die Schwestern. Sie haben sich in einem Kreis um den Weltenbaum Yggdrasil versammelt. Ihre weißen Kleider wehen im Wind, der die mächtigen Äste in ihren tausend Farben kaum erschüttert. Bloß ein paar hellrote Blütenblätter werden in einem Wirbel davongetragen. Das Lied, das wir schon aus der Ferne gehört haben, umhüllt uns, und mir steigen Tränen in die Augen. Majvie verstärkt ihren Griff um meine Hand.

»Es kann nicht mehr lange dauern«, flüstert sie.

»Was zur Hölle geschieht mit uns?«, zische ich zurück.

Majvie presst die Lippen zusammen. »Das ist Astryds Magie.«

Ich erinnere mich daran, wie Majvie mir die verschiedenen Gaben der Natur aufgezählt hat, an dem Vormittag auf der Insel im Fluss, der Jahre zurückzuliegen scheint. *Erdma-*

gie ist die häufigste Form. Seltener sind Wassermagierinnen und Weberinnen. Und in den letzten 200 Jahren gab es keine Windmagierin mehr. Ich war zu überfordert von den Zwillingen, die Pflanzen zu meinen Füßen wachsen ließen, um nachzufragen, was die Magie einer Weberin ist. Doch jetzt kann ich es mir denken.

»Sie lässt uns spüren, was sie fühlt, oder?« Mein Herz zieht, und ich wünschte, es gäbe einen Weg, mich von Astryds Schmerz abzuschirmen.

»Ja«, flüstert Majvie. »Wenn sie möchte, kann sie ihre Gefühle mit uns teilen. Die Mutter reagiert, wenn sie es tut.«

Der Wind, denke ich, als weitere Blütenblätter fallen wie sanfter Regen. Und die Flammen der Kerzen, die aufgelodert sind, als Astryd mir Helleas Geschichte erzählt hat. Nein, nicht erzählt. Sie hat mich spüren lassen, was Hellea spürte, was sie spürte. *Sie hat mich in die Geschichte hineingewoben.* Ich will noch mehr fragen, aber meine Stimme versagt. Zu stark ist der Schmerz in meiner Brust, zu allumfassend die Wehmut, die ich spüre. Und die Wut.

»Schwester Solveig war Astryds Freundin«, flüstert Majvie. »Sie sind vor Jahrzehnten zusammen nach Vekja gekommen.« Normalerweise würde ich mich fragen, wie es sich anfühlt, jemanden zu verlieren, der alles war, als es niemanden sonst mehr gab. Aber das muss ich nicht. Ich spüre es.

»Kann ich das irgendwie anhalten?«, presse ich hervor.

»Nur, wenn deine Gefühle stärker sind als ihre«, sagt Majvie, der die Tränen jetzt unaufhaltsam über die Wangen rinnen. *Gerade, auf dem Kochplatz,* denke ich, *da haben weder Majvie noch ich Astryds Trauer gespürt …* Aber das Ziehen in meiner Brust, das mich glauben lässt, mein Herz zerreißt, macht es unmöglich, mich zu fragen, was das zu bedeuten hat.

»Kommt«, sagt Mirta. Zögernd treten wir aus dem Schatten der Bäume heraus auf die Lichtung. Nun kann ich Worte erkennen in dem Lied, das die Schwestern singen. Ihr urtümlicher Klang ist mir fremd, doch ich spüre ihre Bedeutung tief in meinem Herzen, als hätte diese Sprache mit ihrer ganz eigenen rohen Melodie schon immer zu mir gehört.

Die Schwestern öffnen ihren Kreis und lassen Lücken, für jede von uns eine. Mirta ist die Erste, die vortritt und sich zwischen Jördis und Signe stellt. Lilith folgt ihr. Dann gehen Beke, Calla und Lykke. Majvie sieht mich an, und ich nicke. Mit den Zwillingen in unserer Mitte stellen wir uns zwischen Stine, die ununterbrochen weint, und Kaira, die sich mühsam aufrecht hält. Nur für einen Moment habe ich Zeit, die grobe Zeichnung auf ihren Gesichtern zu studieren. Schwarze Farbe, pudrig wie Kohle in einer dicken Linie wie mit Fingern unter die Augen bis hoch zu den Wangenknochen gestrichen. Dann umschließt uns ihr Lied wie ein Kokon, und ich habe keine andere Chance, als mich der Trauer hinzugeben, die jeden Gedanken aus meinem Kopf jagt.

Ich weiß nicht, wie lange wir so auf der Lichtung verharren, nur, dass die Sonne schon hoch über dem Weltenbaum steht, als der Gesang der Schwestern langsam versiegt. Neben mir schnappt Majvie nach Luft, als wäre sie gerade aus einem tiefen Wasserbecken aufgetaucht. Ich reibe mir meine vom Weinen schmerzenden Augen.

»Danke, meine Schwestern«, bricht Astryd die Stille. Auch sie hat geweint. Die kohleschwarzen Spuren, die sich über ihre Wangen ziehen, verraten es. Sie löst den Kreis um den Baum auf und bedeutet uns, uns auf den Boden zu setzen. In der Sekunde, in der ich mich ins Gras sinken lasse, geben meine Beine nach. Astryds Blick schweift über uns.

»Der Mord an Solveig war eine Warnung«, sagt sie und hebt das Stück Pergament, das die Sehenden bei Solveigs Leiche hinterlassen haben, in die Höhe. »Das hier soll uns Angst machen. Aber wer Angst hat, sind sie. Die Sehenden haben uns beobachtet. Sie haben gemerkt, dass unsere Gemeinschaft wächst. Und sie wissen ganz genau, dass wir die Einzigen sind, die das Netzwerk aus Frauenhass, das sie über den Globus gespannt haben, aufhalten können.« *Aber wie?*, denke ich verzweifelt. Wie sollen wir einen Geheimbund, dessen Arme scheinbar weit genug reichen, um eine Frau am helllichten Tag in einem Krankenhaus zu ermorden, aufhalten?

In diesem Moment treffen Astryds graue Augen meine, und wie schon so oft habe ich das Gefühl, von Röntgenstrahlen durchleuchtet zu werden. *Kanntest du meinen Vater?* Denn ich kannte ihn offensichtlich nicht.

»Die Sehenden wollen Tyrs Werk weiterführen«, spricht Astryd weiter, während ich überlege, ob sie deshalb so erpicht darauf war, dass ich es nach Vekja schaffe. Weil ich die Tochter des Feindes und deshalb auf irgendeine Weise nützlich bin. »Sie glauben, dass eine Welt, in der Frauen ihrer Unterdrückung die Stirn bieten, dem Untergang geweiht ist. Und sie haben recht.« Erstaunt sehe ich auf. »Sie haben recht, weil wir Empfänglichen zusammen dafür sorgen können, dass *ihre* Welt endet.« Astryd hebt das Kinn. »Die Welt, in der Frauen kämpfen und sterben, wird zergehen in Feuer und Eis. Und es wird eine neue geboren werden. Eine Gerechte, so wie die Mutter sie sich vorgestellt hat. Sie hat uns zu Empfänglichen gemacht, weil sie glaubt, unsere Wut ist stärker als unsere Angst. Zeigen wir ihr, dass sie richtigliegt!«

»Man muss sich doch nur mal die Kriminalisierung von Abtreibungen anschauen«, sagt Schwester Stine, als wir am Abend um das Lagerfeuer sitzen. »In unzähligen Ländern wird eine Frau, die abtreibt, härter bestraft als der Vergewaltiger, von dem das Kind ist.«

»Oder es gibt Prämien dafür, die Betroffene zu verraten«, wirft Beth ein. »Mir hätte schon eher klar werden müssen, dass mehr dahintersteckt.«

»Es ist ein Krieg gegen Frauen«, sagt Schwester Jördis. »Geführt von einer Gruppe, die niemand da draußen kennt und daher auch niemand verurteilt.«

Ich trinke einen Schluck Limonade, in der sich heute Abend dankbarerweise tatsächlich Alkohol befindet, während die anderen ihre Beweise für Jördis' These diskutieren. Die Kriminalisierung von Abtreibung. Die fehlenden Verurteilungen von Vergewaltigern. Die steigenden Zahlen der Femizid-Opfer in jedem Land und jeder Schicht. Alles Produkte eines von den Sehenden aufgebauten Systems, das Männern beibringt, sich nehmen zu können, was sie wollen, wie Tyr es getan hat. Und das Frauen vor Augen führt, dass sie sterben, wenn sie sich widersetzen. Alles, um die mythologisch vorgesehene Weltordnung zurückzubringen, deren Grundstein Tyr gelegt hat.

»Mein Kopf fühlt sich an wie durch einen Fleischwolf gedreht.« Lilith setzt sich neben mich, und Majvie und ich rutschen, um Calla Platz zu machen.

»Verständlich«, sage ich. Astryds Magie, Solveigs Tod, die Sehenden – das alles ist eine Menge zu verarbeiten innerhalb von vierundzwanzig Stunden. Calla sagt nichts. Stattdessen trinkt sie erst ihren Becher mit Schwester Wilmas Kräuterschnaps aus und dann Liliths.

»Du solltest etwas essen, Calla«, sagt Majvie. Sie lässt meine Hand los und steht auf. »Ich hole dir –«

»Wage es nicht!« Erstaunt sehe ich zu Calla, deren Gesicht vor Wut verzogen ist. »Ich bin es so leid«, platzt es aus ihr heraus. »Ich könnte jeden verdammten Baum in diesem

Wald ausreißen, und alles, was ihr in mir seht, ist Hilfsbedürftigkeit.«

»Majvie hat nur angeboten, dir etwas zu essen zu holen«, sagt Lilith beruhigend.

»Weil sie Angst hat, dass ich aus Versehen ins Lagerfeuer renne, wenn ich es selbst tue!«

Majvie setzt sich wieder und dreht sich zu Calla. »Ich verstehe, dass es so gewirkt haben muss«, sagt sie. »Aber ich wollte nur, dass du etwas zu dir nimmst, Calla. Als Freundin. Genauso hätte ich es Hell oder Lilith angeboten.« In der Stille, die folgt, hallen Majvies Worte weiter durch meinen Kopf. *Eine Freundin.* Genau wie Lilith. Ist es das, was ich für sie bin?

»Es tut mir leid.« Calla stützt ihre Stirn auf ihre Hände. »Ich dachte, mein auki würde mir mein altes Ich zurückbringen«, sagt sie nach einem Moment. »So war es bei Schwester Stine, das hat mir Hoffnung gemacht. Aber ich fühle mich weder stark noch unbesiegbar, obwohl ich es jetzt bin. Und das hat nichts damit zu tun, dass ich meine Sehkraft nicht zurückbekommen habe. Dass das auki dazu nicht fähig sein wird, wusste ich.«

»Es hat deine Narben geheilt«, sagt Lilith behutsam. »Es konnte dir die Schmerzen nehmen.«

»Ich weiß«, sagt Calla und richtet sich auf. »Und es hilft mir. Hier zu sein, meine ich, unter euch. Aber ich komme da nicht raus, versteht ihr? Jeden Morgen, wenn ich die Augen öffne und nichts erkennen kann, werde ich daran erinnert, was er mir genommen hat. Es ist, als würde er mir jeden Tag aufs Neue zeigen, wie viel Macht er über mich hat, und ich kann rein gar nichts dagegen tun. Wie soll ich denn so jemals von ihm und allem, was mir passiert ist, loskommen?«

»Wurde derjenige, der dir das angetan hat, bestraft?«, frage ich.

Calla schüttelt den Kopf. »Ich habe meine Anzeige zurückgezogen damals. Ich war zu schwach, um gegen ihn auszusagen.«

»Du hattest Angst, und zwar mit Recht«, wirft Lilith ein. »Die Polizei beteuert zwar, sie schützt Zeugen, aber wie oft schaffen es Täter trotzdem, sich zu rächen? Beim nächsten Mal wäre es vielleicht kein Säureangriff mehr gewesen, sondern …« Das Wort, das sie nicht ausspricht, hängt schwer in der Luft, und ich muss an den Polizisten denken, der Solveig getötet hat. Wie viele von ihnen gehören zu den Sehenden? Wo sind Frauen, die Hilfe suchen, überhaupt noch sicher?

»Vielleicht hast du recht«, sagt Calla. »Aber ein Teil von mir hasst die Vorstellung, dass wir mit unseren Kräften in diesen Wald gesperrt sind, während da draußen ihnen die Welt gehört.«

»Ich weiß«, sagt Lilith. Sie legt ihren Arm um Callas Schultern. »Aber hier in Vekja sind wir unbesiegbar.«

Calla erwidert nichts, doch ich weiß, was sie denkt, denn ich denke dasselbe: *Wie kann das jemals genug sein?*

»Eins verstehe ich aber nicht«, sagt Lilith in die Stille hinein. »Wie konnte Schwester Solveig krank werden? Ihr auki hätte sie doch davor bewahren müssen, oder nicht?«

Calla zuckt mit den Schultern. »Eigentlich schon. Zumindest habe ich noch nie von einem Krankheitsfall in Vekja gehört, ganz sicher nicht von einem Todesfall.«

Ich sehe zu Majvie, die schweigend ins Feuer starrt. Seit dem Ritual hat sie kaum gesprochen. Auf einmal wird mir etwas klar.

»Du hast das schon mal erlebt, oder nicht? Das Teilen der Trauer?« Als Majvie nicht antwortet, schiebe ich hinterher: »Auf dem Kochplatz warst du die Einzige, die das Lied erkannt hat. Du wusstest, dass es zu einem Ritual gehört.«

Majvie nickt. »Ihr Name war Freya«, sagt sie leise. »Die

anderen beschrieben sie als strahlendes Abbild von Stärke. Aber sie war krank, seitdem ich sie kannte. Kaira hat sich um sie gekümmert, doch sie war ratlos.« Majvie schluckt. »Freya starb ein paar Wochen nach meiner Ankunft.«

»Und ihr auki konnte sie nicht retten?«, fragt Lilith verwirrt.

Majvie zuckt mit den Schultern. »Offenbar nicht. Vielleicht heilt es keine Infektionen, sondern bloß Verletzungen.«

Ich denke zurück an das einzige Mal, an dem ich Schwester Solveig wirklich begegnet bin, damals auf dem Kochplatz. Sie wirkte nicht, als hätte sie sich etwas eingefangen, sondern eher, als steckte sie einfach im Körper einer sehr alten Frau. Doch Majvies unruhig wippendes Bein verrät mir, dass sie gerade nicht an mysteriöse Krankheiten denkt.

»Hey«, sage ich und lege eine Hand auf ihr Knie.

»Ich habe solche Angst«, flüstert Majvie. »Ich dachte, Vekja ist ein sicherer Ort. Voller Magie und Stärke und Freude.« Ihre Schultern sinken in sich zusammen. »Eine Frau ist tot, und alles, was ich betrauern kann, ist meine Illusion von Sicherheit.«

»Wir sind sicher!«, sage ich mit Nachdruck.

Lilith nickt. »Du hast Astryd doch gehört«, sagt sie beruhigend. »Die Sehenden würden sich niemals nach Vekja wagen. Sie wissen, wozu wir imstande sind!«

»Wozu manche von uns imstande sind«, korrigiert Majvie sie.

Ich greife nach ihrer Hand. »Ich werde nicht zulassen, dass dir etwas passiert, okay?«

»Aber dein auki macht dir Angst.«

Ich senke den Blick. Es hat mir Angst gemacht, als ich dem Urteil meines Vaters noch vertraut habe. Aber wenn es stimmt und er ein Sehender war, dann war sein letztes Geschenk an mich nichts weiter als der Versuch, mich kleinzuhalten. Er wollte mir meine Stärke nehmen. Genau wie Bernd. Genau wie alle anderen.

Ich sehe in Majvies karamellfarbene Augen, deren Ränder rot sind vom Weinen. Ich muss mich entscheiden zwischen einem Mann, den ich kaum kannte, und der Frau, die in so kurzer Zeit meine Freundin geworden ist. Nein, nicht nur meine Freundin, auch wenn sie es vielleicht so sieht. Seit ich unter dem Weltenbaum die Augen aufgeschlagen habe, ist Majvie mein Fixstern in einer Welt, die mich alles anzweifeln lässt außer das tiefe Wissen, dass ich ihr vertrauen kann. Für mich sind wir nicht Freundinnen, wir sind so viel mehr als das. *Und deshalb wähle ich sie.*

»Ich habe keine Angst mehr«, sage ich fest. »Meine eigene Stärke ist nichts, wovor ich mich fürchten sollte.«

Majvie schafft es zu lächeln, und ich widerstehe dem Impuls, ihr die Spuren ihrer Tränen aus dem Gesicht zu streichen. »Irgendwie werden wir diesen Wahnsinn wohl überstehen«, sagt sie, wie um sich selbst davon zu überzeugen.

»Wahnsinn trifft es ganz gut«, seufze ich, während Calla Majvies andere Hand nimmt. Gemeinsam blicken wir in die dunkelrote Glut, zu der unser Lagerfeuer geworden ist.

Es will mir immer noch nicht in den Kopf gehen, dass für alles, was schiefläuft auf unserem Planeten, ein Geheimbund von Männern verantwortlich sein soll, der genau diese Ordnung der Dinge aufrechterhalten will, um eine mythologische Apokalypse zu verhindern. *Ragnarök.* Der Untergang der Welt im Kampf der Riesen und Götter. Riesen und Götter. Eine Elitesekte und eine Gruppe von Frauen mit magischen Kräften. *Schätze, das macht uns zu den Göttinnen in diesem Spiel.*

Neben uns hat sich die Unterhaltung gewandelt. Johanne und Lykke sprechen von zu Hause, vom Mittsommerfest,

Maistangen und Tänzen bis in eine Nacht, die niemals dunkel wird. Erleichtert beobachte ich, wie die Farbe in Majvies Wangen zurückkehrt. Doch hinter dem Licht der Geschichten wartet die Realität auf uns. Eine Frau ist tot. So wie es aussieht, werden wir uns auf einen Krieg vorbereiten müssen, den keine von uns wirklich versteht. Denn wie soll eine Handvoll Frauen mit einem Zorn, der nur auf einem winzigen Flecken in Nordschweden stark genug ist, um sie gefährlich zu machen, gegen ein Netz aus Männern antreten, das anscheinend den ganzen Globus umspannt?

Ich lege einen Arm um Majvies Schultern, die ihren Kopf in die Kuhle über meinem Schlüsselbein schmiegt. Es gibt nur eine Sache in diesem ganzen Durcheinander, die glasklar ist für mich.

Ich werde alles tun, um dich zu beschützen.

KAPITEL 13

Zuerst spüre ich das Feuer, dann das Eis. Die reine Wut, die nötig ist, um den Zorn der Starken anzuziehen, finde ich ohne Probleme wieder. Ich muss nur daran denken, wie Bernd Karl verbietet zu weinen, und was passieren wird, wenn meine kleinen Brüder irgendwann erkennen, dass sie größer sind als die enge Nische, in die ihr Vater sie pressen will. An meine verschwindende Mutter. An Calla, die so viel tapferer sein muss, als es je von jemandem verlangt werden sollte. An Mamas Freundin, deren Ehemann nicht wollte, dass sie ihn verlässt, und die bis heute den Preis für diesen Besitzanspruch zahlt. An all die Ungerechtigkeit, die Menschen wie Bernd, wie Tyr, wie die Sehenden verbreiten. Die Kälte beginnt zu wandern. Von meiner Brust zieht sie sich hinab, Zentimeter für Zentimeter die Achse meines Körpers entlang.

»Gut so, Hell!«, lobt Schwester Fenja. Jetzt, wo es eine Notwendigkeit geworden ist, dass wir alle so schnell wie möglich zu unserem auki finden, richtet sich die Anstrengung des gesamten Dorfes auf diese Aufgabe.

Ich sehe zu Majvie hinüber, die neben dem Weltenbaum Kaira gegenübersitzt. Ihre Schultern sind angespannt, und ihre Finger krallen sich ins Gras. *Ich muss es schaffen. Für uns beide.* Die Kälte wird stärker, bis zu dem Grad, an dem sie schmerzt. Wenn ich jetzt mein Kors abnähme, würde der Zorn mich nicht überwältigen. Er würde seine Heimat in meinem Zentrum finden.

Ich nehme meine Hände vom Gras, und da passiert etwas Seltsames. Ein Sog zieht meine Arme entlang. Ich hebe die Hände und sehe, wie Blütenblätter in allen Farben durch die Luft wirbeln. Eine Windböe muss sie von den Ästen des Baums gezogen haben. Meine Fingerspitzen prickeln, und ich drehe meine Hände, um sie zu betrachten. *Wumm.* Wind trifft mich hart im Gesicht, als handle es sich nicht um Luft, sondern um Wasser.

Ich wende mich zu den anderen, doch sie starren nicht gen Himmel, sondern zu mir. Wieder blicke ich hinab auf meine Hände. Forme meine Finger zu Krallen. Spüre den Sog, der über meine Haut zieht, und den Wirbel aus Blütenblättern, die um mich herumfliegen, weil er sie anzieht – weil ich sie anziehe. Majvies Worte rauschen durch meinen Kopf. *Erdmagie ist die häufigste Form. Seltener sind Wassermagierinnen und Weberinnen. Und in den letzten 200 Jahren gab es keine Windmagierin mehr.* Ich hebe die Hände über meinen Kopf und lache, als der Wind Haare aus Zöpfen und Bänder von Gürteln löst. Über uns strahlt ein wolkenloser blauer Himmel. Es ist kein Sturm aufgezogen. *Ich bin der Sturm.* Und zum ersten Mal füllen mich die Ehrfurcht und die Dankbarkeit aus, die die Schwestern zur Mutter beten lassen.

Die Böen versiegen, als ich es will. Nach dem Rauschen herrscht Stille auf der Lichtung, dann bricht Jubel aus.

»Du weißt, was das bedeutet, oder?«, fragt Lilith, als sie mich in eine ungestüme Umarmung zieht.

»Mein auki«, antworte ich atemlos. »Es bedeutet, dass mein auki kommt.«

»Und das gerade rechtzeitig zur Magisk Natt.«

Lilith lässt mich los, damit ich Astryd gegenübertreten kann. Ihr Lächeln ist voller Wärme. »Ich bin sehr stolz auf dich, Hell. Auf euch alle.« Sie dreht sich zu den versammelten Schülerinnen. »In zwei Tagen erreicht der zunehmende

Mond seinen Zenit. In dieser Nacht feiern wir die Schülerinnen, die dank der unergründlichen Magie unserer Mutter zu ihrem auki gefunden haben.« Astryd sieht hinüber zum Weltenbaum. »Wir trauern um Solveig. Wir stehen vor der Aufgabe, ein Netzwerk aus Männern zu zerstören, die Frauen wie uns keine Gnade erweisen werden. Aber wir haben einander.« Kaira nimmt eine geradere Haltung ein, und Nerea lächelt zuversichtlich. »Wir haben die Stärke von Mirta, von Lilith, von Beke, von Calla und von Hell«, fährt Astryd fort. »Und diese Stärke werden wir feiern!«

Ich lasse mich in weitere Umarmungen ziehen, höre die Komplimente zu meiner Gabe – so stark, so selten. Doch während ich lächle und der Mutter danke, suche ich die Lichtung nach einem einzigen Gesicht ab.

»Wo ist –«, beginne ich und sehe gerade noch, wie ein dunkelblonder Haarschopf zwischen den Bäumen verschwindet.

»Sie sollte wirklich lernen, sich für andere zu freuen.« Ungläubig sehe ich Mirta an, die sich neben mich gestellt hat. »Wenn nicht für uns, dann wenigstens für dich!«, sagt sie mit einem zuckersüßen Lächeln, das meine Wut entzündet. »Dich mag sie schließlich, oder? Anders als den Rest von uns.«

»Wie kannst du dir ein Urteil über jemanden bilden, den du überhaupt nicht kennst!«, zische ich.

»Kennst du sie denn?«, fragt Mirta.

»Ich –« Ich stocke. *Kenne ich Majvie*?

»Es reicht, Mirta«, sagt Lilith, deren Locken dank des kleinen Tornados, den ich um mich gebildet habe, fliegen. »Bevor Hell uns hier noch alle vom Platz fegt.«

Mirta hebt die Hände. »War nicht böse gemeint.« Sie schnipst sich ein Blütenblatt von der Schulter, dann kehrt sie uns den Rücken zu und folgt den Schwestern, die sich in Richtung Kochplatz aufmachen.

»Ich hasse sie!«, platzt es aus mir heraus, als die Lichtung sich geleert hat.

»Mirta ist …«, sagt Lilith und sieht hilflos zu Calla.

»Ganz schön mies?«, schlägt sie vor.

»Jetzt seid ihr es, die sich ein Urteil bilden, ohne jemanden zu kennen.«

Ich fahre herum. Cersty ist als Einzige nicht den Schwestern gefolgt, sondern mit uns auf der Lichtung geblieben.

»Mirta ist nicht einfach«, gibt sie zu. »Aber ihre Besessenheit von den Schwestern und ihre Eifersucht auf Majvies Position hier in Vekja ergeben Sinn, wenn man ihre Geschichte kennt.«

»Ihre Geschichte ist mir egal«, sagt Calla hart. »Nichts rechtfertigt, wie sie Majvie behandelt, nur weil Astryd sie als ihre Nachfolgerin ausgewählt hat.«

»Mirta weiß nicht, wer sie ist!« Cersty sieht von Lilith zu Calla und schließlich zu mir. »Sie kann sich an ihr Leben vor Vekja nicht mehr erinnern. Das passiert manchmal bei Traumatisierungen«, fügt sie hinzu. »Das Gehirn schützt sich selbst und verbannt die Erinnerungen an das, was einen verletzt hat. Und an alles andere.«

»Sie weiß gar nichts mehr?«, frage ich ungläubig.

»Noch nicht einmal, ob Mirta ihr richtiger Name ist«, sagt Cersty. »Deshalb klammert sie sich so sehr an Vekja und die Schwestern.«

»Wow.« Lilith streicht sich die Haare aus dem Gesicht. »Ich hatte nicht die geringste Ahnung. Ich wäre anders mit ihr umgegangen.«

»Ich weiß«, sagt Cersty. »Deshalb habe ich es euch erzählt. Versucht, sie weniger auszuschließen. Mirta braucht Freundinnen mehr als jede andere hier.«

»Wir haben sie doch nicht ausgeschlossen«, murmelt Calla, doch sie klingt, als würde sie ihre Worte selbst nicht glauben.

Schweigend, jede in ihre eigenen Gedanken versunken, gehen wir über die Lichtung und durch den Wald zum Kochplatz. Ich versuche mir vorzustellen, wie es ist, keine Identität mehr zu haben. Nicht zu wissen, wer ich eigentlich bin, und deshalb krampfhaft zu versuchen, der einzigen Gruppe von Menschen anzugehören, die ich auf dieser Welt zu haben scheine. Nicht zu wissen, was mein Gehirn dazu gebracht hat, diese drastische Maßnahme zu ergreifen. Allein bei dem Gedanken wird mir übel.

»Hell!« Mirta läuft auf mich zu, kaum dass wir den Kochplatz betreten haben. »Ich kann Majvie nicht finden.« Ihre grünen Augen sind schreckgeweitet. »Was, wenn sie in Gefahr ist? Wir sollen uns nicht von Vekja entfernen, und sie kann sich nicht verteidigen.« Mirta schluckt. »Es tut mir leid, was ich gesagt habe. Vielleicht hat sie es gehört, das wollte ich nicht. Ich bin zu weit gegangen, und ich weiß nicht, warum ich das ständig tue …«

»Jede von uns geht mal zu weit«, sage ich, denn Mirtas Worte und ihre Verzweiflung lassen mich an meine eigenen Ausbrüche denken. Ich wollte nie verletzen, bloß mich selbst schützen. Deshalb füge ich hinzu: »Ich verstehe dich besser, als du denkst, Mirta.«

»Und Majvie ist zu klug, um sich in Gefahr zu bringen«, sagt Lilith aufmunternd.

»Ich werde sie suchen gehen«, sage ich. Mir ist klar, warum Majvie verschwunden ist. Und es hatte nichts mit Mirtas Kommentar zu tun, den sie unmöglich gehört haben kann.

»Gute Idee.« Lilith lächelt mir zu, dann wendet sie sich mit demselben Lächeln an Mirta. »Sag mal, du bist doch auch eine Wassermagierin, oder?« Mirta nickt verwundert. »Was ich mich immer schon gefragt habe – wie genau bringen wir Wasser zum Gefrieren?«, redet Lilith weiter. »Schwester Nerea hatte nicht die geringste Idee, aber du hast das schon einmal geschafft, oder?«

»Es ist ganz einfach, eigentlich«, sagt Mirta vorsichtig. »Ich könnte es dir erklären?«

»Das wäre wirklich eine große Hilfe.« Lilith hakt sich bei Mirta unter und führt sie zu einem der Baumstämme, wo die beiden ihr Gespräch unter Wassermagierinnnen fortführen.

»Ich bin gleich wieder da«, sage ich zu Calla und Cersty, schnappe mir einen Tonkrug mit Limonade, zwei Becher und ein Holzbrett, auf das ich Brotfladen, Salzgemüse und einen der letzten Schokoladenriegel aus dem Vorrat lade. Dann lasse ich den Lärm und die Geschäftigkeit des Kochplatzes hinter mir. Mein erster Gedanke war, auf der Insel nach ihr zu suchen, aber dafür ist Majvie in die verkehrte Richtung gelaufen. Außerdem kann ich mir nicht vorstellen, dass sie es riskieren würde, sich so weit von Vekja zu entfernen. Nicht in diesen Zeiten. Nicht ohne auki.

Vorsichtig setze ich einen Fuß vor den anderen. Es ist nicht schwer, den Weg wiederzufinden. Jeder Schritt, den wir getan haben, hat sich in mein Gedächtnis eingebrannt. Ich lächle, als die beiden hüfthohen Felsen in Sicht kommen. Jemand sitzt mit dem Rücken gegen den Stein gelehnt, einen Haufen geschliffener Glasscherben im Schoß.

»Ich habe es für uns gemacht«, sage ich leise, um sie nicht zu erschrecken.

»Ich weiß«, erwidert Majvie. Sie legt den Schmirgelstein, mit dem sie das Flussglas zu Schmucksteinen für die Arbeiten der Schmiedinnen geformt hat, zur Seite. Dann rutscht sie ein Stück, damit ich mich neben sie setzen kann. »Es ist bloß …« Majvie schüttelt den Kopf.

»Es ist was?«

»Übermorgen ist meine fünfte Magisk Natt.« Majvie schlingt ihre Arme um ihre Knie, was das Zittern ihrer

Hände nicht aufhält. »Die fünfte Nacht, in der ich zusehe, wie Schülerinnen zu Schwestern werden. Und ich, die Nachfolgerin der obersten, stehe immer daneben und lächle die mitleidigen Bemerkungen weg, bedanke mich für gut gemeinte Ratschläge und tue so, als würde ich nicht an meiner Stärke zweifeln, damit Astryd sich nicht umentscheidet.«

Majvie lehnt den Schokoriegel ab, den ich ihr anbiete, akzeptiert aber meine Hand, in der ihre zur Ruhe kommt. »Warum willst du es so sehr?«, frage ich. »Oberste Schwester werden.«

Majvie lehnt ihren Kopf gegen den Felsen. »Weil ich Vekja brauche«, sagt sie leise. »Ich brauche das auki. Ich brauche die Schwestern.«

»Also willst du für immer hierbleiben?«, frage ich ungläubig.

Majvie nickt. »Und ich weiß nicht, wie lange das noch möglich ist, wenn ich nicht bald zeige, dass ich hierhergehöre.«

Ich lehne meinen Kopf neben ihren. »Wer tut das schon? Wir sind ein Dorf gestrandeter Seelen.« Majvie lacht halbherzig. »Ich gehöre vielleicht auch nicht hierher«, sage ich nach einem Moment.

»Na klar«, seufzt Majvie, doch ich unterbreche sie, bevor sie weitersprechen kann.

»Als ich weggelaufen bin, bei unserem ersten Gespräch genau hier … da hatte ich einen Grund.« Majvie dreht den Kopf zu mir. Auf einmal bin ich mir nicht mehr sicher, ob ich ihr erzählen sollte, was mir seit vorgestern nicht aus dem Kopf gehen will. Aber jetzt gibt es kein Zurück mehr. »Ich habe das Kors wiedererkannt«, sage ich. »Genau so ein Amulett habe ich jahrelang besessen. Mein Vater hatte es mir geschenkt.«

Majvie wartet einen Moment ab. »Und?«, fragt sie schließlich.

»Es kann doch nur eine Erklärung dafür geben, dass er im Besitz eines Amuletts war, das Empfänglichen die Kräfte raubt«, sage ich tonlos. Dann wende auch ich den Kopf, um sie anzusehen. »Ich glaube, mein Vater war ein Sehender.«

Majvies Augen werden größer, dann beginnt sie zu lachen. Verwirrt verschränke ich die Arme.

»Ach Gott, Hell, hättest du doch nur früher mit mir geredet«, keucht Majvie, als sie sich wieder beruhigt hat. Dann nimmt sie meine Hände. »Hatte dein Vater irgendein Interesse an Geschichte, besonders an schwedischer?«

»Er hat seinen Doktor in Geschichte gemacht, hier in Stockholm.«

Majvie nickt. »Siehst du, das erklärt doch alles.« Sie streicht sanft mit ihrem Daumen über meinen Handrücken. Die beruhigend gemeinte Geste lässt meinen Atem stocken. »Das Kors, im Volksmund auch Trollkors genannt, gab es im Mittelalter in jedem Haushalt Schwedens. Meistens hing es über der Haustür. Die Leute glaubten, es würde sie vor Trollen beschützen.«

»Trollen«, wiederhole ich.

Majvie grinst. »Kleine Wesen, die dafür sorgen, dass die Milch immer dann leer ist, wenn man Gäste erwartet, die Schlüssel oder Socken verschwinden lassen und die den Hofhund nachts mit spitzen Fingern ins Fell piksen, sodass er alle aus dem Schlaf bellt.« Sie lächelt, als sie meinen Blick bemerkt. »Die Abende im Winter werden ziemlich lang. Wir brauchen Geschichten, die uns von der Dunkelheit ablenken. Und Trollkorse gibt es auch noch – die findest du in jedem Touristenshop.«

»Ist das nicht gefährlich für uns?«, frage ich.

Majvie schüttelt den Kopf. »Die Korse, die es heute gibt,

können nicht gegen den Zorn bestehen. Sie sind bloße Nachbildungen, völlig wirkungslos gegen jede Form der Magie. Die Amulette, die uns vom Zorn trennen, wurden kurz nach dem Fall geschmiedet, aus dem Eisen der Nordberge am Hof von König Tyr. Die meisten von ihnen sind in unserem Besitz – frag mich nicht, wie die ersten Schwestern an sie herangekommen sind. Aber ein paar wenige sind auch noch da draußen, als historische Relikte.«

Und irgendwie ist mein Vater, Doktorand der Geschichte, an ein solches Relikt herangekommen. Jetzt lächle ich ebenfalls. In den Augen meines Vaters war das Kors nichts weiter als ein besonderer Glücksbringer. Er hat nicht meine Kräfte fesseln wollen. Er hat mir lediglich ein Amulett geschenkt, das Böses fernhalten soll. Ein Mitbringsel aus seiner Zeit in Schweden, kein Zeichen für seine Mitgliedschaft in einer gruseligen Männersekte. Doch die Erleichterung über die Unschuld meines Vaters schwindet schnell.

»Wenn das so ist«, sage ich nach einem Moment, »warum war es Astryd dann so wichtig, dass ich es hierher schaffe? Warum hat sie euch auf mich angesetzt und ist mir selbst gefolgt, wenn nicht, weil ich die Tochter des Feindes bin?« Majvie presst die Lippen zusammen. »Hat sie dir irgendetwas erzählt?«, dränge ich.

»Nur, dass du nach Vekja kommen musst«, sagt Majvie nachdenklich. »Um jeden Preis.«

Ich lehne meinen Kopf gegen den Stein. *Was zur Hölle hat das zu bedeuten?*

»Deine Magie ist stark«, sagt Majvie in die Stille hinein. »Und dein auki wird es mit Sicherheit auch sein. Vielleicht hat Astryd das gespürt, irgendwie.«

Ich nicke. Und dann kommt mir ein anderer Gedanke. »Auf der Insel hast du gesagt, es hätte seit zweihundert Jahren keine Windmagierin mehr gegeben.« Majvie nickt.

»Vielleicht steht etwas über diese Magie und ihre Trägerinnen im Buch der Schwestern.«

»Du könntest recht haben«, überlegt Majvie. »Wir sollten Astryd danach fragen.«

»Vertraust du ihr?«

»Du nicht?«, fragt sie erstaunt zurück.

Ich beiße mir auf die Lippe. Wahrscheinlich gibt es eine Erklärung für das Gespräch, das ich zwischen Astryd und Kaira belauscht habe. Einen simplen Grund, warum mein auki ihr so wichtig ist. Aber ein Teil von mir fragt sich trotzdem, ob es mir wirklich freistünde, zu gehen, wenn ich es wollte …

»Wir werden das selbst im Buch nachlesen«, beschließe ich. Majvie beobachtet mich.

»Ich habe noch nie im Buch der Schwestern gelesen, Hell.«

»Aber du kannst Altnordisch?«, frage ich.

Sie nickt. »Astryd bringt es mir an anderen Schriften bei. Rezepten, alten Gedichten. Das Buch der Schwestern ist zu wertvoll, um es als Übungsgegenstand zu nutzen, sagt sie.«

Ich werfe Majvie einen Blick zu. »Du willst das nicht machen, oder?«

Sie beißt sich auf die Lippe. »Ich will Astryd nicht verärgern.« In diesem Moment kommt mir eine Idee.

»Was, wenn ich dir versprechen würde, dass sie dich nicht erwischt?«

KAPITEL 14

Mein Herz schlägt so schnell, dass der Druck in meiner Brust mir den Atem raubt.

»Tief ein- und ausatmen, Hell.« Kaira glaubt, sie wüsste, warum ich nervös bin. Aber sie hat keine Ahnung. »Bereit, es zu versuchen?«, fragt sie. Ich nicke, dabei sind meine Gedanken nicht bei der Aufgabe, die mir bevorsteht, sondern in einer Hütte keine fünfhundert Meter von hier entfernt. Wenn alles gut geht, dann erfahre ich noch heute Morgen, warum Astryd mich oder meine Kräfte für besonders hält.

»Okay«, sage ich. Kaira greift nach dem groben Lederband, an dem mein Kors hängt, und zieht es mir vorsichtig über den Kopf. Ich schließe die Augen.

Kaira, Astryd und die dichten Bäume des äußeren Kreises verschwinden, doch ich sehe kein Schwarz – ich sehe Rot. Jeder Gedanke an das, was Majvie in diesem Moment vielleicht im Buch der Schwestern findet, löst sich in Rauch auf, während meine Zellen gegen die fremde, gefährliche Hitze des Zorns rebellieren. Aber ich kann sie mir zu eigen machen, indem ich mein eigenes Feuer willkommen heiße, ohne Zweifel und ohne Schuld. Meine reine Wut, die Wut, die hell genug brennt, um dem Zorn der Schwestern einen Gegenpart zu bieten, erfüllt mich. Und als sie sich ihren Platz in meiner Mitte zurückholt, geschieht noch etwas anderes. Die Hitze des Zorns sinkt in meinen Körper, angezogen von der Stärke, die ich nun zu bieten habe. Sie wandert meine

Wirbelsäule entlang, bevor sie sich in meinem Bauch zusammenkringelt wie eine gleißende Schlange in ihrem Feuernest. Ich öffne die Augen und weiß auch ohne Kairas Lächeln, dass ihre braungrüne Farbe für den Moment verschwunden ist.

»Gold«, bestätigt Kaira. Über mir trippeln Vogelfüße einen Ast entlang, doch ich höre sie nicht nur. Ich spüre die Vibration des Holzes, den Widerstand, den die winzigen Gliedmaßen erzeugen. Ich hole tief Luft und sauge den Duft nach Wald in mich ein, aus dem ich auf einmal das Wasser der Slidur herauslesen kann, das Harz der Bäume, das Elchrudel, das ein paar Kilometer nördlich von uns grast. Die Tiere spüren meine Hitze. Hufgetrappel verrät mir, dass sie fliehen.

Ich richte mich auf. Der Wald ist nicht länger meine Herberge. Ich bin seine Herrscherin. Wenn ich wollen würde, könnte ich den Wölfen und Luchsen befehlen, an meiner Seite zu laufen. Ich könnte sie dazu bringen, sich vor meiner Stärke zu verneigen.

»Das ist ein Wunder«, rufe ich von einem der Felsen hinab, auf den ich mühelos gesprungen bin. Meine Wut hat mich vervollständigt. Doch der Zorn ist es, der meinen Körper zu etwas Neuem geschmiedet hat. Ich spüre ihn, in mir und überall um mich herum, als würde ich mich auf einem Magnetfeld bewegen, das in ständigem Austausch steht mit meiner eigenen Energiequelle. Und zum ersten Mal begreife ich, was mir so oft gesagt wurde: Ich bin nicht allein. Ich habe Schwestern. Ich bin Teil einer Geschichte, die so viel größer ist als jede Einzelne von uns.

Der Wald verwandelt sich in einen Schleier aus Grün und Braun. Innerhalb eines Wimpernschlags stehe ich auf der Lichtung, wo die Schwestern mit den Schülerinnen arbeiten.

»Hell!« Lilith springt auf, als sie mich entdeckt, und die

anderen folgen ihr. Kurz frage ich mich, woher sie wissen, dass ich zu meinem auki gefunden habe. Doch dann erinnere ich mich daran, wie Lilith aussah. Das Strahlen. Das Gold. Calla kommt als Erste bei mir an und zieht mich in eine Umarmung, in der bald darauf die Hälfte von Vekja steckt.

»Okay Leute, trotz auki brauche ich immer noch Sauerstoff«, keuche ich.

»Und, wie fühlst du dich?«, fragt Beth. Über ihrer Stimme höre ich Zweige knacken und Erde knirschen. *Schritte.* Ich drehe mich um. Und da steht sie, am Waldrand, das Gesicht ein wenig blasser als üblich.

»Majvie!« Die anderen lösen ihren engen Kreis um mich, und ich laufe auf sie zu. Beinahe wäre ich mit voller Wucht gegen sie geprallt, wenn ich nicht in letzter Sekunde noch geschafft hätte zu bremsen.

»Vorsichtig, Waldedition von Wonder Woman«, mahnt sie schmunzelnd, doch dann wird ihr Gesicht wieder ernst.

»Was hast du herausgefunden?«, flüstere ich.

»Nichts.«

Erstaunt sehe ich sie an. »Nichts?«

Majvie sieht über ihre Schulter, dann zurück zu mir. »Das Buch der Schwestern war nicht in der Truhe. Ich habe die ganze Hütte durchsucht, aber es war nirgendwo zu finden.«

»Gibt es noch andere Hütten, in denen Schriften aufbewahrt werden?«, frage ich. Majvie schüttelt den Kopf.

»In den restlichen sind bloß Vorräte und die Sachen, mit denen jede von uns angekommen ist.« Sie mustert mich. »Fällt dir denn irgendetwas auf an deinem auki? Ist etwas anders, als du es bei Lilith oder Mirta beobachtet hast?«

Ich schüttle den Kopf. »Nein. Ich meine, es ist komplett unglaublich, was ich auf einmal wahrnehme, wie schnell alles geht und dieses … Toben in mir, das nicht zu mir gehört. Aber nichts, was die anderen nicht berichtet hätten.«

Majvie beißt sich auf die Lippe. »Vielleicht haben wir uns da auch in etwas verrannt.« Bevor ich antworten kann, werden wir von den anderen umringt, die gerade aus dem Unterricht entlassen wurden, und wir haben keine andere Wahl, als uns mit dem Strom ziehen zu lassen.

»Reili hat uns eingeladen, es vor dem Mittagessen anzusehen«, sagt Calla.

Ich bemühe mich, mein Tempo zu zügeln. Obwohl wir ganz normal gehen, fühlt es sich an, als müsste ich schleichen. »Uns was anzusehen?«, frage ich.

»Ihr Schiff!« Liliths Augen glänzen. »Es ist fast fertig. Vielleicht dürfen wir es ja mal auf den breiteren Stellen der Slidur ausfahren.«

Ich bezweifle, dass Liliths abenteuerlicher Traum Wirklichkeit wird, als hinter einigen Hügeln und einer dichten Gruppe von Birken ein bestimmt zehn Meter langes Wikingerschiff zum Vorschein kommt. Reili, die gerade dabei war, die gebogenen Planken abzuschleifen, steht auf und klopft sich den Holzstaub von den Händen.

»Das ist sie«, sagt sie stolz. »Die *Hellea.* Wir arbeiten noch an der Figur für den Bug.« In dem hohen Pfahl am Kopf des Schiffes ist mit viel Fantasie bereits das kämpferische Frauengesicht der Hellea von Schweden zu erkennen.

»Sie ist wunderschön«, sagt Schwester Jarla bewundernd. »Wenn ihr noch Eisenbeschläge braucht, wir haben bestimmt noch etwas Passendes da.«

Amüsiert drehe ich mich zu Majvie. »Hast du eine Ahnung, wofür wir mitten im Wald ein Schiff brauchen?«

Majvie zieht die Augenbrauen zusammen.

»Wahrscheinlich aus demselben Grund, aus dem Annbritt und Jarla mehr Broschen, Armreifen und Schwerter pro Tag herstellen, als der größte Wikingerclan brauchen könnte, und wir Umhänge besticken, die eh nie jemand trägt«, sagt Calla. »Um das alte Handwerk zu pflegen.«

Die anderen wechseln das Thema zur anstehenden Magisk Natt. Majvie hingegen bleibt den gesamten Rückweg zur Lichtung lang still, und ich frage mich, ob sie die ganze Sache genauso merkwürdig findet wie ich.

Es ist Abend, als Majvie und ich zum ersten Mal wieder die Chance haben, unter vier Augen zu sprechen.

»Ich habe nachgedacht«, sagt Majvie leise. Das Lachen der anderen und das Prasseln des Feuers in der Mitte des Kochplatzes würden ihre Stimme übertönen, wenn ich nicht seit Neuestem fähig wäre, jedes noch so kleine Geräusch wahrzunehmen, wenn ich mich darauf konzentriere. »Und ich erinnere mich daran, in einer meiner Stunden mit Astryd über die letzte Schwester mit der Gabe der Windmagie gelesen zu haben. Ich kriege die Geschichte nicht mehr komplett zusammen, aber es wurde dokumentiert, dass ihr auki außergewöhnlich stark war.«

»Vielleicht sieht Astryd deshalb so missmutig aus«, überlege ich mit Blick auf unsere oberste Schwester, die sich nicht wie üblich an den Unterhaltungen beteiligt. »Sie hat wohl dasselbe von mir erwartet.«

Majvie nickt. »Das war auch mein Gedanke. Allerdings erklärt das nicht, warum sie schon vor dem Ausbruch deiner Magie zu hoffen schien, dass du eine besondere Stärke hast.«

Ich trinke einen Schluck von meiner Limonade. »Tja, was auch immer es war, sie hat sich offensichtlich geirrt. An meinem auki ist nichts besonders.«

Majvie wirft mir einen Blick zu. »Macht dich das traurig?«

Ich stelle meinen Becher ab. »Mit alldem, was vor sich geht, wären überstarke Kräfte vielleicht keine schlechte Sache gewesen«, sage ich. »Aber alles in allem bin ich froh, nicht noch mehr Veränderungen verstehen zu müssen als sowieso schon.«

»Nachvollziehbar«, sagt Majvie. »Und wie fühlst du dich mit der neuesten Veränderung?«

Ich denke einen Moment nach. Es fällt mir schwer, das, was das auki mit mir macht, in Worte zu fassen.

»Ich fühle mich, als hätte eine gigantische Energie von meinem Körper Besitz ergriffen«, sage ich schließlich. »Als wäre da etwas in mir, das jede Zelle zu Höchstleistungen antreibt.«

Lilith, Calla und Schwester Reili kommen auf uns zu, und ich rücke zur Seite, um Platz auf unserem Baumstamm zu machen.

»Na, freut ihr euch schon auf den großen Tag morgen?«, fragt Reili. Dann schlägt sie sich eine Hand auf den Mund. »Sorry, Majvie. Ich hätte auch selbst darauf kommen können.«

Majvie lächelt. »Worauf?«

Reili sieht auf ihre Hände. »Na ja, wegen der Magisk Natt und dem auki«, murmelt sie hilflos.

»Ich freue mich für alle, die es diesen Mondzyklus geschafft haben«, sagt Majvie ein wenig zu bestimmt, um freundlich zu klingen.

»Klar«, erwidert Reili hastig. »Ich wollte auch nicht sagen, dass –«

»Vor morgen müssen wir uns noch um saubere Kleider kümmern«, fällt Lilith ihr ins Wort. »Und wisst ihr schon, was ihr mit euren Haaren machen wollt?«

»Ich dachte, es geht um die Aufnahme bei den Schwestern und nicht bei einer Modelagentur«, versuche ich es mit einem Witz.

Lilith grinst. »Gut für dich. Ich bin mir nicht sicher, was

die Modewelt zu dem Haarstyle *verwahrloster Straßenhund* sagen würde.«

»Hey!«, rufe ich empört und fahre durch meinen herauswachsenden Pixie-Cut. Reili prustet in ihre Limonade, als ich mich lasziv nach hinten beuge und zu Majvie drehe. »Was denkst du, hätte ich eine Chance als Model?«

Majvie lächelt halbherzig. »Definitiv.« Sie deutet auf ihr leeres Holzbrett. »Ich bring das mal zurück.« Die anderen lachen, als ich den Halt verliere und mich gerade noch so davor retten kann, vom Baumstamm zu fallen.

»Okay, das war ein klares Nein für diese Karriere«, sage ich, als ich wieder sitze. Die anderen scherzen weiter, doch mein Lächeln schwindet. »Entschuldigt mich«, murmele ich und gehe am Feuer vorbei auf die weiße Gestalt zu, die gerade mit den Zwillingen an der Hand in den noch hellen Abend verschwinden will.

»Majvie?«

Sie hält inne, dann dreht sie sich um. »Ich bin müde.« Ihre Stimme klingt eigentümlich hoch, und das Lächeln, das sie aufgesetzt hat, erreicht ihre Augen nicht.

»Ich bin auch müde«, sage ich schnell, doch Majvie schüttelt den Kopf.

»Ich brauche weder ihr Mitleid noch deins.«

»Das ist doch kein Mitleid –«, beginne ich, doch Majvie hebt die Hand.

»Geh einfach zurück zu den anderen, Hell. Bitte.«

»Okay«, sage ich hilflos. »Gute Nacht?«

Majvie lächelt. »Gute Nacht.«

Ich schaue ihr und den Zwillingen nach, bis sie zwischen den Bäumen verschwunden sind.

»Du siehst aus, als hättest du ein Gespenst gesehen«, sagt Lilith, als ich mich wieder neben sie setze. »Macht dir die Entscheidung Angst?«

Ich schüttle den Kopf. Um ehrlich zu sein, habe ich noch nicht einmal in Betracht gezogen, mich morgen gegen Vekja und die Schwestern zu entscheiden. Nicht jetzt, wo ich noch nicht herausgefunden habe, welche Gefahr genau von den Sehenden ausgeht. Ein Stich von Schuld durchfährt mich, als ich an Matti und Alice denke, dabei ist es Unsinn. *Ohne mich sind die beiden besser dran.*

»Hell?«, fragt Lilith.

»Es ist nicht die Entscheidung«, sage ich. Sosehr Majvie auch vorgibt, sich für mich zu freuen – die Magisk Natt wird grauenvoll für sie sein. Und es gibt nichts, was ich dagegen tun kann.

Calla reicht mir ein kleines Küchlein mit Walderdbeeren. »Die sind eigentlich für morgen, aber wir konnten nicht widerstehen«, sagt sie. »Mit den Beeren schmecken sie fast wie unser Mittsommer-Kuchen zu Hause.«

»Mittsommer«, flüstere ich. *Natürlich*! Hat Majvie mir nicht erzählt, dass sie das Fest auf ihrem Internat nie feiern konnte? Kehrte nicht die Farbe in ihr Gesicht zurück, als sie die anderen von Mittsommer sprechen hörte?

»Das Mittsommerfest war im Juni, oder?«, frage ich aufgeregt. Lilith nickt verwundert. »Und wurde es hier gefeiert, in Vekja?«

Sie schüttelt den Kopf. »Warum fragst du?«

Weil ich etwas gefunden habe, das ich tun kann. Zwar ist es unmöglich, Majvie vor der Magisk Natt zu bewahren. Aber ich kann dafür sorgen, dass noch etwas anderes gefeiert wird als das auki.

»Was gehört alles zu einem richtigen Mittsommerfest?«, frage ich.

»Mal sehen: Trachten und Blumenkränze, Erdbeerkuchen, Tanz …«, zählt Lilith auf.

»Ich habe es vermisst dieses Jahr«, sagt Calla. »Als Kind

haben meine Schwestern und ich immer sieben verschiedene Blumen gesammelt und sie unter unsere Kopfkissen gelegt. Es heißt, wer das in der Mittsommernacht tut, träumt von seinem Zukünftigen.«

»Und, hast du?«, fragt Tilda, die sich über mich beugt, um sich eins der Küchlein zu schnappen.

»Ich kann mich nicht daran erinnern«, gesteht Calla ein. »Aber fairerweise muss ich zugeben, dass ich in meinen letzten Mittsommernächten auch nicht viel geschlafen habe.« Beth pfeift, was Calla rot anlaufen lässt. »Ich spreche vom Tanzen!«, betont sie.

»Wir könnten es nachfeiern«, sage ich und deute auf Astryd und die Schwestern, die nahe am Feuer beieinandersitzen. »Wir alle könnten ein Fest gebrauchen, oder nicht? Eins für alle von uns, nicht nur für fünf!« Am Strahlen der Gesichter um mich herum erkenne ich, dass mein Vorhaben eine Chance hat.

»Ich finde die Idee großartig«, sagt Mirta, und die anderen nicken.

»Warum nicht?« Lilith steht auf und hakt sich bei mir unter. Als wir den Schwestern unsere Idee vorschlagen, treten Schwester Wilma Tränen in die Augen.

»Es wäre so wunderbar, mal wieder eine Maistange zu schmücken, genau wie früher.« Sie wirft Astryd einen Blick zu. »Ich weiß, wir distanzieren uns von christlichen Festen, aber –«

»Der christliche Ursprung von Mittsommer liegt Jahrtausende zurück«, sagt Astryd gutmütig. »Ich denke, wir können ihn in diesem Jahr einmal vergessen.«

Alle beginnen durcheinanderzureden, über die besonderen Traditionen in ihrer Heimatregion, darüber, dass der Weltenbaum mit Bändern geschmückt werden könnte, Erdbeeren gepflückt werden sollten, Wildblumen gesammelt und Heringe gefangen werden müssten. Als ich Astryds Blick auffange, erwidert sie mein Lächeln und deutet auf den Platz neben sich.

»Es ist schön zu sehen, dass du Freundschaften geschlossen hast«, sagt sie, als ich mich setze. »Ich bin mir sicher, Majvie wird sich über die Überraschung freuen.«

»Ich wollte das Fest für uns alle organisieren«, sage ich.

»Natürlich wolltest du das.« Astryd lächelt mir zu. »Ich hatte Sorge, dass es dir schwerfallen könnte, dich einzuleben. Wie schön, dass ich mich geirrt habe und du von allein erkannt hast, dass du hierhingehörst. Vekja ist dein Zuhause, Hell. Das ist alles, was ich dir je zeigen wollte.«

»Danke«, erwidere ich ehrlich, denn ich glaube zu verstehen, was Astryd mir sagen will. *Es ging ihr nie um mein auki. Es ging darum, dass ich mich zugehörig fühle.*

»Ich wünschte, du hättest Vekja zu einer anderen Zeit kennengelernt«, sagt Astryd nachdenklich. »Wäre alles ... normal, hätten wir bald den nächsten Ausflug nach Blommerby unternommen. Es gäbe mehr Lachen und weniger Training.«

»Es ist nicht deine Schuld«, sage ich vorsichtig.

»Ich versuche, euch zu schützen.« Astryd wirft mir einen Blick zu, der so voller Trauer ist, dass ich sie am liebsten umarmen würde. »Ihr seid wie Töchter für mich, weißt du?«

Ich nicke. Und zusammen mit den Funken des ausbrennenden Lagerfeuers erlischt auch langsam mein Misstrauen gegenüber unserer obersten Schwester.

Zuerst ist mir nicht klar, was mich geweckt hat. Es waren weder Vögel noch die Stimmen der anderen so wie sonst, denn außer mir schlafen alle noch, zudem ist es dunkel. Verunsichert setze ich mich auf. Und da merke ich, was nicht stimmt. Die Grasmatte neben mir ist leer. Majvies Decke liegt zerwühlt am Fußende. Der letzte Rest Benommenheit verschwindet so schnell, als hätte mir jemand Eiswasser ins Gesicht geschüttet. *Vielleicht ist sie bloß zur Toilette gegangen*, versuche ich mich zu beruhigen, während die andere Alternative durch meinen Kopf jagt. Was, wenn ihr etwas passiert ist? Was, wenn dieselben Leute, die Schwester Solveig ermordet haben, doch nach Vekja gekommen sind?

Ich weiß, wie irrational diese Vorstellung ist. Wenn ein Mörder jemanden direkt aus unserem Schlafverschlag entführt hätte, wäre das wohl kaum unbemerkt geblieben. *Andererseits bist du nicht aufgewacht, als sie verschwunden ist …* Ich sollte mich wieder hinlegen. Majvie wollte Zeit für sich, deshalb ist sie früher ins Bett gegangen. Wahrscheinlich konnte sie nicht weiterschlafen und hat beschlossen, einen Spaziergang zu machen. Immerhin ist es unter Vekjas lichten Baumwipfeln selbst nachts hell genug, um sich zurechtzufinden. Wenn das der Fall ist, dann würde ich sie nur wütend machen, wenn ich ihr hinterherliefe. Also lege ich mich zurück auf meine Matte.

Rechts von mir höre ich Lilith leise röcheln, wenn sie ausatmet. Zwei Plätze weiter knirscht Cersty mit den Zähnen. Die Hitze in meinem Bauch beginnt zu rumoren, und all das verbindet sich zu einem nervenzerreißenden Rhythmus, der sich dem einen Gedanken anpasst, der nicht aus meinem Kopf verschwinden will: *Was ist, wenn sie dich braucht?* Schließlich schlage ich meine Decke zurück. Ich halte das nicht länger aus! Wenn Majvie ihre Ruhe haben will, kann sie mich immer noch zurück ins Bett schicken.

Um die anderen nicht zu wecken, stehe ich so leise wie möglich auf und laufe über den erdigen Pfad, der mich zur Slidur führt. Ich steige über den hier noch schlanken Wasserlauf, der ab und an ein Glucksen von sich gibt. Dann richte ich meine Schritte nach Norden. Jetzt verstehe ich, dass Calla ihre Augen nicht braucht, um sich zurechtzufinden. Mein auki lässt mich das leiseste Rascheln wahrnehmen, jeden Luftzug auf meiner Haut, jede Gegenwart eines Hindernisses. Wenn mir jemand im Kampf die Sehkraft nehmen würde, wäre ich ihm noch immer ebenbürtig.

Bald bin ich bei den zwei Felsen angelangt, doch von Majvie keine Spur. Mein Herz schlägt schneller. Es gibt nur einen anderen Ort, an den sie gegangen sein könnte. *Aber die Insel liegt außerhalb Vekjas!* Ich laufe los in die entgegengesetzte Richtung, panisch – nicht nur weil Astryd alle Gebiete außerhalb des äußeren Kreises als gefährlich eingestuft hat, sondern weil Majvie verzweifelt genug gewesen sein muss, um diese Regel zu brechen.

Die Lichtung schwirrt an mir vorbei, so schnell bewege ich mich über das Gras und dann über den unwirtlicheren Boden südlich von Vekja. Die Nadelbäume, die hier dicht wachsen, bremsen meine Geschwindigkeit, doch das lauter werdende Rauschen der Slidur zeigt mir, dass ich fast da bin. Mit klopfendem Herzen betrete ich die schmale Landbrücke.

Der beinahe volle Mond taucht die Wildblumenwiese, die ich zum letzten Mal an meinem zweiten Tag hier in Vekja gesehen habe, in ein silbrig weißes Licht. Und dann sehe ich sie. Majvie fährt herum. Ich will ihr zurufen, dass ich es bin, doch die Worte bleiben mir im Hals stecken, als ich begreife, dass Majvie mich gar nicht bemerkt hat. *Sie tanzt.* Am Ufer des Flusses dreht sie sich mit geschlossenen Augen um die eigene Achse, streckt das linke Bein nach oben und neigt ihren Oberkörper zu Boden, sodass der weiße Rock ihres Kleides sich wie ein Segel aufspannt. Auf Zehenspitzen erhebt sie sich wieder zu voller Größe, nimmt Anlauf und springt. Ihre Arme folgen den Bewegungen ihres Körpers wie Flügel, während sie eine Choreografie zu einer Musik aufführt, die nur sie selbst hört.

Ich verstehe nicht viel von Ballett, aber jeder Laie kann sehen, dass Majvie die Figuren bis ins letzte Detail perfekt ausführt. Und trotzdem schnürt es mir die Kehle zu, ihr beim Tanzen zuzusehen, denn in Majvies Bewegungen liegen weder Leichtigkeit noch Freude. Vielmehr wirkt die Art, mit der sie ihre Gliedmaßen zwingt, ihr zu gehorchen, als kämpfe sie gegen sich selbst. Und auf einmal fällt es mir wie Schuppen von den Augen.

Majvies Weigerung, an Nereas Capoeira-Stunden teilzunehmen. Ihre verschlossene Miene, als sie von ihrer Zeit auf der Ballettschule gesprochen hat. Das Tanzen ist der Grund, warum Majvie hier ist. Irgendetwas daran hat dafür gesorgt, dass sie das Internat verlassen und ihren Traum aufgegeben hat – und dass sie ihre Gefühle inklusive ihrer Wut so tief in sich einschließt, dass sie ihr nichts anhaben können.

Ich sollte gehen. Das hier war nie für die Augen von irgendjemandem bestimmt. Ich drehe mich um, gehe die Landbrücke entlang zurück und bin schon wieder von den Nadelbäumen verschluckt worden, als ich es höre. Es ist dasselbe Geräusch, das meine Mutter von sich gegeben hat, als die Sanitäter meinen Vater statt auf die Krankentrage in einen Leichensack schoben. Ein ersticktes Schluchzen, das nur bedeuten kann, dass ein Herz bricht. Ich renne, bevor ich mich überhaupt dazu entschieden habe.

»Majvie!«, rufe ich, während ich durch das kurze Stück Wald und dann auf die Wiese stürme. Sie steht am Ufer der Slidur, und selbst auf diese Entfernung erkenne ich, dass ihr Oberkörper vom Weinen geschüttelt wird. »Majvie!«, rufe ich im selben Moment, in dem sie die Hände zu Fäusten ballt und einen Schrei ausstößt. Sie sinkt auf die Knie und vergräbt ihr Gesicht in ihren Händen.

»Majvie«, flüstere ich und knie mich neben sie, lege meine Arme um ihre Schultern und halte sie fest. »Es ist alles okay«, sage ich sanft. »Du bist in Sicherheit.« Ich wiederhole die Worte, ihre ersten Worte zu mir damals am Weltenbaum, immer und immer wieder, weil ich nicht weiß, was ich sonst sagen soll. Irgendwann hört Majvie auf, nach Luft zu schnappen, und ich löse meine Arme.

»Ich kann nicht mehr«, sagt Majvie mit rauer Stimme. Ihr Körper ist in sich zusammengesunken, als wäre die Anstrengung des Tanzens oder des Weinens zu viel für ihn gewesen.

»Du kannst was nicht mehr?«, frage ich vorsichtig.

»Ich kann nicht mehr länger so tun, als würde ich versuchen, meiner Wut näher zu kommen, wenn ich in Wahrheit alles gebe, um nichts zu fühlen«, sagt sie tonlos. »Denn wenn ich es tue …«

»Fühlst du Dinge, die du nicht fühlen willst?«

Majvies Lippen zittern. »Ich bin nicht wie die anderen. Es hilft mir nicht, darüber zu reden.«

»Bist du dir sicher?«, frage ich. »Es muss ja nicht jetzt sein«, schiebe ich hinterher, »oder mit mir, aber irgendwann täte es dir mit Sicherheit –«

»Mit wem würde ich sonst reden?«, unterbricht Majvie mich, und ich bin verwirrt über das kaum wahrnehmbare Lächeln, das kurz über ihre Lippen zuckt. »Mit wem, wenn nicht mit dir?«

Ich weiß nicht, was ich darauf erwidern soll, also setze ich mich einfach nur so, dass ich wie Majvie auf die Slidur blicke, und warte.

»Tanzen war mein Leben«, sagt sie schließlich, den Blick ebenfalls auf den Fluss gerichtet, in dem sich der Mond spiegelt. »Ich bin mit neun auf das Katharinen-Konservatorium gekommen. Meine Eltern wollten mich nicht gehen lassen. Sie hatten Angst, ein Ballettinternat sei zu viel Druck. Aber ich habe gebettelt, und meine Tanzlehrerin hat ihnen versichert, dass mein Talent in einem Dorf in Lappland verschwendet wäre. Also haben sie zugestimmt.« Majvies Lippen verziehen sich zu einem Lächeln. »Sie waren so stolz auf mich. Und ich war glücklich. Zum ersten Mal hatte ich Freunde, die nur ein paar Zimmertüren von mir entfernt wohnten statt Kilometer weit weg. Wir waren alle sehr eng miteinander«, fügt sie hinzu. »In meinem Jahrgang waren wir nur zwanzig, zehn Jungen, zehn Mädchen. Das Training und unsere Leidenschaft fürs Tanzen haben uns zusammengeschweißt, zumindest bis zum Abschlussjahr.« Majvie zieht ihre Beine zu sich heran. »Dann ging der Konkurrenzkampf los. Zu den Aufführungen der Abschlussklasse kommen Scouts aus aller Welt. Ich wurde ausgewählt, um die Prima in *Giselle* zu tanzen. Von einem Tag auf den anderen stiegen meine Chancen, entdeckt zu werden, enorm. Ich machte mir Hoffnung auf das spanische Staatsballett oder vielleicht sogar das English Royal Ballet. Ich dachte, ich würde die Welt sehen.« Das Lächeln, das sich während des Erzählens auf Majvies Gesicht gestohlen hat, bekommt einen Riss.

»Was ist dann passiert?«, frage ich behutsam.

»Ich habe einen Fehler gemacht«, sagt Majvie. »Ich habe die wichtigste aller Regeln gebrochen. Zugegebenermaßen dachte ich, dass sie für uns nicht zählt. Ich habe das Beziehungsverbot immer hauptsächlich für eine Schwangerschaftsprävention gehalten, und Leah und ich hätten wohl kaum schwanger werden können.« Sie hält inne und wirft mir einen Blick zu, als würde sie meine Reaktion abwarten wollen.

»Wurdet ihr erwischt?«, frage ich.

Majvie schüttelt den Kopf. »Nicht direkt.« Sie schluckt, bevor sie weiterspricht. »Es war Premierenabend. Die Aufführung war ein Riesenerfolg, Vidar und ich wurden vier Mal wieder auf die Bühne gebeten, um Applaus für Giselle und den Prinzen entgegenzunehmen. Reporter haben mich nach meinem Namen für ihre Artikel im Feuilleton gefragt. Ich schwebte auf Wolken, als ich in die Garderobe ging, um mich für die Feier umzuziehen. Die anderen waren schon weg. Ich zog das Kleid an, das meine Eltern mir extra für diesen Abend gekauft hatten.« Majvies Hände verkrampfen sich. »Da kam Vidar rein.«

Ein eiskalter Schauer fährt über meinen Rücken, als ich zu ahnen beginne, was jetzt kommt.

»Er hat versucht, mich zu küssen«, sagt Majvie. Ihre Stimme klingt teilnahmslos, als würde sie einen Film nacherzählen. Aber ihre Knöchel sind weiß, und ihr Knie zuckt auf und ab. »Ich habe das auf den Premierenrausch und die ersten Gläser Sekt geschoben. Aber er wurde immer drängender, also habe ich ihn von mir gestoßen. Er hat gelacht. Ich glaube, da dachte er noch, ich würde bloß Spaß machen. Er hat gesagt, dass er weiß, wie egal mir die Regeln sind. Dass er immer schon wusste, dass ich nicht so brav bin, wie ich vorgebe. Ich verstand kein Wort. Bis er sein Handy aus seiner Tasche nahm.« Majvie presst die Lippen zusammen. »Ich hatte die Bilder für Leah gemacht«, sagt sie so schnell, als wäre das der schreckliche Teil dieser Geschichte. »Keine Ahnung, wie Vidar an sie herangekommen ist, aber er hatte sie. Er meinte, ich müsse mich für ihn nicht mehr verstellen und dass wir Spaß haben könnten. Ich habe ihn angeschrien, und da ist er wütend geworden. Er könnte die Sache mit Leah und mir jederzeit der Internatsleitung melden, meinte er.« Majvies Lippen verziehen sich zu einer bitteren Grimasse. »Vidar wusste genauso gut wie ich, dass ich nicht nur meine Rolle verlieren würde, sondern auch meinen Abschluss und damit jede Chance auf einen Kompanieplatz. Auf einmal konnte ich nichts mehr sagen. Und dann wurde er wieder nett zu mir.« Majvie reißt ihren Blick vom Fluss los, um mich anzusehen. Ihre Augen glänzen. »Ich war wie gelähmt, Hell. Ich konnte mich nicht wehren, noch nicht einmal klar denken.«

»Es tut mir so leid«, bringe ich heraus. Wahrscheinlich sollte ich jetzt stark sein, aber ich kann die Tränen nicht zurückhalten, die mir über die Wangen laufen. »Es tut mir so unendlich leid.«

Majvie wischt sich übers Gesicht. »Am nächsten Tag hat er mich auf dem Flur gegrüßt, als wäre rein gar nichts passiert.«

»Also hast du ihn nicht angezeigt?«, frage ich.

Majvie schüttelt den Kopf. »Zuzugeben, was geschehen ist … Es hat sich so hilflos angefühlt. Ich wollte das einfach nur hinter mir lassen, genau wie Calla. Außerdem hatte ich keine Verletzungen. Es wäre mein Wort gegen seins gewesen.« Sie lächelt bitter. »Und nachdem ein Gericht meine Nacktfotos gesehen hätte, hätte mir eh niemand mehr geglaubt.«

»Aber er hat dich erpresst!«, sage ich verzweifelt. »Er hat diese Fotos gestohlen!«

»Oder ich habe sie ihm geschickt, ein wenig sektbetrunken nach der Premiere mit ihm hinter der Bühne geschlafen und will jetzt Aufmerksamkeit, damit die großen Kompanien mich beachten.«

»Das ergibt keinen Sinn –«

»Aber genau so wäre es gedreht worden!«, fällt Majvie mir ins Wort. »Und während ich mich vor Gericht hätte erniedrigen lassen müssen, wäre mein Platz in der Abschlussklasse und damit meine Hoffnung auf einen Job als Ballerina gestrichen worden, weil ich offensichtlich die Regeln gebrochen habe, so oder so.«

Ich presse die Lippen zusammen. »Ich verstehe.« Majvie nickt. »Also bist du gegangen?«

»Noch nicht. Es war alles so … surreal. Ich dachte, ich kann vergessen, was passiert ist, und einfach durchhalten, nur für diese Saison – danach würden wir sowieso alle unterschiedliche Wege gehen.« Sie schüttelt den Kopf. »Ich wollte wieder tanzen. Aber es war, als hätte jemand die Verbindung zwischen mir und meinem Körper durchtrennt. Ich stand auf der Bühne, und ich wusste, was ich tun muss. Aber was sich zuvor angefühlt hatte wie Magie, war einfach ein Nichts geworden. So ist es bis heute.« Sie schluckt. »Nach der Aufführung hat Vidar mich zur Rede gestellt, schließlich färbt es auch auf ihn ab, wenn ich schlecht tanze.«

Der Zorn heizt meine Muskeln auf, zeigt mir, dass wir Majvie mit einem Fingerschlag rächen könnten. Es kostet mich jeden Funken meiner Selbstbeherrschung, neben ihr sitzen zu bleiben.

»Ich hatte einen Plan«, sagt Majvie. »Ich wollte die Rolle der Giselle meiner Zweitbesetzung überlassen und stattdessen im Corps tanzen. Da würde die Lebenslosigkeit meiner Performance weniger auffallen, und ich hätte Zeit, an mir zu arbeiten. Ich wollte Vidar zeigen, wie egal er mir ist. Aber unsere Direktorin hat mich am Tag nach der zweiten Aufführung entlassen.«

»Weil du einmal nicht perfekt getanzt hast?«, frage ich ungläubig.

»Weil meine Fotos an sie herangetragen wurden.«

Ich schüttle den Kopf. Dafür, für diese ganze Geschichte, habe ich keine Worte. Und ich wundere mich, dass Majvie an dieser Sprachlosigkeit noch nicht erstickt ist.

»Sie sind im Gruppenchat unseres Jahrgangs aufgetaucht«, sagt Majvie. »Eine der Personen, mit denen ich mein halbes Leben verbracht habe, ist zu meiner Direktorin gegangen statt zu mir. So schnell verschwinden Freundschaften, wenn Leute dich für eine Schlampe halten.«

Ich schlucke. »Deshalb willst du dich so stark wie möglich an Vekja binden, oder?«, frage ich.

Sie atmet gepresst aus. »Ja. Sollte ich je zu meinem auki finden, bin ich hier bei der Quelle des Zorns in Sicherheit. Und die werde ich nie wieder aufgeben.«

Ich will sie in den Arm nehmen und ihr sagen, dass ich sie beschützen werde, damit ihr nie wieder jemand etwas antut. Aber ich weiß, dass das nicht helfen würde. Majvie hat erlebt, keine Kontrolle über das zu haben, was mit ihr passiert. Sie muss das Gegenteil erfahren, um zu heilen.

»Was genau am Weg zum auki macht dir Angst?«, frage ich.

Majvie schlingt die Arme um ihren Oberkörper. »Wut zu spüren«, sagt sie. »Irgendetwas zu spüren, weil mich alles in diese Garderobe zurückbringt.«

Ich sehe ihr dabei zu, wie sie den Fluss beobachtet, der langsam heller wird, genau wie der Himmel über uns.

»Und was ist mit heute Nacht?«, frage ich. »Hast du gerade nichts gespürt?«

»Doch, aber –« Sie stockt.

»Und du sitzt noch hier«, sage ich leise. »Du bist nicht auseinandergefallen.«

Sie sieht mich an. »Was ist, wenn es beim nächsten Mal anders ist?«

»Das wird es vielleicht«, sage ich. »Aber du hast bis jetzt überlebt, oder nicht?« Majvie nickt. »Das beweist eine Menge Stärke. Mehr, als ganz Vekja zusammen hat.«

Ein winziges Lächeln stiehlt sich auf Majvies Gesicht. »Sag das nicht Mirta.«

Jetzt lächle auch ich. »Weißt du, Mirta ist gar nicht so übel«, sage ich dann. »Ich verstehe sie mittlerweile sogar ganz gut.«

»Ich schätze, das passiert, wenn man Menschen wirklich kennenlernt«, erwidert Majvie.

Eine Weile sehen wir der Sonne dabei zu, wie sie den Mond verdrängt.

»Wahrscheinlich sollten wir zurückgehen«, sagt Majvie schließlich. »Nicht dass sich noch jemand Sorgen macht.«

Ich stehe auf und reiche ihr meine Hand. »Ich wollte dir nicht nachspionieren. Ich hatte bloß Angst, dir wäre etwas passiert.«

»Ich bin froh, dass du mir gefolgt bist«, sagt Majvie, während wir Seite an Seite durch die Wildblumen gehen. Sie drückt meine Hand. »Schätze, nichts zu fühlen wäre keine langfristige Lösung gewesen.«

Das Erste, was wir sehen, als wir die Lichtung betreten, ist Lilith, die auf einer Holzleiter stehend bunte Bänder an die unteren Zweige des Weltenbaums knüpft.

»Gut, dass ihr da seid!«, ruft Johanne, die die Leiter hält. »Wir haben noch nicht annähernd genug Blumen für die Kränze, und Schwester Inge braucht Leute, die Erdbeeren suchen!«

Oh nein. Ich bleibe stehen. »Da gibt es noch etwas, was ich dir sagen muss«, beginne ich. Majvie legt den Kopf schief. »Es könnte kein schlechterer Zeitpunkt sein, wahrscheinlich ist dir gerade wirklich nicht nach feiern zumute, aber gestern Abend warst du so niedergeschlagen, und ich dachte, die Magisk Natt wäre der Grund. Es tut mir leid. Ich weiß nicht, wie ich so falschliegen konnte!«

»Was hast du denn gemacht?«

Ich hole tief Luft. »Ich habe für heute Nacht ein Mittsommerfest organisiert.«

»Das erklärt die Blumenkränze«, sagt Majvie trocken.

»Ich hätte die Situation nicht schlechter einschätzen können –« Bevor ich weitersprechen kann, nimmt Majvie mich in den Arm.

»Das ist das Schönste, was je jemand für mich getan hat«,

flüstert sie an meinem Ohr. »Mein erster Mittsommer seit zehn Jahren.«

»Also freust du dich?«, versichere ich mich. »Sonst hauen wir einfach ab und bleiben auf der Insel, bis alles vorbei ist.«

»Ich freue mich«, erwidert Majvie. »Mehr als das. Du machst mich glücklicher, als ich je gedacht hätte, nach einer Nacht wie der letzten sein zu können.«

Eine Wärme breitet sich in mir aus, die nichts mit meinem auki zu tun hat. Ich löse mich so weit, dass ich sie ansehen kann. »Dann lass uns dafür sorgen, dass dieser Mittsommer unvergesslich wird.«

KAPITEL 15

Au!«, rufe ich. »Ist das eine Dornenkrone oder ein Blumenkranz?«

»Manche sagen so, andere so«, sagt Majvie schmunzelnd. »Aber wer sich Rosen wünscht, muss mit den Konsequenzen leben.«

Ich werfe einen Blick zu den Zwillingen, die nur ein paar Schritte von uns entfernt im hohen Gras herumkriechen und den Boden mit ihren Händen untersuchen. Stößt ihre Gabe auf ein Samenkorn, lassen sie Vergissmeinnicht, Glockenblumen oder, wie in diesem Augenblick, einen ganzen Busch Margeriten wachsen. Majvie richtet eine der wilden kleinen Rosen, die mir in die Stirn hängt, dann lehnt sie sich zufrieden zurück.

»Das war's«, sagt sie. »Deiner war der letzte.«

Ich nehme den obersten Kranz von dem Stapel, der sich zwischen uns auftürmt. Wegen der Kirschzweige, um die sich unzählige winzige Blüten ranken, ist er schwerer als die anderen.

»Willst du deinen nicht anprobieren?«

Majvie grinst. »Wenn du so fragst.« Sie streicht ihre langen Haare zurück und schließt die Augen. Vorsichtig setze ich den Kranz auf ihren Kopf. Ein paar hellrosafarbene Blütenblätter segeln auf Majvies Schultern herab. Ich lasse meine Hände sinken, ohne den Blick von ihrem Gesicht abzuwenden, über dessen Wangen sich ein Rotschimmer zieht. Sie schlägt die Augen auf. »Und?«

»Du bist wunderschön.« Die Worte stolpern über meine Lippen, bevor ich darüber nachdenken kann, ob ich so etwas sagen sollte und warum es mir so unmöglich erscheint, den Blick von Majvie abzuwenden.

»Du siehst auch nicht übel aus«, erwidert sie mit einem kleinen Lächeln. Ich ignoriere das Kribbeln in meinem Bauch. Majvie braucht mich als Freundin. Es wäre egoistisch, irgendetwas anderes für sie sein zu wollen. Zumindest im Moment.

»Seid ihr fertig mit den Kränzen?« Ich zucke zusammen. Lilith stellt einen leeren Korb neben uns ab. »Was ist, wollt ihr etwa den ganzen Abend hier draußen bleiben?« Ich sehe hinauf zu den dichten Baumkronen über uns. Die kleinen Himmelsfragmente, die durch das Astwerk zu erkennen sind, strahlen in Schwedens typischem hellem Blau, doch das hat nichts zu bedeuten, schließlich wird es nicht vor dem späten Abend dämmern.

Majvie räuspert sich. »Wir haben die Zeit vergessen.«

Lilith beginnt, die fertigen Kränze in ihren Korb zu stapeln. »Na, dann ist es ja gut, dass ich nach euch geschaut habe. Glaubt mir, dieses Fest wollt ihr nicht verpassen.«

Als wir die Lichtung betreten, die Arme voller übrig gebliebener Blumen, wissen wir, wovon Lilith spricht. In die Bäume gehängte Lampions aus knittrigem Pergament erleuchten den hellen Abend mit dem warmen Licht ihrer Kerzen. Die Tafel, auf der sich Schüsseln voller Walderdbeeren, winzige Küchlein und Holzbretter mit Fisch stapeln, wurde neben den Weltenbaum getragen. Doch der wahre Zauber der Szenerie ergibt sich aus dem Lachen, das wie eine Tonspur über Schwester Stines Flötenmusik liegt, aus Schwester Wilmas geröteten Wangen, aus Schwester Fenja und Schwester Merle, die umkreist von den anderen tanzen, und aus Astryds Strahlen, als wir ihr einen der bunten Blumenkränze überreichen.

»Manchmal brauchen wir eine Erinnerung an die Schönheit dieser Welt«, sagt sie mit belegter Stimme. Ihr Zeigefinger fährt vorsichtig die zarten Blätter einer Lilie entlang.

»Astryd?«, fragt Majvie besorgt. Nun bemerke auch ich, dass die Lippen unserer obersten Schwester zittern.

»Es ist nichts«, sagt Astryd wegwerfend. »Ich musste bloß an das letzte Mal denken, als ich einen Mittsommerkranz in der Hand hielt.« Dann lächelt sie. »Aber ich werde euch heute Abend nicht mit den Erinnerungen einer alten Frau langweilen.«

»Nach heute Nacht sind wir Schwestern, schon vergessen?«, sagt Lilith, was Astryd zum Lachen bringt.

»Nichts für ungut, Lilith, aber für mich seid ihr eher Töchter als Schwestern. Und jetzt geht!«, sagt sie resolut. »Holt euch Erdbeeren, bevor Inge sie alle aufgegessen hat, und tanzt!«

Das lassen wir uns nicht zwei Mal sagen. Lilith läuft auf Calla zu, die unter den Ästen des Weltenbaums auf sie gewartet hat. Majvie nimmt mich bei der Hand und zieht mich mit sich in den Kreis aus Schülerinnen und Schwestern, die sich so schnell miteinander und umeinander drehen, dass einem allein vom Zusehen schwindelig werden könnte. Nerea, Beth und ich lernen den Froschtanz, der anscheinend genauso fest zu Mittsommer gehört wie der unglaublich übel riechende eingelegte Hering. Ich bekomme mich vor Lachen kaum noch ein, als Astryd, Wilma und Inge zusammen mit uns in die Hocke gehen.

»Du machst das gut, Hell!«, ruft Lilith, die als Einzige auch noch elegant wirkt, wenn sie die Hände zu Froschohren geformt an ihren Kopf hält. »Fast wie eine Schwedin.« Die anderen lachen, und ich richte mich auf.

»Was ist, bist du aus der Puste?«, fragt Tilda, deren blau gefärbte Haarsträhnen durch ihren Vergissmeinnicht-Kranz strahlen.

»Ich war seit anderthalb Tagen nicht mehr aus der Puste«, erwidere ich. »Aber so langsam habe ich Hunger.«

»Als echte Schwedin solltest du den Hering probieren«, sagt Majvie und lacht, als ich angeekelt das Gesicht verziehe. Wir schnappen uns die tanzmüden Zwillinge und setzen uns ins Gras, während wir uns die Bäuche mit Erdbeeren, süßen Brötchen, Kuchen und Pellkartoffeln vollschlagen. Schwester Fenja holt ihre Gitarre, und alle ermutigen Schwester Edda zu singen. Je später es wird, desto wärmer leuchtet der Schein der Lampions, um die sich erste Insekten zu scharen beginnen.

»Ich hätte nicht gedacht, dass es möglich ist, ein Stück Zuhause hierherzuholen«, sagt Majvie irgendwann, als die Zwillinge schon lange in unserem Schoß eingeschlafen sind.

»Wie war es?«, frage ich und halte die Hand vor den Mund, um mein Gähnen zu verbergen. »Dein Zuhause?«

Ein Schatten von Sehnsucht verdunkelt Majvies Blick. »Einsam, hauptsächlich«, sagt sie. »Unser Hof liegt auf einer Anhöhe direkt am See. Wir sehen entweder Wasser oder unser Land, sonst nichts. Ich habe einen Bruder, aber Thure ist sieben Jahre älter als ich, also war er nicht gerade der ideale Spielkamerad. Im Sommer konnte ich mit dem Rad bis zum Hof der Svenssons fahren und mit den Kindern dort spielen. Aber im Winter habe ich oft wochenlang niemanden gesehen.«

»Bist du dann nicht zur Schule gegangen?«, frage ich erstaunt.

Majvie schüttelt den Kopf. »Nicht, wenn der Schnee zu hoch lag.«

Sie betrachtet die anderen, die noch immer oder schon wieder tanzen. Schwester Inge und Schwester Reili haben einen Wettstreit darin begonnen, wer die meisten Fackeln mit bloßen Händen entzünden kann. Der Feuerschein verleiht ihren Gesichtern einen unwirklichen Glanz.

»Was meinst du, warum wir Mittsommer feiern?«, fragt Majvie.

Vorsichtig hebe ich Mias Kopf an, um meine Beine zu strecken, und bette ihn auf ein weiches Mooskissen. »Ich weiß es nicht. Warum?«

»Weil wir wissen, wie kostbar und vergänglich das Licht und das Glück sein können.«

Ich beobachte, wie Majvies Lächeln von ihren Lippen tropft. Keine von uns beiden weiß, wann die Dunkelheit sich zurück in unsere Mitte schleichen wird. Wir wissen nicht, zu welchen Mitteln die Sehenden greifen werden, um Ragnarök zu verhindern, den Weltuntergang, an den sie so fest glauben und den wir hervorrufen sollen – wie auch immer sie sich das vorstellen. Und deshalb halte ich ihr trotz meiner Zweifel, ob ich damit das Richtige tue oder eine unfassbare Dummheit begehe, meine Hand hin. »Tanz mit mir.«

Überrascht sieht Majvie mich an. »Ich dachte, du bist müde?«

Ich stelle meinen Becher ins Gras und stehe auf. »Aber dieser Abend ist vergänglich«, sage ich und erlaube mir das Lächeln, das sich jedes Mal auf mein Gesicht stehlen will, wenn ich Majvie ansehe. »Und deshalb plane ich, jede Sekunde zu genießen.« Mein Herz pocht so laut gegen meine Brust, dass sie es hören muss. Vielleicht habe ich ihre Signale missverstanden. Vielleicht ist es der falsche Zeitpunkt …

Vorsichtig, um Luise nicht aufzuwecken, hebt Majvie sie von ihrem Schoß, dann nimmt sie statt einer Antwort meine Hand. Wir laufen hinüber zu den anderen, die ihren Kreis öffnen. Der Tanz hat sich verändert. Statt albern wirken die Bewegungen meiner Schwestern kraftvoll und auf eine wilde Art elegant. Ich lasse mich in die samtige Musik sinken und spüre, wie meine Angst und meine Zweifel schwinden, während mein Herz sich dem langsamen Takt der Musik anpasst.

Majvies Gesicht taucht vor meinem auf. Der Glanz ihrer Augen lässt die Geräusche des Waldes zum ersten Mal, seit ich zu meinem auki gefunden habe, in den Hintergrund treten. Das stetige Gesumme Tausender Flügel, das Rascheln der Blätter und das Trippeln winziger Füße, dem meine Sinne nicht mehr entkommen können, verschwimmt, als wäre es sich seiner Bedeutungslosigkeit in diesem Moment bewusst.

Auf einmal finden wir uns in der Mitte der Tanzenden wieder. Majvie nimmt auch meine andere Hand, und bevor ich weiß, wie mir geschieht, drehen wir uns so schnell umeinander, dass ich das Gleichgewicht zu verlieren drohe, aber dafür halten Majvies Hände meine zu fest. Die Welt um uns herum verwandelt sich in einen Schleier aus Farben und Musik. Wie in Trance legt Majvie den Kopf in den Nacken. Ihr Haar, in dem im Schein der Lampions ein Rotstich schimmert, fliegt wild um ihr Gesicht und verfängt sich in ihrem Kranz, der winzige Kirschblütenblätter um uns herumtanzen lässt. Es ist, als würde ich Majvie, die echte Majvie, zum ersten Mal sehen. Und ich kann nicht genug von ihrem Anblick bekommen. Von ihrem ungezügelten Lachen, von ihrem Körper, der sich so elegant und schwerelos bewegt, als tanzten wir unter Wasser.

Ich weiß nicht, wer von uns langsamer wird oder wer die andere näher heranzieht. Ich weiß nur, dass mein Herz schneller schlägt, als ich es je für möglich gehalten hätte, während Majvies Finger über meine Wange streichen und dann fragend in meinem Nacken verharren. Meine Antwort folgt noch in derselben Sekunde.

Unser Kuss schmeckt nach Erdbeeren und Sommer, und ich beginne zu verstehen, warum Menschen umeinander Kriege führen und Sonette schreiben und am gegenseitigen Verlust zerbrechen. Das hier ist Welten von allem entfernt, was ich je erlebt habe. Majvies Lippen, der Duft nach Sommer, der sie umhüllt, und mein eigenes, pochendes Herz löschen alles um uns herum aus, und anders als sonst in solchen Situationen denke ich nicht nach, denn Majvie zu küssen, ihr weiches Haar durch meine Finger gleiten zu lassen und sie festzuhalten fühlt sich so natürlich an, als würde ich nach einem langen Tag endlich nach Hause kommen.

Wenn es nach mir ginge, hätten wir uns ewig so küssen können, befreit von Raum und Zeit und allem anderen, was mir auf einmal furchtbar bedeutungslos erscheint. Doch irgendwann löst Majvie ihre Lippen von meinen und zwingt mich, die Augen zu öffnen.

»Spürst du das?«, fragt sie atemlos. Ihre Wangen sind gerötet, was das Muster ihrer Sommersprossen beinahe verschwinden lässt. *Schade*, denke ich und erwische mich bei dem Wunsch, die Sternenbilder ihres Gesichts mit den Fingerkuppen nachzuzeichnen.

Ich räuspere mich. »Was?«, frage ich, doch dann merke ich, wovon Majvie spricht. *Wind*. Er umhüllt uns, stiehlt die Blüten der Kränze um uns herum und lässt sie gen Himmel steigen.

»Deine Magie«, flüstert Majvie.

Ich lasse meinen Zeigefinger kreisen, und der Wind gehorcht, sodass die Blüten uns in einen Kokon hüllen.

Ein prustendes Lachen raubt mir die Konzentration und lässt ihn bersten.

»Du musst zugeben, die Blüten waren eine Nummer zu viel«, sagt Lilith, die gerade an uns vorbeiwirbelt.

»Das nennt man romantisch«, widerspricht Calla und hält uns die Hand hin. Wir lassen uns zurück in den Kreis der Tanzenden ziehen.

»Oder kitschig!«, ruft Lilith zurück. »Wenn wir nicht aufpassen, verwandeln die beiden Vekja noch in eine Neuauflage von Dirty Dancing.«

Majvie und ich sehen uns an.

»Damit könnte ich leben«, sagt sie im selben Moment, als ich sage: »Solange mich niemand Baby nennt.«

Zusammen mit den anderen brechen wir in schallendes Gelächter aus, und ich frage mich, wann ich zum letzten Mal so glücklich gewesen bin wie in diesem Moment.

»Meine Lieben«, beginnt Astryd, als wir uns unter dem Weltenbaum versammelt haben. »Mit dem vollendeten Mond kommt der Zeitpunkt für fünf von euch, die vielleicht wichtigste Entscheidung ihres Lebens zu treffen. Wollt ihr – Mirta, Beke, Lilith, Calla und Hell – euer Leben der Mutter und ihrem Vermächtnis widmen oder Sveas Beispiel folgend ins Patriarchat zurückkehren, das eure Stärke verteufelt?«

»Sehr objektiv formuliert«, flüstere ich Majvie zu, die mich grinsend in die Seite stößt. Der Feuerschein der Lampions und Fackeln überzieht ihre noch immer geröteten Wangen mit Blattgold. Ich weiß nicht, ob Vekja für immer mein Leben sein kann. Aber ich weiß, dass ich in den letzten anderthalb Wochen glücklicher war als in den neunzehn Jahren davor. Deshalb steht meine Entscheidung fest.

Ich werde bleiben.

»Normalerweise würde ich euch fünf jetzt zu mir nach vorne bitten. Aber heute feiern wir keine normale Magisk Natt.« Astryds Worte dringen nur langsam durch Vorstellungen von unzähligen Sonnenaufgängen an den Klippen mit Majvie an meiner Seite und durch das stolze Glühen, weil sie jetzt gerade meine Hand hält. *Was soll das heißen, keine normale Magisk Natt?* »Ihr alle kennt die Sage der zwei Töchter«, fährt Astryd fort. »Ihr wisst, dass der Fall die Frauen gespalten hat in diejenigen, die Svea folgten und sich Tyrs

Herrschaft unterwarfen, und in diejenigen, die sich im Widerstand zusammenschlossen.« Die Lichter in den Lampions flackern, genau wie das Gold in Astryds Augen. »Die Mutter kam diesen Frauen, den Empfänglichen, zu Hilfe. Doch was ihr Schülerinnen noch nicht wisst, ist, dass das Erwachen der Magie und die Bewahrung des Zorns noch lange nicht das Ende der Sage der zwei Töchter war.« Astryd hält inne, als Schwester Jarla nach vorne tritt und ihr einen in Leinen eingeschlagenen Gegenstand reicht.

»Das Buch der Schwestern«, flüstert Majvie.

»Weißt du, wovon Astryd redet?«, zische ich.

Majvie schüttelt den Kopf. »Ich weiß nur, dass das Buch die Hütte eigentlich nicht verlässt.«

Astryd schlägt das Leinen zurück und enthüllt den brüchigen Ledereinband, den ich nur das eine Mal an meinem ersten Tag in Vekja gesehen habe. Ehrfürchtig streicht sie über den Buchrücken, dann schlägt sie das Buch auf.

»Die widerständigen Frauen fanden sich zusammen, auf der Lichtung, auf der ihres Bruders Waffe Helleas Leben beendet hatte. Sie schworen sich, weder ihren Willen noch ihre Stärke jemals zu beugen. Und im selben Moment, in dem sie sich zu Schwestern erklärten, fiel eine der ihren auf die Knie, denn die Mutter sprach zu ihr.« Über uns ziehen Wolken auf, und ich fröstele trotz der Hitze, die mein auki durch meine Adern pumpt. »Die Geschichte dieser Welt wurde in einen falschen Lauf gezwungen. Ihr, Schwestern der Mutter, wollt um eure Freiheit kämpfen. Doch allein werdet ihr scheitern. Denn nur diejenigen, die am Anfang der Geschichte standen, können ihren Lauf ändern.«

Astryds Stimme tritt in den Hintergrund, während die Sage ihre Fäden um mich spinnt. Ich sehe Frauen, versammelt unter demselben Baum wie wir. Eine von ihnen, deren Kleid dunkelrote Blutflecke aufweist, kniet auf der Erde.

»Jedes Jahrhundert von nun an werden erneut eine Tochter des Lichts und eine Tochter der Dunkelheit geboren werden, versehen jeweils mit den Eigenschaften der ursprünglichen Schwestern: Helleas Stärke und Sveas Feigheit. Zusammen können sie die Fehler der Vergangenheit richten, denn wenn sich Geschichte wiederholt, kann sie einen anderen Lauf nehmen. Vergangene Stärke wird bewahrt, vergangene Schwäche wird ausgelöscht.«

Mein Herz schlägt schneller. Was hat das zu bedeuten – die Geschichte wiederholen? Ich schüttle den Kopf, um endlich wieder im Hier und Jetzt anzukommen, doch Astryds Gabe spinnt mich in ihr immer enger werdendes Netz.

»Die Mutter ist die Bewahrerin des Zorns, aber nicht seine Herrscherin«, dringt ihre Stimme in meinen schwindelnden Kopf. »Beherrschen tun ihn einzig das Licht und das Dunkel. Und die Töchter werden wiederkehren, die starke und die schwache. Sie werden den Zorn lösen von den Fesseln der alten Erde. Eine Welle wird über das Land schwemmen und jeden Fleck dieser Welt mit dem Zorn unserer Anführerinnen durchtränken. Die Empfänglichen werden sich erheben. Und die Schwestern werden sie in ihren Armen willkommen heißen.«

Meine Gedanken rasen. Wenn der Zorn überall spürbar wäre, dann würde unser auki nicht schwächer, wenn wir Vekja verlassen. Wir hätten Zugang zu unserer Stärke, überall auf der Welt. Genau wie jede Empfängliche, jede einzelne wütende Frau da draußen … Bevor ich begreifen kann, was das bedeutet, entlässt mich die Sage aus ihren Fängen.

Ich sehe zu Majvie, die meine Hand fest umklammert hält. Doch ihr Blick ist auf Astryd gerichtet. Unsere oberste Schwester steht aufrecht unter den Zweigen des Baums, der schon Jahrtausende vor uns hier war. Sie lächelt nicht, aber ihr Gesicht strahlt, als sie sich zu den Frauen dreht, die sich neben ihr versammelt haben.

»Meine Schwestern. Ihr hofft auf die Welle, seit ihr in die Sage der zwei Töchter eingeweiht wurdet, so wie ich heute Abend unsere Schülerinnen eingeweiht habe. Ihr wartet schon so lange. Ihr habt gebetet, beobachtet und gehofft, dass die Mutter uns die Töchter dieses Jahrhunderts schickt, um ihnen zur Seite zu stehen, während sie zum ersten Mal in unserer Geschichte die Welle des Zorns entfesseln.«

Astryd macht einen Schritt auf uns zu, und auf einmal verstehe ich, warum das hier keine normale Magisk Natt ist. Ich sehe zu Beth, die blass um die Nase geworden ist, zu Beke, Lykke und Johanne, die dicht nebeneinandersitzen, zu Tilda, deren Stirn in Falten liegt. Zu Mirta, die selbstbewusst lächelt, zu Lilith, Calla und Cersty. Zu Majvie. *Kann das wahr sein*? Kann eine der Frauen, mit denen ich seit bald zwei Wochen einen Schlafplatz teile und jeden Tag verbringe, die Macht haben, unsere Welt mit dem Zorn der Starken zu überschwemmen? Erst als ich merke, dass die Blicke der anderen meinen treffen, sehe ich nach vorn.

»Ich wusste es vom ersten Moment, in dem ich dich gesehen habe.« Astryd streckt mir die Hand hin.

Meine Kehle ist so trocken wie Schmirgelpapier. Alles in mir sträubt sich dagegen, Astryds Hand zu nehmen. Doch mich zu weigern wird nichts an dem ändern, was sie gleich sagen wird. Die anderen halten den Atem an, als ich Majvies Hand loslasse, Astryds nehme und mit mechanischen Bewegungen aufstehe.

»Danken wir der Mutter!«, ruft Astryd und dreht mich mit sich zum Weltenbaum Yggdrasil. Die Schwestern berühren ihr Herz und ihr Zentrum, dann neigen sie den Kopf. »Danken wir ihr.« Astryd drückt meine Hand. »Denn sie hat die wiedergeborene Tochter der Dunkelheit sicher in unsere Mitte geführt.«

KAPITEL 16

Das muss ein Irrtum sein«, stammle ich, doch niemand hört mir zu.

»Wir alle wollen eine Welt sehen, in der Angst ein Fremdwort ist!«, ruft Astryd, die meine Hand hochhält, als hätte ich soeben eine Goldmedaille gewonnen. »In der wir uns nicht mehr beugen müssen, in der der jahrhundertelange Krieg gegen die Frau endlich ein Ende hat. Und unsere ahnungslosen Schwestern da draußen wollen dasselbe! Überall auf der Welt treibt ihre Wut Millionen mutiger Frauen auf die Straße. Die Zahl der Empfänglichen wächst, und es gibt nur eins, das sie brauchen, um sich endlich wirkungsvoll zu wehren!«

Die Welle des Zorns.

»Die Sehenden halten Frauen für fragil«, spricht Astryd mit funkelnden Augen weiter. »Aber wir, meine Schwestern, sind so fragil wie Bomben!«

Jubelrufe unterbrechen Astryds Rede, während mir schlecht wird. Auf einmal wirkt der Schein der Lampions nicht mehr romantisch, sondern archaisch.

»Sobald die Welle entfesselt ist, wird der Zorn all diese Frauen, die noch keine Ahnung von ihrem Potenzial haben, unbesiegbar machen!«, schallt Astryds Stimme über die Lichtung.

Majvie und ich tauschen einen Blick, und ich weiß, dass dieselben Zweifel durch ihren Kopf jagen wie durch meinen. Denn wie wird eine Welt aussehen, in der beinahe jede Frau ihr auki entwickelt, ohne die geringste Kontrolle über die neuen Kräfte zu haben?

Schwester Edda stimmt ein Lied an, das freudig klingen soll, doch mir lassen die alten Worte und die tiefe Melodie das Blut in den Adern gefrieren. Es ist die Sehnsucht, die in ihnen liegt, der Mut und die Kampfbereitschaft. *Sie wissen, dass die Welle einen Krieg auslösen wird. Aber sie scheuen nicht vor ihm zurück.* Ich sehe zu den Schülerinnen, zu meinen Freundinnen. Vekja war nie als sicherer Hafen für sie gedacht. Sie sind der Nachwuchs, benötigt, um die Suche nach den wiedergeborenen Töchtern weiterzuführen. *Die Suche nach mir.* Doch dieser Gedanke fühlt sich nicht richtig an.

»Das ist ein Fehler«, sage ich. »Ich bin keine wiedergeborene Tochter der Dunkelheit, sondern die Tochter meiner ziemlich normalen Eltern!« Den letzten Satz habe ich förmlich gebrüllt, doch niemand außer Majvie, die die Szenerie mit furchterfüllten Augen betrachtet, und Astryd, die sich jetzt zu mir dreht, nimmt Notiz von meinem Widerspruch.

»Es geht nicht um Blutlinien«, erklärt sie. »Sondern darum, wen die Mutter auserwählt.«

»Und warum sollte sie mich wählen?«, frage ich.

»Die wiedergeborenen Töchter besitzen die Gaben der ursprünglichen Schwestern«, sagt Astryd. »Du, Hell, bist eine Windmagierin, genau wie Hellea. Und wie Hellea wurdest auch du mit einer Stärke gesegnet, die keine normale Empfängliche in sich trägt.«

»Mein auki ist doch vollkommen durchschnittlich!«

»Dein auki zählt zu den mächtigsten, die ich jemals gesehen habe«, sagt Astryd ruhig. »Ich habe am Anfang gezweifelt. Aber du hast mich vom Gegenteil überzeugt.«

»Wann?«, krächze ich, doch Astryd ignoriert meine Frage.

»Die wiedergeborene Tochter der Dunkelheit muss die Geschichte der ursprünglichen wiederholen, damit sie einen neuen Lauf nehmen kann. Gleicht deine Geschichte nicht Hellea von Schwedens?«

Ich schüttle hastig den Kopf. »Nein. Meine Brüder haben mich nie verraten –«

»Und dein Vater?«

»Mein Vater hat mich immer beschützt!«

Astryd legt mir einen Arm um die Schultern und führt mich ein Stück fort von den anderen. Sie setzt mich auf die Bank vor der Tafel und schüttet mir Kräuterlimonade in einen Becher.

»Dein Vater hat dich sehr wohl betrogen, Hell, und zwar auf genau dieselbe Art und Weise, auf die Henrik einst Hellea von Schweden betrogen hat. Indem er dich um deine Macht zu bringen versuchte.«

Ich verschlucke mich an meiner Limonade. Hustend presse ich hervor: »Das ist nicht wahr!« Ich räuspere mich. »Du kanntest meinen Vater doch gar nicht!« Astryd legt den Kopf schief, und ein ungutes Gefühl macht sich in mir breit. »Du … du kanntest meinen Vater?«

»Mehr als das«, sagt Astryd. Wärme tritt in ihren Blick. »Ich kannte dich, Hell. Du warst noch klein, vielleicht drei oder vier Jahre alt. Ich wusste auf Anhieb, wer du bist. Kinder können den Zorn nicht empfangen, aber du … Als du in Kontakt mit alter Erde kamst, geschah etwas mit dir. Du spürtest den Zorn. Du konntest ihn lenken. Und da war mir klar, dass du mehr sein musst als nur ein Mädchen.«

»Ich war schon einmal in Vekja?«, frage ich fassungslos.

Astryd nickt. »Aus purem, glücklichem Zufall. Ich erklärte deinem erschrockenen Vater, wer du bist und was du brauchst. Ich bot ihm an, dich in unserer Mitte aufzuziehen, um dir beizubringen, was eine Empfängliche ist, und um dich auf deine Aufgabe als wiedergeborene starke Tochter vorzubereiten. Doch er weigerte sich.«

»Verständlich, oder nicht?«, presse ich hervor. »Wer würde einfach so sein Kind in einem Walddorf lassen?«

»Derjenige, der weiß, dass es überall sonst in Lebensgefahr schwebt.« Mein Mund öffnet sich, aber ich scheine die Fähigkeit verloren zu haben, Sätze zu bilden. Astryd nimmt mir den Becher ab, der ebenso zittert wie meine Hand. »Einmal in jedem Jahrhundert schickt die Mutter uns die wiedergeborenen Töchter«, sagt sie ruhig. »Seit dem Fall und diesem Versprechen sind elf Jahrhunderte vergangen. Warum, glaubst du, hat keins der elf Töchterpaare es geschafft, die Welle auszulösen?«

»Keine Ahnung!« Ich entziehe Astryd meine Hände. »Weil sie nicht nach Vekja gefunden haben? Weil sie sich gegen die Welle entschieden haben?«

»Weil sie ermordet wurden.«

Astryds Worte löschen meine wütende Ungeduld. »Die Sehenden«, flüstere ich. Die Sehenden, die an Ragnarök glauben, den mythologischen Untergang der Welt in Feuer und Eis, an dem die Schwestern und ihre Kräfte angeblich schuld sind. Ich habe nie verstanden, wie das funktionieren soll und wovor genau die Sehenden sich fürchten – bis jetzt. »Sie glauben, dass die Welle den Weltuntergang auslöst.«

Astryd nickt. »Und sie greifen zu jedem Mittel, um das zu verhindern.«

Hitze steigt in mein Gesicht. »Dann wollte mein Vater mich deshalb von euch fernhalten!«, rufe ich. »Damit er mich beschützen kann!«

»Ich habe ihm nie etwas anderes unterstellt«, sagt Astryd beruhigend. »Aber seine Entscheidung war töricht. Ein Mann kann nichts ausrichten gegen ein so breites Netz aus Jägern. Dein Vater hat dein Leben aufs Spiel gesetzt, Hell, aus Angst vor der Macht, die du haben kannst!«

»Und warum bin ich dann noch nicht tot, so wie Solveig?«

»Du wurdest beschützt«, sagt Astryd. Mich überkommt ein kindlicher Wunsch danach, mir einfach die Ohren zuzuhalten. »Dein Vater hat dir ein Kors gegeben, das dich von Vekja fernhalten sollte. Aber Vekja hat dich nie allein gelassen.«

»Weißt du eigentlich, wie krank sich das anhört? Ihr habt mich gestalked, mein ganzes Leben lang, und wofür? Damit ich eine Welle des Zorns auslöse, die unsere Welt in einen riesigen Bürgerkrieg stürzen wird!« Ich springe auf. »Wer sagt denn, dass Frauen gerechter sein werden, wenn sie auf einmal die Übermacht haben? Wer garantiert denn, dass dann nicht Männer misshandelt, verschleppt und getötet werden?«

»Niemand!«, unterbricht Astryd mich scharf. »Aber ich kann dir garantieren, dass diese Dinge keiner Frau mehr geschehen. Und beizeiten, wenn sich die ... Reaktionen gelegt haben, dann werden wir die Lage stabilisieren. Es wird Schulen geben, die Frauen beibringen, ihr auki verantwortungsvoll einzusetzen. Wir werden Regierungen reformieren, Gesetze gerechter gestalten –«

»Also nimmst du Todesopfer nicht nur hin, du rechnest sie von Anfang an mit ein«, stelle ich fest.

Astryds beherrschte Fassade beginnt zu bröckeln. »Du fragst dich, was passiert, wenn wir an der Macht sind, ohne dir anzusehen, was jetzt geschieht, in dieser Sekunde, während *sie* an der Macht sind! Pro Tag werden auf dieser Welt Hunderte Frauen ermordet, weil sie Frauen sind. Millionen Töchter kommen nie zur Welt, weil sie Mädchen sind!« Astryd packt mich an den Schultern. »Sieh dir diese Welt an und sag mir, dass wir keine Chance auf eine bessere verdient haben.«

Ich will den Kopf schütteln, doch da dreht Astryd meinen Oberkörper zum Weltenbaum. Mein Blick trifft Majvies, die im Gras auf und ab läuft wie ein Tiger im Käfig, ihren wunderschönen Kranz zerpflückt in ihren Händen.

Alle Stimmen, die mich schreiend vor dem Chaos warnen, das die Welle auslösen wird, verstummen, als ich verstehe, was noch passieren wird, wenn der Zorn sich über den Erdball spannt. *Majvie wird heilen können.* Auf eine Art, die ihr in der jetzigen Welt nie möglich sein wird.

Ich habe so verzweifelt nach etwas gesucht, was ich tun kann, um ihr zu helfen, und jetzt serviert Astryd es mir auf einem Silbertablett. Wenn ich die Welle auslöse, wird Majvie in Sicherheit sein – überall und für immer. Keine Frau wird mehr das Leid erfahren müssen, das sie durchmacht. Die Wut, die ich verspürt habe, als Majvie mir von ihrer Vergewaltigung erzählt hat, kehrt mit all ihrer Macht zurück. *Ich kann uns retten. Ich kann das ganze verdammte System zum Brennen bringen.*

»Spürst du, wie stark dein auki ist?«, fragt Astryd. Ich sehe mich um und merke jetzt erst, dass wir nicht mehr auf der Lichtung stehen. Die hohen Nadelbäume des äußeren Kreises umrunden uns. Einen davon, der wie ein Hund vor meinen Füßen liegt, muss ich aus Versehen gefällt haben. »Es ist deine Entscheidung, Hell«, sagt Astryd. Dann wendet sie sich zum Gehen.

Ich berühre die Stelle an meiner Brust, auf der mein Kors gelegen hat, bevor ich es nicht mehr brauchte. Mein Vater wollte mich von Vekja fernhalten, verhindern, dass ich je den Zorn spüre. Er wollte mich aus Angst meiner Macht berauben. *Und ich bin kurz davor, Millionen Frauen dasselbe anzutun.*

Ich denke an die Bilder in den Nachrichten. Die Frauen Afghanistans, die gegen die Machtübernahme der Taliban demonstrieren und für ihren Glauben an Gerechtigkeit sterben. Die Frauen Mexikos, die auf die Straße gehen, weil schon wieder eine Ehefrau in Brand gesetzt oder erdrosselt wurde. Die mutigen Iranerinnen, die als Zeichen der Solidarität mit ihrer ermordeten Schwester ihre Kopftücher verbrennen. *Wer bin ich, dass ich ihnen eine Waffe vorenthalte, die ihre Rettung wäre?*

Mein Kiefer presst sich zusammen. Astryd hat recht. Der Krieg gegen Frauen, der da draußen herrscht, muss aufhören.

Als ich die Lichtung erreiche, läuft Lilith auf mich zu.

»Das ist völliger Irrsinn, Hell«, zischt sie.

»Vielleicht auch nicht«, erwidere ich. *Vielleicht ist es die Lösung, auf die Generationen von Frauen gewartet haben.*

»Hell!« Lilith stellt sich mir in den Weg. »Was ist mit den Frauen, die Täterinnen sind?«, fragt sie mit einer Verzweiflung, die mich innehalten lässt. »Du hast doch gerade noch selbst gesagt, dass es Todesopfer geben wird«, fährt sie fort. »Ich habe es gehört!«

»Ich …«, stammle ich.

»Das sind keine hypothetischen Schicksale«, sagt Lilith hart, »sondern Menschen. Meine Mutter schlägt meinen Vater, seit ich denken kann. Er hat nie irgendetwas unternommen. Noch nicht mal, als er gemerkt hat, dass ich mich ritze.«

Ich erinnere mich an den Tag, an dem Lilith zu ihrem auki gefunden hat. Das Erste, was sie bemerkt hat, waren die verschwundenen Narben ihrer Arme. »Ist dein Vater …«

»Okay?« Lilith schüttelt den Kopf. »Nein, Hell, ist er nicht. Er lebt mit einer Frau unter einem Dach, die ihn eher umbringen würde, statt ihn zu verlieren. Das ist ihre Definition von Liebe. Und diese Liebe wird ihn töten, wenn ein Faustschlag meiner Mutter auf einmal nicht mehr Blutergüsse hinterlässt, sondern gebrochene Knochen!« Lilith presst die Lippen zusammen, als ich nichts erwidere. »Also sollen wir entscheiden, welche Opfer schützenswerter sind?«, fragt sie dann. »Frauen oder Männer?«

»Ich weiß es nicht!«, rufe ich im selben Moment, in dem sich eine Hand auf meine Schulter legt.

»Dein Vater holt sich keine Hilfe, Lilith, weil er in einem System gefangen ist, das männliche Schwäche ächtet.« Astryd streckt ihre andere Hand aus und hebt Liliths Kinn an. »Tyrs Gesetze, die Gesetze der Sehenden, schaden Männern, die nicht in ihr Weltbild passen. Die Welle des Zorns kann auch ihnen helfen. *Wir* werden ihnen helfen, verstehst du? Ihr Leid ist ein Grund mehr, um zu kämpfen!«

Calla löst sich aus der Menge der Frauen, die sich um uns versammelt hat, und zieht ihre Freundin in eine Umarmung. »Wir sind nicht wie sie«, flüstert Calla in Liliths Haar. »Wir kämpfen für eine bessere Welt für uns alle.«

»Und wie soll das gehen?«, meldet Beth sich zu Wort. »Der Zorn wird mindestens die Hälfte der Frauen zum Kollabieren bringen!« Sie dreht sich zu den anderen Schülerinnen. »Erinnert euch doch mal an euren ersten Kontakt zur alten Erde und daran, wie lange wir brauchten, um mit dem Zorn umgehen zu können!«

Lykke, die sonst nie etwas sagt, pflichtet Beth bei. »Das könnte gefährlich werden.«

»Ihr habt recht«, sagt Schwester Edda. »Aber es wird einen Weg geben, diese Gefahr auszuschalten. Wenn wir nur gut genug planen, rechtzeitig informieren …«

Ich löse mich aus der Gruppe und laufe wie ferngesteuert auf Majvie zu, die an ihrem Rand steht.

»Du willst das aufhalten, oder?«, fragt sie, als ich bei ihr angekommen bin. »Hell?« Ich schlucke, als ich ihre blutigen Nagelbetten sehe, die sich zu tief in den Kranz aus Kirschzweigen gekrallt haben. *Es gibt nur einen Weg, Majvie zu helfen …*

»Warum sollte sie?«, antwortet Mirta an meiner Stelle. »Männer missbrauchen ihre Macht seit Jahrhunderten. Es ist Zeit, dass wir den Spieß umdrehen.« Etwas in Mirtas Grinsen, das einen bitteren Zug von Grausamkeit trägt, lässt einen Teil meiner Sorgen zurückkehren. Aber die Welle des Zorns bedeutet ja nicht gleich eine Welle der Gesetzlosigkeit! Wir müssen – wir werden – für Ordnung sorgen und dafür, dass niemand mehr zu Schaden kommt, auf keiner Seite.

»Wir sind hergekommen, um uns in eine bessere Welt zu flüchten«, sagt Schwester Nerea. »Es erscheint mir nur richtig, stattdessen für eine zu kämpfen.«

Tilda schüttelt den Kopf. »Diese Entscheidung ist zu wichtig, um von einem Haufen im Wald lebender Frauen getroffen zu werden.«

»Jeden verdammten Tag werden Entscheidungen über Krieg und Frieden von einem Haufen alter weißer Männer getroffen, die nicht qualifizierter sind als wir!«, hält Calla dagegen.

»Trotzdem müssen wir das richtig angehen. Wir bräuchten einen globalen Ethikrat –«

Reili sieht Tilda aufgebracht an. »Wenn du da rausgehst und Wissenschaftlern erzählst, dass du ihre Meinung über eine jahrtausendealte Sage haben willst, nach der ein mythologischer Zorn die Frauen dieser Welt entflammen wird, stecken sie dich in eine Psychiatrie, Tilda! Niemand wird uns zuhören, bis wir dafür sorgen, dass sie es müssen!«

»Was ist mit der anderen Tochter?« Meine Frage bringt alle anderen zum Schweigen.

»Sie ist irgendwo da draußen«, sagt Astryd. »Und ihr bleibt noch genau eine Woche, um uns zu finden.«

Ich lasse meinen Blick über den dichten Wald schweifen, dessen schwarze Bäume sich in der zunehmenden Dämmerung knarzend im Wind wiegen. Irgendwo da draußen irrt also eine Frau herum, die keine Ahnung von ihrem Schicksal hat. Die gejagt wird von einer fanatischen Sekte, der jedes Mittel recht ist, um zu verhindern, dass sie es nach Vekja schafft.

»Warum eine Woche?«, fragt Mirta.

»Weil heute in einer Woche das Sonnenlicht schwinden wird. Die Sterne werden fallen, und die Polarlichter werden unseren Himmel erhellen.« Astryd sieht von einem Gesicht zum nächsten. »Die Sehenden nennen es Ragnarök, wir Aurora Dies.«

»Ich dachte, es gibt kein Ragnarök«, meldet sich Majvie zu Wort. Ihre Gesichtszüge sind so hart wie ihre Stimme. Der Unterschied zu der lachenden, glücklichen Frau, die mich geküsst hat, könnte nicht größer sein, dabei ist es gerade mal eine Stunde her, dass ich zum ersten Mal an diesem Abend den Boden unter den Füßen verloren habe. Ich wünsche mir nichts mehr, als die Zeit zurückzudrehen.

»Es gibt keinen Weltuntergang«, korrigiert Astryd Majvie. Den Unmut ihrer Nachfolgerin scheint sie nicht zu bemerken. »Die Sehenden denken, dass mit Ragnarök alles endet. Aber mit dem Weltenbrand fängt alles erst an. Es wird eine Weltengeburt geben statt ihren Untergang. Und diese Weltengeburt kann nur an diesem einen bestimmten Tag stattfinden, der nur ein einziges Mal in jedem Jahrhundert auftritt. Nur während der Aurora Dies wird es den wiedergeborenen Töchtern möglich sein, uns alle zu befreien.«

Schwester Signe lächelt mir zu, und ich bemerke, wie mir auch die anderen Schwestern respektvolle Blicke zuwerfen. Doch Majvie weicht meinem aus.

»Was ist, wenn die andere Tochter es nicht rechtzeitig hierher schafft?«, frage ich.

»Um die Aurora Dies herum übt Vekja eine starke Anziehungskraft auf die wiedergeborenen Töchter aus«, erklärt

Schwester Reili. »Dank ihr hast du in unsere Mitte gefunden. Wir beten zur Mutter, dass die schwache Tochter es ebenso schaffen wird.«

Ich denke an die magnetische Anziehung des Waldes, die ich schon an meinem ersten Tag in Schweden gespürt habe. Und an die wiedergeborene Tochter des Lichts, irgendwo da draußen. Wenn sie genauso verwirrt ist, wie ich es war, und vielleicht auch genauso einsam, dann braucht sie unsere Hilfe. »Ist das alles, was wir tun können?«

»Ich bin froh, dass du fragst.« Astryd lächelt. »Denn es gibt etwas, das du tun kannst, damit die Welle in diesem Jahrhundert nicht scheitert.«

»Und was ist das?«, frage ich.

»Die Anziehungskraft, die Vekja auf die wiedergeborenen Töchter ausübt, kann verstärkt werden«, erklärt Astryd, »durch den Ruf der einen Tochter zur anderen.«

Majvie schüttelt den Kopf. Aber meine Entscheidung ist bereits gefallen. »Ich werde tun, was nötig ist, damit die Welle endlich entfesselt werden kann«, sage ich.

Die Schwestern legen erneut ihre Hände auf ihre Herzen, nur neigen sie dieses Mal ihre Köpfe nicht vor Yggdrasil, sondern vor mir.

»Lang leben dein Zorn und dein Mut, starke Tochter«, sagt Astryd. Doch ich spüre keinen Stolz, als die Schwestern ihren Gesang wieder anstimmen – denn Majvies enttäuschter Blick wiegt schwerer, als die Anerkennung der ganzen Welt je wettmachen könnte.

Die Luft in der fensterlosen Hütte ist dick, und die Kräuter, die Schwester Wilma am laufenden Band verbrennt, helfen nicht gerade.

»Ich mache irgendetwas falsch«, sage ich frustriert und setze mich auf. Astryd hat darauf bestanden, dass ich den Zorn besser rufen kann, wenn ich auf dem Boden liege, aber je mehr Zeit vergeht, desto alberner komme ich mir vor. »Wie spät ist es?«, frage ich Wilma. Sie öffnet die Tür einen Spaltbreit. Warmes Sonnenlicht strömt in die Hütte, die leer ist bis auf Wilma, mich, getrocknete Kräuterbüschel und meine wachsende Verzweiflung.

Gestern Nacht hat Astryd mich in diese Hütte gebracht, die extra für mich ausgeräumt wurde. Damit ich Ruhe habe und mich darauf konzentrieren kann, den Zorn zu rufen, wie Astryd es beschrieben hat. Der Teil von ihm, den ich in mir trage, seit ich zu meinem auki gefunden habe, reicht nicht aus, um mich in ein Leuchtfeuer für meine wiedergeborene Schwester zu verwandeln. Ich brauche mehr, denn je mehr Zorn ich in mir zentriere, desto stärker ziehe ich die schwache Tochter an, was nötig ist – denn Vekjas Anziehung allein hat sie bisher nicht in unsere Mitte gebracht. Es gibt nur einen Haken. *Es funktioniert nicht.* Ich wische mir den Schweiß von der Stirn.

»Wir haben bald Mittag«, sagt Wilma.

Ich nicke. »Das sehe ich. Kann ich mit Astryd sprechen?«

Wilma legt das Bündel Thymian, das sie gerade gebunden hat, zur Seite. »Selbstverständlich. Warte einen Moment.« Sie schließt die Tür hinter sich, doch nach ein paar Sekunden stoße ich sie wieder auf und sauge die frische, kühle Waldluft ein wie eine Verdurstende das Wasser. Die muskulöse Annbritt und die zartere, allerdings keinesfalls schwächere Jarla, die ihre Tage eigentlich in der Schmiede verbringen, stehen schützend vor dem Eingang. Mit einem tiefen Seufzer stoße ich die Luft aus. Ich hoffe, dass die Tochter des Lichts bald ihren Weg zu uns findet, damit ich dieser winzigen Hütte entkommen und Majvie erklären kann, warum meine Entscheidung richtig ist. Wie schon letzte Nacht wandern meine Gedanken von Majvie weiter zu Ma und Alice. Ihr auki würde ihnen erlauben, das Leben zu leben, nach dem sie sich wirklich sehnen, und frei zu sein von dem Glauben, sie bräuchten einen Mann, um zu bestehen. Sie werden mir nie ganz verzeihen, was geschehen ist, und ich werde nie vergessen, dass sie mich im Stich gelassen haben. Aber wenn ich es schaffe, sie zu ihrem auki zu bringen, würde uns wenigstens das wieder verbinden.

»Die Kräuter öffnen dich für den Zorn.«

Ich schlage die Augen auf. Astryd, die einen Korb über dem Arm trägt, steht vor mir. »Und frische Luft hindert mich am Ersticken«, murmele ich. Astryd geht an mir vorbei in die Hütte und wartet, bis ich ihr gefolgt bin, bevor sie die Tür schließt.

»Ich habe dir etwas zu essen mitgebracht«, sagt sie und schlägt das Leinentuch über dem Korb zurück. Er ist gefüllt mit einer Flasche Saft, frischem Brot, Käse und Törtchen vom gestrigen Fest. Die dunklen Beeren erinnern mich an den Geschmack von Majvies Lippen, an ihr Lachen, als wir uns umeinander gedreht haben, und an ihre fliegenden Haare. *Ich will doch nur, dass du dich an jedem Abend so frei fühlen kannst wie an dem gestrigen.*

»Wilma erzählt, du hast Probleme«, sagt Astryd.

Ich ziehe meine Hand von den Beeren zurück. »Ich schaffe es nicht, den Zorn zu rufen«, erkläre ich. »Ich spüre den, den ich in mir trage, wie immer.« Meine Hand wandert automatisch zu meinem Bauch, in dem mein auki ruht. »Aber ich habe keine Ahnung, wie ich mehr von ihm anziehen soll. Als ich zu meinem auki fand, ist er einfach zu mir gekommen.« Astryd sieht mich mit ihrem durchleuchtenden Blick an. »Ist es möglich, dass du dich irrst?«, frage ich schließlich. »Vielleicht bin ich nicht die, für die du mich hältst. Es könnte Zufall gewesen sein, dass ich als Kleinkind auf den Zorn reagiert habe –«

»Du bist eine Windmagierin, Hell«, unterbricht mich Astryd. »Die wiedergeborene Tochter der Dunkelheit ist die Einzige, die mit der Gabe des Windes gesegnet ist.« Sie bedeutet mir, mich wieder auf den gefegten Waldboden zu legen, und ich gehorche. »Zu deinem auki zu finden war einfach. Dein Körper musste sich lediglich nehmen, was ihm angeboten wurde. Jetzt muss er fordern, was er braucht.«

»Ich verstehe nicht«, sage ich.

»Deine reine Wut reicht hierfür nicht aus«, erklärt Astryd, »denn du musst den Zorn nicht länger bloß lenken. Du musst ein Teil von ihm werden. Ebenso gleißend. Ebenso stark.« Astryds graue Haare fallen ihr über die Schultern, als sie sich über mich beugt, meine Hände nimmt und die rechte auf mein Herz, die linke auf meinen Bauch legt. »Du hast ein Anrecht auf die Macht des Zorns, Hell. Du bist nicht länger seine Empfängerin, du bist seine Herrscherin. In einer Woche wirst du ihm befehlen, sich zu einer Welle aufzutürmen und unsere Erde zu entflammen. Jetzt musst du ihn dazu bringen, *dich* zu entflammen.«

Ich schiebe Majvies enttäuschten Blick aus meinen Gedanken und konzentriere mich auf meinen Atem, wie Kaira es mir beigebracht hat, und auf mein Herz, das unter meiner Hand pulsiert.

»Weshalb willst du die Welle?«, höre ich Astryd fragen.

»Um Gerechtigkeit zu –«

»Sag es nicht mir«, unterbricht Astryd mich. »Sag der Mutter, warum du ihren Zorn brauchst.«

Ich öffne die Augen. Astryd nickt mir ermutigend zu. *Also gut.*

Ich will die Welle auslösen, um das Gleichgewicht auf der Welt wiederherzustellen, denke ich. *Ich will, dass die Kraft des*

Zorns Majvie beschützt, Ma stärkt und Alice unabhängig macht. Ich will ein Leben in Freiheit, für uns alle. Und ich will … Gerechtigkeit. Meine Gedanken fliegen zu dem Bild von Majvie, die am Fluss steht und ihren Schmerz herausschreit. Mein auki regt sich, als ich an diesen Typen denke, Vidar, der noch nicht einmal weiß, dass er ein Leben an einem Abend in rohe Verzweiflung gestürzt hat. Den es wahrscheinlich nicht interessieren würde, wenn er es wüsste, weil es für ihn keine Konsequenzen gibt. *Die gibt es für sie fast nie.*

Ein erschrockener Laut entfährt meinen Lippen, als sich auf einmal der Boden unter mir erwärmt.

»Sehr gut«, höre ich Astryd sagen. Die Wärme, oder sollte ich sagen Hitze, bündelt sich in meinem unteren Rücken.

Hab keine Angst, Tochter. Ich weiß nicht, wem die Worte gehören. Astryd? Der Mutter? Ein tiefes Vertrauen erfüllt mich, eine Sicherheit, dass ich tue, wozu ich immer bestimmt war.

Der Zorn formt sich zu einem stetigen Hitzestrom, und als ich ihm Einlass in mein Zentrum gewähre, verbindet er mich mit seiner Quelle. Ich ziehe ihn an, rufe den Zorn, und er gehorcht mir, fließt in mich hinein, verschlingt mein auki und erfüllt mich mit Hitze und Feuer und Kraft. Ich öffne die Augen.

»Bleibt die Verbindung, wenn ich aufstehe?«

Astryds Lächeln wird breiter. Sie nickt, reicht mir die Hand, und ich setze mich hin. Ungläubig betaste ich meinen Bauch, meinen unteren Rücken in der Erwartung, den Strang zu spüren, der mich mit der Quelle des Zorns und der Mutter verbindet. Doch da ist nur Luft.

»Wie kann etwas, das sich so stark anfühlt, unsichtbar sein?«, frage ich.

Astryd streicht ein zusammengefaltetes Pergament glatt, das sie aus ihrer Kleidtasche geholt haben muss. »Die dritte

Tochter der Dunkelheit hat es gezeichnet«, sagt sie und reicht mir das Papier. Ich betrachte die wenigen, gezielten Striche, die unverkennbar eine junge Frau darstellen. Eine leuchtend rote Verbindung zieht sich wie eine Nabelschnur von ihrem Bauch bis hinab zum Erdboden, wo sie tiefe Wurzeln schlägt.

»So fühlt es sich an«, sage ich und schlucke, als ich über die Signatur am unteren rechten Rand streiche. Juna war dazu bestimmt, die Frauen dieser Welt von Tyrs Erbe zu befreien. Sie hat es sogar bis nach Vekja geschafft. *Aber sie wurde getötet, bevor sie ihre Aufgabe erfüllen konnte.*

»Wir passen auf dich auf, Hell«, sagt Astryd.

Ich gebe ihr das Pergament zurück. »Wäre es nicht besser, ich gehe zurück zur Lichtung?«

Astryd schüttelt den Kopf. »Du brauchst Ruhe. Und für deine Sicherheit ist gesorgt.« Sie streicht mir über den Arm. »Die Sehenden haben sich seit Jahrhunderten nicht mehr nach Vekja gewagt. Und wenn sie es täten, würden Jarla und Annbritt ihr Leben für dich geben.«

Ich denke an die beiden Schmiedinnen, die mich schon immer ein wenig an Wikingerkriegerinnen erinnert haben. Ich hege keinen Zweifel an Astryds Worten. Doch sie jagen mir Schauer über den Rücken.

»Das wäre nicht nötig, wenn ich einfach wieder ins Dorf ginge. Zwischen allen anderen bin ich doch am sichersten!«

Astryd erhebt sich. »Tu dein Bestes, um mehr Zorn in dir zu zentrieren. Ich werde derweil Ausschau nach Anzeichen der Ankunft unserer zweiten Tochter halten. Anders als du ist sie nicht geschützt.«

Ihre Worte haben die gewünschte Wirkung, denn ich fühle mich sofort schuldig.

»In Ordnung«, stimme ich zu.

Astryd nimmt den Korb und öffnet die Tür. »Wilma ist direkt hier draußen, wenn du etwas brauchst.« Ihr Blick verharrt auf meinem Gesicht, und für einen Moment glaube ich, so etwas wie Mitleid in ihren grauen Augen zu erkennen.

»Mir geht's gut«, beruhige ich sie schnell. »Wirklich.«

Astryd lächelt. »Du bist eine tapfere junge Frau, Hell.« Mit diesen Worten, deren reuevollen Unterton ich nicht ganz einordnen kann, lässt sie die Tür hinter sich zufallen.

Ich weiß nicht, wie viel Zeit vergangen ist, als ich mich schließlich erschöpft gegen die Wand der Rundhütte sinken lasse. Meine Kehle ist staubtrocken, und Schweiß perlt von meinem Gesicht. Mit der Zeit sind meine Ehrfurcht und Begeisterung über meine Verbindung zum Zorn einer wachsenden Ungeduld gewichen. Wie lange soll ich den Zorn noch rufen, bis die andere Tochter es spürt? Ich raffe mich auf und klopfe gegen die Tür, die augenblicklich geöffnet wird und Wilmas lächelndes Gesicht enthüllt.

»Könnte ich Wasser bekommen?«

»Aber natürlich«, erwidert Wilma. Sie zieht das Tuch zurecht, mit dem sie sich die graublonden Haare zurückbindet, und steht auf. »Ich bin sofort zurück.« Das goldene Licht, das in meine kleine Hütte fällt, verrät mir, dass der Tag sich dem Ende zuneigt. Gestern um diese Zeit haben Majvie und ich noch Kränze für ein Fest geflochten. Gestern lastete auf keiner von uns die Schwere der Entscheidung über den Lauf der Geschichte. Wenn ich nur mit Majvie reden könnte, statt hier draußen fern von allen anderen festzusitzen! Wenn ich nur hören könnte, dass sie meinen Weg gutheißt …

Ich schiebe die Tür wieder auf. Von Wilma ist weit und breit noch nichts zu sehen, und die Schmiedinnen müssen auf Patrouille gegangen sein. Kurz entschlossen stehe ich auf, verlasse die Hütte und laufe über den erdigen Weg, der mich zurück zur Lichtung führen wird. Astryd mag meine soziale Isolation für konzentrationsfördernd halten, aber mich macht es komplett fertig, allein mit dieser Höllenhitze in dem erstickenden Kräuterrauch zu sitzen. Ich komme am Kochplatz vorbei, der leer ist bis auf Schwester Inge, die den Ofen anfeuert, in dem sich Brotlaibe wölben. Die anderen werden auf der Lichtung sein. Gerade steige ich über den Fluss, als ich auf einmal Stimmen höre.

»Ihr könnt mir nicht vorschreiben, was ich zu tun und zu lassen habe!«

Ich beschleunige meine Schritte. In Nullkommanichts stehe ich auf der Lichtung, wo Beth wütend die Arme in ihre Seiten stemmt. Nerea, die zweifellos versucht hat, sie zu beruhigen, tritt respektvoll einen Schritt zurück. Ich betrachte die angespannten Gesichter. *Was ist hier los?*

»Wir schreiben dir nichts vor, wir warnen dich«, sagt Schwester Jördis auf ihre typische, ruppige Art. »Willst du die Nächste sein, die da draußen umkommt?«

»Sie hat recht, Beth«, sagt Lilith, die zusammen mit Majvie, an deren Beine sich die Zwillinge drücken, und den anderen Schülerinnen in der Nähe der Tafel steht. »Die Sehenden könnten dich für die Tochter des Lichts halten. Hast du denn gar keine Angst?«

»Nein!«, stößt Beth hervor. »Weil ich nicht mehr glaube, dass es irgendwelche Sehenden gibt. Wo ist denn der Beweis, hm?«

»Wir alle haben die Nachricht, die sie bei Solveig hinterlassen haben, gesehen«, sagt Johanne.

»Na und? Ich kann auch irgendeine Drohung auf ein alt aussehendes Papier kritzeln. Jeder kann das.«

»Du bezichtigst unsere oberste Schwester der Lüge?« Jördis verschränkt die Arme, eine Geste, die bei ihr bedrohlich wirkt.

»Ich weiß es doch auch nicht!«, ruft Beth. »Ich weiß nur, dass sich das alles hier nicht mehr gut anfühlt und ich nach Hause will!« Tränen glänzen in ihren dunklen Augen. Majvie löst Mia und Luise von ihren Beinen, läuft zu Beth und nimmt sie in den Arm. »Ich will einfach zurück nach Hause und mein Leben wiederhaben, ohne auki, ohne Welle und ohne Morddrohungen!«, schluchzt sie an Majvies Schulter.

»Ich sehe das wie Beth«, sagt Tilda. »Wir haben keinerlei handfeste Beweise für die Existenz der Welle oder der Sehenden.«

»Doch, haben wir.« Alle Augen richten sich auf mich, als ich auf die Lichtung trete, aber ich habe nur Blicke für eine Einzige. Majvie lässt Beth los. »Ich habe bezweifelt, dass ich die wiedergeborene Tochter der Dunkelheit bin«, sage ich eindringlich. »Aber heute Morgen habe ich es geschafft, eine Verbindung zum Zorn herzustellen, die anders ist als unser auki. Ich kann ihn rufen.« Der unsichtbare Strang, der mich mit der Quelle des Zorns verwurzelt, glüht auf wie zur Bestätigung. »Ich glaube an die Welle. Und ich glaube, dass sie uns alle retten wird.«

Majvie macht einen Schritt auf mich zu, hält aber inne, als sich die Schwestern eine nach der anderen mit dem Gruß der Mutter vor mir verbeugen.

»Die Mutter spricht aus dir, Tochter«, sagt Nerea. Sie spricht das Wort Tochter mit solcher Ehrfurcht aus, als handle es sich um einen Adelstitel. Ich wünschte, sie würden aufhören, mich so seltsam distanziert zu behandeln.

»Glaubst du das wirklich, Hell?«, fragt Beth.

»Ja«, erwidere ich. »Ich habe keinen Beweis, den ihr ansehen oder berühren könnt, aber der Zorn lässt sich von mir beherrschen. Ich kann so viel von ihm anziehen, wie ich will. Und wenn mir gesagt wird, wie, kann ich ihn vielleicht auch von der alten Erde lösen.«

»Ich sehe es dir an«, sagt Lilith. »Deine Augen sind mehr golden als grün. Und dein Gesicht glüht. Wie beim auki, nur … stärker.«

»Vielleicht hat sie auch einfach Fieber«, sagt Beth trocken. »Ich hole jetzt meine Sachen aus den Vorratshütten und mache mich auf den Weg nach Blommerby. Von da aus nehme ich den Zug zurück in die Realität. Kommt jemand mit?«

Zuerst herrscht Stille, doch dann tritt Tilda nach vorn. »Sorry, Hell«, sagt sie. »Ich nehme dir ab, dass du an die Welle und das alles glaubst, aber –«

»Du meinst, ich bilde mir die Verbindung zum Zorn ein?«, frage ich entgeistert. Allein mein durchgeschwitztes Kleid sollte Beweis genug sein.

Tilda schüttelt den Kopf. »Nein. Aber je fester wir an etwas glauben wollen, desto eher erscheint es uns wirklich. Unser Körper kann auf unsere Psyche reagieren.« Die ungnädigen Blicke der Schwestern bringen Tilda zum Schweigen. Sie stellt sich neben Beth.

»Passt auf euch auf«, sagt Johanne mit zittriger Stimme.

Tilda presst die Lippen zusammen. »Ihr auch auf euch.«

Ohne ein weiteres Wort sehen wir zu, wie die beiden zwischen den Bäumen verschwinden.

»Möge die Mutter sie beschützen«, sagt Lilith. Johanne bricht in Tränen aus und stürzt sich in Lykkes Arme. Während die anderen sie davon zu überzeugen versuchen, dass Beth und Tilda gute Chancen haben, den Sehenden zu entkommen, gehe ich zu Majvie hinüber, die mich mit einem unlesbaren Blick beobachtet. Dunkle Ringe unter ihren Augen verraten, dass sie letzte Nacht genauso wenig geschlafen hat wie ich.

»Glaubst du auch nicht mehr an die Welle?«, frage ich vorsichtig.

Majvie schüttelt den Kopf. »Natürlich glaube ich an die

Welle. Aber genau das bereitet mir Sorgen.« Sie streicht Mia und Luise übers Haar. »Geht zum Kochplatz und fragt Schwester Inge, wann das Abendessen fertig ist, ja?« Die Mädchen verschwinden.

»Du willst nicht für immer hierbleiben müssen, du willst Freiheit«, sage ich leise. »Du hast selbst gesagt, dass du die Welt sehen willst!«

»Und welchen Preis soll ich für meine Freiheit zahlen?«, gibt Majvie zurück. »Wie viele Leute werden für diese neue Weltordnung, die uns vor Unrecht schützt, ihr Leben lassen?«

»Wie viele werden sterben, wenn alles so bleibt, wie es ist?«, halte ich dagegen. »Die Frauen da draußen sind schutzlos, Majvie. Sie haben kein Vekja, in das sie sich flüchten können. Ist es nicht unsere Verantwortung, ihnen zu ihrem Recht zu verhelfen?« Sie öffnet den Mund, schließt ihn jedoch wieder. »Wir werden eine gerechtere Welt schaffen«, sage ich. »Für alle.«

»Du denkst, es ist unsere Pflicht.«

»Ich denke, es ist unsere Bestimmung.« Majvie wendet den Kopf von mir ab. Aus einem Impuls heraus nehme ich ihre Hand. »Aber ich will nicht, dass die Welle zwischen uns steht. Den wichtigen Teil von gestern Abend habe ich nämlich nicht vergessen.« Ein Lächeln zuckt über Majvies Lippen, doch nur für eine Sekunde. »Du etwa?«, frage ich.

Sie greift mit ihrer freien Hand nach meiner anderen. »Natürlich nicht, Hell.«

Mein Herz hämmert gegen meinen Brustkorb. All die Nervosität, die ich gestern Abend nicht gespürt habe, überschwemmt mich jetzt. Doch noch in derselben Sekunde, in der Majvies Lippen meine berühren, versiegt meine Panik und macht einer atemberaubenden Mischung aus Verlangen und Zärtlichkeit Platz. Für einen Moment stehen wir wieder im Blütenregen unserer falschen Mittsommernacht, unantastbar für den Rest der Welt und offen für die Wunder, die unsere bietet. Aber leider besitzen Momente – und solche im Besonderen – die Eigenschaft zu enden.

»Meine Schwestern!« Astryds Stimme reißt mich brutal zurück ins Hier und jetzt. Hand in Hand gehen Majvie und ich zu den anderen hinüber, die sich um die oberste Schwester scharen. »Im äußeren Kreis gibt es keinerlei Zeichen für die Ankunft der schwachen Tochter«, verkündet sie. »Und weiter hinaus in den Wald können wir uns, fürchte ich, nicht mehr wagen.«

Beunruhigtes Murmeln. Ich beiße mir auf die Lippe. Während ich meine Zeit damit verbringe, meine Freundin zu küssen, schwebt da draußen eine Frau in Lebensgefahr. Ich spüre dem Zorn nach. Er fließt zwischen mir und der Erde, wartend auf meinen Befehl. Ich rufe ihn und presse die Zähne zusammen, als gleißende Hitze bereitwillig in meinen Körper strömt. Schweiß rinnt von meiner Stirn und sammelt sich in meinem Nacken – ein aussichtsloser Versuch, die Quelle der Hitze zu bewältigen. Majvie wirft mir einen besorgten Blick zu, doch ich schüttle nur den Kopf.

»Bis zur Aurora Dies vergehen noch fünf Tage«, spricht Astryd weiter. »Die Tochter der Dunkelheit wird mit ihrem Ruf fortfahren.« Schwester Edda legt mir eine Hand auf den Rücken. Eine nach der anderen drehen sich auch die anderen zu mir – Nerea, Fenja, Merle, Signe, Jördis. Sie alle schenken mir ein Lächeln. »Und wir werden alles tun, um sie dabei zu unterstützen!« Einvernehmliches Nicken.

»Heißt das, ich werde zurück in meine Hütte gesperrt?«, frage ich, was Lilith und Calla zum Lachen bringt.

»Du brauchst eine Umgebung, die es dir ermöglicht, dich auf dich selbst zu fokussieren«, erwidert Astryd streng. »Wilma ist dafür verantwortlich, dir zu jeder Zeit die Mahlzeit zu bringen, die du möchtest. Jarla und Annbritt werden weiterhin für deine Sicherheit sorgen, und Kaira wird dir helfen, sobald du Probleme mit dem Zorn bekommst.«

Jede genannte Schwester hat ihren Kopf geneigt, als ihr Name aufgerufen wurde, bis auf Kaira. Sie betrachtet Astryd mit einem merkwürdigen Blick. Vielleicht findet sie meine Behandlung genauso seltsam und unpassend wie ich …

»Ich kann gerne weiter auf dem Kochplatz essen –«, beginne ich, doch Astryd ignoriert meinen Einwand.

»Fenja und Merle, helft der Tochter beim Baden. Danach wird sie wieder ihre Hütte beziehen.«

Wut brodelt in mir auf. Ich habe gesagt, dass ich nicht wie eine verdammte Puppe behandelt werden will! Beths Worte flattern durch meinen Kopf. *Ich weiß nur, dass sich das alles hier nicht mehr gut anfühlt.*

»Du brauchst kein schlechtes Gewissen zu haben.« Fenja kommt auf mich zu. »Du trägst die Bürde eines Jahrhunderts. Deshalb hat die Mutter, als sie Jorunn die Sage der zwei Töchter offenbart hat, auch vorgeschrieben, die Töchter zu ehren und zu unterstützen.«

»Jorunn?«, frage ich.

»Vekjas erste oberste Schwester«, erklärt Merle, die genau wie die etwas kleinere Fenja in ihren Zwanzigern sein muss. »Sie war die einzige Clanchefin, die den Fall überlebt hat. Es heißt, ihr Sohn habe sie gewarnt und fort von ihrem Clan gebracht, bevor Tyrs Männer das Land erreichten. Sie kämpfte sich bis hierher in die nördlichen Wälder durch, wo sie die widerstandswilligen Frauen, die überlebt hatten, zusammenführte.« *Daher das blutige Kleid*, denke ich in Erinnerung an die Frau, die ich gesehen habe, als Astryd uns in die Sage einwob.

»Hoffen wir, dass die andere Tochter einen leichteren Weg nach Vekja hat«, sage ich.

Merle und Fenja nicken.

»Sollen wir dann?«, fragt Fenja.

Ich sehe zu Majvie.

»Ich warte bei der Hütte auf dich«, sagt sie. Obwohl ich sie enttäusche. Obwohl sie nicht glaubt, dass ich das Richtige tue. Hoffnung breitet sich in mir aus. Was auch immer geschieht, Majvie und ich werden es überstehen. Als Paar. Der Gedanke fühlt sich unwirklich an und gleichzeitig so vertraut, als hätte ich vom ersten Wort an, das wir gewechselt haben, gewusst, wo unser Weg hinführt. *Unverschämtes Glück.* Auf einmal verstehe ich den Ausdruck, den Tante Emmi so häufig benutzt.

»Sicher?«, frage ich matt. »Nicht dass Astryd dir noch befiehlt, mir die Füße zu massieren oder so was.«

Majvie lächelt, doch ein Schatten von Besorgnis verdunkelt ihren Blick. »Alles in Ordnung, Hell?«

Ich nicke. »Mir ist nur ein bisschen warm.«

Sie legt ihren Handrücken an meine Wange. »Du bist mehr als warm«, stellt sie fest. »Du glühst. Ich bringe ein paar nasse Tücher mit zur Hütte, die werden helfen.«

Astryd tritt neben sie. »Das wird nicht nötig sein.«

»Aber –«, beginnt Majvie.

»Du hast genug getan«, sagt Astryd bestimmt. »Und ich danke dir für deinen Einsatz um das Wohl der Tochter, aber jetzt brauche ich meine Nachfolgerin an meiner Seite.«

Majvies erschrockener Gesichtsausdruck ergibt für mich keinen Sinn. Ist Astryds Anerkennung nicht, was sie sich immer gewünscht hat?

»Ist schon okay«, versichere ich Majvie. »Es ist nur ein bisschen Hitze, und ich habe eine Menge Leute, die sich um mich kümmern.« Die Hilflosigkeit in ihren Augen verrät mir, dass noch etwas anderes los ist. Sanft berühre ich ihren Arm. »Majvie?«

»Ach, du weißt es gar nicht?«, fragt Astryd erstaunt. »Ich

dachte, Majvie hätte es dir erzählt, so nahe, wie ihr euch mittlerweile steht.«

Verwirrt sehe ich von Astryd, die ernsthaft bestürzt aussieht, zu Majvie, die jetzt meinem Blick ausweicht.

»Schon gut«, sage ich hastig, denn was auch immer es ist, ich weiß, dass Majvie es nicht mitten auf der Lichtung vor allen anderen besprechen will. Aber Astryd hat andere Pläne.

»Du solltest dich nicht schämen, Majvie. Du hast schließlich nur getan, worum ich dich gebeten habe! Und es ist wahrlich kein Staatsverbrechen, sich ein bisschen um jemanden Neues zu kümmern. Noch dazu um jemanden so Wichtiges wie Hell.«

Ich wollte mich gerade in Richtung Waschteich wenden, doch nun halte ich inne. »Wie meinst du das?«

Astryd lächelt. »Ich habe Majvie gebeten, dafür zu sorgen, dass du dich in Vekja wohlfühlst. Sie sollte dir zeigen, dass du hier unter Freundinnen bist. Damit du –«

»Damit ich bleibe«, sage ich tonlos. Meine Gedanken spulen zurück zu meinem ersten Nachmittag, an dem Majvie mir Vekja gezeigt hat, zu meiner ersten Unterrichtsstunde, nach der sie mir zur Insel gefolgt ist. Zu dem Moment, in dem ich die Augen aufschlug und in ihre blickte. Habe ich mich damals nicht gewundert, warum Majvie sich so bereitwillig um eine Fremde kümmert? Es sieht so aus, als hätte ich gerade meine Antwort darauf bekommen.

»Hell.« Majvies Lippe zittert, doch sie sagt weiter nichts.

»Also ist es wahr?« Eigentlich will ich es gar nicht hören, denn ich will keinen der Momente zwischen uns anzweifeln müssen. *Doch dafür ist es schon zu spät.*

»Ja.« Der Schmerz in Majvies Augen bricht mir das Herz. »Aber das war doch nur der Anfang, Hell, bitte glaub mir das.«

»Und wann hat der Anfang aufgehört?« Meine Stimme klingt zu hoch, aber ich bemühe mich nicht, meine Verletzung zu verbergen. Es wäre lächerlich, so zu tun, als könnte Majvie mir nichts anhaben.

»Können wir das bitte alleine besprechen?« Majvies Blick ist flehend, als wäre ich diejenige, die gerade alles kaputtmacht, nicht andersherum. Wut knistert in meinem Bauch. Und dann, als wäre sie der fehlende Funke gewesen, entzündet sie mein Inneres. »Hell!« Majvie schreit erschrocken auf, als ich mich krümme. Meine Hände fangen den Fall auf die Knie ab. Hitze brennt durch meinen Körper, und ich verliere die Kontrolle über den Zorn, der ungehemmt in mich hineinströmt.

»Stützt sie«, höre ich eine gebieterische Stimme befehlen. *Kaira.* Meine Arme werden um fremde Schultern gelegt, ich habe gerade noch genug Kraft, mich festzuhalten und hochzuziehen. *Was geschieht mit mir*? Als ich zu meinem auki fand, hat der Zorn mich stärker gemacht. Doch jetzt hat mein Herz Mühe, mit dem Tempo mitzuhalten, das er vorgibt, und ich sehe die Welt nur noch in flatternden Bildern, während in mir ein Inferno wütet.

»Bitte, was kann ich tun?« Majvies Worte kämpfen sich durch den Strom an Geräuschen, der auf mein Gehirn einprasselt. Ich erkenne an ihrer Stimme, dass ihre Verzweiflung nicht gespielt ist.

»Du hast genug getan«, wiederholt Astryd sanft den Satz, mit dem alles angefangen hat. Ich warte darauf, dass Majvie um mich kämpft. Dass sie ganz Vekja versichert, mir nichts vorgespielt zu haben, zu keiner Sekunde. Doch die Stimme, die meine Träume begleitet, schweigt.

»Ganz ruhig, Hell«, höre ich Kaira sagen, die jetzt meine andere Seite stützt. »Wir lassen nicht zu, dass dir etwas passiert.« Die Bilder, die ich sehe, werden schneller, die Geräusche verwandeln sich in einen untrennbaren Strom. Ich schließe die Augen mit der erdrückenden Gewissheit, dieses Mal nicht in karamellbraune zu sehen, wenn ich aufwache.

KAPITEL 17

Ich verbringe die Nacht in einem Fieber, das keine aufgebrühten Kräutermischungen und keine Eiswickel lindern können.

»Dein Körper ist überlastet«, hat Kaira mir in einem meiner lichteren Momente erklärt. »Hitze beschleunigt Teilchen. Das verbessert unsere Leistung bis zu einem gewissen Punkt.« *Und danach sorgt es für Chaos.* Meine fragmentierte Sehfähigkeit macht mir am meisten Angst, obwohl Kaira mich zu beruhigen versucht. Die einzelnen Bilder, die vor meinen Augen durchrattern wie ein außer Kontrolle geratener Diaprojektor, sind ein Resultat meiner überscharfen Sinne, die mit der Menge an Stimuli, auf die sie Zugriff haben, nicht mehr zurechtkommen. Doch Kaira sorgt sich mehr um mein Herz. Unzählige Male spüre ich ihre Finger an meinem Handgelenk und sehe ihre Lippen tonlos meinen Puls zählen, jedes Mal mit dem gleichen Ergebnis. *Zu hoch.*

»Sie muss sich vom Zorn trennen«, habe ich Kaira sagen hören. »Sofort! Bringen wir ihr ein Kors.«

»Nein!«

»Astryd, kein menschlicher Körper kann das lange aushalten.«

Kairas Worte hätten mich in Todesangst versetzen müssen. Aber die Wahrheit ist, dass ich zu diesem Zeitpunkt keine Angst mehr hatte zu sterben. Nur davor, es allein zu tun. Nicht im physischen Sinne allein, weder Kaira noch Astryd würden von meiner Seite weichen. Aber sie lieben mich nicht. Ich musste an die Todesanzeigen in der Wochenzeitung denken, die Tante Emmi immer laut vorliest, als wären sie der Wetterbericht. Wie dort die Rede ist von der geliebten Mutter, der geliebten Ehefrau, der geliebten Tochter. Am Ende ist es das, worauf es ankommt. Wen wir lieben und von wem wir geliebt wurden. Ich dachte an Ma, Alice, Matti und schließlich an Majvie. Für keinen von ihnen hat meine Liebe ausgereicht, um mich nicht zu verraten.

»Sie ist mehr als ein Mensch«, hat Astryd Kairas Argument entgegengesetzt. »Sie ist die starke Tochter, sie ist auserwählt. Hell wird uns nicht im Stich lassen, genauso wenig wie die Mutter selbst. Oder willst du ein Kors, Tochter?«

Ich habe überlegt, einfach zu nicken. Alles zu nehmen, damit die gleißende Hitze mich verlässt. Aber dann habe ich an Jorunn gedacht, die Frau mit dem blutigen Kleid, die ihr Leben riskierte, um ihre Schwestern nach Vekja in Sicherheit zu führen. An Juna, die weniger gut beschützt wurde als ich, an Ma und Alice, für deren auki ich durchhalten muss, und immer wieder an Majvie. Zuversicht hat mich durchströmt – und Hoffnung. Also habe ich den Kopf geschüttelt. Jedes Mal.

»Ich bringe frisches Obst und süße Brötchen.« Ich öffne die Augen. *Wann bin ich eingeschlafen*? An der Tür der Hütte übergibt Inge Astryd einen Korb. Fließende Bewegungen, keine abgehackten Bilder.

»Ich sehe wieder normal!«, rufe ich aufgeregt.

»Das habe ich gehofft.« Kaira hilft mir, mich aufzusetzen. »Du hast zu viel Zorn auf einmal gerufen«, erklärt sie. »Dein Körper konnte mit der Last nicht umgehen, aber im Schlaf hat er sich erholt.« Ich will aufstehen, doch Kaira drückt mich zurück in das Kissen in meinem Rücken. »Bis zu einem gewissen Punkt kannst du den Zorn beherbergen, Hell. Aber dein Körper hat ein Limit. Wir müssen dafür sorgen, dass du es nicht noch einmal überschreitest.«

Unwillkürlich muss ich an den Grund denken, der mich dazu gebracht hat, mein Limit zu überschreiten. Meine Kehle schnürt sich zu, als Majvies verzweifeltes Gesicht vor meinem inneren Auge erscheint. Vielleicht hat sie Gefühle für mich, vielleicht war nicht alles zwischen uns Astryds Auftrag geschuldet. Nein, ganz sicher sogar. Sonst hätte Majvie mir niemals von Vidar erzählt, das weiß ich. Aber wie viel war echt und ab wann? Wie soll ich Majvie je wieder vertrauen, wenn sie mich so mühelos belügen konnte?

Doch vorerst gibt es wichtigere Fragen zu klären.

»Und wie kann ich mich davon abhalten, dieses Limit auszureizen?«, frage ich Kaira.

»Das Rufen des Zorns scheint keine rein willentliche Sache zu sein«, antwortet sie. »Ich vermute, dass deine Gefühle eine Rolle spielen, genauer gesagt deine Wut. Wenn sie zu stark wird, reagiert der Zorn und potenziert sich.«

»Das würde Bernd gefallen«, murmele ich. »Eine Wutkrankheit.«

Kaira tauscht meine Wadenwickel aus, wogegen ich mich nicht wehre. Zwar sehe ich wieder normal, aber mein Körper strahlt noch immer genügend Hitze ab, um ein Einfamilienhaus durch den Winter zu bringen. Kaira umfasst mein Handgelenk.

»Meinem Herz geht es gut«, sage ich.

»Vielleicht überlässt du dieses Urteil lieber der Ärztin«, erwidert sie trocken. »Immer noch hoch«, murmelt sie, als sie fertig ist mit Zählen, und schaut zum Eingang der Hütte, doch Astryd ist mit Inge nach draußen gegangen.

»Wie viele Fälle von Zorn hast du denn bisher in deiner Laufbahn behandelt?«, frage ich im Versuch, einen Witz zu machen.

Kairas Hände, die gerade das Leinentuch vom Korb decken, erstarren in der Bewegung. »Eine Menge«, erwidert sie, schlägt das Tuch zur Seite und drückt mir eine Flasche in die Hand. »Trink«, fordert sie mich auf. »Du verlierst zu viel Flüssigkeit.«

Ich nehme große Schlucke von dem Saft, während Kaira ins Leere starrt.

»Astryd will, dass ich weiter in der Hütte bleibe?«, frage ich schließlich, woraufhin Kaira nickt. »Und du sollst dich um mich kümmern.« Sie wirft mir einen Blick zu, der mehr als deutlich *halt die Klappe und iss dein Brötchen* sagt. Doch so leicht gebe ich mich nicht geschlagen. »Also, ich sehe das wie folgt«, sage ich und stemme mich in eine aufrechtere Position, »wir können uns entweder anschweigen oder uns ein wenig unterhalten.«

Kaira seufzt. »Na gut. Wer ist Bernd?«

Ich schlucke meinen Brötchenbissen herunter. »Mein Stiefvater, der mich hasst«, erwidere ich. »Er hält mich – besser gesagt meine Wut – für verantwortlich für den Tod meines Vaters, der meine Mutter ruiniert hat, die er von sich abhängig macht, damit sie nicht realisiert, dass sie zu einem eigenständigen Leben fähig ist.«

Kaira hebt die Augenbrauen. »Nette Familie.« Ich sehe ihr dabei zu, wie sie eins der Brötchen in kleine Stücke reißt. »Ich bin Ärztin geworden, weil ich Krankheiten heilen wollte«, sagt sie schließlich. »Malaria, Krebs und Ebola, so etwas. Aber angefangen habe ich, wo ich dringender gebraucht wurde.«

»Und wo?«

»In einer Frauenklinik in meiner Heimat.« Sie steckt sich ein Stück Brötchen in den Mund und kaut bedächtig.

»Als Geburtshelferin?«, bohre ich tiefer.

Kaira schüttelt den Kopf. »Als Chirurgin.«

»In einer Frauenklinik?«, frage ich verwirrt.

»Sie haben uns die Mädchen gebracht, wenn Komplikationen auftraten, aber da war es meistens schon zu spät.« Kaira lächelt bitter. »Glasscherben und dreckige Rasiermesser sind keine guten OP-Instrumente.«

Kurz vergesse ich die Hitze und mein mühsam pumpendes Herz, denn ich glaube zu verstehen, wovon Kaira spricht.

»Wo war diese Klinik?«, frage ich.

»In Sierra Leone.« In Kairas Stimme liegt eine Liebe, die ich bisher an der strengen Frau nicht kannte. »Ich bin gegangen, weil ich es leid war, einen menschengemachten Tod zu bekämpfen. Wir haben versucht, die Leute aufzuklären, ihnen nahezubringen, dass eine barbarische Verstümmlung ihre Töchter und Schwestern nicht zu reinen Frauen macht, sondern zu leidenden – wenn sie das Glück haben, nicht an einem septischen Schock zu sterben.« Sie presst die Lippen zusammen. »Aber in zu vielen Religionen ist Reinheit der Frau gleichbedeutend mit Leiden. Lieber ehrbar und tot, als potenziell berührt und lebendig. Diesen Hass auf Frauen, den sie selbst so stark verinnerlicht haben, konnte ich nicht länger ertragen.«

Ich schlucke. Zu sagen, dass es mir leidtut, ist überflüssig. Es würde nichts ändern. Nur eine Sache könnte das … »Deshalb willst du die Welle«, schließe ich. »Damit es aufhört.«

Kaira fegt sich die Krümel vom Schoß. »Ganz so einfach ist es nicht«, sagt sie. »Die Beschneider sind in den allermeisten Fällen selbst Frauen.« Ich verschlucke mich an meinem Saft, und Kaira wartet geduldig, bis ich nicht mehr husten muss. »Es ist unser Weg, für unsere Töchter zu sorgen. Nur als rein betrachtete Frauen können in unserer Gesellschaft etwas werden, nur sie finden einen Ehemann. Und außerdem«, fügt Kaira mit einem traurigen Lächeln hinzu, »liegt eine lange Tradition darin, anderen kein besseres Schicksal zu gönnen als das eigene. Aber ja. Ich hoffe, dass die Welle und der Machtwechsel, den sie mit sich bringen würde, die Wurzeln dieses als Tradition getarnten Hasses ausreißen kann.« Sie mustert mein Gesicht und reicht mir dann ein feuchtes Tuch, um es zu kühlen. »Was ist dein Grund für all das hier? Doch nicht etwa dieser Clown von einem Stiefvater?«

Ich schüttle den Kopf. Meine Gedanken kehren zurück zur Nacht auf der Insel. Aber es ist nicht an mir, Majvies Geschichte zu erzählen. »Alles«, sage ich. »Alles, was ich bisher gehört habe, die Sehenden …« Kaira bedeutet mir, noch einen Schluck zu trinken. Der Saft ist mit Verbene versetzt, was ihm eine grüne Frische verleiht.

»Liebe kann ein stärkerer Grund sein als Hass«, sagt sie nachdenklich. Erstaunt setze ich die Flasche ab, doch in Kairas dunklen Augen ist keine Spur von Zynismus zu lesen. »Bewahrt euch das«, sagt sie schlicht. »Man findet nicht alle Tage jemanden, für den es sich lohnt, die Welt zu stürzen.«

Ich fahre mit dem Daumen über das beschlagene Glas. »Ich bin nicht sicher, wie viel von einer Liebe bewahrt werden kann, die mit einer Lüge begonnen hat.«

Kaira lacht laut auf. »Ist das dein Ernst?«, fragt sie. »Dann hat Astryd sie eben gebeten, Zeit mit dir zu verbringen, damit du dich wohlfühlst. Sie hat ihr ja wahrscheinlich kaum die Anweisung erteilt, dir die Zunge in den Hals zu stecken.«

»Das ist es auch nicht, woran ich zweifle«, gebe ich wütend zurück. »Ich –«

»Du hast Angst, dass sie dich verlassen könnte, weil sie sich nicht in der ersten Sekunde in dich verliebt hat so wie du dich in sie«, erwidert Kaira. »Du verstehst nicht, dass ihre langsame Liebe genauso machtvoll ist wie deine schnelle. Denn dafür müsstest du deinen Stolz überwinden, den ihr Geständnis gestern verletzt hat.« Kaira sieht mich ernst an.

»Du bist dabei, Liebe an Stolz scheitern zu lassen, Hell. Und das ist ein weit größerer Fehler als der, den Majvie begangen hat.«

Die Wahrheit hinter Kairas Worten sinkt in mein Bewusstsein. Majvie hätte mir von Astryds Anweisung erzählen müssen. Aber vielleicht hatte sie Angst vor meiner Reaktion. *Zu Recht, wie der gestrige Tag gezeigt hat.* »Ich muss sie sehen«, stammle ich. »Jetzt gleich.«

Kaira hebt die Hände. »Ich werde dich nicht aufhalten, du kannst dich selbst vor Astryd verantworten.« Sie mustert mich von oben bis unten und hebt eine Augenbraue. »Aber ich würde dir empfehlen, vorher ein Bad zu nehmen.«

Die Oberfläche des Waschteichs ist spiegelglatt. Jeder Gedanke an Majvie und jede Hast, zu ihr zu gelangen, verschwindet für einen Moment, als ich mein Gesicht betrachte. Aus dem Wasser sehen mir tiefgoldene Augen entgegen und ein volles Gesicht mit gesund geröteten Wangen. Ich drehe meinen Kopf und sehe mich von der Seite an, überzeugt davon, das Bild würde verschwimmen wie ein Fotofilter, wenn ich mich bewege, und wieder mein echtes Gesicht zeigen. Aber weder die grünbraunen Augen noch meine frühere Blässe kehren zurück.

»Der Zorn verändert mich.«

»Allerdings.« Kaira runzelt die Stirn. »Wie fühlst du dich?«

Ich lausche in mich hinein. Es ist erstaunlich leicht, den Zorn zu rufen, beinahe schon instinktiv. Alles, was ich tun muss, ist, mich zu entspannen und die Hitze, sobald sie sich nähert, in meinen Körper zu ziehen.

»Stark«, erwidere ich, ohne nachzudenken. Unbesiegbar.

Der Zorn brennt in meinen Adern wie tausend winzige Nadelstiche. *Und gleichzeitig gefährlich nah an der Schwelle zur totalen Zerstörung.*

»Du musst es kontrollieren, Hell. Genau, wie du dein auki kontrolliert hast.« Kaira mustert mich besorgt, bevor sie sich ins Schilf zurückzieht, damit ich in Ruhe baden kann. Ich wende mich wieder meinem Spiegelbild zu, und zum ersten Mal schaffe ich es, die wiedergeborene Tochter der Dunkelheit, die *Starke*, tatsächlich mit mir zu verbinden. *Es ist meine Aufgabe, die Welle zu entfesseln, meine Verantwortung.*

Kleine Wellen schwappen auf, als ich untertauche. *Das Schicksal von Milliarden Frauen ist meine Verantwortung.* Aber ich muss sie nicht allein tragen. Ich habe Astryd, Kaira, meine Schwestern. Und bald hoffentlich die andere Tochter – denn sonst war alles umsonst. Dumpf höre ich meinen Herzschlag, der wieder fast normal geht. Und Stimmen.

Ich stoße mich vom Boden ab, auf den ich mich habe sinken lassen.

»… ist sich sicher.« Ich wische mir mit einer Hand das Wasser aus den Augen. Zwischen dem hüfthohen Schilf, das den Teich umgibt, steht Nerea.

»Gibt es Neuigkeiten?«, frage ich.

Nerea sieht von Kaira zu mir, und jede Besorgnis verschwindet aus ihren Zügen. »Dank sei der Mutter, dass es dir gut geht! Wir alle haben um deine Stärke gebetet, Tochter.«

Ich weiß nicht recht, was ich darauf erwidern soll, also bleibe ich still.

»Astryd glaubt, dass die zweite Tochter noch heute eintrifft«, sagt Kaira.

Nerea nickt beflissen. »Jarla hat sich aus dem äußeren Kreis herausgewagt, die Mutter lobe ihren Mut. Sie ist Wanderern gefolgt, die sie für Sehende hielt. Die beiden Männer haben sich über eine Vermisstenanzeige unterhalten, die da draußen ziemliche Wellen schlägt. Eine Frau Ende vierzig ist verschwunden. Die Familie vermutet, dass sie sich auf den Weg in den Wald gemacht hat, denn ihre Wanderkleidung fehlt. Und das völlig ohne Erklärung.«

»Dafür gibt es doch eine Million alternative Gründe«, spricht Kaira aus, was auch ich denke. »Sie könnte entführt worden sein. Oder untergetaucht.«

»Oder Hells Ruf des Zorns funktioniert, und sie verspürt eine unerklärliche, beinahe schicksalhafte Anziehung, die sie hierherbringen wird.« Nerea betrachtet mich ehrfürchtig. »Wir haben ihren Weg berechnet. Dem Zeitpunkt nach zu urteilen, an dem sie verschwunden ist, dürfte sie nicht mehr länger als vierundzwanzig Stunden brauchen.«

Also steht Astryd wahrscheinlich gerade in der verlassenen Hütte und fragt sich zu Recht, wo zur Hölle ich bin, wenn ich eigentlich damit beschäftigt sein sollte, der anderen Tochter weiter den Weg nach Vekja und in Sicherheit zu weisen … Ich beiße mir auf die Lippe. Vielleicht macht mich meine nächste Entscheidung zur Egoistin. Aber ich werde immer zuerst für Majvie kämpfen.

»Ich komme mit euch zur Lichtung«, verkünde ich.

Kaira und Nerea lassen mich allein, damit ich mich umziehen kann. Als ich ein trockenes Kleid trage, das Kaira auf einem der flachen Ufersteine zurückgelassen hat, trete ich aus dem Schilf. Schon von hier aus höre ich Schwester Eddas rauchige Stimme, die auf der Lichtung die Gesänge anführt. Ein ungewollter Schauer kriecht meinen Rücken hinab. Zwei Tage sind vergangen seit der Magisk Natt. Es bleiben noch vier übrig bis zum Tag der Aurora Dies, der Verdunklung des Himmels und dem Leuchten der Polarlichter. Vier Tage, bis wir die Welt grundlegend verändern.

Ich tue das Richtige, beschwöre ich mich. Das einzig Mögliche! Meine Gedanken springen von Majvies Geschichte zu

Kairas, Callas, zu Ma, zu allem, was mich geprägt hat. Wie Al und mir mit zwölf, als wir noch pinkfarbene Schulrucksäcke trugen, zum ersten Mal auf der Straße hinterhergepfiffen wurde. Wie die damals noch schüchterne, leise Coco sich mitten im Geschichtsunterricht der siebten Klasse auf einen Stuhl stellen und laut schreien musste, weil ein Mädchen das zu lernen hat, falls ihr im Wald ein Mann hinterherläuft. Wie ich mich mit fünfzehn unerlaubt in einen Club geschlichen habe und nur mit der Hilfe einer resoluten Frau und ihrer Drohung, die Polizei zu rufen, vor zwei Männern fliehen konnte, die mir nach einer Abfuhr auf die Damentoilette gefolgt waren. Die lähmende Angst, die mich jedes Mal durchschießt, wenn nachts ein Mann hinter mir hergeht, weil ich nicht wissen kann, ob wir einfach den gleichen Weg haben oder ob mein lebloser Körper am nächsten Morgen in der Elbe auftaucht. Das schweigende Einverständnis, mit dem Matti und Granate mich so oft es ging bis vor meine Haustür gefahren haben. Sicher ist sicher. Aber frei ist anders.

»Hell!« Durch die lichter werdenden Bäume laufen die Zwillinge auf uns zu, und ich lächle unvermittelt, als mir klar wird, dass statt Furcht und Vorsicht Macht und Stärke ihre stetigen Begleiter sein werden. Die Welle wird uns eine Freiheit schenken, die keine Frau je kannte.

»Wie heißt es?«, fragt Nerea.

Luise reißt erschrocken die Augen auf. »Tochter«, sagt sie schnell.

Ich gehe in die Hocke. »Ihr könnt mich nennen, wie ihr wollt, in Ordnung?« Luise nickt, dann beißt sie sich auf die Lippe, ohne den Blick von meinem Gesicht abzuwenden. *Es sind meine Augen*, denke ich. *Sie machen ihr Angst.* Normalerweise blitzt das Gold nur kurz in den Augen der Aukiträgerinnen auf, ein Zeichen des Zorns, der in ihnen arbeitet. Ein bleibendes Gold wie meins sind die Mädchen nicht gewohnt.

»Wir haben etwas für dich«, sagt Mia. Erst jetzt bemerke ich die weißen Blumen, die sie in ihren kleinen Armen tragen. *Lilien.* Ein Stich durchfährt mich, als ich an das letzte Mal denke, als mir meine Lieblingsblumen überreicht wurden, von einem anderen Zwillingspaar. Kurz schließe ich die Augen, dann schiebe ich mein verrutschtes Lächeln zurück an seinen Platz.

»Das ist sehr lieb von euch«, sage ich, nehme die Blumen entgegen und richte mich auf. »Wollt ihr mir erzählen, was ihr gestern gemacht habt? Hat Schwester Wilma euch neue Kräutermischungen beigebracht?«

»Wir lernen jetzt wichtigere Sachen«, antwortet Mia. »Wusstest du, dass Maria Stuart eine Empfängliche war? Genau wie Johanna von Orleans.«

»Das wusste ich nicht«, sage ich.

»Sie haben den Großteil ihres aukis verloren, als sie die alte Erde von Vekja verließen. Und dann wurden sie umgebracht.« Ich werfe Kaira einen Blick zu. Sicher sind das keine geeigneten Geschichten für zwei Siebenjährige.

»Dass sie umgebracht wurden, hatte wohl auch damit zu tun, dass Maria Stuart eine Königin im Mittelalter und Johanna eine Soldatin waren«, erkläre ich. »Beides Jobs und Lebenszeiten mit ziemlich hohem Todesrisiko.« Mia kichert, aber Luise mustert mich unsicher von der Seite. »Keine Angst«, sage ich sanft. »Meine Augen sind bald wieder normal.«

»Wenn die schwache Tochter ankommt?«, fragt Luise. *Vielleicht sollten wir diesen Ausdruck nicht benutzen, um der Frau zu erklären, wer sie ist*, denke ich. Zumindest nicht, wenn wir wollen, dass sie bleibt.

»Genau dann«, sage ich an Luise gewandt. »Alles wird wieder –« Ich stocke. *Alles wird wieder normal werden, wenn die Welle vorbei ist*, wollte ich sagen. Aber das stimmt nicht, denn wer wird schon in Vekja bleiben, wenn wir die Freiheit haben, zu gehen, wohin wir wollen, und unser auki mitzunehmen? Ich betrachte Mias und Luises Lockenköpfe und frage mich, ob sie eine Familie haben, zu der sie zurückkehren können. »Alles wird anders werden«, sage ich schließlich, denn die beiden sind zu klug, als dass man sie anlügen könnte. Ich biete Luise meine freie Hand an. Sie überlegt einen Moment, dann schiebt sie ihre in meine. *Majvie und ich werden euch nicht allein lassen*, verspreche ich ihr in Gedanken, sage aber nur: »Anders, aber besser.«

Durch die letzten tief hängenden Äste hindurch treten wir auf die Lichtung, doch gleich darauf bleibe ich wie angewurzelt stehen. Der Platz, den ich zum letzten Mal mit Lampions und Blumen geschmückt gesehen habe, ist nicht wiederzuerkennen. Vier Feuer brennen auf der Wiese verteilt, eingegrenzt von dicken Steinen. Geschnitzte Stöcke lehnen am Stamm des Weltenbaums, dem jemand die bunten Bänder genommen hat, die in der Magisk Natt so schön im Wind wehten. Weiter hinten am südlichen Ende meine ich, eine Art Karren zu erkennen. Und über alldem liegt ein Lied, das die Gruppe um Edda singt, während sie mit gleichförmigen Bewegungen einen riesigen Stein in Richtung des Weltenbaums schieben. Wie schon die anderen Melodien der Schwestern transportiert sie mich an einen Ort weit weg von hier, einen Ort in einer Zeit, die unsere geboren hat.

»Es ist die Tochter!«, ruft Schwester Stine, als sie mich sieht. Die anderen Frauen, die in Gruppen beieinandersaßen oder zusammenstanden, unterbrechen ihre Arbeiten. Nur das Knacken der Feuer ist zu hören, als sie sich mit dem Gruß der Mutter vor mir verbeugen. Ich weiß nicht, wo ich hinsehen soll, also fixiere ich den flachen Stein, der kniehoch und fast so lang ist wie ich selbst. Anders als normaler Stein ist er nicht grau, sondern schwarz, durchzogen von weißen Marmorlinien und eingemeißelten Runen. Gehört er zum Ritual der Welle? Zur Zierde haben die Schwestern ihn wohl kaum hergeschafft. Erst jetzt wird mir klar, dass ich nicht die geringste Ahnung habe, woraus das Ritual bestehen wird und wie es mir helfen soll, die Erde mit dem Zorn zu durchtränken.

»Wir wussten nicht, wie es dir geht«, sagt Lilith, die auf mich zugelaufen kommt, kaum dass sich die ersten Köpfe wieder erhoben haben. »Ob du stark genug bist für all den Zorn.«

»Das ist sie«, erwidert Astryd, die neben uns tritt. »In diesem Jahrhundert wird das Ritual der Welle stattfinden können, zum ersten Mal in der Geschichte der Schwestern. Denn der unermüdliche Ruf unserer starken Tochter wird die Schwache noch heute in unsere Mitte führen!«

Ich suche die hoffnungsvollen, lächelnden Gesichter nach Majvie ab – ohne Erfolg. Als Edda ihr Lied wieder anstimmt und Astryd von Kaira in ein Gespräch verwickelt wird, nutze ich diese Chance und gehe zusammen mit Lilith zu den anderen Schülerinnen hinüber.

»Habt ihr Majvie gesehen?«, frage ich Calla leise, nachdem ich die Bewunderung meiner Augen ertragen und zugelassen habe, dass Hände prüfen, ob sich meine Haut so heiß anfühlt, wie ihr Rotschimmer den Anschein erweckt.

Calla schweigt, und eine eiskalte Faust legt sich um mein Herz.

»Calla«, sage ich tonlos. »Wo ist sie?« Meine Gedanken rasen. Majvie war von Anfang an gegen die Welle. Ist ihre Angst vor der Erfüllung der Sage der zwei Töchter größer als die vor der Welt in ihrem Ist-Zustand? *Würde sie gehen, ohne mich zu fragen, ob ich sie begleite*?

»Majvie verbringt viel Zeit allein«, erklärt Lilith. »Sie nimmt es nicht gut auf, dass sie bis auf die Zwillinge die Einzige ist, die noch nicht zu ihrem auki gefunden hat.«

Erleichterung durchflutet mich. *Sie ist hier.* Alles andere können wir lösen. Alles andere ist unwichtig.

»Ich gehe sie suchen«, sage ich. Johanne ist die Erste, die ihren Kopf neigt. Beke und Lykke tun es ihr gleich, bis sich alle Schülerinnen vor mir verbeugen, selbst Lilith und Calla. Meine Freundinnen, die mich, wie mir jetzt auffällt, nicht wie sonst zur Begrüßung umarmt haben.

»Könnt ihr damit aufhören?«, platzt es aus mir heraus.

»Du bist die Tochter der Dunkelheit«, erwidert Mirta verwirrt.

»Ich weiß. Aber dieses ganze Verbeugen und dass niemand mehr meinen Namen benutzt – es ist einfach seltsam!«

»Du würdest dich auch verbeugen, wenn du hören würdest, was in der Sage der zwei Töchter über dich geschrieben steht«, sagt Calla.

»Es gibt noch mehr als das, was Astryd in der Magisk Natt vorgelesen hat?«, frage ich.

Calla nickt. »Eine ganze Reihe von Versen.«

»Die Leute damals haben ihre Geschichten oft in seitenlange Lieder verpackt«, erklärt Lilith.

»Und was sind das für Verse?«, frage ich.

Liliths Stirn legt sich nachdenklich in Falten. »So etwas wie *Tochter der Dunkelheit, Tochter der Nacht. Wir teilen deine Wut. Wir nutzen deine Kraft.* Oder: *Schwäche erlischt und Stärke erglimmt, im Feuerkranz, der unser aller Schicksal bestimmt. Blut zahlt den Zoll wie einst* – und dann irgendetwas über Befreiung, woran ich mich nicht mehr erinnere.«

Die alten Reime jagen mir Schauer über den Rücken. Ich schüttle den Kopf. »Ich sollte jetzt Majvie suchen gehen.«

»Da wirst du nicht lange brauchen.« Mirta deutet auf die Gestalt, die aus Richtung Süden die Lichtung betritt. *Sie war auf der Insel.*

Mit klopfendem Herzen laufe ich Majvie entgegen. Es

dauert keine Sekunde, bis ich vor ihr stehe. Doch der Schock in ihren Augen ergibt keinen Sinn für mich.

»Was ist los?«, frage ich.

Majvie schüttelt den Kopf. »Nichts, ich … Du siehst anders aus. Strahlend.«

»Der Zorn verändert mich.«

Sie streckt ihre Hand aus, vorsichtig, als hätte sie Angst, sich zu verbrennen. Aber mit der Berührung ihrer Fingerspitzen bricht ein unsichtbarer Damm zwischen uns. Majvie zieht mich in ihre Arme oder ich sie in meine, ich weiß es nicht, und es ist nicht wichtig. Das Einzige, was zählt, ist, ihren Herzschlag wieder an meinem zu spüren.

»Ich bin so froh, dass es dir gut geht«, flüstert sie neben meinem Ohr. »Und es tut mir so unendlich leid, dass ich dir nicht selbst von der Sache mit Astryd erzählt habe.« Sie löst sich so weit von mir, dass sie mich ansehen kann. »Es war nichts gespielt. Als ich dich fand, als der Zorn dich fast überwältigt hätte, habe ich die Mutter angefleht, dich zu retten. Ich habe noch nie gebetet, Hell. Nur in diesem Moment.« Sie senkt den Blick. »Astryd muss gemerkt haben, wie wichtig du mir warst, schon damals. Deshalb die Bitte, mich um dich zu kümmern. Es fiel mir schwer. Mein erster Instinkt war, Abstand von dir zu suchen. Ich hatte Angst, mich in dich zu verlieben.« Ihr Blick wandert von ihren Fußspitzen zu meinem Gesicht. »Und das habe ich.«

»Macht es dir immer noch Angst?«, frage ich.

»Ein wenig«, gibt Majvie zu. »Kontrolle zu verlieren macht mir Angst.« Sie lächelt. »Aber es kümmert mich nicht, wenn du es bist, an die ich sie abgebe.«

»Ich hätte nie zweifeln dürfen«, flüstere ich. »Und ich hätte hier sein sollen. Aber ich werde nicht zulassen, dass Astryd mich weiter von euch fernhält. Ich werde bei dir sein auf deinem Weg zum auki und –«

»Mein auki?« Majvie runzelt die Stirn.

»Lilith hat gesagt, du würdest Abstand suchen, weil du noch nicht …« Ich halte inne, als Majvie kopfschüttelnd die Lippen zusammenpresst.

»Lilith ist genauso verrückt geworden wie alle anderen.« Mit einem Mal wird ihre Stimme hart. »Wir müssen die Welle aufhalten. Oder besser gesagt du. Du musst dich widersetzen, Hell, denn ohne dich funktioniert dieses Ritual nicht!« Ich trete einen Schritt zurück, doch Majvie hält mich fest. »Die Schwestern wollen im Chaos der Welle Regierungen stürzen. Sie von Aukiträgerinnen einnehmen lassen. Sie wollen eine globale Revolution, und das Schlimmste ist, dass ihre Pläne höchstwahrscheinlich funktionieren werden. Der Zorn wird die Welt in einen Ausnahmezustand bringen!«

»Die Schwestern wollen Veränderung, genau wie wir! Das alles ist kein unausgegorener, mal eben aufgestellter Plan«, versuche ich Majvie zu beruhigen. »Astryd arbeitet seit Jahrzehnten an der Welle. Und die Schwestern vor uns seit Jahrhunderten!«

»Und das soll heißen, dass sie sich nicht irren?« Majvie deutet auf die Frauen in unserem Rücken, die zu weit entfernt und zu sehr mit ihren Vorbereitungen beschäftigt sind, um etwas von unserer Diskussion mitzubekommen. »Sieh dich doch mal in Vekja um. Wir alle haben geliebte Menschen verloren – oder uns selbst! Sind ausgerechnet wir mit all unseren Narben und unserer Wut wirklich geeignet, um über das Schicksal von acht Milliarden Menschen zu entscheiden?« Ich öffne den Mund, um ihr zu widersprechen, doch Majvie kommt mir zuvor. »Was, wenn *wir* die Extremisten sind, Hell?«

Ich schüttle den Kopf und damit das Wort fort, das reserviert ist für Milizen und Terroristen und garantiert nicht für Frauen, die Gerechtigkeit wiederherstellen wollen.

»Astryd meint, dass der Wechsel der Macht friedlich verlaufen wird«, sagt Majvie drängend. »Aber du weißt genauso gut wie ich, dass Menschen sterben werden!«

Ich fahre mir durch die Haare. Denke an Vidar. An den Mann, der Calla angegriffen hat. »Und was wäre so schlecht daran, wenn einmal die Richtigen sterben?«, frage ich.

Majvie entgleiten die Gesichtszüge. »Ist das dein Ernst?«, fragt sie entgeistert.

»Was willst du hören?«

»Du glaubst also wirklich, dass die Welle die Welt verbessern wird.«

»Denkst du, ich würde mich sonst freiwillig von innen garkochen lassen?«, erwidere ich verzweifelt.

Majvie sieht mir in die Augen, die, wie ich mich erinnere, nicht mehr meine sind.

»Ich mache mir Sorgen um dich.«

Ich schüttle den Kopf. »Ich habe den Zorn unter Kontrolle.«

»Du hörst die alten Texte nicht. *Geschichte muss sich wiederholen, Blutzoll muss gezahlt werden.*« Majvie nimmt meine Hand. »Ich habe Angst, dass du für das Ritual der Welle verletzt wirst.«

Ich denke an Hellea von Schweden, die auf Vekjas Lichtung durch das Schwert ihres Bruders starb. *Geschichte muss sich wiederholen.*

»Und wenn schon«, sage ich hastig. »Wenn sie ein bisschen Blut von mir brauchen, damit der Zorn befreit werden kann, ist das ein kleines Opfer!«

Wortlos fixiert Majvie den Weltenbaum, dessen mächtige Zweige sich ruhig im Wind wiegen und dabei den Runenstein streicheln.

Ich trete einen Schritt näher an sie heran. »Du brauchst keine Angst zu haben, weder um mich noch vor der Welle.«

Majvie dreht den Kopf zu mir. »Und wenn ich dich darum bitte?«, fragt sie leise.

Ich schlucke. »Worum?« Doch ich kenne ihre Antwort bereits.

»Darum, die Welle nicht auszulösen. Das Ritual nicht durchzuführen. Unser Leben könnte so weitergehen wie bisher!«

Ich denke an meine Vision aus der Magisk Natt. Sonnenaufgänge über den Klippen, Feste auf der Lichtung, Majvies Hand fest in meiner und das Glücksgefühl, das mich schweben lässt, für immer festgehalten.

»Es geht nicht«, bringe ich heraus. »Wir können uns nicht in eine Traumwelt verkriechen, wenn wir die Chance haben, die echte zu verändern.« Majvie entzieht mir ihre Hand. »Ich werde nicht zulassen, dass Vekja dein goldener Käfig wird«, sage ich. »Ich wünsche mir für dich, dass du zurückgehen kannst. Ich will mit dir zusammen die Welt sehen, Majvie!«

Sie schüttelt den Kopf. »Nein«, sagt sie, mit einer Stimme, die nicht wie ihre eigene klingt. »Du willst gewollt werden. Deshalb tust du alles, was Astryd von dir verlangt. Deshalb riskierst du unser aller Leben.«

Ich stolpere zurück. »Wie bitte?«

»Außerhalb von Vekja hast du eine Familie, die dich verstoßen hat, und Freunde, die mit dir gebrochen haben«, sagt Majvie. »Deshalb hast du die Rolle angenommen, die Astryd dir in diesem ganzen Drama zugewiesen hat.«

Mein Puls rast, aber diesmal weder aufgrund meiner eigenen Verliebtheit noch aufgrund fremden Zorns. »Mir wurde keine Rolle zugewiesen, ich wurde von der Mutter auserwählt. Ich bin die Tochter der Dunkelheit!«

»Du bist, was du zu sein entscheidest.«

»So einfach ist das nicht. Die Welle auszulösen ist keine Laune von mir, sondern mein Schicksal!«

Majvie schüttelt den Kopf, traurig, oder verächtlich. »Mit welchem Beweis denn?«, fragt sie. »Sturmmagie? Das ist alles?«

»Was weißt du schon über Gaben!«, spucke ich aus.

Majvie schließt die Augen. Als sie sie wieder öffnet, schaut mir ein flehender Blick entgegen. »Du musst dir endlich eingestehen, dass die Schwestern gefährlich sind. Nur weil sie dich zu ihrer Göttin auserkoren haben, darfst du nicht aufhören, ihre Entscheidungen zu hinterfragen!« Majvie streckt ihre Hand aus, doch ich weiche nur noch weiter zurück. »Hell, die Welle wird einen Krieg auslösen. Tu das nicht, nur weil du so dringend irgendwo dazugehören willst!«

Heiße Tränen wallen in mir auf. »Dieser Krieg hat mir nichts bedeutet, bis ich ihn für dich kämpfen wollte«, schluchze ich. »Weißt du, wann mein auki so stark wurde, dass Astryd sich sicher war, die dunkle Tochter vor sich zu haben? Nach der Nacht, in der du mir von Vidar erzählt hast!« Jetzt bin ich nicht mehr die Einzige, der Tränen über die erhitzten Wangen rinnen. »Ich tue das für dich! Ich kämpfe für dich!«

»Wenn das wahr ist«, presst Majvie hervor, »wenn du das alles wirklich für mich tust, dann hör auf, ich flehe dich an!«

Die Wut in meinem Bauch hält inne, und ich nehme den Zorn wahr, den sie angezogen hat. Viel davon. Er erinnert mich an meine Aufgabe. »Die schwache Tochter braucht mich.« Majvie schüttelt den Kopf, als könnte sie meine Worte so zurückhalten. »Du siehst vielleicht noch nicht, weshalb die Welle nötig ist«, sage ich hart. »Aber du wirst es.«

»Nein«, flüstert Majvie, und ich glaube, dass sie einen letzten Versuch starten will, mich umzustimmen. Doch ihre gläsernen Augen verengen sich. »Wenn du schon die Welt in den Ruin stürzt, dann gib wenigstens zu, dass du es für dich selbst tust und für niemand anderen!«

Ich reiße meinen Blick von Majvies Gesicht los, von ihren Lippen, von ihren karamellbraunen Augen. »Du solltest nicht mehr zur Insel gehen«, sage ich, so fest ich kann. »Da draußen ist es zu gefährlich für jemanden ohne auki.«

Ich drehe mich um, setze wie ferngesteuert einen Fuß vor den anderen. Über das Rauschen des Windes in den Bäumen höre ich Majvies Schritte, die sich schnell entfernen. Und ihr Weinen. Ich beiße die Zähne zusammen und gehe weiter, zurück zu den anderen, ohne noch einmal zurückzublicken. Es sind die schwersten Schritte, die ich in meinem ganzen Leben getan habe.

KAPITEL 18

Mein Körper brennt. Aber ich unternehme nichts dagegen, den Zorn aufzuhalten, im Gegenteil. Es wäre mir nur allzu recht, in tausend glühende Scherben zu zerspringen! Dann würde sich der Schmerz über Majvies Worte mit mir auflösen, und mein Kopf würde aufhören, mir jedes einzelne wieder und wieder vorzuspielen wie ein kaputter Kassettenrekorder. Doch ich mache mir etwas vor. Selbst mein Nichts würde sich an die Vorwürfe erinnern, die sie mir gemacht hat. *Als würde ich das hier nur für mich tun.* Es ist absurd und trifft mich gerade deshalb mitten ins Herz. Sollte Majvie mich nicht besser kennen? Habe ich ihr nicht alles von mir erzählt, mich ihr mehr anvertraut als jemals irgendeinem anderen Menschen auf dieser gottverdammten Erde?

Vielleicht kennt sie dich wirklich, wispert eine Stimme in mein Ohr. *Vielleicht bist du einfach egoistisch. Und irrational. Und böse.*

»Tochter?«

Ich schlage die Augen auf. Signe zuckt zurück, als hätte mein Blick sie wie ein Blitz getroffen. Es ist das tiefe Gold, das sich mittlerweile selbst über meine Pupille gelegt hat. Ich mustere Signes Gesicht, über dem ein warmer Schleier liegt, genau wie über den kleinen Wasserfällen zu meiner linken, den Lilien zu meinen Füßen und den Schwestern, die auf den Hügeln neben meinem Schiff sitzen, Nähnadeln in den Händen und alte Geschichten auf den Lippen.

»Was ist?«, frage ich.

»Astryd lässt ausrichten, dass die Tochter des Lichts nicht mehr weit sein kann.«

Ich nehme den Krug, den Signe mir reicht. Die Flüssigkeit in dem groben Tongefäß schimmert golden, doch auch hinter dem Schleier über meiner Sicht muss sie eine tiefgelbe Farbe haben. Der erste Schluck breitet sich samtig und süß auf meiner Zunge aus.

»Met«, erklärt Schwester Jarla, die gerade neue Broschen neben mich in das flache Boot legt. »Die Wikinger nannten es das Getränk der Götter. Es gibt Kraft.«

Als ich sie ansehe, weicht sie meinem Blick aus, genau wie die meisten anderen es tun. Ich betrachte die über ihre Arbeiten gesenkten Köpfe. Fenja, Merle, Edda, Reili. Ich glaube nicht, dass ihre Gesellschaft und ihre Fürsorge einem Befehl von Astryd geschuldet sind. Sie wollen in meiner Nähe sein, weil ich – meine goldenen Augen und meine gerötete Haut – ihnen Hoffnung auf die Welle gebe. *Weil sie verstehen, welches Opfer ich bringe*, denke ich und beiße die Zähne zusammen, während der Zorn ungebremst durch mein Inneres schießt. Dann ebbt der Schmerz langsam ab.

Mindestens zehn solcher Phasen habe ich heute schon hinter mir: das Rufen des Zorns, seine schmerzhafte Ankunft, das gnädige Abklingen. Den Zwillingen zuliebe, die dem Flussufer jede Blume entlocken, die es in sich trägt, und sie zu den anderen Schätzen in meinem Schiff legen, zwinge ich meine Lippen zu einem Lächeln, obwohl mein Herz zu schnell und zu heftig schlägt. Ich tue das hier für sie. Für jede Einzelne von ihnen! *Gewollt werden.* Scharf ziehe ich die Luft ein, als meine Wut von Neuem aufflammt und den Zorn ins Wirbeln bringt. Als würde ich mein Leben für Anerkennung aufs Spiel setzen! Wenn ich so schwach wäre, hätte ich weder meine Familie noch Matti und Alice einfach zurückgelassen.

Ich hätte sie angefleht, mich zurückzunehmen. Aber stattdessen bin ich meinen eigenen Weg gegangen. *Und das werde ich auch weiterhin tun, egal, was Majvie davon hält.*

»Bitte frag Astryd, wie lange genau ich noch so durchhalten muss«, presse ich hervor.

Signe springt auf. »Ich werde mich erkundigen.«

Ich sehe ihr hinterher, bis ihr weißes Kleid zwischen dem Grün der Bäume verschwunden ist. Es wird langsam Abend. Das weiß ich, denn eine angenehme Kälte zieht auf, obwohl das Licht, das durch die Zweige fällt, durch den Goldschimmer für mich weiter warm wirkt.

Ich konzentriere mich auf das leise Plätschern der zwei schulterhohen Wasserfälle in meinem Rücken. Sie fließen über Felsen, in die das Bild einer Spirale gemeißelt wurde, den porösen Löchern des Steins zufolge vor vielen Hundert Jahren. Der dunkle Strudel stellt die Aurora Dies dar, hat Astryd mir erklärt – die Verdunklung des Himmels und das Erscheinen der Nordlichter, auf das wir alle ebenso ungeduldig warten wie auf die Ankunft der Tochter des Lichts. Astryd hat mir den Schiffsplatz angeboten, der in der Nähe der Lichtung, aber verborgen hinter einer Gruppe von Birken liegt. Hier wäre es ruhiger für mich. Besser als auf der Lichtung und schöner als in der Hütte. Meine Finger krallen sich in das Holz der *Hellea*, an der Reili und Jördis so hart gearbeitet haben, um sie rechtzeitig zur Aurora Dies fertigzustellen.

»Du machst das wunderbar, Tochter.« Edda tupft mir die Stirn mit einem feuchten Tuch ab.

»Ich schaffe das nicht mehr lange«, bringe ich heraus.

»Die schwache Tochter ist auf dich angewiesen«, erwidert Edda.

Ich sehe sie an. »Was macht die Tochter des Lichts aus? Wenn es bei mir Sturmmagie und Stärke sind, was ist es bei ihr?«

»Genauso wie deine Geschichte Hellea von Schwedens wiederholt, wiederholt sie die Geschichte der Svea«, erklärt Edda. »Helleas Schwester war sanftmütig statt kämpferisch, schwach statt stark. Nach dem Fall hat sie sich lieber ihrem Bruder Tyr untergeordnet, als sich dem Widerstand anzuschließen. Und uns damit alle ins Patriarchat geführt.«

»Klingt nicht besonders sympathisch«, erwidere ich.

Edda lacht. »Das stimmt. Aber die schwache Tochter wird am Tag der Aurora Dies die Möglichkeit bekommen, Sveas feige Wahl von damals zu verändern. Durch das Ritual der Welle schließt sie sich uns an. Und diese Entscheidung wird uns alle in ein neues Zeitalter führen.«

Ich will fragen, was meine Rolle im Ritual der Welle sein wird, doch dann wallt die Hitze erneut in mir auf. Diesmal kralle ich meine Finger statt in Holz in Eddas Hand.

»Kannst du weitersprechen?«, keuche ich. »Oder singen?« Edda sieht mich verwundert an. »Deine Stimme«, bringe ich heraus. »Sie ist beruhigend. So tief und irgendwie … samtig.«

Edda lächelt. »Sie war mal glockenhell, weißt du? Als ich noch jünger war und davon träumte, Sängerin zu werden.« Ich betrachte ihre grauen Augen, in denen etwas anderes leuchtet als das auki. »Meine Eltern fanden das amüsant«, erzählt sie weiter. »Während andere Kinder an Weihnachten Gedichte aufgesagt oder Stille Nacht gesungen haben, habe ich mich mit dem Glitzeroverall meiner Schwester als Agnetha von Abba verkleidet und Waterloo performt.«

Ich grinse bei der Vorstellung von der resoluten Schwester Edda in glitzernden Schlaghosen, doch gleich darauf vergeht mir das Lachen, weil ich an Alice und das Abba-Museum denken muss, in das ich nie mit ihr gegangen bin. »Warum bist du keine Sängerin geworden?«, frage ich, um mich abzulenken.

»Weil ich in den Stimmbruch kam und meine neue Stimme verabscheute.« Schwester Edda hebt die Schultern. »Ab da waren meine Performances auch plötzlich nicht mehr lustig. Meine Eltern haben mir das zwar nie ins Gesicht gesagt, aber ich wusste, dass sie sich schämten, wenn sie mich als Sohn in High Heels vor dem Spiegel tanzen sahen.«

Ich drücke Eddas Hand, doch diesmal nicht, weil der Zorn mich überrollt.

»Ich kann es ihnen nicht übelnehmen«, sagt sie. »Sie waren Kinder ihrer Zeit. Doch wütend war ich trotzdem. Lange Zeit versuchte ich, meine Wut und wer ich bin zu ignorieren.« Sie lächelt. »Aber dann fand ich nach Vekja und zur Mutter, die mich als diejenige erkannte, die ich immer gewesen war.«

Mein unterdrücktes Keuchen reißt Schwester Edda aus ihren Erinnerungen. Sie greift nach dem Krug Met und setzt ihn mir an die Lippen.

»Die Welle wird alles verändern, nicht wahr?«, frage ich, nachdem ich ein paar Schlucke getrunken habe.

Edda nickt. »Das hoffe ich von ganzem Herzen.« Besorgt mustert sie mich. »Vielleicht solltest du eine Pause machen.«

»Die Tochter ist stark.« Reili und Fenja springen auf, um Astryd zu mir durchzulassen. Sie nimmt Eddas Platz ein und kniet sich neben mich. »Oder möchtest du aufhören?« Astryd wartet, bis ich ihr in die Augen sehe. Als ich es tue, durchströmt mich Hoffnung, so golden und warm wie die Sonnenstrahlen des Spätsommers.

»Ich schaffe das schon«, presse ich zwischen zusammengebissenen Zähnen hervor.

Astryd nickt. »Atmen«, weist sie mich an, als die Hitze erneut heranrollt.

Ich sauge Luft zwischen meine Lippen. »Wenigstens bin ich vorbereitet, wenn ich Kinder kriege«, keuche ich, als heißer Schmerz meinen Bauch durchfährt wie ein glühendes Messer. Edda lächelt, doch Astryd presst nur die Lippen zusammen.

Dunkelheit hat sich über die Baumwipfel gesenkt, doch von der anderen Tochter fehlt noch immer jede Spur.

»Ich brauche nur einen Moment«, sage ich und stemme mich hoch, um besser atmen zu können. Doch meine Beine knicken unter mir weg, kaum dass ich es auf die Füße geschafft habe.

»Tochter!«, ruft Fenja, die für die Nacht allein mit mir auf dem Schiffsplatz zurückgeblieben ist, während andere Schwestern rund um uns herum am äußeren Kreis Wache halten. Sie schiebt ihr Nähzeug achtlos von ihrem Schoß und springt auf.

»Es geht schon wieder«, beruhige ich sie. *Ich muss bloß aufhören, den Zorn anzuziehen.* Normalerweise hilft mir mein Atem dabei, Einfluss auf die Verbindung zwischen mir und seiner Quelle zu nehmen. Doch egal, wie viel Luft ich einsauge und zu welcher Ruhe ich meinen Herzschlag zwinge, diesmal versiegt der heiße Strom nicht.

Angst erfüllt mich, als ich daran denke, was passiert ist, als ich das letzte Mal die Kontrolle verloren habe. Die fragmentierte Sicht, das rasende Herz …

Ich weiß, was ich tun muss: Meine Wut bremsen, den Zorn stoppen. Doch weder mein Körper noch meine Gefühle scheinen meinem Verstand gehorchen zu wollen. *Der Zorn hat seinen eigenen Willen entwickelt.* Und der ist, mich nicht mehr freizugeben.

»Ich hole Astryd«, entscheidet Fenja.

»Nein!« Meine Stimme lässt sie innehalten. »Hol Kaira.«

Fenja wirft mir einen langen Blick zu, dann nickt sie. »Ich bin gleich wieder da.«

»Hell!«

Meine Lider flattern. Wann habe ich die Augen zugemacht? Und seit wann liege ich auf dem Boden?

»Kaira«, murmele ich. Die Worte klingen seltsam verwaschen. Aber Kaira wird mir helfen können, dessen bin ich mir sicher.

»Ich bin es, Tochter.« Eine kühle Hand streicht über meine Wange. *Astryd*. Mein Herz schlägt schneller.

»Wo –«, bringe ich heraus.

»Es ist alles in Ordnung«, sagt Astryd weich. Ich blinzle. Der Goldschleier in meiner Sicht ist dichter geworden, nun trägt er einen zusätzlichen Rotstich. Trotzdem erkenne ich die Wasserfälle und das Holz des Wikingerschiffs. Selbst die Blumen der Zwillinge sind noch da, jetzt bilden sie mein Bett. Es sind fast ausschließlich Lilien. Wunderschöne, blutrote Lilien. Ich will den Kopf heben, doch er ist zu schwer. Die Hitze kommt nicht mehr nur durch den Strang, der mich mit ihrer Quelle verbindet. Mein gesamter Körper ist zum Einlassgebiet geworden. Und er wehrt sich.

»Du musst es zulassen, Tochter. Es wird leichter, wenn du dich hingibst.«

Ich versuche, mich zu entspannen, doch das Feuer nimmt mir die Luft zum Atmen. »Ich kann nicht mehr«, wimmere ich. Meine Stärke ist aufgebraucht. Und müsste die Tochter des Lichts nicht sowieso längst hier sein?

»Halt durch«, höre ich Astryd sagen. »Nur noch ein kleines bisschen. Die andere Tochter wird bald kommen, siehst du?« Sie deutet nach oben. In den Zweigen der Bäume über uns haben sich Krähen gesammelt. Eine Erinnerung blitzt in mir auf. Tante Emmi und ich, wie wir im winzigen Park neben ihrer Wohnung spazieren gehen. *Vorboten des Todes*, hat sie gesagt und mit ihrem Stock auf die dicken, schwarzen Krähen gezeigt, die im Laub herumpickten.

»Sie sind ihr vorausgeeilt«, unterbricht Astryd meine Erinnerung. »Sie wissen, dass sich der Himmel bald verdunkeln wird.«

Eine neue Welle brennender Lava ergießt sich in meinen Kreislauf. »Ich brauche ein Kors«, stöhne ich. »Bitte. Es soll aufhören –«

»Hab keine Angst.« Astryds Stimme klingt auf einmal wie die meiner Mutter früher, wenn sie mir vorgelesen hat. Und genau wie damals überkommt mich die Ruhe der Geborgenheit. *Ich werde beschützt*, denke ich. *Astryd wird auf mich aufpassen.* Da ist noch etwas anderes in meinem Hinterkopf, aber ich kann es nicht mehr fassen. *Es ist alles gut.* Vielleicht sollte ich mich nicht sträuben. Es kostet Energie, die ich nicht habe. Astryds Hand streicht über meine Wange. *Ich tue das Richtige.*

Und dann lasse ich los.

Die Bilder, die ich sehe, sind nicht rotgolden, weshalb ich weiß, dass ich träume. Und ich habe nichts dagegen. Es ist bittersüß, Alice und Matti wiederzusehen, mit ihnen in Granates rüttelndem Innenraum zu sitzen und zu scherzen, als wäre nie etwas geschehen. Selbst Yasins Auftauchen in meinen wirren Gedanken ist mir willkommen. Ich bin nicht wütend auf ihn wie früher, und er macht keine Witze auf meine Kosten. Stattdessen lächelt er mir zu und holt etwas aus seiner Jackentasche. Was es ist, erkenne ich nicht mehr, denn statt Yasin sehe ich jetzt Ma. *Es ist alles gut, Schätzchen*, sagt sie. Wie alt bin ich? Vier, vielleicht fünf. Gerade hingefallen bei den ersten Versuchen, Radfahren zu lernen. Blutige Knie. *Hab keine Angst, Hell. Ich passe auf dich auf.* Mas Gesicht wird verzerrt, als hätte jemand eine alte Videokassette gestoppt. Die warme Sicherheit schwindet.

»Siehst du denn nicht, was mit ihr geschieht?«

»Sie ist die Tochter der Dunkelheit.«

»Sie ist krank! Wie Solveig, wie Freya!«

»Ausgeschlossen.«

»Der Zorn hat sie krank gemacht. Ich habe das alles schon einmal gesehen, Astryd. Das Aufglühen, die Macht, ihr Schwund. Bald wird es zu spät sein, um Hell zu retten!«

Ist Kaira wirklich hier, oder träume ich auch das?

»Und wenn schon – sie hat eine Aufgabe. Ohne die Tochter des Lichts ist sie nutzlos.«

»Sie ist immer noch ein Mensch! Und sie wird das nicht mehr lange freiwillig mitmachen.«

Die Stimmen verschwinden, und die seltsame Ruhe kehrt zurück. Kurz frage ich mich, ob ich mich gegen ihre seidige Stille wehren sollte. Doch ich weiß nicht, wie, also lasse ich mich von ihr ins Nichts tragen.

Jemand spricht mit mir. Ich verstehe nichts. Die Worte klingen dumpf, als wäre mein Kopf in Watte gehüllt. *Ist die Tochter des Lichts mittlerweile eingetroffen?* Meine Augenlider sind schwer. Kurz schaffe ich es, zu blinzeln. Rotes Sonnenlicht zeigt mir, dass es inzwischen Tag geworden sein muss. Ich will die Augen offen halten. Aber als wäre der Versuch allein zu viel gewesen, falle ich zurück ins stille Nichts, das wohl das Einzige ist, was mein Körper ertragen kann.

»Es tut mir so leid.« Meine Finger werden gegen weiche Lippen gepresst. »Bitte, Hell, bitte wach auf!«

Diese Stimme verstehe ich. Sie ist warm wie ein Sommerwind. Mein Herz stolpert, und ich reiße die Augen auf. Es ist dunkel geworden. Doch ich erkenne sie. Majvie zuckt zusammen, und ich kann es ihr nicht verübeln. Das Rot meiner Iris, das auch meine Pupille überschattet, würde auch mir Angst machen. Doch es lässt sie nicht zurückweichen.

»Oh, Gott sei Dank!« Majvies Tränen benetzen meine Wangen. »Gott sei Dank, dass du lebst«, flüstert sie an meiner Wange.

»Du siehst anders aus«, sage ich. Majvies Haar, das ihr sonst in Wellen über den Rücken fällt, ist an einer Seite ihres Kopfes zu kunstvollen Zöpfen geflochten. Kohle unterstreicht ihre dunklen Augen und lässt sie bedrohlich aussehen. Archaisch.

»Vorbereitungen auf die Aurora Dies«, sagt sie knapp. *Auf das Ritual der Welle.*

»Wie lange noch?«, frage ich.

»Zwei Tage«, erwidert Majvie. Sie umfasst mein Gesicht mit ihren Händen, nachdem sie sich mit einem Blick versichert hat, dass wir noch immer allein sind. »Hör mir zu, Hell. Wir müssen gehen, am besten sofort.«

»Gehen?«, wiederhole ich verwirrt.

»Fliehen, besser gesagt, noch heute Nacht.« Majvies Schultern sinken. »Ich habe etwas herausgefunden. Über das Ritual.« Sie atmet tief durch. »Es gibt ein Opfer, Hell.«

Erst verstehe ich nicht, was sie mir damit sagen will. Doch dann denke ich an den Stein, den die Schwestern auf die Lichtung geschoben haben. An Liliths Vers aus der Sage der zwei Töchter: *Blut zahlt den Zoll.* An Astryd, die erklärt, dass sich Geschichte wiederholen muss, um einen neuen Lauf nehmen zu können. An das glänzende Schwert in der Truhe, in der das Buch der Schwestern lagert. An Hellea von Schwedens gewaltvollen Tod und daran, dass niemand darüber spricht, was beim Ritual der Welle genau passiert. Ich schüttle den Kopf, obwohl die Bewegung mehr Kraft kostet, als ich habe.

»Doch, Hell«, flüstert Majvie.

»Das kann nicht sein. Sie können mich nicht umbringen! Welchen Sinn hätte das, wenn sie doch Tyr dafür hassen, dass er Hellea getötet hat!«

»Ihr Blut hat der Mutter den Zorn gebracht«, sagt Majvie tonlos. Ich schlucke. *Und meins ist nötig, um die Welle zu entfesseln.* Auf eine bizarre Art ergibt das sogar Sinn. »Ich habe es Astryd selbst in ihrer Zwiesprache mit der Mutter sagen hören«, sagt Majvie. »Es geschieht, wenn die Tochter des Lichts sich zu uns bekennt und das Blut der dunklen den Weltenbaum tränkt.« Sie sieht auf ihre Hände. »Unter den Lichtern des Nordens wird vergangene Schwäche erlöschen und vergangene Stärke erneut triumphieren.«

»Und du bist sicher, dass du das richtig verstanden hast?«, frage ich.

Majvie nickt. »Es passt alles zusammen. Dass Astryd dich von allen fernhält. Dass wir von dir nur noch als Tochter sprechen dürfen.«

»Dadurch soll es leichter für euch sein, meinen Tod zu akzeptieren«, sage ich ungläubig. »Aber das würde doch nicht funktionieren. Nicht bei allen!«

»Weshalb Beth und Tilda nicht aufgehalten wurden, als sie gehen wollten«, sagt Majvie.

»Aber Lilith –«, beginne ich.

»Lilith glaubt, ihren Vater zu retten«, sagt Majvie nüchtern. »Calla kann es kaum erwarten, sich endlich nicht mehr wie ein Opfer zu fühlen. Wir alle ersticken in einer Welt, die uns nicht genug Luft zum Atmen gibt. Keine dieser Frauen wird auch nur einen Finger rühren, um die Welle aufzuhalten, Hell. Auch nicht, wenn sie dafür eine weitere Tragödie überstehen müssen.«

Langsam dringen Majvies Worte zu mir durch. Die Frauen, die ich als Freundinnen betrachtet habe, werden für die Welle meinem Tod zustimmen. Die fröhliche Nerea. Schwester Inge, die sich wie eine Mutter um uns alle kümmert. Reili. Schwester Edda, von der ich glaube, dass sie mich mag.

»Wissen sie es?«, frage ich leise.

»Ich gehe nicht davon aus«, erwidert Majvie. »Schließlich kann außer Astryd niemand die Sage lesen.«

Astryd. Sie kannte mein Schicksal von Anfang an. Deshalb ist sie mir durch das ganze Land hinterhergereist. Hat mich in Birka abgefangen. Ihre Schülerinnen nach mir geschickt. Ich sehe wieder vor mir, wie sie im wehenden Kleid vor dem Kriegergrab steht und mir Rätsel aufgibt, die mich meinem eigenen Tod Schritt für Schritt näher brachten.

»Deshalb wollte sie, dass du mich zum Bleiben überredest«, sage ich leise. »Ich war nie wirklich frei zu gehen.«

Das Kreischen der Krähen lässt uns zusammenfahren, doch niemand tritt zwischen den Birken hervor.

»Wo ist Astryd?«, frage ich. Allein schon der Gedanke, bald wieder in ihrer Nähe sein zu müssen, lässt Übelkeit in mir aufsteigen.

»Kurz vor dem Abendessen ist eine Fremde angekommen«, erzählt Majvie. »Astryd hat mich gebeten, vor den Birken Wache zu halten, damit du Ruhe bekommst. Niemand außer ihr soll dich mehr sehen. Sie hat gesagt, sie käme im Morgengrauen zu dir zurück. Hell, wenn wir die Welle aufhalten wollen, dürfen wir dann nicht mehr hier sein!« Als ich nichts erwidere, sieht sie mich entgeistert an. »Du wägst doch nicht ernsthaft ab, ob die Welle das Opfer eines Menschenlebens wert ist!«

Ich beiße mir auf die Lippe. Ja, die Welle würde mich mein Leben kosten. Aber sie würde Millionen Frauen überall auf der Welt die Freiheit schenken.

»Muss ich nicht zumindest darüber nachdenken?«

»Denk an deine Brüder«, sagt Majvie verzweifelt. »Denk an deine Mutter, die schon ihren Mann verloren hat und –« Sie stockt. »Und denk an mich. An alles, was für uns noch kommen könnte.«

Ihre Stimme schwankt, und ich weiß, dass die Stärke, die sie für mich so mühsam aufrechtzuerhalten versucht, aufgebraucht ist. Langsam schließe ich die Augen. Ich wäre nicht die Einzige, die wegen der Welle stirbt. Es ist nicht schwer, sich vorzustellen, wie die seit Anbeginn der Zeit unterdrückte Hälfte der Menschheit reagiert, wenn sie mit einem Mal die Übermacht bekommt. Es wird Chaos herrschen und Rache, egal, ob die Schwestern versuchen, die Reaktionen zu kontrollieren. *Und ich wäre nicht mehr hier …* Ich wünschte, ich wäre mutig genug, um Angst nicht Teil dieser Rechnung sein zu lassen. Aber ich bin keine Heldin.

»In Ordnung«, sage ich. »Wir fliehen.« Noch im selben Moment, in dem die Worte meine Lippen verlassen, versiegt mit einem Mal jegliche Hitze, die zuvor noch durch meine Adern geströmt ist.

»Hell?«

Meine Hand fährt zu meinem Herz, das nicht mehr galoppierend gegen meine Rippen pocht. Zart wie Flügel spüre ich es flattern. Ich sehe hinab auf meine Hand und zucke zusammen. Die Adern, die unter meiner blassen Haut verlaufen, sind pechschwarz.

Eine Erinnerung flackert in mir auf. Ich, wie ich Schwester Solveig aus Versehen anremple, an meinem ersten Abend in Vekja. Die Hast, mit der sie ihre verrutschten Pulswärmer zurück über ihre Handgelenke zog, als hätte sie etwas zu verbergen. Das unerklärliche Rot ihrer Augen. Kairas Worte aus meinem Traum hallen durch meinen Kopf.

»Ich habe das alles schon einmal gesehen. Das Aufglühen, die Macht, ihr Schwund.«

Vielleicht war es kein Traum. Vielleicht war Kaira hier, um Astryd zu warnen!

»Sie ist krank! Wie Solveig, wie Freya!«

Wenn sie recht hat … Ich streiche über meine Haut, die sich papierdünn anfühlt. Wenn Kaira recht hat, dann bin ich nicht die Einzige, die es geschafft hat, mehr Zorn anzuziehen, als ihr das auki zur Verfügung gestellt hat. *Dabei sollte das doch nur einer der Töchter möglich sein …*

»Hell!« Majvie legt ihre Hand unter meinen Kopf, damit ich sie ansehen kann.

»Die Hitze«, bringe ich heraus. »Sie ist verschwunden.« Das Zittern meiner eiskalten Lippen macht es mir schwer, die Worte zu formen. »Ich spüre den Zorn noch. Aber er … erreicht mich nicht mehr.« Die blanke Angst in Majvies Augen lässt mich innehalten. Doch es ist zwecklos, sie schützen zu wollen. »Kaira glaubt, mir passiert dasselbe wie Solveig.«

»Solveig wurde ermordet«, sagt Majvie entgeistert.

Ich nicke. »Aber vorher war sie so krank, dass Astryd sie auf Kairas Drängen hin ins Krankenhaus gebracht hat.« Majvies Augen werden größer, und ich weiß, an wen sie denkt. An wen sie dachte, als wir uns das letzte Mal auf der Lichtung gesehen haben. Freya. Die so strahlend und stark wirkte, bevor sie in sich zusammenfiel. Bevor sie starb. »Majvie, ich muss mit Kaira reden!«

Sie schlägt die Hände vor dem Mund zusammen. »Jetzt verstehe ich«, murmelt sie.

»Was?«, frage ich.

Zögerlich sieht sie mich an. »Kaira ist nicht mehr in Vekja. Sie ist gestern Nacht gegangen, ohne sich zu verabschieden.«

»Das kann nicht sein«, flüstere ich. »Warum sollte sie das tun?« Doch noch während ich die Worte ausspreche, kenne ich die Antwort: Kaira wusste etwas, das sie dazu gebracht hat, sich gegen Astryd zu stellen. In der Nacht, in der ihr Gespräch in meinen Traum gedrungen ist, hat sie versucht, die oberste Schwester zu überzeugen.

Und als sie gescheitert ist, ist sie gegangen.

Die Abendluft schießt wie Eissplitter in meine Lunge, als ich einatme. »Wir brauchen ein Kors«, bringe ich heraus. »Mich vom Zorn zu trennen ist die einzige Möglichkeit, wie ich stark genug werden kann, um zu fliehen.«

Eine eisige Schockwelle umklammert meinen Körper. *Es ist die einzige Möglichkeit, wie ich überleben kann.*

»Du … musst eins stehlen«, sage ich mühsam.

»Astryd hat Jarla und Annbritt befohlen, die Korse einzuschmelzen«, flüstert Majvie. »Sie sagte, sie will uns schützen. Ein Kors ist die einzige Möglichkeit, die Macht einer Empfänglichen auszulöschen. Astryd wollte nicht riskieren, dass sie den Sehenden in die Hände fallen. Und von uns brauchte keine mehr eins.«

Mein Blick fährt zu Majvies Hals. Kein Lederband. »Du hast zu deinem auki gefunden?«

»Ich war so unfassbar wütend auf dich nach unserem Streit«, sprudelt es aus ihr heraus. »Nachdem du zurück zur Lichtung gegangen warst, lief ich in die andere Richtung. Ich wusste nicht, wohin, ich wollte bloß weg. Und da habe ich auf einmal eine Stimme gehört.« Ihre Augen verengen sich. »Es war Astryd. Sie hat zur Mutter gebetet, was nichts Ungewöhnliches ist. Aber ich habe mich gefragt, warum sie dafür so weit in den äußeren Kreis geht. Bis ich sie vom Ritual sprechen hörte. Und seinem Opfer.« Majvie sieht mich an. »Ich war noch nie in meinem Leben so wütend, Hell. Mir war, als stünde ich in Flammen, als könnte ich diesen ganzen

Planeten niederbrennen, wenn es nötig ist, um dich zu schützen.«

Trotz der Kälte, die meinen Körper beherrscht, glüht mein Herz auf. Ich hebe die Hand, streiche ihr eine Strähne aus dem Gesicht und verharre mit meinen Fingerspitzen an ihrer Wange.

»Du kannst wahnsinnig stolz auf dich sein.«

Majvies Lächeln, das ich so vermisst habe, bekommt einen Riss. »Wenn ich gewusst hätte, dass wir ein Kors brauchen werden, hätte ich es nicht getan. Ich meine, wie sollst du in deinem Zustand eine Flucht durch die nördlichen Wälder überstehen? Und dann werden wir das Land verlassen müssen. Egal ob per Flugzeug oder Fähre, die Anstrengung könnte –«

Eine Erinnerung schießt mir in den Kopf. Salziger Wind an Deck. Meine Erschöpfung vom Weinen. Und Yasin, der seine Hand ausstreckt.

»Wie lange bin ich schon in Vekja?«, unterbreche ich Majvies panischen Redefluss.

Erstaunt sieht sie mich an. »Ungefähr zwei Wochen, würde ich schätzen.«

Meine Gedanken rasen. »Zwei Wochen, plus die Tage in Stockholm …«

»Hell?«

»Vier Wochen. So lange hatten wir unsere Reise geplant. Diese vier Wochen sind noch nicht um.«

Verständnislos sieht Majvie mich an. Sie kann nicht wissen, dass ihre Worte mich soeben siedend heiß an etwas erinnert haben. Ich hole zitternd Luft. »Was, wenn ich dir sagen würde, dass wir die Möglichkeit haben, ein Kors zu bekommen?«

Majvies Augen vergrößern sich. »Du meinst das deines Vaters?« Ich nicke. Majvie beißt sich auf die Lippe. »Um es zu holen, müsste ich es in einem Tag nach Deutschland und wieder zurück schaffen. Und du müsstest so lange überleben.« Sie schüttelt den Kopf. »Es ist gefährlich, Hell, wenn nicht sogar unmöglich.«

Ich denke an die Umarmung, mit der Yasin und ich uns voneinander verabschiedet haben, und bin mir sicher, dass er sein Versprechen aus der ersten Nacht unserer Reise nicht gebrochen hat. *Ich passe darauf auf.* Vor meinem inneren Auge sehe ich das Silberkettchen mit dem Amulett, dessen Kraft ich noch nicht kannte, von meiner Hand in seine gleiten.

»Dann haben wir ja Glück, dass sich das Kors meines Vaters in Stockholm befindet.«

KAPITEL 19

Nachdem ich Majvie den Namen unseres Hostels, die Zimmernummer der Jungs und die vollen Namen meiner Freunde genannt habe, sehen wir uns für einen Moment einfach nur an.

»Ich kann noch morgen Abend zurück sein«, sagt sie schließlich. »Seit Kurzem bin ich ziemlich schnell, weißt du?«

Ich versuche zu lachen, doch der Kloß in meinem Hals macht es unmöglich. Keine von uns will die andere verlassen. Aber ein Kors ist das Einzige, das mich endlich vom Zorn trennen kann, dessen eiserne Klauen mir die Luft zum Atmen rauben.

»Versprich mir, dass du auf dich aufpasst«, sage ich.

»Versprochen.«

»Die Sehenden –«

»Werden wohl kaum mit einer Axt hinter jedem Baum warten.«

Erneut senkt sich Stille auf uns herab. Die Wahrheit ist, dass keine von uns weiß, was die Sehenden tun würden und wer genau sie sind. Ein Netzwerk elitärer Machthaber, die im Geheimen Tyr verehren und deshalb Gesetze verabschieden, die seinem Weltbild entsprechen? Brutale Männer, die aus reinem Hass heraus Frauen ermorden? Gläubige, die wiedergeborene Töchter jagen, um das Ende der Welt zu verhindern?

Das Bild, das Astryd uns vermittelt hat, ist diffus. Umso mehr Angst machen die Vorstellungen.

»Ich werde Yasin finden«, sagt Majvie. »Ich werde mit dem Kors deines Vaters zurückkehren, und dann werden wir beide es irgendwie schaffen, von hier zu verschwinden.«

Ich hebe die Hand und wische die schwarze Kohle, die die Tränen auf ihrem Gesicht verteilt haben, von ihren Wangen. Dann beginne ich, das kriegerische Muster zu öffnen, das ihr eine der Schwestern ins Haar geflochten hat.

»Sorgst du dich, dass mein Aufzug deinen viel zu normalen Freunden Angst macht?«, fragt Majvie belustigt.

Ich schüttle den Kopf. »Ich will mich so an dich erinnern, wie ich mich in dich verliebt habe.« Zum ersten Mal spreche ich die Worte aus, die so gewöhnlich erscheinen, die in diesem Moment wahrscheinlich Millionen von Menschen in Tausenden von Sprachen sagen. Doch ich kann mir nicht vorstellen, dass sie das Gleiche dabei empfinden wie ich. Denn müsste dann nicht die Welt stillstehen? Ich weiß, dass, wenn ich nicht an der Schwelle des Todes stünde und die Zukunft aller Menschen nicht in unseren Händen läge, ich keine Sekunde ohne Majvie verbringen würde. Nicht, um zur Arbeit zu gehen, nicht, um irgendetwas anderes zu tun, als sie anzusehen und mich zu fragen, wie ich es jemals verdienen kann, dass sie mich liebt.

Majvie lächelt und sieht erst auf ihre Hände, dann zu mir. »Und wann hast du dich in mich verliebt?«

Ich denke an das, was Majvie über ihre Furcht davor, Kontrolle abzugeben, gesagt hat. Mir macht ein anderer Aspekt von Liebe Angst: die Macht, die man der anderen Person überträgt. Deshalb habe ich bisher immer einen Teil meiner Gefühle für mich behalten. Aber obwohl Majvie mein Leben in einem Wimpernschlag zerstören könnte, ist mein Bedürfnis, sie alles von mir sehen zu lassen, größer als das, mich zu schützen. »Als ich unter dem Weltenbaum die Augen geöffnet habe«, sage ich deshalb.

Majvie neigt ihr Gesicht zu meiner Hand, die noch immer in ihren Locken verharrt. »Ich hätte nicht gedacht, dass du an Liebe auf den ersten Blick glaubst«, sagt sie leise.

»Ich glaube das meiste erst, wenn ich es erlebe.«

Zur Antwort küsst sie mein Handgelenk. Diese winzige Berührung sendet eine warme Welle durch meinen eiskalten Körper, dessen Schwäche ich vergesse, als ich mich Majvie entgegenlehne und meine Lippen auf ihre presse. Sie schlingt ihre Arme um mich, und mein Herz schlägt kräftiger, als würde es mich für diesen Moment am Leben halten wollen.

»Geh nicht«, sage ich mit belegter Stimme, als wir uns atemlos voneinander lösen.

Majvie lächelt traurig. »Das hier ist kein Märchen, in dem der wahren Liebe Kuss vor dem Tod rettet, Hell.« Sie legt ihren Finger unter mein Kinn, bis ich sie ansehe, dann küsst sie mich ein letztes Mal mit einer Verzweiflung, die mir die Kehle zuschnürt. Ich weiß, was als Nächstes kommt. Aber ich bin noch nicht bereit, mich zu verabschieden.

»Bleib bei mir«, flüstere ich in ihr Haar. »Nur heute Nacht.« Majvie blickt auf. »Es wird mich schon nicht umbringen«, sage ich, obwohl ich mir da nicht so sicher bin.

»Astryd –«

»Hat gesagt, sie kommt im Morgengrauen zurück«, beende ich ihren Satz. »Ich …« Ich beiße mir auf die Lippe. »Ich will nur noch ein kleines bisschen Zeit.« *Falls sie alles ist, was uns bleibt.*

»Okay«, sagt Majvie tonlos, bevor sie sich entschlossen umsieht. »Aber diese Zeit verbringen wir nicht hier.«

»Ich fürchte, ich schaffe es nicht mehr, uns eine Suite im nächsten Ritz Carlton zu buchen«, erwidere ich.

Aber Majvie lacht nicht. Stattdessen deutet sie auf das

Schiff, in dem wir sitzen. »Hast du dich nie gefragt, wozu die *Hellea* dient?«

Ich lasse meine Hand über das Holz fahren. Und dann verengt sich meine Kehle. Mit einem Mal stehe ich wieder in Birka und höre, wie unser Guide die verschiedenen Grabtypen der Wikingerzeit erklärt.

»Ein Schiffsgrab«, flüstere ich. *Die höchste Ehrenbestattung.* Mein Blick fährt über die Broschen und Schmucksteine, die Armreifen und Blumen, die mich umringen. Mit einem Mal ist mir furchtbar übel.

»Ich kann nicht weit laufen.« Panik erhöht meine Stimme. *Ich muss hier weg*! Majvie umfasst meine Taille, dann hebt sie mich hoch.

»Schon vergessen, dass du mit der Waldedition von Wonder Woman zusammen bist?«

Wir nehmen den langen Weg, um sowohl die Lichtung, den Schlafverschlag als auch Jarla und Annbritt auf ihren Posten im äußeren Kreis zu meiden. Bäume fliegen an uns vorbei, und ich schließe die Augen. Stelle mir vor, wir säßen auf einem Motorrad, das die Amalfiküste herunterfährt. Oder hingen in einem Gleitschirm, mit dem wir über die zerklüfteten Felsen des Baskenlands fliegen. Normale Urlaube für ein normales Paar. *Das wir wahrscheinlich nie sein werden.*

»Da wären wir.«

Ich öffne die Augen, als Majvie mich vorsichtig absetzt, ohne ihren Arm von meiner Taille zu lösen. Wir stehen zwischen den Wildblumen, in unserem Rücken rauscht die Slidur. Unsere Insel. *Der Ort, wo alles angefangen hat.*

»Manchmal wünschte ich mir, ich könnte die Zeit zurückdrehen«, sagt Majvie. Ich betrachte ihr Gesicht, das vom

Mondlicht erleuchtet wird. »Dich nicht hierherlocken. Dich warnen, damit du aus dem Wald fliehst und mit deinem Leben weitermachen kannst.«

»Einem Leben, in dem ich nicht glücklich war«, füge ich hinzu.

»Aber du warst sicher.« Majvie presst die Lippen zusammen. »Ich hätte nachforschen sollen, schon damals, als Astryd sagte, wie besonders und wichtig du bist. Mir hätte klar sein müssen, dass etwas dahintersteckt.«

»Alles, was passiert ist, hat dazu geführt, dass wir heute hier stehen«, sage ich. »Und deshalb würde ich es genau so wieder tun – auch wenn das vielleicht unvernünftig klingt. Aber ich habe mich noch nie derart lebendig gefühlt wie in den letzten zwei Wochen. Ich habe noch nie so viel gefühlt oder mich jemandem so geöffnet wie dir.« Majvies Daumen streicht über meinen Handrücken. »Ich mag, wer ich mit dir bin«, schließe ich ein wenig hilflos, jetzt, wo all die Worte aus mir herausgestolpert sind. Majvie löst ihre Hand aus meiner und lässt sie meinen Arm entlangwandern, bis sie in meinem Nacken angelangt ist. Die federleichte Berührung brennt sich in meine Haut, und ich bin mir sicher, dass ich die Spur ihrer Finger sehen könnte. Aber dafür müsste ich es schaffen, meinen Blick von ihr abzuwenden.

»Ich mag auch, wer ich mit dir bin«, flüstert Majvie an meiner Wange. Meine Knie geben nach, als sie mich küsst, und ich weiß nicht, ob der Zorn schuld ist oder ob mein Körper mir nur beweist, wie recht ich hatte, als ich Majvie gesagt habe, ich würde sie lieben.

Eng verschlungen sinken wir in das Meer aus Wildblumen, und mein Herzschlag, der noch vor ein paar Minuten kaum spürbar war, passt sich ihrem starken an. Sanft fährt Majvie meine Gesichtszüge nach, während ihre Stirn an meiner lehnt.

»Ich fühle mich sicher mit dir«, flüstert sie. »Ich hätte nie gedacht, dass ich mich je wieder mit jemandem sicher fühlen könnte.«

Unsere Lippen treffen sich, und Wellen von Wärme überschwemmen meinen Körper. Diese Wärme ist anders als die des Zorns. Weniger bedrohlich und doch so viel machtvoller. Majvie löst vorsichtig die Schnüre, die mein Kleid zusammenhalten, und ich denke an den ersten Moment, in dem ich sie gesehen habe. An diese seltsame Anziehung, von der ich keine Ahnung hatte, dass sie Liebe war. Die ganze Zeit schon.

Ich küsse sie – ihren Mund, ihre Augenlider, ihr Kinn. Majvie keucht auf, als ich ihre Taille umfasse und sie an mich ziehe. Sofort lasse ich sie los.

»Alles in Ordnung?«, frage ich.

Majvie lächelt. »Mehr als das«, flüstert sie, bevor sie meine Hände zurück zu ihrem Körper führt und ihre Lippen meinen Hals hinabwandern lässt. Ich schließe die Augen. Wenn die Welt in diesem Moment untergehen würde – es wäre mir recht. Solange sie uns beide hier zurücklässt.

Als eine rote Morgensonne über die Wipfel der Bäume steigt, kehren wir leise und ungesehen zu den Wasserfällen zurück. Es ist alles gesagt, und trotzdem wiederholen wir die gegenseitige Anweisung, vorsichtig zu sein und auf sich aufzupassen, als würde das erneute Aussprechen die Wahrscheinlichkeit erhöhen, dass wir es auch tun. Majvie, die ihre alte Kleidung aus einer der Hütten geholt hat und nun in einer weiten Jeans, einer dunkelgrünen Bluse mit Streublümchen und einer Windjacke vor mir steht, umarmt mich ein letztes Mal.

Ich warte, bis ihr Rucksack zwischen den Bäumen verschwunden ist, dann sinke ich vor den Wasserfällen auf die

Knie. Langsam tröpfelt die Wärme der vergangenen Nacht wieder aus mir heraus und lässt mich zitternd vor dem Schiff, das mein Grab werden soll, zurück. *Noch zwei Tage.* Ich hülle mich in die Decke, die Majvie mir gebracht hat, aber sie kommt nicht gegen die Kälte in meinem Inneren an. *Beeil dich*, flehe ich in die Stille. *Und bitte komm zu mir zurück.*

KAPITEL 20

Dienstag, davor

Ich blinzle in die tief am Himmel stehende Sonne. *Schon Abend.* Das bedeutet, Majvie läuft noch durch den Wald. Ist noch in Gefahr, verfolgt zu werden. *Das ist sie überall da draußen.* Ich beiße meine klappernden Zähne zusammen. Es war falsch, sie gehen zu lassen. Es ist falsch, dass sie ihr Leben riskieren muss, damit ich nicht getötet werde. Ich schließe die Augen. *Wenn in der nächsten Minute keine Krähe kreischt, ist Majvie sicher vor den Sehenden. Wenn ich es schaffe, den Rest Brot zu essen, findet sie Yasin. Wenn –*

Ein Knacken unterbricht das zermürbende Spielchen, das ich in den letzten Stunden entwickelt habe.

»Hallo?«, rufe ich, wobei rufen ein bisschen zu viel gesagt ist, schließlich ist meine Stimme nicht viel mehr als ein Krächzen. *Kommt Astryd zurück*?

Wie angekündigt ist die oberste Schwester kurz nach dem vollen Sonnenaufgang in meinem Lager erschienen. Als sie mich sah, schmolz das aufgesetzte Lächeln von ihrem Gesicht. Sie versuchte, mich zu beruhigen, doch die sanfte Wärme ihrer Stimme drang nicht zu mir durch. Und in diesem Moment verstand ich, was in den Tagen seit der Magisk Natt passiert ist, immer wenn ich aufgeben wollte. Astryd hat mich eingewoben. Sie hat ihre Gabe eingesetzt, um mir das

Gefühl zu geben, es sei alles in Ordnung, damit ich meinen Körper in Ruhe von der Hitze des Zorns zerstören lasse. Aber seit ich mein Schicksal kenne, sind meine eigenen Gefühle stärker als ihre. So hat Majvie mir die Weberinnenmagie erklärt, am Tag nach Astryds Rückkehr, an dem wir um Schwester Solveig getrauert haben. Damals war es der Beginn meiner Verliebtheit, der mir eine Pause von Astryds erdrückender Trauer gab. Und nun … nun befreit mich meine Wut von den Fesseln ihrer gefährlichen Gleichmütigkeit.

»Astryd?«, krächze ich und versuche, mich aufzusetzen, um hinter die Birken sehen zu können. »Bist du das?«

Die oberste Schwester hat mein Lager vor Stunden unter der fadenscheinigen Entschuldigung verlassen, die Vorbereitungen in Vekja beaufsichtigen zu müssen. Kurz habe ich gehofft, sie würde mir Hilfe holen, immerhin braucht sie mich lebend. Doch dann kamen mir ihre Worte aus dem Gespräch mit Kaira wieder in den Sinn.

Und wenn schon – sie hat eine Aufgabe. Ohne die Tochter des Lichts ist sie nutzlos.

Mit einem Schlag ist meine Müdigkeit wie weggewischt. *Die Tochter des Lichts*! Ist sie endlich in Vekja eingetroffen? Ich stütze mich auf meine Ellbogen, in Erwartung, eine Botin zu empfangen. Doch die Frau, die zwischen den Birken hervortritt, ist weder Astryd noch eine andere Schwester.

»Oh Gott.« Die Fremde schlägt beide Hände vor dem Mund zusammen. Sie trägt kein weißes Kleid, sondern eine Wanderhose und eine gelbe Jacke. Ihre blonden Haare, die von weißen Strähnen durchzogen werden, hat sie zu einem ordentlichen Knoten in ihrem Nacken geschlungen. »Es tut mir so leid«, murmelt sie vor sich hin, als würde sie nur zu sich selbst sprechen. »Das ist alles meine Schuld.«

»Deine Schuld?«, frage ich verwirrt, während ich versuche, mich aufzusetzen und gegen das Schiff zu lehnen. Die

Frau sieht mich an, als hätte sie sich gerade an meine Anwesenheit erinnert, dann kommt sie ein paar Schritte auf mich zu und lässt sich schließlich vor mir zu Boden sinken.

»Ich hätte mit dir reden sollen, statt bloß die Artikel aus dem Netz zu löschen«, sagt sie reuevoll. »Ich hätte dich deutlich warnen müssen, dich bitten, dass du dich fernhalten musst von den nördlichen Wäldern.« Ihre Züge werden härter. »Und von Astryd.« Sie neigt den Kopf, und ich halte den Atem an, als ich ihr in die Augen sehe – eins grün, eins braun.

»Du bist die Frau aus der Bibliothek«, sage ich. »Du hast mir deinen Computer geliehen!«

»An dem du über Hellea von Schweden recherchiert hast.« Sie nickt. »Ich brauchte dich nur anzusehen, um zu wissen, wer du bist.«

»Die Tochter der Dunkelheit?«, frage ich zögernd.

Sie schüttelt den Kopf. »Nein, Hell. Die Tochter deines Vaters.«

Für einen Moment glaube ich, mich verhört zu haben. »Du … Du kanntest meinen Vater?«, stammle ich.

Die Frau nickt. »Nathaniel Curtens. Mein erster Doktorand und der fleißigste, den ich je hatte.«

Meine Gedanken fliegen zurück zu dem Vormittag, den ich in der Stockholmer Universitätsbibliothek verbracht habe. »Du bist Selma Bergström«, sage ich langsam. »Die Professorin, die den Artikel über Hellea von Schweden geschrieben hat.«

Ich sehe die ausgedruckten Blätter wieder vor mir. *Schwedens vergessene Heldin.*

»Bei dem dein Vater mir half, ganz recht«, erwidert Selma.

»Und du warst es, die den Artikel aus dem Netz genommen hat?«, fahre ich fort. »Genau wie alle anderen Arbeiten meines Vaters?«

Selma nickt. »Ich hoffte, dass du dich von dem Thema löst,

wenn du nichts mehr darüber findest. Ich ging davon aus, dass du einfach nur nach der Vergangenheit deines Vaters gesucht hattest.« Sie presst die Lippen zusammen. »Wenn ich geahnt hätte, dass Astryd dir schon längst auf der Spur war, hätte ich dich eigenhändig zurück nach Deutschland gebracht.«

Ich schüttle den Kopf. »Warum? Du kennst mich doch überhaupt nicht, und mein Vater war bloß dein Doktorand –«

»Dein Vater wäre noch am Leben, wenn ich ihn nicht vor vierzehn Jahren nach Vekja geführt hätte.«

»Das ist nicht möglich«, sage ich. »Mein Vater ist bei einem Autounfall ums Leben gekommen. Es war ein Unfall, nichts weiter!« Meine Stimme wird lauter, doch sie schafft es nicht, Astryds Worte in meinem Kopf zu übertönen. *Ich erklärte deinem erschrockenen Vater, wer du bist und was du brauchst. Ich bot ihm an, dich in unserer Mitte aufzuziehen, um dir beizubringen, was eine Empfängliche ist, und um dich auf deine Aufgabe als wiedergeborene starke Tochter vorzubereiten. Doch er weigerte sich.*

»Wie sind mein Vater und ich damals nach Vekja gekommen?«, frage ich tonlos.

Für einen Moment ist nur das Rauschen der Wasserfälle in unserem Rücken zu hören.

»Ich gehörte zu den Schwestern«, sagt Selma dann. »Ich kam zum gleichen Zeitpunkt wie zwei andere Frauen an. Astryd und Solveig. Während Solveig und ich Vekja als großes Abenteuer betrachteten, war Astryd nahezu besessen von allem, was mit dem Zorn zu tun hatte. Sie wurde zur Nachfolgerin der damaligen obersten Schwester gekürt, und wir entfernten uns voneinander, bis sie eines Abends vollkommen aufgelöst und verweint zu uns kam.«

»Sie hatte die Sage der zwei Töchter gelesen«, schließe ich. *Inklusive des Teils mit dem Todesopfer einer Frau.* Selma nickt.

»Ich war dafür, Vekja sofort zu verlassen und die Schwestern der Polizei zu melden. Aber das war für Astryd keine Option. Sie beruhigte sich. Sprach mit unserer obersten Schwester. Und sie entschied sich zu bleiben.« Selma presst die Lippen zusammen. »Ich hätte damals zur Polizei gehen sollen. Aber als ich zurück in Stockholm war, erschien mir alles, was ich hier erlebt hatte, so unwirklich. Ich nahm einen Job an der Uni an, verliebte mich, gründete eine Familie. Je mehr Zeit verging, desto fester glaubte ich daran, mir mein auki eingebildet zu haben. Ich überzeugte mich davon, dass die Schwestern bloß eine abgedrehte Gruppe im Wald lebender Hippie-Aussteiger waren und dass sie sich wahrscheinlich schon längst aufgelöst hätten. An das Ritual der Welle und die Lebensgefahr für eine junge Frau habe ich nicht mehr gedacht – bis du mir über den Weg liefst.«

»Ich verstehe nicht«, unterbreche ich sie. »Weshalb waren mein Vater und ich überhaupt in Schweden?«

Selma verschränkt ihre Hände. »Weil ich euch eingeladen habe. Nachdem dein Vater seinen Doktor abgeschlossen hatte und nach Hamburg zurückgekehrt war, blieben wir in lockerem Kontakt über seine Arbeiten und meine. Als ein historischer Kongress an der Uni Stockholm stattfand, lud ich ihn und seine Familie ein. Deine Mutter hatte keinen Urlaub übrig, aber dich brachte Nathaniel mit.« Selma verzieht das Gesicht. »Eines Abends machte ich nach einem Glas Wein zu viel den Fehler, Nathaniel von Vekja zu erzählen. Er war fasziniert von der Vorstellung, dass wir wie im frühen Mittelalter gelebt hatten, unsere eigenen Sagen erfanden, unsere eigenen Göttinnen kürten. So fasziniert, dass er mich bat, euch zur Lichtung zu führen.«

Selma wirft mir einen besorgten Blick zu, dann zieht sie den Reißverschluss ihrer Jacke auf.

»Es nützt nichts«, wehre ich ab und versuche, meine Lippen ein bisschen weniger zittern zu lassen. »Die Kälte kommt von innen.« Ich räuspere mich. »Was ist passiert, als wir nach Vekja kamen?«

Selma schlingt ihre Arme um ihren Oberkörper. »Du musst verstehen, dass ich glaubte, ein verlassenes Dorf vorzufinden. Ich hatte keine Ahnung, dass Vekja florierte, und noch viel weniger, dass Astryd mittlerweile oberste Schwester war. Doch dann, als wir den äußeren Kreis betraten, spürte ich den Zorn, der mein auki zum Leben erweckte. Ich erkannte, dass ich mich all die Jahre selbst belogen hatte. Der Zorn existierte. Die Sage existierte. Ich bekam Panik und bat Nathaniel, umzukehren, aber er hatte dich schon bei der Hand genommen und ging auf die Lichtung zu. Er hielt Vekja und seine Bewohnerinnen für eine charmante Nachstellung historischen Lebens – wie hätte er auch von der Gefahr ahnen können, in die du dich begabst?«

»Ich habe den Zorn gespürt.«

Selma nickt. »Noch im selben Moment, in dem du das Gras der Lichtung betratst, fingst du an zu schreien. Dein Körper wurde glühend heiß, und was dein Vater für ein Fieber hielt, erkannte jede durch den Lärm herbeigerufene Schwester als das, was es nicht sein konnte.« Selma mustert mich. »Um zur Empfänglichen zu werden, muss eine Frau oder ein Mädchen sich willentlich und wissentlich gegen Ungleichheit erheben. Doch du spürtest den Zorn mit deinen vier Jahren. Es gab nur eine Erklärung. Die wiedergeborenen Töchter der Dunkelheit empfangen die Wut der alten Erde ohne diese Hürde, sie sind von Natur aus empfänglich. Du brauchtest keine Entscheidung und kein Ereignis, um zur Empfänglichen zu werden. Das Streben nach Gerechtigkeit und der Wille, für ebendiese zu kämpfen, waren dein vorbestimmtes Schicksal.«

»Und Astryd erkannte das«, schließe ich. »Deshalb stritt

sie mit meinem Vater. Sie hat es mir erzählt«, füge ich erklärend hinzu. »In meiner Magisk Natt. Sie hatte meinem Vater angeboten, mich in Vekja aufzuziehen und mich zu schützen, aber das wollte er nicht.«

»Das ist noch sehr freundlich ausgedrückt«, sagt Selma. »Dein Vater versprach Astryd, dass sie seine Tochter nur über seine Leiche bekommen würde. Er floh mit dir zurück nach Deutschland und brach jeglichen Kontakt zu mir ab. Ich hätte nichts lieber getan, als ihn in Ruhe ziehen zu lassen, aber ich wusste mehr als Nathaniel. Wenn du die Tochter der Dunkelheit warst, würde Astryd alles versuchen, um an dich heranzukommen. Und du würdest sterben.«

»Das Kors, das mein Vater mir geschenkt hat«, sage ich, während Selma betreten zu Boden sieht. »Es gehörte dir.«

Sie nickt. »Ich schickte es zu euch nach Hamburg. Es sollte dich vor Vekjas Anziehung auf die wiedergeborenen Töchter schützen.«

Aber es gab noch etwas, das mich beschützt hat. *Jemanden.* Ich schlucke hart. »Du hast gesagt, mein Vater wäre noch am Leben, wenn du uns damals nicht nach Vekja gebracht hättest.«

Selma wirft mir einen zweifelnden Blick zu, als würde sie abschätzen, wie viel ich ertragen kann. »Astryd hatte Kontakte«, sagt sie zögerlich. »Sie bekam den Dekan der historischen Fakultät in Stockholm dazu, deinem Vater eine Professur anzubieten. So viel weiß ich mit Sicherheit.«

Ein eiskalter Schauer läuft über meinen Rücken. Auf einmal stehe ich wieder auf dem Parkplatz des Vincenzo, während Nieselregen meinen seidenen Jumpsuit durchweicht, und höre zu, wie meine Mutter mir zum ersten Mal seit Jahren die Wahrheit sagt. Angefangen bei dem Streit im Auto.

Es ging um eine Professur, die ihm angeboten worden war. Dein Vater hatte die Stelle abgesagt, ohne überhaupt mit mir über den möglichen Umzug zu sprechen. Wegen dieser Lappalie haben wir uns gestritten.

»Mein Vater lehnte ab, oder?«, frage ich tonlos. Selma nickt. »Wann genau sagte er die Stelle ab?«, frage ich.

»Am 7. Juni 2008.« *Eine Woche, bevor unser Wagen aus der Kurve flog.* Ist es möglich? Hat Astryd erst versucht, unsere Familie nach Schweden zu locken, um an mich heranzukommen, und dann, als das nicht funktionierte, für den Unfall gesorgt, der meinen Vater das Leben gekostet hat? Ich presse meine Fingernägel in meine Haut. Es ergibt keinen Sinn. Warum hätte sie mich gefährden sollen, schließlich saß ich ja auch im Wagen –

»Hell?«, fragt Selma besorgt.

»Ich hätte an diesem Morgen nie in dem Auto sitzen sollen«, flüstere ich. Die Stimme meiner Mutter klingt erneut in meinen Ohren. *Du hattest eine Erkältung, also wollte dein Vater uns beide auf dem Weg zur Arbeit beim Arzt absetzen.* Ich sehe die Professorin an. »Du denkst, dass Astryd die Bremsen manipuliert hat, oder?«

Selmas Schultern sinken nach unten. »Ich habe keine Beweise.«

»Ich bin der lebendige Beweis dafür, dass Astryd nicht davor zurückschreckt, Menschen zu töten, um ihr Ziel zu erreichen.« Ich will aufstehen, doch meine Knie zittern zu stark.

»Hell …«, beginnt Selma, hört jedoch auf zu sprechen, als sie die Tränen bemerkt, die über meine Wangen laufen.

»Sie kann das nicht tun!«, sage ich. »Sie kann uns nicht wie Spielfiguren benutzen, uns aus dem Weg räumen, uns in Lebensgefahr bringen – alles nur, weil sie glaubt, irgendeine alte Sage verleihe ihr das Recht dazu!«

»Ich weiß«, sagt Selma in einem beruhigenden Ton. »Und ich bin gekommen, weil ich glaubte, dass ich es schaffen kann, Astryd umzustimmen. Aber sie zeigt keinerlei Einsicht. Solveig war immer vernünftiger, aber sie habe ich seit meiner Ankunft gestern Abend noch nicht gesehen …«

Ich versuche, meinen Atem zu kontrollieren, als Schwindel von mir Besitz ergreift. Nicht mein Wutanfall war schuld am Tod meines Vaters. Sondern eine Frau, die ihn aus dem Weg räumen musste, um an seine Tochter zu kommen. Die wusste, dass er mich mit seinem Leben beschützt hätte.

»Hell?« Selma sieht mich besorgt an. »Ich weiß, du bist in Schock.«

Ich schaffe es gerade so zu nicken und wünschte, Majvie wäre hier. Sie wüsste, wie ich das Chaos ordnen kann, das mich zu ersticken droht. »Ich will, dass sie zur Rechenschaft gezogen wird«, sage ich heiser. »Ich will eine Untersuchung. Eine Gerichtsverhandlung.«

Selma presst die Lippen zusammen. Sie sagt nicht, was dem rationalen Teil von mir sowieso klar ist: Niemand wird fähig sein, einen vierzehn Jahre zurückliegenden Mord zu beweisen.

»Es ist jetzt wichtig, dass wir so viele Schwestern wie möglich auf unsere Seite bekommen«, sagt Selma eindringlich. »Weißt du, wo ich Solveig finde? Sie würde es am ehesten schaffen, Einfluss auf Astryd zu nehmen.«

Ich senke den Blick. »Solveig ist tot.«

Selma lässt den Krug mit Wasser fallen, den sie mir gerade reichen wollte. »Wie?«, fragt sie hohl.

»Ermordet von den Sehenden.«

Selma sieht auf. »Den Sehenden?«

»Eine Gruppe von Fanatikern, die an die nordische Mythologie glauben und –«

»Ich weiß, wer die Sehenden sind«, winkt Selma ab. »Unsere oberste Schwester hat uns damals vor ihnen gewarnt. Gesagt, dass wir außerhalb Vekjas nicht sicher sind, weil sie Empfängliche jagen.« Sie schluckt. »Ich habe bloß nie daran geglaubt. Ich meine, wie viele Jahre lebe ich nun schon in der Außenwelt, ohne je auch nur ein Anzeichen von ihnen gesehen zu haben! Aber wenn es wahr ist und Solveig –« Hilflos verstummt sie.

Ich beiße mir auf die Lippe. Es ist so viel passiert, seit Astryd nach Vekja zurückkehrte und uns die Nachricht von Solveigs Tod brachte. Doch jetzt, wo ich darüber nachdenke, kommen meine Zweifel von damals zurück. Der einzige Beweis für Solveigs Ermordung, für die gesamte Existenz der Sehenden ist das Stück Pergament, das Astryd an Solveigs Bett gefunden hat. Beths Worte klingen durch meinen Kopf. *Ich kann auch irgendeine Drohung auf ein alt aussehendes Papier kritzeln. Jeder kann das.*

Mein Herz schlägt schneller. Solveig war schwach, noch schwächer als ich. Und selbst wenn die Sehenden nicht davor zurückschrecken, sich in ein Krankenhaus zu schleichen, um eine alte, vom Zorn zerfressene Frau zu töten – ist es nicht viel plausibler, dass ihr Körper von ganz allein kapituliert hat? Warum ist Astryd nie ins Detail gegangen, wenn sie uns von den Sehenden erzählt hat? Eine sinistre, unmögliche Vorstellung macht sich in mir breit.

»Hältst du es für möglich, dass die Sehenden eine Lüge sind?«

Selma sieht mich mit glänzenden Augen an. »Bis heute habe ich das.«

In hastigen Worten erkläre ich ihr, wie wenig wir über die Umstände von Solveigs Tod wirklich wissen.

»Aber warum sollte Astryd euch belügen?«, fragt Selma, als ich fertig bin. »Warum hätte unsere oberste Schwester uns damals anlügen sollen?«

Ich lasse meinen Blick über die Wasserfälle wandern, das Schiff, die Schätze in seinem Bauch. »Ich weiß es nicht«, sage ich, während sich in meiner Brust etwas verhärtet. Unser

Plan war es, zu fliehen. Aber das reicht nicht mehr. Denn was auch immer für ein Spiel die obersten Schwestern spielen – ich werde Vekja nicht verlassen, bis ich es aufgehalten habe.

Trotz der gleißenden Morgensonne umhüllt mich Müdigkeit wie Nebel, aber ich darf nicht wieder einschlafen. Mein Herz schlägt zu langsam und zu mühevoll, um das zu erlauben. Selma ist bei Tagesanbruch nach Vekja zurückgekehrt. Wenn sie mir irgendeine Hilfe sein soll, dann muss Astryd glauben, ihre alte Freundin sei auf ihrer Seite – zurückgekehrt, um die Welle des Zorns zu unterstützen. Ich hoffe, dass ich ihr vertrauen kann, aber sicher bin ich mir nicht. *Voll und ganz vertraue ich nur noch einem einzigen Menschen.* Mittlerweile müsste Majvie schon längst in Stockholm sein. Wird sie Yasin finden? Wird er ihr zuhören, ihr glauben?

Ich schließe die Augen, nur um ihnen einen Moment der Erholung zu geben und um den Rotschleier nicht mehr sehen zu müssen, der mich daran erinnert, dass ich aussehe wie ein hungriger Vampir.

Majvie geht es gut. Wenn sie zurückkommt, werden wir herausfinden, was in Vekja vor sich geht. Meine Zähne schlagen klappernd gegeneinander. Es ist eine besondere Art der Folter zu frieren, wenn im Inneren ein Höllenfeuer brennt. Kaira wüsste vielleicht, was dagegen zu tun wäre. Aber sie ist gegangen, statt mir zu helfen. Ich kann es ihr nicht vorwerfen. Sie hat in ihrem Leben schon zu viele Frauen sterben sehen. Ich schüttle den Kopf, wie um den Gedanken zu vertreiben. Ich werde nicht sterben. Ich weigere mich, verdammt! Doch als mir noch kälter wird, frage ich mich mit einem Anflug von Verzweiflung, ob ich mich geirrt habe. Vielleicht ist es nicht nötig, dass die Tochter der Dunkelheit bis zur Aurora Dies überlebt. Vielleicht reicht ihnen mein Blut, und es wird niemanden kümmern, dass ich hier draußen langsam ausbrenne. Oder Astryd lässt mich allein, weil sie einfach nicht mehr mit ansehen kann, was der Zorn meinem Körper antut. Es ist unwichtig. Nur eine Sache zählt: *Ich darf nicht schlafen.* Doch der Nebel schleicht sich in meine Gedanken, bis ich zu müde bin, um Angst zu haben.

Karl und Kilian tauchen vor meinem inneren Auge auf. Ihr Babylachen, das mich so glücklich gemacht hat, die Wärme ihrer kleinen Körper neben mir im Bett, wenn ich ihnen Ronja Räubertochter vorgelesen habe. Dann sehe ich Ma, wie sie mich in den Arm nimmt, als ich selbst noch klein und unsere Herzen ungebrochen waren. Eine Blitzlichterinnerung von meinem Vater, wie er mich im Schwimmbad in die Luft wirft und dann wieder fängt, eingehüllt in den Duft nach Chlor und Männershampoo.

»*Hell?*« Meine trockenen Lippen verziehen sich zu einem Lächeln. Mattis Stimme. Es kann kein gutes Zeichen sein, dass ich beginne, Stimmen zu hören. Aber in meiner Einsamkeit sind sie mir willkommen.

»*Hell!*« Alice. Ich hoffe, sie wird mir irgendwann verzeihen und mir glauben, dass unsere Freundschaft eins der schönsten Dinge war, die mir in meinem Leben passiert sind. Eine Hand streicht über meine Wange, und ich öffne flatternd die Augen, um in tief braune zu sehen.

»Yasin?«, krächze ich.

»Sag du noch mal, ich würde mich in Schwierigkeiten bringen.« Er grinst, dann hebt er vorsichtig meinen Kopf an.

In dem Moment, in dem das Kors meine Brust berührt, verschwinden das Feuer und das Eis.

Ich blinzle. »Al!« Ich habe meine beste Freundin schon oft weinen sehen, aber nie so verzweifelt wie jetzt.

»Es tut mir so unendlich leid«, schluchzt sie an meiner

Schulter, als sie mich umarmt. »Ich hab total überreagiert. Wir sind umgekehrt, nur ein paar Stunden, nachdem wir uns getrennt hatten. Aber wir haben dich nicht finden können. Ich hatte solche Angst um dich!«

»Mir geht's gut«, sage ich hastig.

»Außer, dass du in einem Dorf voller Fanatikerinnen gefangen bist, die planen, dich zu opfern – wenn ich das richtig verstanden habe?« Matti dreht sich fragend zu Majvie, die neben ihm steht.

»Größtenteils«, erwidert sie, ohne den Blick von mir zu nehmen. Ich sehe von meinem besten Freund zu der Frau, in die ich mich verliebt habe, zu Alice, zu Yasin und kann mir trotz allem, was gerade vor sich geht, kaum vorstellen, dass es auf dieser Welt einen Menschen gibt, der mehr Glück hat als ich.

»Was macht ihr hier?«, frage ich, als ich meine Stimme wiedergefunden habe.

»Deinen Hintern retten«, erwidert Yasin. »Was sonst?«

»Majvie hat uns gerade rechtzeitig gefunden«, sagt Matti. »Wir waren schon dabei zu packen, um zu meinen Großeltern zu fahren. Wir wollten sie um Hilfe bei der Suche nach dir bitten.«

»Coco und Tom waren dafür, die Polizei zu verständigen«, fügt Alice hinzu. »Aber wir haben an dein seltsames Fieber gedacht.« Ihr Blick flackert zu den Felsen mit ihrem eingemeißelten Abbild der Aurora Dies. »Uns war klar, dass in diesem Wald irgendetwas vor sich geht. Dass mit *dir* irgendetwas vor sich geht, und wir hatten Angst, was mit dir passiert, wenn wir die Behörden einschalten.«

»Coco und Tom war das alles zu viel«, erklärt Matti. »Sie haben gestern die Fähre zurück nach Kiel genommen.«

»Gut«, nicke ich. »Dann sind sie in Sicherheit.«

»So wie du bald«, sagt Majvie.

Sie tritt einen Schritt auf mich zu und reicht mir die Hand. Ich stehe auf, ohne zu zittern oder das Gleichgewicht zu verlieren. Ganz allein tragen meine Beine mein Gewicht, und langsam wird der Rotschleier über meinen Augen blasser. Ich ziehe Majvie in meine Arme und halte sie fest.

»Wir können nicht gehen.« Ich würde ihr gern sagen, wie unendlich froh ich bin, dass sie zu mir zurückgekehrt ist. Sie küssen. Aber für all das haben wir keine Zeit. Majvie löst sich von mir. »Hast du im Wald irgendwelche Spuren von Sehenden entdeckt?«, frage ich. Sie schüttelt den Kopf, und ich presse die Lippen zusammen.

»Ich dachte, du wärst froh zu hören, dass ich nicht Gefahr gelaufen bin, von einer mythologischen Sekte gekillt zu werden?«, fragt sie. Bei *mythologische Sekte* zuckt Alice zusammen, und mir entgeht nicht, dass Matti beruhigend einen Arm um ihre Schulter legt.

»Bin ich auch«, sage ich. »Aber es wirft Fragen auf.« Abwartend sieht Majvie mich an. »Wir haben keinen Beweis für die Existenz der Sehenden, bis auf Astryds Wort«, sage ich. »Und alles, was sie uns erzählt hat, war so vage, dass sich in jeder von uns eine eigene Horrorvorstellung gebildet hat.«

»Willst du damit sagen …« Majvies Augen weiten sich. »Aber wer hat Schwester Solveig getötet, wenn es die Sehenden nicht gibt?«

»Dasselbe, was mich fast getötet hätte«, erwidere ich. »Der Zorn.«

»Das würde bedeuten, dass Astryd uns alle belogen hat«, sagt Majvie.

Ich nicke. »Ich fürchte, das hat sie.« Als ich damit fertig bin zu erzählen, was Selma mir offenbart hat, ist bereits der Nachmittag hereingebrochen. Vier blanke Gesichter starren mir entgegen.

»Fuck«, sagt Yasin dumpf. »Ich meine, dich zu opfern ist

schon ziemlich krank. Aber deinen Vater umzubringen, um an dich heranzukommen?« Majvies Wangen sind kalkweiß.

»Ich werde nicht gehen«, sage ich in die Stille zwischen uns hinein. »Aber ich kann verstehen, wenn jemand von euch es will. Ihr seid Majvie gefolgt, um mich hier rauszuholen, nicht, um meinen Vater zu rächen oder um die Geheimnisse der obersten Schwestern aufzudecken.«

Alice nimmt meine Hand. »Ich lasse dich nicht noch einmal im Stich, Hell.« Matti nickt zustimmend.

»So wie sich das anhört, kannst du Verstärkung gebrauchen«, sagt Yasin. »Also, was ist der Plan?«

Ich beiße mir auf die Lippe. *Gute Frage.* Die Mysterien in Vekja häufen sich, und die einzige Person, die uns Antworten geben könnte, wird uns nicht die Wahrheit sagen.

»Vielleicht können wir nicht mit Astryd sprechen«, sagt Majvie, als ich meine Zweifel ausspreche. »Aber mit ihren Vorfahrinnen.«

»Ihr … kommuniziert mit Toten?«, fragt Matti ungläubig, doch ich beachte ihn nicht.

»Wenn nicht nur Astryd über die Existenz von Sehenden gelogen hat, sondern auch schon die obersten Schwestern vor ihr …«, sage ich langsam.

»… dann stehen die Chancen nicht schlecht, dass der Grund im Buch der Schwestern dokumentiert wurde«, sagt Majvie und nickt zustimmend.

Ich sehe sie an. »Traust du dir zu, es zu stehlen?«

»Astryd benutzt es seit Neuestem jeden Abend für eine Lesung aus der Sage«, erwidert Majvie. »Ich muss sowieso dringend zurück. Ich habe jeder Schwester eine andere Geschichte erzählt – Astryd glaubt, ich halte Wache am äußeren Kreis –, aber es ist nur eine Frage der Zeit, bis mein Verschwinden auffällt.« Gleichzeitig richten wir den Blick zum Himmel, wo die Nachmittagssonne tapfer versucht, sich ihren Weg durch das Blätterdach zu kämpfen. Ihr gebrochenes Licht verwandelt unsere Gesichter in ein Mosaik des Zweifels. »Ich werde ihr anbieten, es danach zurück zur Hütte zu bringen«, sagt Majvie.

»Und wenn sie es dir nicht anvertraut?«, frage ich.

Majvie reckt das Kinn. »Dann werde ich eben einen anderen Weg finden.«

Kalte Angst durchströmt mich. Astryd hat meinen Vater getötet, um die Welle nicht zu gefährden. Was, wenn sie herausfindet, dass wir dabei sind, sie zu sabotieren? *Was, wenn sie mir noch einen Menschen nimmt, den ich liebe?* Als hätte sie meine Gedanken gelesen, zieht Majvie mich in eine lange Umarmung und flüstert an meinem Ohr: »Vertrau mir.« Ich atme ihren unverwechselbaren Duft nach Sonne, Zitrone und Blüten ein.

»Du riskierst zu viel für mich.«

Majvie tritt einen Schritt zurück, um mich ansehen zu können. »Wenn es wahr ist und die obersten Schwestern die Sehenden erfunden haben, dann geht hier in Vekja etwas vor sich, von dem keine von uns etwas weiß«, sagt sie ernst. »Unsere Schwestern haben ein Recht darauf, die Wahrheit zu erfahren, bevor sie ihre Zustimmung dazu geben, diese Welt für immer zu verändern.« Majvie sieht zu Matti, Alice und Yasin. »Es ist wichtig, dass euch niemand entdeckt.«

»Astryd konnte mich kaum ansehen, als sie das letzte Mal hier war«, sage ich. »Sie wird es einer Schwester überlassen, nach mir zu schauen, wenn überhaupt. Ich glaube, sie will die anderen von mir fernhalten. Niemand streichelt das Kaninchen, das zum Schlachten ausgewählt wurde.« Alice verzieht das Gesicht. »Falls sie doch jemanden schickt, sieh zu, dass es Selma ist.«

»Vertrauen wir ihr?«, fragt Majvie.

Ich denke einen Moment nach. »Es gibt keinen Grund für sie, ein doppeltes Spiel zu spielen.«

Majvie nickt. »Also gut.«

Ich begleite sie bis zu den Bäumen. »Pass auf dich auf«, sage ich tonlos.

»Ich bin wieder da, bevor ihr es merkt.« Majvie lässt meine Hand los. »Und dann werden wir erfahren, was Astryd uns verschweigt.«

Ich sehe ihr nach, wie sie zwischen den Bäumen verschwindet, und habe Mühe, den gigantischen Kloß in meinem Hals herunterzuschlucken. Da spüre ich auf einmal eine Hand auf meiner Schulter.

»Ich weiß, dass du nie viel von mir gehalten hast«, sagt Yasin neben mir. »Aber ich kämpfe für meine Familie. Und nach alldem, was in diesem Urlaub passiert ist, betrachte ich euch als Familie.«

Ich drehe mich zu ihm um. Wir alle haben uns verändert. Aber Yasin ist kaum wiederzuerkennen. *Oder ich war bloß zu voreingenommen, um diese Seite an ihm wahrzunehmen.*

»Danke. Für alles.« Meine Hand fährt zu dem Kors, unter dem mein Herz stetig und ruhig schlägt. »Du hast mir das Leben gerettet«, sage ich. »Wenn ich das Kors ins Meer geworfen hätte …«

»Keine große Sache«, winkt Yasin ab. »Vielleicht verzeihst du mir ja dafür irgendwann, dass ich in der Mittelstufe ein Arsch war?«

»Schon passiert«, erwidere ich ehrlich. Mein Blick wandert von Yasin zu Matti und Alice. »Nicht ganz der Urlaub, den wir uns vorgestellt haben, was?«

»In keiner Weise«, sagt Alice. Sie schluckt hart.

»Al?«, frage ich besorgt. Sie sieht zu Matti, der nickt.

»Ich habe euch nicht die ganze Wahrheit gesagt, an dem Abend vor unserem Streit.« Tränen glänzen auf Alice' Wangen, die sie mit einer wütenden Bewegung fortwischt. »Neben uns geht gerade die Welt unter, und ich heule hier rum«, murmelt sie.

»Ich war in letzter Zeit nicht gerade eine gute Freundin«, sage ich. »Also tu mir den Gefallen, jetzt für dich da sein zu dürfen – trotz Weltuntergang.«

Alice lacht, dann zieht sie die Nase hoch. »Also gut.«

Wir setzen uns auf den Rand des Schiffs wie früher auf die Tischtennisplatten auf dem Schulhof. »Du erinnerst dich, dass Benjamin mir einen Heiratsantrag gemacht hat?«

Bitte sag nicht, du hast angenommen, flehe ich innerlich. Doch welchen Sinn würde dann Mattis Arm ergeben, der stützend um Alice' Schultern liegt?

»Klar«, sage ich.

»Er … hat mich nicht ohne Grund gefragt, ob ich ihn heirate«, sagt Alice leise. Ohne es zu merken, hat sie ihre rechte Hand auf ihren Bauch gelegt. Und auf einmal verstehe ich. Die Appetitlosigkeit, das Erbrechen am Morgen, der Verzicht auf Kaffee und Alkohol. *Und ich dachte, sie entwickelt eine Essstörung …*

»Seit wann weißt du es?«, frage ich vorsichtig.

»Ich habe den Test einen Tag vor unserer Abientlassung gemacht. Da war ich zwei Wochen überfällig.«

»Deshalb ist Benjamin nicht gekommen, oder?«, frage ich.

Alice nickt. »Ich dachte, er lässt mich im Stich. Oder organisiert eine Abtreibung. Aber stattdessen hat er mit unseren Eltern gesprochen und bei meinem Vater um meine Hand angehalten.« Ich verziehe das Gesicht. »Es ist seine Art, sich zu kümmern«, sagt Alice schnell.

»Aber nicht die, die du brauchtest«, schließe ich. »Deshalb bist du mit nach Schweden gefahren.«

»Um den Kopf frei zu kriegen«, nickt Alice. »Benjamin hat mir Raum gelassen, aber meine Eltern bombardieren mich jeden Tag mit vorwurfsvollen Nachrichten. Sie finden, dass ich froh sein kann, dass Benjamin bereit ist, mich zu heiraten.« Ihre Stimme bricht. »Und am liebsten wäre ihnen, wenn wir uns beeilen, damit man noch nichts sieht.«

Hilflos sehe ich zu Matti, auf dessen Gesicht sich die gleiche Wut spiegelt wie auf meinem. Alice kann Benjamin nicht heiraten. Sie liebt ihn doch gar nicht! Wieder sehe ich zu Matti.

»Und was habt ihr jetzt vor?«, frage ich.

Alice zuckt mit den Schultern. »Ich habe keine Ahnung. Die Sorge um dich hat alles andere für eine Weile aus meinem Kopf vertrieben.« Sie lächelt müde. »Von daher bin ich ganz froh über dieses Zorn-Ding. Zumindest jetzt, wo du nicht mehr aussiehst wie ein *Vampire Diaries*-Charakter.«

»Gern zu Diensten«, erwidere ich mit einem halben Lächeln. »Aber im Ernst, Al. Du weißt, dass du auf uns zählen kannst. Du würdest dieses Baby nicht allein durchbringen müssen. Wenn du es bekommen willst.«

»Will ich«, erwidert sie, und dann ein wenig leiser: »Aber die Bedingungen will ich nicht.«

Ich nehme ihre Hand. »Die Bedingungen stellst *du*, Al. Das ist dein Kind. Und dein Leben. Niemand kann dich zwingen, irgendwen zu heiraten!« Ich schlucke. »Nimm es von jemandem, der sich mit toxischen Familienangehörigen auskennt: Es ist eine ziemliche Erleichterung, sie los zu sein.«

Alice drückt meine Hand. »Wenn ich wüsste, dass für mich alles so gut ausgeht wie für dich«, sagt sie und fügt mit einem Lächeln hinzu: »Majvie ist wirklich sehr nett.«

Meine Wangen werden heiß. »So offensichtlich?«, frage ich. Yasin grinst.

»Ich wusste es, bevor wir überhaupt hier angekommen sind«, sagt Matti. »Sie strahlt, sobald sie auch nur deinen Namen erwähnt.«

Ich sehe hinaus auf die Bäume und wünschte, wir säßen gerade wirklich wieder auf dem Schulhof und nicht in einem Wald, der zu einem Gefängnis geworden ist, erdrückt von Problemen, für die wir keine Lösungen haben. Aber dass wir zusammen sind – unter welchen Umständen auch immer –, ist schon mal ein guter Anfang.

KAPITEL 21

Mittwoch, davor

»Und dann hast du einen Sturm heraufbeschworen?«, fragt Alice ungläubig.

Ich nicke. »Es nennt sich Magie der Mutter.« Matti und Yasin wechseln einen Blick.

»Ich würde denken, ihr seid alle auf irgendeinem Trip, wenn ich nicht mit eigenen Augen gesehen hätte, wie schnell Majvie rennt«, sagt Yasin.

»Und das Gold in ihren Augen«, fügt Alice hinzu. Ein kühler Windstoß lässt mich die Decke enger um meine Schultern schlingen. Um uns herum wird die Dämmerung immer dichter. *Wenn alles gut gegangen ist, müsste Majvie jeden Moment zurückkommen …* Matti hält mir eine braune Papiertüte mit dem Logo des kleinen Cafés aus Gamla Stan hin.

»Zimtschnecken?«, frage ich hoffnungsvoll.

»Jede Menge davon.« Besorgnis schwingt in Mattis amüsiertem Lächeln mit. »Du musst wieder zu Kräften kommen.«

Es stimmt, die vergangenen Tage sind nicht spurlos an meinem Körper vorübergegangen. Dank Alice' Handspiegel weiß ich zwar, dass meine Blässe verschwunden ist, aber meine Augen schimmern immer noch leicht rötlich, und wenn ich etwas anderes tue, als an Mattis Schulter gelehnt zu sitzen, bin ich beinahe sofort außer Atem. Die Tüte knistert, als ich sie öffne.

»Das duftet himmlisch«, sage ich. »Willst du?« Alice nickt und angelt sich eines der zuckrigen Gebäckstücke aus der Tüte.

»Was ist das hier eigentlich für ein Ort?«, fragt Yasin, der hinter den Felsen entlanggeschritten ist. »Und was soll dieses riesige Boot an einem Fluss, der nur halb so breit ist?«

»Es ist mein Grab.« Alice verschluckt sich hustend an ihrer Zimtschnecke. »Astryd hat Reili und ein paar andere Schwestern beauftragt, es zu bauen, als ich nach Vekja kam.«

»Wie kann man nur so skrupellos sein …«, murmelt Matti fassungslos.

»Überrascht mich ehrlich gesagt nicht«, sagt Yasin. »Immerhin hat diese Astryd Hells Vater ermordet.« Ich versuche, den Stich zu ignorieren. *Mein Vater.* Vielleicht bin ich nicht schuld an seinem Unfall, wie ich lange glaubte – aber dennoch ist er für mich gestorben. Ich berühre mein Kors und wünschte, ich könnte ihm irgendwie danken. *Und dafür sorgen, dass er nicht umsonst sein Leben gelassen hat.*

»Hey.« Der vertraute Duft nach Chanel Mademoiselle hüllt mich ein, als Alice einen Arm um meine Schultern legt. »Was auch immer Astryd vorhat – das hier wird nicht dein Grab, okay? Ich brauche jemanden, der mit mir und einem schreienden Baby zusammenwohnen will, wenn meine Eltern mich rauswerfen.«

Ich lache auf. »Das würden sie nicht tun.«

Alice presst die Lippen zusammen. »Vielleicht nicht. Aber wenn ich bleibe, verwandeln sie mich in *die Frau von*.«

»Du würdest also eine Villa in Blankenese gegen eine Studentenwohnung in Neukölln tauschen?«, frage ich.

Alice lächelt. »Mit euch jederzeit.«

Wir fahren zusammen, als aus den Birken ein Schwarm Raben auffliegt, doch dann erkenne ich Majvies wehenden Haarschopf zwischen den Bäumen. Ich laufe ihr entgegen.

»Vorsichtig.« Majvie fängt mich auf, als meine Beine unter mir wegknicken, und lässt dafür fast das ledergebundene Buch der Schwestern fallen.

»Du hast es geschafft«, flüstere ich.

»Hast du etwa an mir gezweifelt?« Mein Blick wandert zu ihren Lippen, die sich zu einem unwiderstehlichen Lächeln verziehen. Doch dann höre ich Schritte hinter uns. »Selma«, sagt Majvie, die die Angst in meinen Augen bemerkt hat. Wir drehen uns um und stehen der Professorin gegenüber, die nun statt ihrer Wanderkleidung das gleiche weiße Leinenkleid trägt wie Majvie.

»Dir geht es besser«, sagt sie mit einem erleichterten Lächeln, und ich nicke. »Astryd glaubt mir, dass ich zurückgekehrt bin, um sie zu unterstützen.«

»Bist du dir sicher?«, frage ich.

Selma sieht auf das blutrote Bündel in ihren Armen. Ein bitterer Zug erscheint um ihren Mund. »Ja.« Ich sehe zu Majvie, die meinem Blick ausweicht. »Setzen wir uns«, sagt Selma und geht auf das Flussufer zu, wo Alice, Matti und Yasin angespannt warten.

»Das sind meine Freunde«, sage ich. Matti nickt, Alice und Yasin murmeln einen Gruß. Ihre Zurückhaltung wundert mich nicht. Selma hat eine beinahe herrschaftliche Art an sich, die mich ein wenig an Kaira erinnert. Ich schlucke den Gedanken an die Ärztin, die ich trotz ihrer radikalen Ehrlichkeit – oder vielleicht gerade deshalb – zu mögen gelernt habe, herunter und wende mich Selma zu, die das längliche Bündel auf den Boden legt und den Stoff auseinanderschlägt. Erst jetzt erkenne ich, dass es sich bei dem tiefroten Stoff um ein Kleid mit einem langen Umhang handelt. Hineingewickelt sind zwei bronzene Armreifen, Ringe, Broschen und ein goldener Reif, der mich an ein schlichtes Diadem erinnert. Als ich Selmas zusammengepresste Lippen sehe, weiß ich, was der Schmuck zu bedeuten hat. Ich schaue in Majvies blasses Gesicht. »Das ist es, was ich tragen soll, oder?«

»Ja«, antwortet Selma an ihrer Stelle. »Astryd hat sie mir übergeben mit der Bitte, sie dir anzulegen.«

Wortlos knie ich mich hin und nehme einen der Armreifen in die Hand, die mich an meinem ersten Tag hier so an Tante Emmis Modeschmuck erinnert haben. Er ist erstaunlich fein gearbeitet. *Zu schade, dass er nicht dazu gemacht ist, an der Erdoberfläche zu verweilen.* Ein Knoten bildet sich in meiner Brust.

»Wir sollten von hier verschwinden«, sagt Matti. »Jetzt sofort.«

Ich sehe zum Buch der Schwestern, das Majvie umklammert hält wie einen Rettungsanker. Sosehr ich herausfinden will, was hier in Vekja wirklich vor sich geht – im Moment klingt fliehen wie die deutlich klügere Wahl. Und dazu bleibt uns nur noch heute Nacht … Ich lege den Kopf in den Nacken und schaue durch die Lücken im Geäst hinauf in die Dämmerung.

»Ich fürchte, fliehen ist keine Option mehr«, unterbricht Selma meinen inneren Kampf.

»Astryd hat mehr als die Hälfte der Schwestern ausgesendet, um den äußeren Kreis nach der Tochter des Lichts zu durchkämmen«, erklärt Majvie. »Wir kommen hier nicht mehr ungesehen raus.«

Auf einmal höre ich Gesang. Er ist weit entfernt, und obwohl ich die Worte nicht verstehe, weiß ich, was es ist. Die Schwestern singen die schwache Tochter heran. Trommeln begleiten sie wie ein dumpfer Herzschlag. Wir wechseln einen Blick, und ich weiß, was Majvie mir sagen will. *Hab keine Angst.* Unmerklich nicke ich.

»Wenn Hells Vermutung stimmt und die Sehenden nicht existieren«, wendet sich Majvie an die anderen, »dann wird Astryd das Vertrauen des Dorfes verlieren. Das wird uns die Möglichkeit geben, ihnen klarzumachen, dass die Welle und der globale Bürgerkrieg, den sie auslösen würde, keine gute Idee sind.«

»Und wenn sie uns nicht zuhören?«, gibt Matti zu bedenken.

»Dann hoffen wir, dass das, was wir zu sagen haben, so wichtig ist, dass ihnen keine andere Wahl bleibt«, sage ich und nicke Majvie zu. Mit einem Knacken schlägt sie das ledergebundene Buch auf. »Weißt du, wo du anfangen kannst zu suchen?«, frage ich mit Blick auf die unzähligen Seiten voller kryptischer Symbole. Sie alle zu entziffern würde die ganze Nacht dauern.

»Ich habe noch nie im Buch der Schwestern gelesen«, erwidert Majvie. »Aber ich weiß, dass es in zwei Abschnitte aufgeteilt ist: in Geschichten, die von den obersten Schwestern zur Dokumentation des Lebens in Vekja aufgeschrieben werden, und in Sagen, die Jorunn von der Mutter empfangen hat.«

»Jorunn?«, fragt Alice, die sich neben uns gesetzt hat.

»Die Begründerin der Schwestern«, erkläre ich, während Majvie mit dem Finger über die vergilbten Seiten fährt.

»Und sie war eine Art … Hellseherin?«

»Sie hat mit der Mutter kommuniziert«, sagt Selma. »Wie alle obersten Schwestern. Und die Mutter hat ihr einen Weg genannt, den Zorn unserer Vorfahrinnen aus der alten Erde zu befreien.«

Matti setzt zu einer anderen Frage an, doch ich hebe die Hand, als ich die tiefen Falten auf Majvies Stirn bemerke. »Sie muss sich konzentrieren«, sage ich. Die anderen nicken.

»Bisher finde ich bloß Abhandlungen über den Alltag in Vekja«, sagt Majvie, ohne den Blick von den dünnen Seiten des riesigen Buches zu nehmen. »Magisk Natts, Ankommen von neuen Empfänglichen.« Tonlos bewegt sie die Lippen weiter, während sie von Seite zu Seite blättert.

Matti verteilt leise Müsliriegel und lässt eine Flasche Wasser herumgehen, doch ich bekomme nichts herunter. Wenn ich falschlag und die Sehenden existieren, dann habe ich unsere einzige Chance zu fliehen in den Wind geschlagen. Dann werden wir – zwei Aukiträgerinnen, eine geschwächte Empfängliche und drei ihrer Freunde – gegen Astryd und die anderen Schwestern kämpfen müssen. Ich sehe zu dem Grabschmuck hinüber. *Das kann ich nicht zulassen.* Alice ist schwanger, Selma hinter ihrem auki eine alte Frau und Majvie der Mensch, der mir mehr bedeutet als alles andere auf der Welt. Matti ist mein bester Freund. Und Yasin hat mir schon einmal das Leben gerettet. Ich kann sie nicht für mich sterben lassen. Denn das würde passieren, wenn sie versuchten, die Welle meinetwegen aufzuhalten. Sie würden für mich sterben – genau wie mein Vater.

Die Nacht breitet ihren grauen Mantel über uns, und während Matti das Buch der Schwestern mit seiner Taschenlampe anleuchtet, um Majvie zu helfen, arbeite ich mit einer eigentümlich ruhigen Entschlossenheit an meinem Plan B. Er ist ziemlich simpel, um ehrlich zu sein. Hat Astryd uns nichts vorgemacht, gibt es keinen Grund für die Schwestern, sich auf unsere Seite zu schlagen. Sie werden nach dem Ritual der Welle verlangen. Das ist der Moment, in dem die anderen versuchen werden, mich zu beschützen. Aber ich darf es nicht so weit kommen lassen, dass die Schwestern mit ihrer übermenschlichen Stärke auf meine Freunde losgehen. Deshalb ist mein Weg klar. Ich muss sterben, bevor ein Kampf beginnt.

Ich drehe den Kopf und mustere Majvies Profil, ihre flüsternden Lippen, ihre im Schein der Taschenlampe goldenen Haare. *Wenn wir die Schwestern nicht dazu bringen, uns zuzuhören, werde ich mich selbst umbringen müssen.* Es ist der einzige Weg, um sie zu schützen. Seltsamerweise erfüllt mich der Gedanke jedoch nicht mit Angst. Nur mit Wehmut und der Sorge, ob Majvie es jemals schaffen wird, damit umzugehen. Ich hole tief Luft. Wenn sich mein Wunsch für sie erfüllt, dann hat sie noch ein langes Leben vor sich, in dem sie sich oft verlieben wird. Irgendwann wird die Erinnerung an mich verblassen, und sie wird lernen, glücklich zu sein.

»Alles okay?« Unsere Blicke kreuzen sich, als Majvie sich zu mir dreht. Ich streiche ihr über die Wange. »Wir werden etwas finden«, sagt Majvie. »Es gibt zu viele Dinge, die nicht zusammenpassen.« Sie umschließt meine Hand mit ihrer. »Gib uns noch nicht auf, ja?«

Sie kennt mich zu gut. Ich nicke, weil ich keine Lüge aussprechen will, und Majvie presst meine Hand an ihre Lippen. Dann wendet sie sich erneut dem Buch der Schwestern zu und ich mich der bittersüßen Folter, sie zu betrachten.

Kurz vor Mitternacht schläft Alice leise schnarchend an Yasins Schulter. Mattis Kopf sinkt in regelmäßigen Abständen auf seine Brust, und auch meine Augenlider werden schwer, als –

»Moment mal.« Majvie hebt den Kopf von den Schriften und sieht mich an. »Hat Astryd nicht gesagt, dass das Ritual der Welle bisher in keinem Jahrhundert stattfinden konnte?«

Ich denke an Juna, die wiedergeborene Tochter der Dunkelheit, die die Zeichnung ihrer Verbindung zum Zorn angefertigt hat. Bevor sie den Sehenden zum Opfer fiel … Ich nicke. »Es wurde jedes Mal verhindert.«

»Von den Sehenden, die Jagd auf die Töchter machen«, stimmt Selma zu. »Das wurde auch uns so erzählt.«

»Was steht da?«, frage ich, mit einem Mal hellwach.

Majvie streicht über die vergilbte Buchseite. »Es ist eine Beschreibung von der obersten Schwester Lagta«, sagt Majvie. »Über die erste Aurora Dies.« Sie räuspert sich. »›Zwei Tage, bevor die Sonne schwand für das Licht des Nordens, kehrte eine Frau in Vekja ein. Ihr auki war stärker als meines, als das jeder von uns. Ihre Magie war der Sturm. Wir sahen in ihr Hellea und wussten, sie war ihre Wiedergeburt. Mit ihr kam ihre Schwester, Tani die Sanfte, die Nachfahrin Sveas. Und so führten wir sie, als der Feuerkreis am Himmel brannte, zu dem Stein unter dem Baum, wie Jorunn es gesehen hatte, und töteten die Starke und neigten die Köpfe, als die Schwache sich zu uns bekannte.‹« Majvie stockt.

Mein Herz hämmert gegen meinen Brustkorb. *Es hat schon einmal stattgefunden.* Das Ritual der Welle wurde schon durchgeführt! Aber warum ist der Zorn dann noch immer nicht befreit?

»Was ist geschehen?«, frage ich mit rauer Stimme.

»Wenn ich es richtig verstehe – und ich habe die Stelle vier Mal gelesen«, sagt Majvie, »dann ist nichts geschehen.«

»Nichts?«, wiederhole ich ungläubig.

»Hier steht: ›Die Lichter schwanden, und es wurde Tag. Wir zogen hinaus aus Vekja in der Gewissheit, das Land zu unserem gemacht zu haben. Doch wir lagen falsch. Sobald wir die alte Erde verließen, verließ uns auch der Zorn.‹«

»Was ist mit den folgenden Jahrhunderten?«, fragt Selma.

Majvie blättert weiter, überspringt jetzt einige Seiten. »Hier steht es, Aurora Dies«, flüstert sie atemlos. »Mehrere Frauen wollten die Rolle Helleas einnehmen. Es fand ein Kampf statt. Die Gewinnerin hat sich freiwillig opfern lassen.« Sie hebt den Blick. »Es ist nichts passiert.«

»Und im nächsten?«, frage ich, obwohl ich die Antwort kenne.

»Die Tochter der Dunkelheit hat sich mit Stolz hinrichten lassen«, sagt Majvie, nachdem sie die Stelle gefunden und entziffert hat. »Die Welle des Zorns ist nicht losgebrochen.«

Ich stütze meine Stirn in die Hände. *Was hat das zu bedeuten?*

Jahrhundert um Jahrhundert geht es so weiter. Schwestern reißen sich um die Ehre, für die Welle zu sterben, doch ihr Tod hat nie einen Effekt.

»Vielleicht waren es nicht die Richtigen?«, überlege ich laut.

»Die obersten Schwestern waren sich jedes Mal sicher«, sagt Majvie kopfschüttelnd. »Sie schreiben, die Mutter hätte ihnen Zeichen gegeben.« Wieder stockt sie.

»Was ist?«, fragen Selma und ich wie aus einem Mund.

»Ich bin im fünfzehnten Jahrhundert«, sagt Majvie und kneift angestrengt die Augen zusammen. »Die oberste Schwester Merit schreibt von einer drohenden Auflösung Vekjas.«

»Auflösung?«, frage ich.

»›Die Hoffnung unter uns schwindet‹«, übersetzt Majvie. »›Nachdem Saami starb und nichts geschah, ist der Glaube an die Welle versiegt. Aber die Mutter kann uns nicht betrogen haben. Es muss einen Grund für das Scheitern der Rituale geben. Doch bis wir Obersten unseren Fehler finden, dürfen unsere Schwestern nicht aufgeben.‹« Majvie hält inne, während sie die nächsten Zeilen entziffert. Aber ich ahne, was dort steht, obwohl ich den Zeichen aus schwarzer Tinte keinerlei Sinn abgewinnen kann.

»Sie hat die Sehenden erfunden, oder nicht?«, frage ich. »Als Entschuldigung für das Scheitern der Welle. Damit der Glaube der Schwestern nicht zerbricht.«

»›Es ist keine Lüge‹«, liest Majvie tonlos. »›Männer töten Frauen. Jeden Tag. Von nun an, meine Schwestern, haben sie auch die unsrigen getötet. Bis wir unseren Fehler gefunden haben, müssen wir die Frauen von Vekja dies glauben lassen, damit ihr Zusammenhalt nicht bricht.‹« Sie hebt den Blick. »›Ehre sei der Mutter, die uns nicht verlassen hat.‹«

Ich schlucke. *Es sterben Frauen, seit Jahrhunderten.* Und zwar nicht durch die Hände einer mythologischen Sekte, sondern durch die ihrer eigenen Schwestern, die sich verzweifelt an eine Sage klammern, die sich nicht erfüllt.

»Sie spinnen ihre Geschichte immer weiter«, sagt Majvie nach einer Weile, in der ich verzweifelt versuche zu begreifen, was ich eigentlich schon wusste. »Die oberste Schwester nach Merit hat den Sehenden ihren Namen gegeben. Und die danach hat die Verbindung zur nordischen Mythologie hergestellt. Die Sehenden brauchten schließlich einen Grund, die wiedergeborenen Töchter zu jagen.«

»Deshalb musste Ragnarök ins Spiel kommen«, murmele ich. »Angst vor dem Weltuntergang ist ein nachvollziehbarer Grund, um Menschen zu töten.« Ich runzele die Stirn.

»Was ist?«, fragt Majvie.

»Astryd hat doch gesagt, dass die Sehenden auch die Töchter des Lichts gejagt haben«, sage ich. »Heißt das …«

»Die Schwestern haben auch die Frau getötet, die laut der Sage gar nicht sterben muss«, schließt Majvie.

Ich nicke. »Aber weshalb?«

Majvie blättert ein paar Seiten nach vorn. »Damit sie dem Rest der Schwestern nicht die Wahrheit erzählen kann«, sagt sie nach ein paar Herzschlägen. Ihr Gesicht wird kalkweiß. »Seit dem siebzehnten Jahrhundert führt die oberste Schwester das Ritual allein durch.« Sie wirft mir einen Blick zu, als wollte sie fragen, ob ich wirklich alles hören will, was da steht. Kaum merklich nicke ich. »›Es muss einen Fehler im Ritual geben, der die Welle daran hindert, zu brechen‹«, liest Majvie. »›An euch, Schwestern der Zukunft, ist es, ihn zu finden. An mir war es, den Glauben unserer Schwestern zu erhalten. Ich habe Irda neben ihrer dunklen Schwester bei dem fallenden Wasser begraben. Mögen die Mutter und sie mir verzeihen.‹« Wir sehen uns an.

»Gibt es … noch andere Wasserfälle in Vekja?«, fragt Matti vorsichtig. Gleichzeitig schütteln Majvie, Selma und ich den Kopf, während uns klar wird, an was für einem Ort wir uns befinden. Ich streiche über den mit Blüten übersäten Boden, der sich überall um uns herum in sanften Hügeln wölbt. *Das hier ist nicht nur mein Grab.* Es ist das aller anderen wiedergeborenen Töchter vor mir.

»Hell?«, fragt Yasin alarmiert, als ich aufspringe. Doch es ist nicht der Gedanke an den jahrhundertealten Friedhof, auf dem wir sitzen, der mich auf die Beine treibt.

»Wir müssen es ihnen sagen«, stoße ich hervor. »Nerea, Edda, Lilith, Calla – wir müssen ihnen sagen, dass das Ritual schon stattgefunden hat, und zwar erfolglos! Wenn Astryd sich an den Plan ihrer Vorfahrinnen hält – und es sieht alles danach aus, dass sie das tut –, dann will sie mich allein opfern, ohne Zeugen, falls das Ritual wieder schiefgeht.« Warme Zuversicht überströmt mich. »Niemand von den Schwestern weiß von meiner geplanten Hinrichtung! Was glaubt ihr, auf wessen Seite sie sich stellen, wenn sie erfahren, dass Astryd nicht nur mich töten will, sondern – sollte das Ritual erneut scheitern – auch noch die Tochter des Lichts?«

»Wir sollten nichts überstürzen«, gibt Selma zu bedenken. Sie presst die Lippen zusammen. »Denn trotz dieser neuen Informationen besteht die Möglichkeit, dass die Schwestern, selbst wenn sie die Wahrheit kennen, morgen für das Ritual stimmen, Hell. Wir müssen uns vorbereiten.«

Und das tun wir. In den ersten Stunden des anbrechenden Tages schmieden wir Fluchtpläne, die darauf basieren, dass Majvie und Selma sich den Schwestern entgegenstellen, um uns einen Vorsprung zu verschaffen. Ich stimme nur zu, weil ich weiß, dass es dazu nie kommen wird. *Vorher werde ich meinen eigenen »Fluchtplan« nutzen.*

Matti, Alice und Yasin staunen, während sie Majvie und Selma dabei zusehen, wie sie schneller, als es möglich sein sollte, durch die Bäume fliegen und austesten, wie viele von uns sie im Notfall tragen können. Alle sind sich einig, dass ich mein Kors nicht abnehmen kann. Zu groß ist die Unwägbarkeit, ob die Zornkrankheit, wie Alice sie getauft hat, zurückkehrt oder nicht.

Als sich die Dunkelheit lichtet, teilen wir uns die letzten Zimtschnecken. Majvie streicht gedankenversunken über das Buch der Schwestern.

»Was genau bedeutet es für euch, dass dieses Ritual jedes Jahrhundert gescheitert ist?«, fragt Alice.

»Dass es keine Welle geben wird«, erwidert Majvie mit rauer Stimme. »Nie.«

Ich lege meine Zimtschnecke zur Seite. »Du hättest es in Erwägung gezogen, oder? Wenn es nicht ich wäre, die im Ritual sterben muss?«

Majvies Kiefermuskeln verhärten sich. »Ich bin froh, dass ich nicht herausfinden muss, was ich getan hätte.« Sie greift zu fest um die Glasflasche, die Yasin herumgegeben hat. Orangensaft und Scherben verteilen sich auf ihrem Rock, doch statt sich darum zu kümmern, lächelt Majvie traurig. Ich streiche über ihren Rücken, und sie sieht mich an. »Schätze, wir müssen uns an den Gedanken gewöhnen, ab Morgen ohne unser auki klarzukommen«, sagt sie. »Keine übermenschliche Stärke mehr.«

Keine Verteidigung. Ich betrachte die Baumwipfel hoch über unseren Köpfen. Es stimmt. In Vekja zu bleiben ist keine Option für uns. Und ohne die Welle werden wir unser auki verlieren, sobald wir die alte Erde verlassen.

»Habt keine Angst.« Selmas Blick verharrt auf meinem Arm, der so fest um Majvie liegt, als würde man sie mir jeden Moment entreißen wollen. »Ihr habt euch an die Anwesenheit des aukis gewöhnt. Ihr werdet euch auch an seine Abwesenheit gewöhnen können.«

»Aber es hat sich so leer angefühlt«, sagt Majvie nach einem Moment. »Als ich in Stockholm war und das auki auf einmal schwächer wurde. Ohne den Zorn war es … kaum noch spürbar.«

Alice sieht zu Majvie. »Nichts von den Kräften, die der Zorn euch gibt, hat mich auch nur im Geringsten so beeindruckt wie die Stärke, die du gezeigt hast, als du nach Stockholm gekommen bist. Du warst allein, du hattest Angst, doch du hast das alles überwunden. Wenn du diese Stärke ohne den Zorn aufbringen konntest, mache ich mir keine Sorgen um das, was nach Morgen aus dir wird.«

Majvie strafft die Schultern, dann nickt sie. »Vielleicht hast du recht. Vielleicht steckt mehr in uns, als wir dachten. Danke, Alice.«

»Du kannst mich auch Al nennen.« Die beiden lächeln sich zu, und ich stelle mir vor, wir würden einfach so nach einer langen Wanderung zusammensitzen und über unsere ganz normalen Probleme sprechen. Doch dieser Frieden endet abrupt, als Yasin zum Himmel zeigt.

»Sieht so aus, als müssten wir uns bereit machen.«

Hoch über uns erwachen die Krähen unter einer roten Morgensonne, die bald dem Schauspiel der Aurora Dies weichen wird. Ich sehe hinüber zu den Dingen – dem Schmuck und dem blutroten Kleid –, die auf dem Grab meiner Vorfahrinnen auf mich warten, und sage mit einer Stimme, die fester klingt, als ich mich fühle: »Das sind wir schon längst.«

KAPITEL 22

Donnerstag

Schweigend schiebt Majvie den goldenen Reif auf meine Stirn und tritt einen Schritt zurück.

»Und, wie mache ich mich als Nachfahrin der Totengöttin?«, frage ich.

Sie lächelt, doch ihre Mundwinkel zucken verräterisch. »Du bist wunderschön.« Für einen Moment versetzen ihre Worte mich zurück zum Morgen unserer Mittsommernacht, als ich noch ein weißes Kleid trug statt ein blutrotes – doch dann atme ich tief ein und spüre den handgroßen Dolch gegen meine Brust drücken. Schmuck ist nicht das Einzige, das Jarla und Annbritt geschmiedet haben, um mich ins Grab zu begleiten. In meinem Schiff liegen neben Broschen und Blumen auch Äxte, Schwerter und dieser Dolch, dessen Griff mit geschliffenem Flussglas verziert ist. Ich habe ihn beim Umziehen in mein neues Kleid geschoben, bevor Majvie oder einer der anderen es bemerkt hat. Er ist nicht gerade groß, aber im richtigen Winkel durch Rippen gestochen groß genug, um mein Herz zu erreichen. Ich beiße mir auf die Lippe und bete, dass ich ihn nicht nutzen muss.

»Und was machen wir jetzt?«, fragt Alice.

»Auf die Raben warten, wie Selma es gesagt hat«, antworte ich. Beinahe gleichzeitig sehen wir hoch zu den Baumkronen, in denen sich die pechschwarzen Vogelkörper tummeln. Noch bevor die Sonne für die Nordlichter schwindet, werden sie in den Himmel aufsteigen. Das ist das Zeichen, dass sich die Aurora Dies naht – und unser Zeichen, dass es an der Zeit ist, uns auf den Weg nach Vekja zu machen.

»Wir können fliehen«, sagt Matti zum vierten Mal. »Sobald Selma wie geplant alle Schwestern im Dorf versammelt hat, könntest du ungesehen verschwinden.«

Ich schüttle den Kopf. »Nein. Diese Geschichte endet heute, mit uns.«

»Hell –«

»Ich kann nicht fliehen, während die Schwestern weiter an eine Sage glauben, die jedes Jahrhundert Menschenleben kostet!«, rufe ich. »Ich muss sie aufhalten. Das schulde ich …« Ich stocke. *Das schulde ich meinem Vater.* Damit sein Tod nicht sinnlos war. Damit er die Ereignisse in Gang gesetzt hat, die ein jahrhundertelanges Morden beenden. Matti nickt nur, und ich weiß, dass er versteht.

»Dann bleibt uns wohl nichts anderes übrig, als zu war–« Yasin hält mitten im Wort inne, als eine der Krähen auffliegt. Im nächsten Moment folgt eine zweite. Dann erhebt sich eine schwarze Wolke gen Himmel.

Es gibt nichts mehr zu besprechen, nichts mehr zu planen, keine Zeit mehr zu verlieren. Mit meinen vor Ringen und Armreifen schweren Händen nehme ich erst Majvies Hand und dann Mattis, der seine Alice entgegenstreckt.

Die verstreuten Lilienblüten wirbeln über die Grabhügel, als wir alle zusammen den ersten Schritt machen. Im Rhythmus unserer pochenden Herzen gehen wir durch die Bäume, die uns auszuweichen scheinen, und ich weiß, dass sich jeder von uns dieselben Fragen stellt: *Werden die Schwestern uns glauben? Oder sind sie nach all den Jahren des verzweifelten Hoffens zu blind, um die Wahrheit zu erkennen?*

Die Bäume werden lichter und Majvies Atem schneller.

»Bist du dir wirklich sicher?«, fragt sie.

Nein. Aber im Gegensatz zum letzten Mal, wo ich Gefahr lief zu sterben, ist sie an meiner Seite. Sollte ich heute Nacht mein Leben verlieren, habe ich anders als in den Tagen der Zornkrankheit zumindest die Gewissheit, vorher noch einmal in Majvies Augen schauen zu können. »Ganz sicher.«

Das Erste, was wir sehen, ist der Felsen, auf dem ich sterben soll. Das Zweite sind die Feuer, die hell in die noch scheinende Sonne brennen. Und dann fällt mein Blick auf Astryd. Sie steht vor dem Weltenbaum mit seinen hundert Blüten, unter dem ich vor unzähligen Tagen erwacht bin und der Jorunns Sage zufolge die Grenze zwischen unserer Welt und der unserer Anführerinnen brechen wird, sobald mein Blut ihn tränkt. Ich mustere Astryds Gesicht. Ihre Augen sind mit schwarzer Kohle bestrichen, wie am Tag, als wir um Solveig getrauert haben. Von ihrem Gürtel hängt das Schwert, das ich das eine Mal in der Truhe gesehen habe. Tyrs Schwert. Die Klinge, durch die sie glaubt, dass ich sterben muss, um die Welt zu retten.

Als Astryd uns bemerkt, wird ihr Gesicht kalkweiß. Doch das ist nichts gegen den Schock, der sie durchfährt, als die Schwestern, eine nach der anderen, aus dem Wald treten. Selma läuft an ihrer Spitze. *Sie hat es geschafft.* Sie hat die Schwestern überzeugt, ihre Posten im äußeren Kreis aufzugeben und ihr zu folgen. Anders als in den Jahrhunderten zuvor wird das, was auch immer heute geschieht, nicht im Verborgenen passieren. Astryds Augen weiten sich, doch dann fasst sie sich schnell wieder.

»Meine Schwestern!« Statt Sprachlosigkeit liegt nun ein feierliches Lächeln auf Astryds Lippen. »Eure Mission war erfolgreich.« Sie deutet auf Majvie und mich. »Ich war blind für die Weisungen der Mutter. Aber sie waren es nicht.« Eiseskälte macht sich in mir breit. Ich fange Majvies Blick auf und weiß, dass auch sie versteht, was gerade passiert. »Verneigt euch«, ruft Astryd, bevor wir sie aufhalten können, »vor den wiedergeborenen Töchtern des Lichts und der Dunkelheit!«

Schockstarr sehe ich zu, wie Nerea, Edda, Lilith, Calla, Mirta, Cersty und all die anderen Schwestern in eine tiefe Verbeugung sinken. Zwar sind sie Selma gefolgt, sie sind hier – aber sie sehen nicht mehr aus wie die Frauen, die ich kennengelernt habe. Ihre Haare sind zurückgeflochten, ihre Augen mit dunkler Kohle geschminkt, ihre Gesichtsausdrücke entrückt. *Ich muss diejenigen zurückholen, die sie waren*, denke ich mit pochendem Herzen. Aber die Wörter taumeln ungeordnet durch meinen Kopf, und Angst schnürt mir die Kehle zu.

»In unserer Sorge, die Tochter des Lichts an die Sehenden verloren zu haben, haben wir die Anziehung zwischen den beiden Töchtern übersehen«, fährt Astryd fort. »Was Majvie und Hell trotz ihrer Unterschiedlichkeit verbindet, ist nur durch das mystische Band der Töchter zu erklären, durch die Verbindung zwischen Stärke und Schwäch–«

»Majvie ist nicht die Tochter des Lichts«, ertönt eine klare Stimme hinter der Wand aus Schwestern. »Und Hell ist nicht die Tochter der Dunkelheit.« Signe und Jördis treten zur Seite und enthüllen Kairas vor Wut glühendes Gesicht. Sie stützt ihre Arme in die Seiten. »Solveig wurde nicht umgebracht. Denn genauso wenig, wie es wiedergeborene Töchter gibt, gibt es die Sehenden. Nicht wahr, Astryd?«

Ein Muskel über Astryds rechter Augenbraue zuckt. Doch das ist der einzige Kontrollverlust, zu dem sie sich hinreißen lässt. »Du hast dich von uns losgesagt, Kaira. Und nun kehrst du am wichtigsten Tag dieses Jahrhunderts zurück und erzählst Lügen.«

Ich spüre Kairas Blick auf mir und weiß wie früher im Unterricht, dass ich sie besser nicht enttäusche. »Es ist keine Lüge.« Alle Augen richten sich auf mich. »Die Sehenden haben nie existiert. Sie waren ein Vorwand, erfunden im fünfzehnten Jahrhundert, um das bisherige Scheitern der Welle zu erklären.« Meine Worte haben den gewünschten Effekt. Fenja schnappt hörbar nach Luft, Merle schlägt die Hände vor ihrem Mund zusammen. Die anderen Schwestern wenden sich verunsichert zu Astryd.

»Das Ritual der Welle ... hat schon einmal stattgefunden?«, fragt Jarla.

»Mehrmals. Und es ist jedes Mal gescheitert«, komme ich Astryd zuvor. Ich beobachte Lilith, die Callas Hand so fest hält, dass ihre Knöchel weiß hervortreten. Cersty, die verunsichert zu Mirta schaut. *Ihr wollt Gerechtigkeit. Aber das hier ist nicht der Weg.*

»Ist das wahr?«, fragt Wilma mit großen Augen.

Astryd schluckt. »Es stimmt. Die obersten Schwestern vor uns haben Fehler gemacht. Irgendetwas an der Sage, an Jorunns Anweisungen, verstehen wir falsch. Aber es ist nur eine Frage der Zeit –«

»Und wie viele von uns sollen hingerichtet werden, bis ihr versteht, dass es sich nicht um einen Fehler handelt?«, rufe ich. Zum ersten Mal, seit wir die Lichtung betreten haben, sieht Lilith mich an. Der Schock über das, was sie gerade gehört hat, hat ihre Augen groß werden lassen. *Sie will mich nicht töten.* Und auch die anderen Schwestern beginnen zu tuscheln, als sie verstehen, worauf die ganzen kryptischen Andeutungen in der Sage hindeuten. *Ja, das Ritual der Welle verlangt Opfer.* »Juna, Vera, Ylvie, Silja, Irda«, zähle ich die Namen aus dem Buch der Schwestern auf, die mir in Erinnerung geblieben sind. »Und so viele Empfängliche mehr sind für die Welle gestorben. Glaubst du wirklich, dass mehr

Tode, mehr Opfer die Lösung sind?« Ich drehe mich zu meinen Schwestern und warte, bis Reili, Edda, Mirta und Nerea mir in die Augen sehen. »Glaubt ihr wirklich, dass das Ritual funktionieren kann, wenn es seit Jahrhunderten scheitert?«

»Es muss!« Astryds Stimme klingt schrill. »Du hast doch noch gar keine Ahnung, was ein Leben als Frau in dieser Welt bedeutet. Wir brauchen die Welle!«

»Dass wir sie brauchen, heißt noch lange nicht, dass sie existiert.« Kaira tritt nach vorn, ein altes Stück Pergament in den Händen. Astryds Augen weiten sich. »Du hättest es verbrennen sollen«, sagt Kaira. »Nicht bloß aus dem Buch reißen.«

»Du kannst kein Altnordisch«, stammelt Astryd.

Kaira zuckt mit den Schultern. »Das historische Institut in Stockholm aber sehr wohl.« Sie dreht sich zu mir – nein, zu Majvie. »Und deine Nachfolgerin kann es auch.« Auffordernd hält Kaira Majvie das Stück Pergament hin. Nun erkenne ich die Zacken an der Seite, an der Astryd es aus dem Buch der Schwestern herausgetrennt haben muss. *Was steht dort, das sie verschwinden lassen wollte?* Majvie nimmt das Papier entgegen und überfliegt die Zeichen.

»Das ist unmöglich«, flüstert sie. Ihr Blick sucht Kairas. »Svea?«

Kaira nickt.

»Was steht da über sie?«, frage ich leise.

»Nicht über sie«, sagt Majvie. »Von ihr.«

»Das ist doch Wahnsinn!«, ruft Astryd, doch Kaira bringt sie mit einem Blick zum Schweigen.

»Lies, Majvie.«

Sie räuspert sich. »›Meine Schwestern. Ich weiß, dass ich in eurem Dorf nicht willkommen bin. Und doch sind diejenigen von euch, die zurückkehren, bei mir willkommen. Bitte lasst mich euch warnen.‹« Hinter mir zieht Alice scharf die

Luft ein, und bevor ich mich wundern kann, weiß ich, warum. Majvies Gesicht verschwimmt, und vor meinen Augen erscheint eine alte Frau in einer Kammer, dasselbe Pergament vor ihr auf dem Tisch wie in Majvies Händen. Ihre Angst ballt sich in meinem Magen zusammen, und ihre Hoffnung zieht in meiner Brust. Und da verstehe ich, was Kaira geahnt haben muss: *Majvie besitzt die gleiche Gabe wie Astryd*. Sie ist eine Weberin.

»Euer auki ist stark«, höre ich Sveas Stimme, »doch es ist auch zerstörerisch und richtet sich immer öfter gegen seine Trägerin.«

Das Bild wechselt, offenbar sehen wir nun Sveas Erinnerung. Sie ist jünger, ihr Haar ist noch blond statt weiß, und ihre Hände, mit denen sie die Stirn einer anderen Frau abtupft, sind faltenlos. Ich kenne die Frau nicht, die da im Bett liegt. Aber ihre papierne Haut, durchzogen von pechschwarzen Adern, und ihre roten Augen – die kenne ich nur zu gut.

»Es ist nicht Zorn, den ihr empfangt, Schwestern«, fährt Sveas Stimme fort, »es ist Hass. Und euer eigener öffnet euch für seine Macht. Hass verleiht eurem auki die Eigenschaften einer Waffe. Und kein Körper kann diese Waffe lange halten, ohne auszubrennen. Meine Schwestern, ich glaube an euer auki, ich habe es mit eigenen Augen gesehen. Und doch vermute ich, dass es einen anderen Zweck hat, als ihr denkt. Das Erbe meiner Schwester Hellea ist nicht dazu gemacht, uns Schaden zuzufügen. Es soll uns in Stärke einen. Ich glaube, dass es eine neue Form des aukis geben kann – die, zu der es eigentlich bestimmt war –, wenn wir zusammenhalten, statt uns gegeneinanderzuwenden.« Sveas Züge verhärten sich, während sie die letzten Worte auf das Papier kratzt. »Hinterfragt eure Prophetin. Jorunn war die letzte überlebende Anführerin. Sie hatte sich Macht erarbeitet und war bereit, alles zu tun, um sie wiederzubekommen.«

Ich sehe das gleiche Bild der blutüberströmten Frau auf den Knien vor mir wie in der Magisk Natt. Ihre Verzweiflung und ihre Wut – nein, ihr Hass – schnüren mir die Kehle zu.

»Die Sage der zwei Töchter ist kein Fakt«, sagt Sveas Stimme in meinem Kopf flehend. »Im besten Fall ist sie Hoffnung, im schlimmsten Fantasie. Traut ihr nicht blind. Hinterfragt, ob eine Welt, in der Frauen die Übermacht haben, wirklich der Wille unserer Mutter ist oder die Ausgeburt der Hoffnung einer gedemütigten Anführerin. Heilt euren Hass, Schwestern, damit der unserer Anführerinnen heilen kann. Und dann heißt das wahre Erbe der Hellea von Schweden willkommen.«

Das Summen der Geschichte verschwindet, und ich blinzle.

»Es ... gab nie die Möglichkeit einer Welle?«, fragt Nerea, die als Erste ihre Sprache wiedergefunden hat. Während Kaira ihr antwortet, reicht Majvie mir das Pergament.

»Sieh mal.« Auf der Rückseite stehen unter den altnordischen Schriftzeichen Buchstaben, die ich lesen kann. Es ist eine Liste von Frauen, die wegen ihres ketzerischen Glaubens an Svea aus Vekja verjagt wurden. Ich will sie schon sinken lassen, als mein Blick an einem Namen hängen bleibt. *Emmi Curtens.*

»Seid ihr verwandt?«, flüstert Majvie.

»Ich ...« Ungläubig schaue ich auf das Datum neben dem Namen und rechne nach. Tante Emmi war siebzehn damals. Durchaus möglich, dass tatsächlich sie damit gemeint ist. *Und es würde erklären, warum Astryd diese Seite aus dem Buch der Schwestern loswerden wollte.*

Mit einem Mal denke ich an all die seltsamen Sachen, die Tante Emmi immer erzählt hat. Ihre Geschichten von Krähen und Geheimnissen des Waldes, die Bernd einer beginnenden Demenz zugeschoben hat. Ihr Bestreben, mein

Selbstbewusstsein aufrechtzuerhalten. Ihr Insistieren, dass mit mir nichts falsch ist. Der Armreifen in ihrem Schmuckkasten, den ich für Modeschmuck gehalten habe, von dem ich nun aber mit Sicherheit weiß, dass er in Vekjas Feuer geschmiedet wurde. »Sie ist meine Großtante«, sage ich tonlos. Tante Emmi kann nichts vom wahren Grund für den Tod meines Vaters gewusst haben, sonst hätte sie versucht, mich zu schützen. Es muss ihr wie Selma gegangen sein. *Irgendwann hat sie Vekja für einen Traum gehalten …*

Mein Name rüttelt mich wach.

»Hell ist keine Tochter der Dunkelheit«, sagt Kaira gerade. »Sie ist bloß eine junge Frau, die so viel Hass in sich trägt, dass ihr auki unkontrollierbar stark wurde. So wie Solveigs. Und wie Freyas.«

»Nein.« Astryd schüttelt heftig den Kopf. »Hell war schon mit vier Jahren eine Empfängliche! Wären die Zeichen nicht so klar gewesen, hätte ich niemals –«

Mein Blick schießt nach oben. »Niemals was, Astryd?« Majvies Hand legt sich fest um meinen Arm. Die oberste Schwester mustert meine verzerrten Gesichtszüge.

»Sag es ihnen!«, befiehlt sie Selma. »Du warst dabei, du hast gesehen, wie sie den Zorn empfangen hat!«

Selma mustert erst mich, dann Kaira. »Die Merkmale einer dunklen Tochter wurden von Jorunn bestimmt, Astryd. Aber wenn die gesamte Sage nicht zutrifft …« *Dann haben weder meine Sturmmagie noch mein viel zu frühes Empfangen der Wut etwas zu bedeuten.*

»Du hast uns belogen?« Eddas Stimme zittert. »Die Sehenden, vor denen du uns ein Leben lang gewarnt hast, gibt es gar nicht?«

»Die Sehenden tragen vielleicht nicht diesen Namen«, sagt Astryd verzweifelt. »Aber sie existieren! In jedem Mann, der seine Hand gegen eine Frau erhebt, in jedem Gesetz, das ihn dazu ermächtigt, in jedem Richter oder Polizisten, der wegsieht! Wir leben in einer Welt, die uns hasst –«

»Und was ist mit den Männern, die an unserer Seite stehen?«, unterbricht Annbritt sie. »Wie Jorunns Sohn, der sie vor Tyrs Soldaten gewarnt hat?« Die Schmiedin deutet auf Matti und Yasin. »Wie Hells Freunde, die hier und heute ihr Leben für sie riskieren?«

Astryds Schultern sinken. »Ich wollte euch beschützen.«

»Indem du uns die Wahrheit verschweigst«, sagt Majvie hart.

Astryd sieht sie an, und die Wut in ihren grauen Augen macht einem Ausdruck Platz, den ich als Letztes erwartet hätte: Mitgefühl. »Ich dachte, gerade du würdest es nachvollziehen können.« Die Worte brauchen einen Moment, bis sie zu mir durchdringen. Doch Majvie versteht sie schneller als ich.

»Hast du mich deshalb zu deiner Nachfolgerin gemacht?«, fragt sie entgeistert. »Weil du gehofft hast, dass das, was mir passiert ist, mich ausreichend radikalisiert hat, um eure Lüge weiterzuführen?«

Astryds Schweigen ist Antwort genug. Nun bin ich es, die Majvie festhalten muss.

»Ich habe gehofft, dass du klar genug siehst, um uns alle zu schützen!«, fleht Astryd sie an. »Glaubst du wirklich an Sveas realitätsferne Vision einer friedlichen Welt, in der alle glücklich bis ans Ende ihrer Tage leben? Wir brauchen die Welle, um uns und unsere Töchter endlich in Sicherheit zu bringen!«

Kaira tritt vor. »Die Welle wird dir deine Tochter nicht zurückbringen.« Astryd zuckt zusammen, als hätte die Ärztin ihr ins Gesicht geschlagen. »Gib mir deine Hand«, sagt Kaira. Astryd presst die Lippen zusammen. »Ich weiß es«, sagt Kaira sanft. »Ich weiß es schon lange, oberste Schwester.«

Widerstrebend legt Astryd ihre Hand in Kairas, die vorsichtig mit dem Ärmel ihres Pullovers über Astryds Haut reibt. Weißer Puder bleibt auf dem dunklen Stoff zurück. Mein Herzschlag beschleunigt sich, als mein Blick auf Astryds Handgelenk fällt. Die Adern, die sich dort verästeln, sind pechschwarz. Besorgtes Gemurmel wird laut, das sich jedoch schnell wieder legt, als Jördis vortritt.

»Meine rechte Hand sieht genauso aus.« Angst schwingt in ihrer Stimme mit, als sie sich überraschenderweise an mich wendet. »Svea hat gesagt, dass das auki eigentlich anders ist?«

Ich setze zu einer Antwort an, doch dann stockt mein Atem. Am Himmel schiebt sich eine dunkle Scheibe über die Sonne, deren Licht ganz langsam versiegt. Hinter mir schnappt Matti nach Luft, als Sternschnuppen fallen. Ich fasse seine Hand, während wir dabei zusehen, wie die Dunkelheit das Licht einnimmt, bis schließlich nur noch die Feuer die Nachtschwärze durchbrechen.

»Da!«, höre ich Mirta flüstern. Und dann sehe auch ich es. Der Himmel reißt auf. Grüne Schwaden zeichnen ihre Muster, wechseln die Farbe zu gelb, zu lila und schließlich zu rot. Liliths Worte kommen mir in den Sinn: *Schwäche erlischt und Stärke erglimmt, im Feuerkranz, der unser aller Schicksal bestimmt.*

»Jorunn wollte eine historische Armee für einen Kampf erschaffen, der keine Gewinner gehabt hätte«, sagt Majvie in die Stille, die sich auf uns alle herabgesenkt hat. »Svea hingegen spricht von unserem auki nicht als Waffe, sondern als Bindeglied.«

Ich betrachte Majvies Gesicht, das von den Nordlichtern in den buntesten Farben erleuchtet wird, und frage mich – auch wenn es unpassender nicht sein könnte –, ob ich sie wohl je mehr lieben werde als in diesem Moment rohen Mutes.

»Es ist der Wille, etwas zu verändern, der uns Empfängliche zusammenbringt und der unsere Vorfahrinnen geeint hat. Und ich« – sie dreht sich zu Matti, Alice, Yasin und mir –, »*wir* glauben, dass aus diesem Willen mehr hervorgehen kann als Zerstörung. Wut ist eine konstruktive Emotion. Sie überkommt uns, wenn wir Ungerechtigkeit erleben, und sie treibt uns an, uns gegen sie aufzulehnen. Hass hingegen zerstört uns selbst, statt sich gegen die Dinge zu richten, die verändert werden müssen.« Unsere Blicke treffen sich, und Majvie hält meine Hand fester.

»Hass hat meinen Vater umgebracht«, sage ich mit rauer Stimme. Astryd senkt den Kopf. »Und Hass sorgt dafür, dass das auki uns Empfänglichen schadet, uns auf Dauer sogar töten kann.« In einem plötzlichen Entschluss lasse ich Majvies Hand los. Dann löse ich den obersten Knoten in der Schnürung meines Kleides. Das silbrige Metall des Dolches glänzt im Feuerschein.

»Nein!«, ruft Majvie. Sie wirbelt herum, doch Astryds Blick ist noch immer gesenkt. Die oberste Schwester hat mich nicht unter Kontrolle. Das hier tue ich ganz allein.

»Ihr könnt mich heute hinrichten und hoffen, dass mein Opfer dieses Mal funktioniert und eine Waffe schafft, die das Ungleichgewicht dieser Welt bloß umkehren würde«, sage ich fest. »Oder ihr glaubt an Sveas Weg. Dann entscheidet ihr euch dafür, das Morden zu beenden und eine andere Hoffnung willkommen zu heißen – eine Hoffnung auf langsame, aber stetige Veränderung, die uns Zusammenhalt bringen kann.«

Ich strecke meine Hand mit dem Dolch aus, und ein paar Herzschläge lang herrscht Totenstille, doch dann –

»Ich glaube an Sveas Weg.« Lilith tritt gemeinsam mit Calla aus der Gruppe der Schwestern heraus. »Das auki kann nicht gemacht sein, um uns zu schaden. Es muss noch einen anderen Nutzen haben.« Sie sieht mich zögernd an, in ihrem Blick liegt eine Entschuldigung. Ich nicke ihr zu und berühre Callas Schulter, als die beiden sich vor mich stellen.

»Ich denke genauso«, sagt Jördis. Mit flackernden Augen betrachtet sie ihre Hand. »Das hier kann nicht der Sinn von allem sein.«

Ein Donnergrollen lässt uns gen Himmel schauen.

»Ich glaube euch auch«, sagt Reili. »Die Geschichte beweist, dass es keine Welle geben wird. Da können wir genauso gut herausfinden, wozu unsere Kraft eigentlich gedacht ist.« Zusammen mit Edda stellt Reili sich an meine Seite.

Eine Schwester nach der anderen tritt vor, bis nur noch Astryd und Selma übrig sind. Astryd hebt den Blick zum Feuerkranz, der über unseren Köpfen am Himmel glüht. Dann tritt auch sie auf mich zu. Majvie versteift sich, und ich drücke ihre Hand mit meiner freien.

»Du hast mir beigebracht, dass Geschichte sich wiederholen muss, um sich zu verändern«, sage ich, an die oberste Schwester gewandt. »Aber ich glaube, dass sie angehalten werden muss.«

Astryd sieht mir erst in die Augen, dann zu dem Dolch in meiner Hand. »Vielleicht hast du recht.« Dann zieht sie Tyrs Schwert aus ihrem Gürtel.

Yasin stürzt auf Astryd zu, um sie zur Seite stoßen, doch eine ausgestreckte Hand der obersten Schwester reicht, um ihn auf den Rücken zu werfen. Mit gerecktem Kinn geht Astryd an mir vorbei auf den Weltenbaum zu, wo sie das Schwert über ihren Kopf hebt. Mein Herzschlag stoppt.

Mit einem Schrei rammt die oberste Schwester das glänzende Metall in Yggdrasils dickste Wurzel.

Zuerst geschieht nichts. Dann ertönt ein Rauschen – ganz leise, doch es wird schnell so laut, dass die ersten Schwestern sich die Ohren zuhalten.

»Was ist das?«, brüllt Matti.

»Die Slidur!«, rufe ich und fange Majvies panischen Blick auf. »Es muss die Slidur sein.« *Tritt sie über die Ufer?* Ein Knarzen lenkt meinen Blick zum Waldrand. Die Bäume neigen sich. Zuerst erkenne ich nicht, weshalb. Doch dann leuchten die Nordlichter auf, und ich sehe, dass eine Welle über ihre Gipfel schwemmt. *Der Fenriswolf erwacht*, klingt Schwester Reilis Stimme durch meinen Kopf. *Er befreit sich von seinen Ketten, um die Sonne zu jagen. Die Sterne fallen vom Himmel, und die Welt versinkt in ihren Gewässern. Raben verkünden den Untergang der Sonne.*

Majvie steht starr neben mir und umklammert schraubstockartig meine Hand. Alice wimmert an Mattis Schulter. Meine Gedanken überschlagen sich in dem aussichtslosen Versuch, eine Lösung zu finden, um meine Freunde vor der riesigen Welle zu retten. Doch dann wird das Rauschen auf einmal wieder leiser. Statt uns zu überrollen, teilt sich die Welle und umkreist die Lichtung in einem Ring aus Wasser.

»Da!«, ruft Yasin. Ich folge seinem ausgestreckten Arm zu den Feuerschalen. Die Flammen stäuben auf und lassen ihre Funken im Wind tanzen. *Wind.* Erst jetzt bemerke ich, wie er an meinem Umhang zieht. Ich drehe mich zu Majvie, deren Locken wild umherfliegen.

»Bist du das?«, ruft sie. Ich schüttle den Kopf. Das hier ist nicht meine Gabe, genauso wenig wie das Aufbäumen der Slidur Mirtas oder Nereas ist. Es ist so viel mehr, als eine von uns je bewerkstelligen könnte.

»Majvie«, keuche ich, als mir klar wird, was gerade geschieht. Es ist, als würde ich wieder am Feuer sitzen und Astryd zuhören. *Die Sehenden denken, dass mit Ragnarök alles endet. Aber mit dem Weltenbrand fängt alles erst an.* Die Farbe weicht aus Majvies Gesicht, als sie zum selben Schluss kommt wie ich.

Die Raben. Die fallenden Sterne. Das befreite Wasser.

»Ragnarök«, flüstere ich. Wir rücken dichter zusammen, Yasin, Matti, Alice, Majvie und ich. Doch bevor einer von uns etwas sagen kann, lenkt Mirtas erschrockener Ruf unseren Blick fort voneinander und hoch in die ausladende Krone des Weltenbaums. »Dort!« Mein Atem stockt. Die hängenden Zweige haben sich schaukelnd zum Himmel erhoben. Wind entreißt ihnen ihre Blüten, die durch die Luft stürmen. Das Donnergrollen wird stärker.

»Weg!« Noch bevor ich verstanden habe, was geschieht, zieht Matti uns fort von dem Baum und gestikuliert den erstarrten Schwestern, uns zu folgen. »Na los, das ist ein Gewitter!«, brüllt Matti.

Kaira ist die Erste, die sich in Bewegung setzt. Sie packt Inge und Edda an den Armen und zieht sie mit sich. Die Zwillinge rennen in Majvies offene Arme. Ein ohrenbetäubendes Krachen lässt uns alle zusammenzucken.

Und dann sehen wir zu, wie der Weltenbaum, der sich mit ganzer Kraft zum Himmel streckt, von einem gleißenden Blitz umhüllt wird.

Für einen Moment spüre ich den Sturm und das Feuer und das Eis. Mein Kors flammt auf, dann knackt es. Keuchend sehe ich hinab auf die zwei Hälften und dann hinauf, sicher, einem verkohlten Überrest des Baums entgegenzublicken, sicher, dass die Gefahr noch nicht vorbei ist. Doch die Rinde des Weltenbaums ist nicht schwarz. Wie in Trance stehe ich aus meiner gebückten Haltung auf und gehe auf ihn zu, ganz langsam. Meine Finger berühren die hellbraune, glatte Rinde. Jung. Unverletzt. Bevor ich begreifen kann, was gerade geschehen ist, senkt sich ein alles durchdringendes

Glühen tief in mich hinein. Es ist ruhiger als mein altes auki. Aber es fühlt sich nicht mehr an wie ein Fremdkörper. *Diese Kraft gehört zu mir.* Da ist kein Zorn mehr, der sie verstärkt, kein Hass, der ihr zerstörerische Macht verleiht – bloß meine eigene, reine Wut und ihre unermessliche Stärke.

»Spürst du das?«, frage ich andächtig. Majvie, die mir nachgekommen ist, nickt. Wir sehen hinauf in den von Nordlichtern durchkreuzten Himmel.

»Der Zorn ist fort«, spricht Majvie aus, was wir beide denken.

Mit Yggdrasil wurde die Verbindung zwischen unserer Welt und der unserer Vorfahrinnen gekappt. Vekja mit seinem Versprechen der Welle ist untergegangen in Feuer und Wasser. Doch es ist auch etwas Neues entstanden, wie Svea es vorausgesehen hat. Ich blicke von Lilith zu Calla, Mirta, Cersty, Nerea, Jarla und all den anderen, die ihre Hände bewundernd auf ihre Bäuche legen, wo auch sie ein tiefes Glühen spüren müssen. *Das wahre Erbe der Hellea von Schweden.* Ich lächle, als ich mir vorstelle, dass Hellea loslassen konnte, weil wir endlich verstanden haben, wohin sie uns führen wollte. Zu dem auki, wie Svea es beschrieben hat. Die Kraft unserer Wut, die schon immer in uns geruht hat und die uns nun, da wir sie endlich wiedergefunden haben, vervollständigt. Die uns zeigt, dass wir nicht alleine stehen. Die uns endlich zu wahren Schwestern macht.

»Svea hatte recht«, sage ich zu Majvie. »Wir brauchen keine Welle. Nur uns.« Sie nickt mit glänzenden Augen, in denen sich die Nordlichter spiegeln, die nun blau werden, und rot, und –

Ich fahre herum. Die Slidur hat sich zurückgezogen, die Feuer haben aufgehört zu tanzen, und langsam gibt der

Mond die Sonne frei. Doch etwas passt nicht in das auf einmal wieder friedliche Bild unseres Zuhauses.

Meine Eingeweide ziehen sich zusammen, als unter den aufgehenden Strahlen der Sonne sechs Rangerwagen mit Blaulicht durch die Bäume brechen.

TEIL III

Hope is the thing with feathers
That perches in the soul
And sings the tune without the words
And never stops at all.

– *Emily Dickinson*

KAPITEL 23

Danach

Die ersten Sonnenstrahlen des Morgens kitzeln mich wach. Normalerweise hat Lovisa schon die Hühner versorgt, Frühstück für die Pensionsgäste vorbereitet und mindestens einen Kuchen in den Ofen geschoben, bevor ich es hinunter in die gemütliche Gutshofküche schaffe. Aber heute kann ich kaum erwarten, mich aus den fluffigen Laken zu schälen und eine viel zu kalte Dusche im Bad neben meiner Dachkammer zu nehmen.

»Hej«, begrüßt mich Mattis Großvater Ole, als ich die knarrende Küchentür aufschiebe. Kaffeeduft umhüllt mich.

»Heute bist du die Erste.« Seine Frau legt das Messer zur Seite, mit dem sie gerade Marmelade auf ihr Brot gestrichen hat.

»Ich weiß doch, wo alles ist«, sage ich hastig, aber Lovisa ist schon aufgestanden.

»Mal sehen«, murmelt sie, während sie verschiedene Gläser aus dem Schrank holt. »Kamille ist gut gegen Aufregung«, entscheidet sie schließlich. »Und eine Zimtschnecke?« Ich schüttle den Kopf. Es stimmt, ich bin aufgeregt. So sehr, dass ich die ganze Nacht kein Auge zugetan habe und mein Magen sich bei dem bloßen Gedanken an Essen verknotet. Ole zieht den Stuhl neben sich zurück, und ich setze mich.

»Mach dir keine Sorgen, Liebes.« Lovisa stellt eine dampfende Tasse und ein Schälchen Honig vor mich auf die bestickte Tischdecke. »Sie wird kommen.«

Ich hebe die Tasse an, in der ganze getrocknete Blüten schwimmen, und zucke zusammen. Vor meinem inneren Auge sehe ich die Zwillinge, Schwester Wilmas Gärten, die Blumenkränze in der Magisk Natt. Schnell schließe ich die Augen und warte, bis sich das Glühen meines aukis gelegt hat, das sich so sehr nach meinen Schwestern sehnt.

Es war Kaira, die die Behörden verständigt hat, bevor sie nach Vekja zurückkehrte. Die Polizisten sind mit Booten über den Fjord gekommen und haben uns alle nacheinander in die Rangerwagen verladen. Johanne, Beke, Lykke und Cersty sind sofort und beinahe erleichtert mitgegangen, aber viele Schwestern haben sich schwergetan. Zu viele Jahre ihres Lebens haben sie im Wald verbracht, im festen Glauben daran, die Polizei und die komplette Außenwelt seien von Sehenden infiltriert. Ich werde Inges Schrei, als ein Polizist ihr die Arme auf den Rücken gedreht hat, nie vergessen, genauso wenig wie die ängstlichen Gesichter von Mia und Luise. Trotzdem bin ich Kaira dankbar. Die Aktion hätte mir das Leben gerettet, wenn die Schwestern sich im letzten Moment nicht doch noch auf unsere Seite gestellt hätten.

Dankbar. Das ist mein neuer Dauerzustand, seit ich ein gerettetes Sektenopfer bin, wie die Medien es formulieren. Ohne Namen, natürlich. Aber ich fühle mich trotzdem angesprochen, wenn in Talkshows über die Leichtgläubigkeit der sogenannten Schwestern philosophiert wird. Dabei versteht keiner der Experten dort, was in den nördlichen Wäldern wirklich mit uns geschehen ist.

»Sicher, dass du nichts essen möchtest?«, fragt Lovisa. »Du siehst ein wenig blass aus.«

»Danke, wirklich nicht.« Ich verbrenne mir die Lippen an

einem brühend heißen Schluck Tee und wünschte, es wäre Kräuterlimonade und keine Tasse, sondern ein Tonkelch.

Die Tür knarrt.

»Da ist er ja!« Lovisa steht auf, als Matti verschlafen in die Küche kommt.

»Guten Morgen, Mormor.« Matti umarmt seine Großmutter, nickt seinem Großvater zu und nimmt die Zimtschnecke entgegen, die Lovisa ihm reicht.

»Ich habe euch noch ein bisschen Proviant eingepackt«, sagt sie und stellt einen riesigen Weidenkorb vor mir ab, dessen von einem blütenweißen Geschirrtuch bedeckter Inhalt himmlisch duftet.

»Danke«, sage ich, rufe auf meinem Handy die Seite des Verkehrsverbunds auf und checke ein letztes Mal, ob der Zug pünktlich ankommt.

»Ist dein Wagen vollgetankt?«, erkundigt sich Ole bei Matti. Der nickt, und ich stehe auf.

»Habt eine gute Fahrt«, sagt Lovisa. »Passt auf euch auf, die Stockholmer fahren wie die Wahnsinnigen. Und gebt auf Fahrräder und diese grauenvollen E-Roller acht, ja?«

»Uns passiert schon nichts, Mormor«, sagt Matti liebevoll.

Lovisa und Ole wissen nichts von dem, was geschehen ist. Da wir alle volljährig sind, brauchten wir niemanden, der uns aus dem Polizeirevier von Blommerby abholt. Kaira hatte den Behörden einen Kult gemeldet, dessen Glaube das Leben mehrerer Menschen in Gefahr gebracht hat. Da sich die Hauptkommissare nach unserer Befragung sicher waren, dass wir nicht zu den Anführerinnen gehörten, durften wir gehen, genau wie die anderen Schwestern. *Alle, bis auf eine.*

»Hell?« Matti hat sich schon die Schuhe angezogen und steht wartend in der Haustür.

»Komme«, sage ich leise, um die anderen nicht zu wecken, und werfe mir die dicke Jacke über, die Lovisa mir geliehen hat. Es ist zwar erst September, aber hier im Stockholmer Umland ist es schon kalt genug für Schals und Daunen. Granate springt stotternd an, und wir rollen vom Hof. Matti stellt das Radio an und bittet mich, die Karte aus dem Handschuhfach zu nehmen.

»Zu Weihnachten schenke ich dir ein Navi«, murmele ich. Doch innerlich bin ich dankbar für die Aufgabe, die mich zumindest ein wenig ablenkt. »Die nächste rechts«, sage ich. Matti setzt den Blinker.

»Ich weiß, dass es schwer für euch sein muss«, sagt er, den Blick fest auf die Straße gerichtet. »Zu verarbeiten, wo ihr da hineingeraten seid.«

Ich beiße mir auf die Lippe. Das ist es eben. Wir sind nicht bloß irgendwo *hineingeraten.* Wir haben an den Zorn und die Welle geglaubt, haben daran glauben *wollen.* Wir wollten die Welt verändern. *Und jetzt müssen wir damit zurechtkommen, dass sich nichts verändert hat außer uns selbst.* Es ist nicht so, dass ich bitter bin. Ich liebe mein auki, meine reine Wut, die mir mein eigenes, wildes Selbst zurückgegeben hat. Dieser Instinkt wird mir dabei helfen, mich nie wieder kleinmachen zu lassen. Ich wünschte bloß, ich könnte anderen Frauen helfen, ebenso zu sich zu finden …

»Was ich sagen will«, unterbricht Matti meine Gedanken, »ist, dass das, was zwischen euch ist, nicht einfach so verschwindet, bloß weil ihr Vekja verlassen habt.«

Ich starre auf das Netz aus Straßen auf meinem Schoß. Hat Matti recht? Sind Majvies und meine Gefühle echt gewesen oder schlicht ein Produkt unserer Umgebung, unserer Selbstsuche, des Adrenalins der letzten Zeit? Ich entsperre mein Handy, nur um es gleich darauf wieder in meine Tasche zu stecken. Wir haben eine Vereinbarung. Keine Nachrichten, keine Anrufe. Das Ganze war meine Idee, damit Majvie sich auf ihre Familie konzentrieren kann, die eine Menge

Fragen an ihre seit Monaten verschollene Tochter hat. Es war das Richtige, dessen bin ich mir sicher. Trotzdem habe ich mich unzählige Male für diesen Vorschlag verflucht, denn eins ist mir in den Wochen auf dem Hof von Mattis Großeltern klar geworden: Ich kann in Gesellschaft der freundlichsten und gütigsten Menschen dieser Welt sein, ich kann meine besten Freunde um mich haben – und mich trotzdem unendlich allein fühlen.

»Am besten, ich warte im Auto«, sagt Matti eine Stunde später mit Blick auf das Halteverbotsschild. »Zur Not drehe ich eine Runde.«

»Okay«, sage ich.

Matti wirft mir einen fragenden Blick zu. »Steigst du auch … aus?«

Ich nicke. Überprüfe mein Spiegelbild im Fenster, streiche meine Haare zurecht. Wünschte, ich hätte einen Spritzer Parfum aufgelegt oder wenigstens Lippenstift.

»Zur Erinnerung«, sagt Matti grinsend, »diese Frau hat dich gesehen, als du beinahe gestorben wärst und dementsprechend aussahst.« Ich werfe ihm einen vernichtenden Blick zu. »Ich meine es ernst! Wenn dein Zombie-Look sie nicht abgeschreckt hat, dann kann sie nichts mehr schockieren.«

»Bis gleich, Matti.« Auch ich kann mir ein Grinsen nicht verkneifen, als ich die Autotür öffne.

»Das wollte ich erreichen!«, ruft Matti mir hinterher. Ich winke ihm ein letztes Mal zu, bevor ich durch den Haupteingang in die große Bahnhofshalle trete. Riesige Tafeln über den Köpfen der Passagiere verkünden die Ankunft und Abfahrt von Fernzügen, Bussen und Nahverkehr. In dem blinkenden Gewimmel fällt es mir schwer, irgendetwas zu erkennen.

»Entschuldigung«, wende ich mich an eine Frau, deren

gelbe Warnweste sie als Ordnerin ausweist. »Der Zug aus Arjeplog, wo kommt der an?«

»Da müssen Sie einmal runter zu den Zügen gehen und dann links zu den Fernzügen«, sagt die Frau in langsamem Englisch. »Gleis 4. Aber Sie sind viel zu früh.«

»Ich weiß. Danke.« Ich wende mich ab und gehe die Essensmeile entlang zu den Rolltreppen. Kurz überlege ich, Blumen zu kaufen, aber dann erscheint mir die Geste zu oberflächlich. Ich hole Majvie nicht aus einem Urlaub ab. Ich warte darauf, zu wissen, ob sie mich wiedersehen will.

Am Gleis herrscht ein starker Wind, und ich ziehe meine Jacke enger um mich. Sie ist dicker als die elegant übergeworfenen Filzmäntel, die ich um mich herum sehe. Sind Stockholmer immun gegen die Kälte? *Noch eine halbe Stunde.* Ich trete von einem Fuß auf den anderen. Vielleicht hat Majvie sich entschieden, dass es besser für sie ist, sich von allem zu trennen, was sie mit Vekja verbindet – inklusive mir. Hätte sie mir nicht sonst trotz unserer Abmachung geschrieben?

Noch zehn Minuten. Neben mir verabschieden sich Eltern von ihrer Tochter. *Noch fünf Minuten.* Eine Ansage erklärt uns auf Schwedisch und Englisch, Abstand vom Gleis zu halten, da ein Zug einfährt. Mein Herz klopft gegen meinen Brustkorb, als ich die graue Nase des ersten Wagens erkenne. Mit einem Seufzer kommt der Zug zum Stehen und öffnet seine Türen. Ich trete zurück, um den Passagieren Platz zu machen und einen besseren Überblick zu behalten. Menschen strömen aus dem Zug, eine einheitliche Masse aus schlichten Mänteln und hohen Lederstiefeln. Ich erwische mich dabei, Ausschau nach einem weißen Kleid zu halten, und erinnere mich daran, dass Majvie jetzt anders aussehen wird.

Die ersten Leute steigen ein. Der Vater, der sich gerade noch von seiner Tochter verabschiedet hat, hebt ihren Koffer in den Zug. Dann schließen sich die Türen. Hektisch drehe ich den Kopf. Es sind nicht mehr viele Menschen auf dem Bahnsteig verblieben. Und keiner von ihnen hat karamellbraune Augen und einen lockigen Haarschopf. Ich schlucke hart. Vielleicht braucht sie bloß mehr Zeit. Ich bin bereit, ihr so viel davon zu geben, wie nötig ist, natürlich bin ich das. Mit klammen Fingern fische ich mein Handy aus der Tasche, um ihr genau das zu schreiben, als ich eine federleichte Berührung an meiner Schulter spüre. Ich drehe mich um.

»Du bist gekommen!« Majvies Augen funkeln.

»Natürlich«, stammle ich, unfähig, mehr als ein Wort herauszubringen, während all meine Sinne damit beschäftigt sind, sie anzusehen, ihre Stimme zu hören und mich davon zu überzeugen, dass sie real ist.

»Ich war mir nicht sicher«, sagt Majvie. »Ich dachte, vielleicht bräuchtest du Abstand –« Sie stockt, als ich sie zu mir heranziehe.

»Ich will nie wieder Abstand von dir haben«, sage ich leise. Unsere Lippen finden einander so mühelos, als hätte keine von uns je an den Gefühlen der anderen gezweifelt. Majvies Finger krallen sich in meine Jacke, und ich ziehe sie noch enger an mich, so eng, bis keine von uns mehr atmen kann. Reichen tut es mir noch lange nicht.

Der Wind des abfahrenden Zuges lässt unsere Jacken und Majvies Haare flattern.

»Du hast sie geschnitten«, stelle ich fest und fahre mit der Hand durch ihre Locken, die jetzt an ihrem Schlüsselbein enden.

»Zu viel Ballast«, erwidert Majvie.

Wir wechseln einen Blick und wissen beide, was die andere sagen will: Wir werden eine Menge hinter uns lassen müssen, aber bestimmt nicht einander.

Der sterbende Sommer färbt die Blätter rot und macht die Tage kürzer, doch mir kommt jeder vor wie eine Ewigkeit. Wenn wir im eisigen Mälarsee schwimmen, Lovisa beim Backen helfen oder im umliegenden Wald wandern gehen, fällt es mir leicht zu verdrängen, dass wir nicht für immer hier auf dem Gutshof bleiben können.

»Ich mag Schweden«, sage ich, während Majvie und ich eingehüllt in eine Strickdecke Alice dabei zusehen, wie sie versucht, ihre Pantomimen-Aufgabe zu lösen.

»Mixer!«, ruft Yasin über die Musik hinweg. Alice schüttelt den Kopf und springt weiter auf und ab.

»Und meine Ausbildung machen könnte ich hier auch«, denke ich weiter. »Wenn ich einen Sprachkurs belege.« Anders als Majvie, die auf dem internationalen Ballettinternat schon ab der fünften Klasse Deutsch gelernt hat und sich mühelos in der fremden Sprache verständigt, kann ich auf Schwedisch bisher gerade mal einen Kaffee bestellen.

»Hüpfburg«, rät Matti. »Hüpfburg … Besucher?«

Majvie dreht ihren Kopf zu mir. »Aber?«

Ich schlucke. *Aber es ist auch Astryds Land.* Nicht, dass Gefahr bestünde, unserer obersten Schwester auf der Straße zu begegnen, zumindest nicht für eine lange Zeit. Astryd wurde in die Psychiatrie des größten Stockholmer Klinikums eingewiesen, nur Tage nachdem die Polizei uns alle aus Vekja herausgeholt hat. Nicht für den Mord an meinem Vater. Den hat sie zwar der Polizei gegenüber gestanden, aber das Verfahren musste wegen Mangels an Beweisen eingestellt werden. Wie ich als Geschädigte lesen durfte, glauben die Gutachter, Astryd leide an einer Psychose, die sie dazu veranlasst hat, in ihrem Wahn in den Wald zu ziehen und *psychisch instabile Gefolgsleute* um sich zu scharen. Bis heute weiß ich nicht, warum sie nicht einfach gelogen hat, statt den Psychologen vom Zorn und unserem auki zu erzählen. Vielleicht erschien ihr der Ausblick auf eine Psychiatrie leichter, als ein normales Leben anzufangen.

»Spiegelei!«, ruft Yasin. »Pfanne, keine Ahnung!«

»Eisprung«, stößt Alice hervor. »Deutlicher hätte ich es wirklich nicht machen können.«

Ein Klopfen ertönt, und Lovisa öffnet die Tür zum Wohnzimmer. »Seid bitte ein wenig ruhiger, ja?«

Yasin dreht die Boxen leiser, aus denen bis jetzt auf Alice' und Majvies einstimmigen Wunsch hin das *Red*-Album von Taylor Swift gedröhnt hat.

»Die Larssons reisen morgen ab«, fügt Mattis Großmutter entschuldigend hinzu. »Und Ole muss ja auch früh aufstehen.«

»Gar kein Problem, Mormor!«, sagt Matti nachdrücklich. »Entschuldige, dass wir nicht von selbst daran gedacht haben.«

Ein Lächeln breitet sich auf Lovisas Gesicht aus. »Ihr glaubt gar nicht, welche Freude es mir macht, jugendlichen Leichtsinn um mich zu haben.« Sie faltet die Hände vor ihrer Weste. »Als wir die Pension eröffnet haben, war genau das meine Vorstellung. Junge Menschen, Leute aus aller Welt zu beherbergen.« Sie zuckt mit den Schultern. »Aber scheinbar sind weder Schweden noch das Landleben international wirklich gefragt.«

»Im Gegenteil!« Alice, die sich gerade hinsetzen wollte, springt wieder auf. »Skandinavien ist wahnsinnig im Kommen, und immer mehr Leute suchen Orte, an denen sie einfach entspannen können. Wie macht ihr denn Werbung für die Pension?«

»Über Flyer, hauptsächlich«, sagt Mattis Großmutter. »Und eine Internetseite haben wir auch.«

»Kann man über die direkt buchen?«, fragt Alice.

Lovisa schüttelt den Kopf. »Nein, das wäre zu teuer gewesen. Aber unsere Mailadresse und Telefonnummer sind verfügbar.«

Alice' Augen leuchten auf. »Es gibt mehrere Websites, die diesen Job für euch erledigen«, sagt sie. »Schon mal von Booking oder Tripadvisor gehört?« Lovisa schüttelt wieder den Kopf. »Ich kann das für euch einrichten!«, bietet Alice an. »Also, wenn ihr wollt, natürlich.«

Lovisa streckt ihre Hand aus und drückt Alice' Arm. »Das ist sehr freundlich. Wenn es dir nichts ausmacht?« Alice schüttelt so heftig den Kopf, dass ihre dunklen Haare fliegen. »Nun gut.« Lovisa lächelt. »Dann lasse ich euch mal alleine. In der Küche steht noch heiße Schokolade, wenn ihr wollt.« Mit einem einstimmigen Danke verabschieden wir uns von Mattis Großmutter.

»Also ich hätte nichts gegen Kakao«, sagt Yasin. »Was ist mit euch?«

»Ich bin ziemlich müde«, gesteht Majvie, der in meinem Arm seit der letzten Stunde immer wieder die Augen zufallen.

»Ich sollte auch ins Bett gehen.« Matti streckt sich. »Wenn ich beginne, Activity zu verlieren, heißt das, mein Kopf braucht Regenerierung.«

»Al?«, fragt Yasin.

Alice schüttelt den Kopf. »Sorry. Aber ich hatte gerade eine Idee. Bald wird Lovisa sich vor Gästen kaum noch retten können!«

Yasins Gesicht fällt in sich zusammen.

»Ich könnte noch einen Kakao vertragen«, sage ich. »Wenn das für dich okay ist«, füge ich an Majvie gewandt hinzu.

»Klar«, erwidert sie und gibt mir einen verschlafenen Kuss. »Ich werd schon wach, wenn du hochkommst.« Ich sehe ihr nach, wie sie hinter Alice aus der Tür geht, und habe für einen Moment keinen Funken Angst mehr vor der Zukunft. Denn wie auch immer mein neues Leben aussieht – Majvie ist darin, die auf mich wartet, wenn ich ins Bett komme, um ihre Arme mit einem leisen Seufzer um meine Taille zu legen und mich einmal kurz an sich heranzuziehen, wie um sicherzugehen, dass mich niemand von ihrer Seite nimmt.

»Hey!« Yasin schnipst mit zwei Fingern vor meinem Gesicht herum.

Ich schüttle den Kopf. »Was hast du gesagt?«

Er verdreht die Augen und drückt mir meine Tasse in die Hand. »Verliebte Menschen sind verdammt anstrengend, das habe ich gesagt.«

Ich grinse, weil ich weiß, dass er es nicht so meint und weil auf meiner Tasse eine Extraportion Schlagsahne thront. Ich deute auf Alice' verlassene Strickdecke. »Willst du?«

Yasin winkt ab, obwohl ich die Gänsehaut ganz genau sehe, die sich über seine Arme zieht. Jetzt, wo im kleinen Ofen kein Holz mehr brennt, ist es empfindlich kalt geworden. »Ich friere nicht.«

»Stimmt, dein Testosteron bewahrt dich ja vor jeder Form der Schwäche«, spotte ich. Einen Moment später werfe ich ihm die Decke an den Kopf.

Schweigend breitet Yasin sie über seine Beine, dann pustet er in seine Tasse. »Ich fahre zurück nach Hause«, sagt er schließlich. »Übermorgen.« Er trinkt einen Schluck Kakao. »Wahrscheinlich sehen wir uns nie wieder, weil Majvie und du auf Weltreise gehen oder so und ich nie aus Hamburg rauskomme. Aber ich wollte dir sagen, dass es mir leidtut. Ich hatte keine Ahnung, dass meine Jungs dir damals auf dem Nachhauseweg aufgelauert haben. Das muss verdammt beängstigend gewesen sein.«

Erst nicke ich nur. »Aber es war nichts gegen das, was anderen passiert«, sage ich dann.

Yasin wischt meinen Einwand mit einer Handbewegung weg. »Es war nicht in Ordnung. Genau wie alles andere, was ich gemacht habe. Wie ich Matti behandelt habe.« Ich beobachte Yasins Gesicht, auf dem sich das flackernde Kerzenlicht spiegelt. »Es war nicht leicht«, sagt er. »Zu Hause. Und ich will jetzt echt nicht mit der Schwere-Kindheit-Entschuldigung kommen, aber –« Er schüttelt den Kopf, als bereue er, dieses Gespräch begonnen zu haben.

»Du kannst mit mir darüber reden, wenn du willst«, sage ich. »Egal, was es ist.«

»Du meinst, nachdem wir die jahrhundertelange Mordserie einer Sekte aufgehalten haben, ist es Zeit, ein bisschen mehr über unsere Vergangenheiten zu erfahren?«

»So in etwa.«

Yasin lächelt traurig. »Meine Mutter hat Fibromyalgie«, sagt er dann. »Eine chronische Schmerzkrankheit, die dafür sorgt, dass ihre Muskeln, ihre Haut und ihre Gelenke wehtun, ohne dass sich ein organischer Grund dafür finden lässt. Die Ärzte dachten lange Zeit, dass sie sich die Schmerzen bloß einbildet. Als ich dreizehn war, wurde sie dazu noch depressiv.« Yasin starrt in seine Tasse.

»Du musstest dich um sie kümmern«, schließe ich. »Um sie und um dich selbst.«

»Ich musste dafür sorgen, dass niemand das Jugendamt einschaltet«, sagt er hart. »Mein Vater ist vor Ewigkeiten zurück in die Türkei gegangen und hat dort neu geheiratet. Wenn jemand herausgefunden hätte, dass die einzige Person, die sich um uns kümmert, den ganzen Tag völlig zugedröhnt mit Medikamenten im Bett liegt, wären wir sofort ins System gekommen.«

»Wir?«, frage ich.

»Malia, meine Schwester, und ich.« Yasins Gesichtszüge werden weicher. »Sie ist so ein sensibles Kind. In einem Heim wäre sie untergegangen.«

»Also hast du für sie gesorgt, damit niemandem auffällt, was bei euch los ist.« Yasin nickt. Ich denke an all die Morgen, an denen er zu spät zur Schule gekommen ist, an seine Augenringe, die gereizte Laune und die zahllosen Male, an denen er seine Freunde hängen gelassen hat. »Matti weiß es, oder?«, frage ich.

Yasin nickt. »Er hat mir geholfen. Mich nach Hause gefahren, damit ich rechtzeitig an der Grundschule war, um Malia zu holen. Uns zum Mittagessen zu sich eingeladen. All so was.« Seine Schultern sinken, und mir wird klar, wie weit ich mich verschätzt habe. Yasin ist kein schlechter Freund. Er ist ein verdammt guter Bruder und Sohn.

»Es tut mir leid«, sage ich. »Was ich über dich gedacht habe.«

Ein Lächeln zuckt über Yasins Lippen. »Ich passe ja auch ins Schema. Ein Türke, der mobbt und Frauen nicht respektiert. Das wandelnde Stereotyp. Schätze, das Jugendamt sieht das genauso.« Siedend heiß fällt mir wieder ein, was ich im Hostel belauscht habe, bevor wir in den Wald gezogen sind. »Ich habe die Vormundschaft für Malia beantragt«, sagt Yasin, bevor ich nachfragen kann. »Meine Mutter ist seit zwei Monaten wieder in der Klinik. Die Sozialarbeiter dort haben das Amt eingeschaltet. Ich hatte die Wahl, Malia zu einer Pflegefamilie in Süddeutschland zu geben oder offiziell ihre Vormundschaft zu beantragen.«

»Deshalb musstest du erreichbar sein«, schließe ich. »Und solltest Deutschland nicht verlassen.«

Yasin nickt. »In Birka habe ich einen Anruf bekommen, dass die Anhörung vorgezogen wird. Ich hätte sofort zurück nach Hamburg fahren müssen.« Er stellt seine Tasse auf den Tisch und rauft sich die Haare. »Aber ich wollte nicht.« Erschrocken bemerke ich, dass Yasins Augen glänzen. »Das klingt jetzt echt scheiße, aber hier, mit euch, war ich zum ersten Mal wirklich frei.« Er sieht mich an. »Ich hatte alles organisiert. Malia konnte für die Hälfte der Zeit bei einer Freundin bleiben und für die andere Hälfte in einem Kindercamp. Meine Mutter war im Krankenhaus gut versorgt, und ich …«

»Du wolltest einfach nur vier Wochen für dich«, sage ich. »Was vollkommen nachvollziehbar ist, Yasin!«

Er nickt. »Ich habe die Anhörung verschoben. Zwei Mal. Jetzt muss ich sie wahrnehmen.«

»Die in zwei Tagen?«, frage ich.

Yasin nickt erneut. »Ich hab verdammte Angst, Hell. Die können mir Malia wegnehmen, einfach so!« Einem Impuls folgend, lege ich meinen Arm um Yasins Schultern.

»Ich glaube nicht, dass sie das tun«, sage ich nach einem Moment. »Du sorgst seit sieben Jahren für sie. Du hast bewiesen, dass du Verantwortung tragen kannst!«

»Ich habe keinen Job«, erwidert Yasin. »Ich hätte zu Hause bleiben und mir einen suchen sollen, aber dafür ist es jetzt zu spät. Und ich weiß auch gar nicht, wie ich das alles schaffen soll, jetzt, wo Matti nach Berlin geht.« Ich setze mich auf. »Was ist?«, fragt Yasin.

»Ich weiß, wo du einen Job herbekommst«, sage ich. »Und zwar direkt morgen früh.«

Angespannt beobachten Yasin und ich Mattis Gesichtsausdruck.

»Geht klar. Okay, Pa, bis morgen!« Er legt das alte Schnurtelefon im Flur der Pension auf und lächelt. »Mein Vater freut sich auf dich.«

Es ist die perfekte Lösung. Yasin braucht einen Job, und Mattis Vater braucht Hilfe in der Werkstatt, jetzt, wo Matti nach Berlin zieht und nicht mehr ständig für ihn arbeiten kann. Außerdem haben Herr und Frau Lundqvist zugestimmt, eine Aussage über Yasins Verantwortungsbewusstsein zu machen.

»Viel Glück«, flüstere ich ihm ins Ohr, als wir uns zwei Stunden später zum Abschied umarmen. Yasin hat einen günstigen Flug gefunden, der heute noch nach Hamburg geht.

»Euch auch«, erwidert Yasin. Er setzt seinen Rucksack auf und verabschiedet sich von Majvie, Alice, Lovisa und Ole. Dann geht er auf Granate zu, wo Matti wartet.

»Ich hoffe übrigens, dass wir uns doch wiedersehen!«, rufe ich. Yasin dreht sich um. »Nach alldem, was in diesem Urlaub passiert ist, sind wir schließlich Familie«, füge ich hinzu, leiser, weil unerwartete Wehmut mir die Luft abschnürt. Doch das Lächeln auf Yasins Gesicht zeigt mir, dass er mich gehört hat.

In dieser Nacht sagt Matti uns am Lagerfeuer, dass auch er am Wochenende nach Deutschland zurückfahren wird.

»Ich muss mich noch um eine Menge Dinge kümmern, bevor das Studium losgeht«, erklärt er. »Inklusive Mitbewohnersuche – außer natürlich, ihr beide wollt mitkommen.« Er sieht von Majvie zu mir.

»Ja, was sind eigentlich eure Pläne?«, fragt Alice. Das Feuer speit zischend Funken in die Nachtluft.

»Ich habe keinen Plan«, sagt Majvie. »Seit ich Kind bin, dachte ich, dass ich tanzen würde, aber jetzt?« Sie zuckt mit den Schultern. »Alles, was ich weiß, ist, dass ich mit Hell zusammen sein will.«

Wärme rauscht durch meinen Körper. »Weißt du was?«,

frage ich. »Warum machen wir nicht einfach, wovon wir so oft geredet haben?«

Verwirrt sieht Majvie mich an. »Reisen?«

»Ganz genau. Ich kann den Herbst sowieso nicht leiden. Und Gedanken über unsere Zukunft können wir uns auch im Dschungel von Costa Rica machen.«

»Oder auf Aitutaki«, fügt Majvie mit leuchtenden Augen hinzu. »Ich habe noch das Geld von meinen Auftritten früher.«

»Und wir können arbeiten«, sage ich nickend.

Matti schüttelt den Kopf. »Ist das nicht viel zu unsicher?«

»Nein, es ist genau das Richtige.« Alice lächelt uns an. »Wenn ihr knapp bei Kasse seid, meldet euch. Wir haben in so gut wie jedem Land irgendein Hotel.«

Ich nehme mein Stockbrot aus der Glut. »Du könntest mitkommen.«

Alice verzieht das Gesicht. »Und mein Baby irgendwo in Manila zur Welt bringen? Nein, danke.« Sie legt ihre Hand auf ihren Bauch, der sich schon leicht zu wölben beginnt. »Ich habe meine eigenen Pläne.«

»Und welche?«, frage ich aufgeregt.

»Lovisa hat mich gefragt, ob ich für ihre Pension arbeiten will«, platzt es aus Alice heraus. »Alles alleine zu machen wird ihr mittlerweile zu anstrengend, und sie hat angeboten, sich um die Kleine zu kümmern, wenn sie da ist.«

»Es wird ein Mädchen?«, quietsche ich.

Alice nickt. »Ich war vor ein paar Tagen mit Matti beim Arzt. Ich wollte es eigentlich noch nicht verraten –« Der Rest ihres Satzes geht in der Umarmung unter, in die ich sie hineinziehe.

»Vorsichtig«, kichert Alice. »Ich wollte sie noch 'ne Weile da drin behalten.«

»Das klingt nach einem fantastischen Plan, Al«, sage ich, nachdem ich sie losgelassen habe.

Meine Freundin nickt. »Jetzt muss ich nur noch Benjamin und meiner Familie beibringen, dass ich statt für unsere Familie in einer schwedischen Pension arbeiten will, wo ich gedenke, meine Tochter aufzuziehen.« Ihr Blick verdüstert sich.

»Benjamin ist doch eh ständig unterwegs«, sage ich. »Wenn er für eure Hotels reisen kann, dann kann er das auch, um sein Kind zu sehen. Und deine Eltern sollten froh sein, dass du endlich glücklich bist. Bist du doch, oder?«, füge ich fragend hinzu.

Alice wirft Matti einen Blick zu. Dann nickt sie. »Bin ich. Ich dachte immer, ich brauche die Großstadt. Aber seit ich hier bin, kann ich viel klarer denken. Und deine Großeltern sind wirklich besondere Menschen«, fügt sie an Matti gewandt hinzu.

Unser bester Freund legt sein Stockbrot zur Seite und steht auf. »Vielleicht halte ich eins der WG-Zimmer einfach frei«, sagt er mit belegter Stimme. »Für wen auch immer von euch, der zu Besuch kommt?« Ich nicke. »Und in den Semesterferien könnte ich zu meinen Großeltern fahren«, fügt er hinzu. »Auf diesem Gutshof leben neuerdings eine Menge besonderer Menschen.«

Wir fassen uns an den Händen, und ich presse meine Lippen zusammen, um nicht in Tränen auszubrechen. Doch dann beginnt Alice zu lachen. »Wisst ihr was?«, fragt sie. »Ihr beide schuldet mir noch einen Abiball.«

Bevor ich weiß, wie mir geschieht, läuft sie hinüber zu dem alten Kassettenrekorder, den wir uns von Mattis Großvater ausgeliehen haben, und dreht die Musik lauter, bis Billy Idols »Dancing with myself« so laut aus den alten Lautsprechern dröhnt, dass sie zittern.

»Na los, Hell.« Matti, dessen Augen noch immer verdächtig glänzen, schwingt mich in eine Drehung, die mir das

Gleichgewicht raubt. Alice fängt mich auf, und mir ist egal, dass es wahrscheinlich absolut lächerlich aussieht, wie wir hier am Seeufer herumhopsen, denn diesen Tanz tanzen wir nur für uns. Das Lied wechselt, und ich drehe mich um. Majvie sitzt noch immer auf ihrem Klappstuhl, doch ihr Fuß wippt im Takt der Musik.

»Hey!« Erschrocken sieht sie auf, dann schüttelt sie grinsend den Kopf. »Oh doch.« Ich tanze weiter auf sie zu, dann strecke ich den Arm aus.

»Außer Ballett kann ich nicht tanzen!«

»Meinst du, wir?«, gebe ich zurück.

Majvies Grinsen wird breiter. »Wo du recht hast …«

Ich ziehe sie auf die Beine und hinüber zu Matti und Alice, die zu Headbanging übergegangen sind. Majvie lacht, und dann beginnen auch wir zu tanzen. Sie wirft den Kopf zurück, als ich ihre Hand nehme und sie zu drehen beginne.

»Weißt du was, Hell?«, ruft sie.

Ich ziehe sie wieder zu mir heran. »Was?«

Das Lagerfeuer wirft einen goldenen Schein auf ihr gerötetes Gesicht. »Ich glaube, ich liebe dich.«

Seen und Wälder fliegen an meinem Fenster vorbei. Es ist kalt im Zug, doch ich nehme die Gänsehaut auf meinen Armen kaum wahr, während ich Majvie dabei beobachte, wie sie die Seite ihres Buches umschlägt und sich konzentriert auf die Lippe beißt.

Matti ist zwei Tage vor uns zum Flughafen gefahren. Granate hat er bei Alice gelassen mit der Begründung, in Berlin kein Auto zu brauchen. Aber wir alle wissen, dass diese Geste in Wirklichkeit ein Versprechen ist, zurückzukommen. Majvie und ich haben uns entschieden, auf die gleiche Weise zurückzugehen, wie ich hergekommen bin: mit der Fähre. In Kiel nehmen wir dann den Nachtzug nach Prag. Dort ist es zwar nicht viel wärmer als in Stockholm, aber es gibt das Staatstheater, auf dessen Internetseite Majvie sich nach unserer Tanzsession am Lagerfeuer umgesehen hat. Ohne lange zu überlegen, haben wir zwei Tickets für den Nussknacker gebucht, und Majvie hat mir in unserer winzigen Dachkammer den Tanz der Zuckerfee vorgeführt. Ich lege meine Hand auf ihr Bein, und sie lächelt, ohne den Blick von ihrem Buch zu lösen. *Es fühlt sich an wie ein Anfang.*

Doch da ist noch eine Sache, die ich tun muss, bis wir unseren Anfang beginnen können. Ich fische mein Handy aus der Tasche und öffne die Mail, in der mir Zeit und Ort des Termins genannt werden. *Die Patientin hat einem Treffen zugestimmt.* Majvie legt ihre Hand auf meine und malt mit ihrem Daumen kleine Kreise, bis ich meine Finger entspanne.

»Du verstehst es, oder?«, frage ich.

Majvie klappt ihr Buch zu. »Sie hat gestanden, deinen Vater getötet zu haben. Natürlich verstehe ich es.«

Die Klinik, zu der wir vom Stockholmer Hauptbahnhof aus drei Straßenbahnen nehmen mussten, liegt inmitten von einem ordentlich angelegten Park. Majvie spricht mit der Rezeptionistin, während ich versuche, meinen Mut aufrechtzuerhalten. In meinem Bauch regt sich mein auki. Der Teil davon, den mir niemand nehmen kann, der nie Hass benötigte, um stark zu sein. Den ich jetzt brauche, um einen Fuß vor den anderen zu setzen.

Majvie lässt meine Hand erst los, als wir zum Eingang der geschlossenen Psychiatrie kommen.

»Ich warte genau hier«, sagt sie, bevor sie mich kurz und

fest an sich drückt. Ich nicke. Dann folge ich dem Pfleger, der mir die doppelt verglasten Türen aufschließt. Unsere Schritte hallen gedämpft von den weißen Wänden, an denen Leinwände statt Bilderrahmen hängen. *Kein Glas*, denke ich mit einem Kloß im Hals. *Nichts, aus dem sich eine Waffe fabrizieren lässt.*

»Warten Sie hier«, weist mich der Pfleger an, nachdem wir durch eine Tür in einen leeren Besucherraum getreten sind. Ich überlege für einen Moment, welchen der Tische ich wählen soll, und setze mich zuerst an den am Fenster, bevor ich mich doch umentscheide und einen in der Raummitte auswähle. Auf dem wackeligen Plastikstuhl schlage ich meine Beine übereinander, auf einmal unsicher, ob das hier eine gute Idee ist. Was will ich Astryd fragen? Aus dem Gutachten, das ich mit Astryds Einverständnis lesen durfte, kenne ich die Fakten über ihr Leben. Vielleicht war es eine schlechte Entscheidung, es zu lesen. Vielleicht bin ich nur hier, weil ich ein letztes Mal auf Astryds Manipulationen hereinfalle. Aber ihre Geschichte erklärt, warum sie uns, die sie als ihre Töchter sah, unbedingt schützen wollte. Ihre Vergangenheit lässt mich Astryd verstehen, zumindest zum Teil. Denn ihre echte Tochter Sofia hat sie nicht geschützt. Es war nicht Astryd, die merkte, dass ihr neuer Mann hinter ihrem Rücken ihre Tochter missbrauchte, sondern Sofias Vater. Und er war es auch, der dafür sorgte, dass Astryd Sofia nie wiedersah. Zusammen mit Solveig, ihrer besten Freundin, tötete Astryd den Täter ihrer Tochter, was ihr, genau wie der Mord an meinem Vater, nie mit Sicherheit nachgewiesen werden konnte. Die Fahndung belief sich nur auf Solveig, woraufhin die beiden in die nordischen Wälder flüchteten. Der Polizist, der Solveig im Krankenhaus befragen wollte, war kein Sehender. Er versuchte bloß, einen Jahrzehnte zurückliegenden Mord aufzuklären.

Meine Finger tasten nach den Hälften meines Korses, die ich immer in der Hosentasche trage – schließlich sind sie alles, was ich von meinem Vater habe. Er hat nie etwas Falsches getan. Er wollte dasselbe wie Astryd: seine Tochter schützen. Und trotzdem musste er sterben. Ich schätze, ich muss es nur ein einziges Mal aus ihrem Mund hören. Eine Rechtfertigung bekommen, irgendetwas.

»Frau Curtens?« Das Herz schlägt mir bis zum Hals. Doch es ist nicht Astryd, die neben dem Pfleger in den Besucherraum tritt, sondern eine um die vierzigjährige Frau in einer weißen Jeans und einer weißen Bluse. Ich räuspere mich.

»Ja?«

»Sie sind hier, um Astryd Olsson zu besuchen.«

Ich nicke, obwohl das nicht wie eine Frage klang.

Die Ärztin senkt den Kopf. »Es gab da einen Vorfall.«

Majvie starrt mich ungläubig an.

»Astryd ist was?«

»Geflohen«, wiederhole ich. »Die Klinik kann es sich nicht erklären. Es gibt keinerlei Ausbruchsspuren an Fenstern oder Türen.«

Majvie sieht zu dem großen Gebäude hinüber, das in unserem Rücken aufragt. »Ihre Gabe«, sagt sie mit belegter Stimme. »Sie muss einen der Pfleger eingewoben und so dazu gebracht haben, dass er sie nach draußen bringt.«

Unsere Gaben sind mit dem Zorn verschwunden. Aber es gibt keine andere Erklärung. Ein düsterer Gedanke macht sich in mir breit.

»Was, wenn sie nach Vekja zurückgekehrt ist?«, frage ich.

»Allein?« Majvie schüttelt den Kopf. »Außerdem hat die Polizei da doch alles auseinandergenommen.«

Ich ziehe mein Handy aus meiner Tasche und tippe auf Kairas Nummer, die sie mir auf dem Polizeirevier gegeben hat. Bisher haben wir noch keinen Kontakt gehabt, mit keiner unserer Schwestern. Doch nun bete ich, dass Kaira abnimmt.

Nach langem Tuten ertönt bloß eine maschinelle Mailbox-Ansage. Als Nächstes probiere ich es bei Reili, doch auch sie geht nicht ran.

»Mehr Nummern habe ich nicht«, sage ich angespannt.

»Ich hab die von Mias und Luises Pflegefamilie«, sagt Majvie. Sie wählt den Kontakt und stellt ihr Handy auf Lauthörer.

»Hallå?«, ertönt die Stimme von Frau Nyström, die wir schon auf dem Polizeirevier kennengelernt haben. Doch statt freundlich und beruhigend wie damals klingt sie beinahe ängstlich.

»Hej fru Nyström, det här är Majvie.« Ich knibble an meinen Nagelbetten herum, während Majvie auf Schwedisch nach den Zwillingen fragt und Frau Nyström in einem Wortschwall antwortet. Majvie nickt mehrmals und erwidert etwas in ernstem Ton. Dann legt sie auf.

»Was ist?«, frage ich.

Majvies Wangen sind kalkweiß. »Die Zwillinge sind verschwunden.«

»Seit wann?«, frage ich.

»Seit heute Morgen. Die Polizei nimmt noch keine Vermisstenanzeige auf, weil es zu früh ist.« Ich schlucke hart. Astryd ist gestern Nacht verschwunden. *Das kann kein Zufall sein.* »Meinst du wirklich, sie ist wieder in Vekja?«, fragt Majvie leise. »Holt die Schwestern zurück und macht … einfach weiter?«

»Irgendeinen Plan hat sie«, sage ich und verfluche mich dafür, nicht misstrauischer gewesen zu sein, als Astryd sich so bereitwillig in die Psychiatrie einliefern ließ. Ich sehe zurück zur Klinik. *Sie hatte nie vor, dort zu bleiben.*

»Und was machen wir jetzt?«, fragt Majvie. »Wir können die Zwillinge nicht bei ihr lassen!«

Ich schüttle den Kopf. »Werden wir auch nicht.« Verständnislos sieht Majvie mich an. »Ich glaube nicht, dass Astryd nach Vekja zurückgekehrt ist«, erkläre ich. »Sondern vielmehr, dass sie Unterschlupf bei einer der Schwestern gesucht hat.«

»Und bei welcher?«, fragt Majvie verzweifelt. »Bis auf Kaira, Fenja und Johanne sind alle in irgendwelche Einrichtungen gekommen.«

Nicht ganz. Ich schultere meinen Rucksack. »Wie kommen wir von hier aus am schnellsten zur historischen Fakultät?«

Der Assistent, dessen Namensschild ihn als Oliver ausweist, rückt seine Brille zurecht.

»Frau Bergström hat heute keine Termine mehr frei«, sagt er auf Englisch.

»Aber sie ist da?«, frage ich.

Ein wenig verwirrt nickt Oliver. »Selbstverständlich ist sie da.«

»Dann müssen wir sie sehen«, mischt Majvie sich ein. »Es ist wirklich dringend.«

Oliver, der ein ordentliches Tweedsakko trägt, mustert unsere aufgeheizten Gesichter und unsere riesigen Reiserucksäcke. »Ich werde ihr Bescheid geben. Aber ich kann nichts versprechen.«

Wir warten auf einem holzgetäfelten Flur, wo ich erneut erfolglos versuche, Kaira und Reili zu erreichen.

»Es ist unmöglich«, sagt Majvie. »Wir haben die Sehenden als Lüge enttarnt und die Sage als falsch! Sie haben uns alle geglaubt!«

»Und vor uns haben sie jahrelang etwas anderes geglaubt.«

»Aber der Zorn ist verschwunden! Welchen Sinn würde es da machen –«

»Ich weiß es doch auch nicht!«, sage ich lauter als beabsichtigt.

»Hell?« Majvie und ich fahren herum. Selma steht vor uns, das glatte Haar zu einem eleganten Knoten gesteckt, Sorge in ihren Augen. »Warum gehen wir nicht in mein Büro?«, sagt sie ruhig.

Nachdem Oliver uns einen Tee gebracht und die Tür des eindrucksvollen Raums hinter sich geschlossen hat, faltet Selma die Hände auf ihrem Schreibtisch.

»Ist etwas passiert?«

Knapp berichte ich von Astryds Verschwinden, dem der Zwillinge und unserer Vermutung. Selmas Lippen werden mit jedem Wort schmaler.

»Ich muss euch enttäuschen«, sagt sie, als ich fertig bin. »Bei mir ist Astryd nicht und die beiden Mädchen auch nicht.«

»Hast du die Kontaktdaten der anderen Schwestern?«, frage ich. »Wir haben versucht, Kaira und Reili zu erreichen, aber sie gehen nicht ran.«

Selma setzt sich die halbmondförmige Brille auf, die an einer Kette um ihren Hals hängt, dann tippt sie etwas in ihren Computer. »Das hier ist die betreute Wohneinrichtung, in der Lilith, Calla, Mirta und Cersty untergekommen sind«, sagt sie und gibt die Nummer in ihr Telefon ein. Beinahe im selben Moment klingelt mein Handy.

»Kaira?«, melde ich mich atemlos.

»Hell?« Die Stimme meiner Mutter zu hören ist wie ein Schlag in die Magengrube.

»Ma«, sage ich zärtlich. Ich bin bereit, alles zu verzeihen. Dass sie mich aufgegeben hat, Bernd erlaubt hat, mich ihr wegzunehmen –

»Ich rufe an, weil Tante Emmi verschwunden ist.« Ihre Worte klingen beherrscht. »Hat sie zu dir Kontakt aufgenommen?«

»Nein«, stammle ich. »Wie sollte sie denn? Sie hat doch gar kein Handy.« Am anderen Ende herrscht Stille.

»Natürlich«, sagt Ma dann. »Ich wollte nur sichergehen.« Ich höre sie Luft holen, doch statt noch etwas zu sagen, legt sie auf. Einfach so.

Kurz schließe ich die Augen. »Meine Großtante ist verschwunden«, beantworte ich dann Majvies fragenden Blick.

»Genau wie Lilith und die anderen Mädchen«, sagt Selma, die gerade das Telefon auflegt. »Sie sind heute nicht von ihrem Morgenspaziergang nach Hause gekommen. Die Polizei wurde bereits verständigt.«

»Wann ist deine Großtante verschwunden, Hell?«, fragt Majvie.

»Ich … ich weiß es nicht.« Ich betrachte das Handy in meiner Hand. Bevor ich darüber nachdenken kann, was ich tue, wähle ich Mas Nummer.

»Hell?«

»Wann ist Tante Emmi verschwunden?«, frage ich.

»Gestern Nacht«, erwidert Ma. »Hell, mach dir keine Sorgen. Ich …« *Liebe dich. Verzeihe dir.* »Ich kann nicht noch einmal mit dir telefonieren. Es ist zu kompliziert. Du weißt, wie Bernd ist.«

Verzweifelt ringe ich nach Worten. »Ja«, bringe ich schließlich heraus. »Das weiß ich.« Ich lege auf, damit sie es nicht noch einmal tun muss. Dann lasse ich das Handy sinken.

»Das war deine Mutter, oder?«, fragt Majvie leise, weil Selma wieder telefoniert.

Ich nicke. »Emmi ist gestern Nacht verschwunden«, sage ich, bevor sie mich fragen kann, wie es mir geht.

»Genau wie Inge«, sagt Majvie. Edda, Annbritt und Jarla sind nicht erreichbar. Signe und Nerea sind aus ihrer Wohngruppe verschwunden. Als wir es noch einmal bei Kaira probieren, springt gar nicht erst die Mailbox an. Dieses Mal erklärt uns eine automatische Ansage, dass die Telefonnummer vom Netz genommen wurde.

»Sie sind wirklich nach Vekja zurückgekehrt«, sagt Majvie fassungslos. »Nach allem, was passiert ist.«

Selma, die ein letztes Telefonat geführt hat, legt den Hörer auf. »Nein, das sind sie nicht«, wechselt sie von Schwedisch zu Deutsch. »Vekja war der erste Ort, an dem die Polizei nach Astryd gesucht hat. Seit gestern Nacht werden Hundestaffeln durch die gesamten nördlichen Wälder geschickt.« Selma sieht von Majvie zu mir. »Es gibt keine Spur von Astryd oder einer der anderen Frauen.«

»Aber sie können doch nicht einfach so vom Erdboden verschwunden sein!«, sage ich.

Majvies Lippen zittern. »Ich habe Mia und Luise versprochen, dass jetzt alles gut wird«, stammelt sie.

Selma reicht Majvie ein Taschentuch, dann geht sie hinüber zu dem Regal neben der historischen Weltkarte, die die Wand hinter ihrem Schreibtisch umspannt. Zielsicher greift sie nach einem schmalen, unauffällig wirkenden Buch.

»Was ist das?«, frage ich.

»Eine Doktorarbeit, die, wie ich fürchte, die Antwort auf unsere Frage bereithält.« Selma reicht mir das Buch, und ich weiß, wessen Name auf seinem Deckel stehen wird, bevor ich ihn lese. *Mythologien gefallener Hochkulturen und ihre moderne Relevanz. Eine Dissertation von Nathaniel Curtens.*

Ich überfliege die Seiten, in denen mein Vater Bräuche afrikanischer Stämme, den Glauben brasilianischer Regenwaldvölker und australischer Aborigines umreißt.

»Es war die nordische Mythologie, die Nathaniel am stärksten gefesselt hat«, sagt Selma. »Aber für seine Arbeit hat er noch viele andere untersucht.«

»Und was hat er dabei gefunden?«, frage ich mit hohler Stimme.

»Dass der Glaube an die weibliche Wut als Waffe und die Angst vor ihr in vielen Kulturen tief verwurzelt ist«, sagt Selma. Sie legt ein anderes Buch vor uns auf den Tisch. *Femizide über den Lauf der Weltgeschichte.* »Genauso wie die Gewalt gegen Frauen. Schweden ist nicht das einzige Land, in dessen Geschichte wir zu Unrecht getötet wurden und werden. Aus Angst. Aus Hass.«

»Heißt das«, meldet Majvie sich zu Wort, »dass es in so gut wie jedem Land der Welt alte Erde geben müsste?«

Ich denke an Astryds und mein Gespräch in der ersten Nacht in Vekja und an das, was sie mir über alte Erde erklärt hat. *Das sind die Stellen, an denen das Blut der zu Unrecht gestürzten Frauen in die Erde floss. Es gibt sie in ganz Schweden, weil in ganz Schweden Clanchefinnen ermordet wurden.* Bloß, dass nicht nur Schwedinnen aus Angst vor ihrer Macht getötet wurden …

Selmas Nicken bestätigt meine Schlussfolgerung.

»Aber der Zorn existiert nicht mehr«, sage ich verzweifelt. »Mit Yggdrasil wurde die Verbindung zu ihm gekappt!«

»Hier«, erwidert Selma. »Aber in der Theorie besteht Hoffnung, dass der Zorn – der Hass – anderer Frauen an anderen Orten mit ähnlichen Geschichten noch existiert. Vielleicht sogar, dass es noch andere Schwestern auf dieser Welt gibt.«

»Die auch an die Welle glauben?«, fragt Majvie entgeistert.

»An ihre Version davon.« Selma senkt den Blick. »Ich hätte diese Verbindung schneller ziehen sollen. Es tut mir leid.«

Ich betrachte die riesige Weltkarte. Wenn es stimmt, was Selma sagt – und unsere Schwestern scheinen daran zu glauben –, dann war Helleas Schicksal kein Einzelfall. Dann gibt es Hass, der das auki empfänglicher Frauen gefährlich verstärkt, überall auf dieser Welt. Dann versuchen in dieser Sekunde noch zahlreiche andere Völker, die Welle des Zorns zu entfesseln. Ich sehe in Majvies geweitete Augen. *Dann war unsere Geschichte erst der Anfang.*

Salziger Wind schlägt mir ins Gesicht. Ich richte den Blick nach unten auf die Schaumkronen im schmutzig grauen Wasser. Sie bilden eine aufgewühlte Linie. In ein paar Atemzügen wird keine Spur mehr von dem Schnitt zu sehen sein, der das Meer für kurze Zeit in zwei Hälften geteilt hat. Davor und danach, untrennbar verwoben.

»Es ist noch lange nicht vorbei, oder?«, fragt Majvie, die neben mir an der Reling lehnt. Ich komme nicht umhin, den winzigen Hauch von Hoffnung in ihrer Stimme zu bemerken.

Vor unseren Augen wird das Land von Hellea und Svea immer kleiner. Astryds Flucht zeigt, dass ihr Glaube an die Welle ungebrochen ist, genau wie der unserer Schwestern. *Und wer weiß, ob Jorunns Vorhersage nicht doch einen Funken Wahrheit in sich trägt.* Wie zur Antwort auf diesen Gedanken sendet mein auki eine goldene Welle durch meinen Körper. Ich drücke Majvies Hand.

»Schätze, wir werden es herausfinden.«

Denn wenn die Schwestern mich eins gelehrt haben, dann das: Geschichte wiederholt sich.

NACHWORT

Ein Großteil der Geschichte, die ihr gerade gelesen habt, ist frei erfunden. Es gab weder Hellea von Schweden noch den *Fall*, der Hellea und allen anderen Frauen im frühmittelalterlichen Schweden das Recht auf Herrschaft nahm. Die Wikingerfürstinnen jedoch, die Clanchefinnen und die Kämpferinnen, die gab es sehr wohl, genau wie das Grab von Birka, das die Forschung auf ihre Spur brachte.

Im Jahr 2017 unterzogen Wissenschaftler*innen der Universität Stockholm das Skelett aus dem prächtigsten Grab von Birka, von dem man bisher angenommen hatte, es gehöre einem wichtigen Wikingerfürsten, einer DNA-Analyse. Zum Erstaunen der Fachwelt stellten die Forschenden fest, dass es sich bei dem bedeutsamen Krieger zweifelsohne um eine Frau gehandelt hat. Die Annahme, nur ein Mann könne einen hohen Rang in der Wikingergemeinschaft bekleidet haben, war falsch, es gab keinen anderen Grund für sie als den Glauben, Frauen hätten von jeher als schwaches Geschlecht gegolten.

Dieser Fakt machte mich nachdenklich. Erzählen wir die Menschheitsgeschichte falsch? Spielten Frauen eine andere Rolle, als wir es bisher angenommen haben? Archäologische Funde mehrerer früher Hochkulturen sprechen dafür. Doch was kein Wissenschaftler erklären kann, ist die Frage, wie aus den Wikingerkriegerinnen, aus den Jägerinnen und den Handwerkerinnen Frauen wurden, die ihre Freiheit aufgaben und sich einer patriarchalen Gesellschaftsstruktur unterordneten. Hier kam meine Fantasie ins Spiel, die den Verrat an Hellea von Schweden erschuf, die Schwestern, Vekja …

Doch diese ausgedachte Geschichte trägt einen zweiten wahren Kern in sich. Es existieren keine Schwestern. Aber es gibt ihre Wut. Hells Wut und Majvies Wut und Astryds Wut. Weibliche Wut.

Vielleicht fragt ihr euch jetzt, warum ich eine Emotion gendere. Empfinden nicht alle Menschen die gleichen Gefühle? Grundsätzlich mag das der Fall sein, aber der Umgang mit diesen Gefühlen wird uns abhängig von unserem zugeordneten Geschlecht unterschiedlich beigebracht, ihr Ausleben verschieden bewertet und sanktioniert.

Egoistisch, irrational, böse. Anhand dieser Vorwürfe lernt Hell, genau wie unzählige reale Frauen, ihre Wut zu bewerten. Wütend zu sein passt nicht ins Bild des lieben Mädchens, der angepassten Frau, Wut ist nicht wohlerzogen oder ladylike. Und so schwelt sie von Kindheit an unter der Oberfläche, ersetzt durch vermeintlich femininere Gefühle wie Trauer, Scham oder Enttäuschung.

Widersetzt sich eine Frau diesem ungeschriebenen Gesetz, wird mit starker Ablehnung auf ihre Wut reagiert, Anliegen, die sie vorzubringen versucht, werden belächelt. Medien berichten von *hysterischen* Politikerinnen und Aktivistinnen, handelt es sich um eine Schwarze Frau, wird sie abwertend als *angry black woman* bezeichnet, ein in den USA prävalentes rassistisches Stereotyp, laut dem Schwarze Frauen von Natur aus übellaunig und unbeherrscht seien. Die vermeintlich übertriebene Emotionalität der Frau ist immer wieder ein beliebtes Mittel, um Kandidatinnen im Wahlkampf zu diskreditieren. Während Männer aus verletztem Stolz und Machtbestreben Angriffskriege führen, sind wütende Frauen es, die sich zum Wohle der Gesellschaft zu mäßigen haben.

Diese Tabuisierung weiblicher Wut ist dramatisch. Denn wir empfinden Wut aus einem ganz bestimmten Grund. Wut ist ein Warnsignal. Wir werden wütend, wenn wir uns mit Ungerechtigkeit konfrontiert sehen, wenn andere uns verletzen, wenn wir für uns einstehen sollten. Die Wut eines Einzelnen dient der Verteidigung. Kollektive Wut einer Gruppe dient dem gemeinsamen Eintreten für Veränderung. Beides ist eine Notwendigkeit, insbesondere für Minderheiten.

Während ich dieses Nachwort schreibe, bricht die lange unterdrückte Wut der Frauen überall auf der Welt an die Oberfläche. In Südamerika demonstrieren Frauen mit dem Protestruf *ni una menos* – nicht eine weniger – gegen Femizide und fordern standhaft die Aufklärung der Morde an Töchtern, Schwestern, Freundinnen und Bekannten. In den USA, wo der oberste Gerichtshof im Juni 2022 das föderale Recht auf Schwangerschaftsabbrüche revidierte, schließen sich Frauen aus liberalen Bundesstaaten zusammen, um Betroffenen, die keinen Zugang mehr zu notwendiger medizinischer Versorgung haben, zu helfen. Im Iran hat die Ermordung von Jîna Mahsa Amini im September 2022 eine kollektive Wut ausgelöst, die auch unsägliche Gewalt gegen die Demonstrant*innen aktuell nicht mehr aufhalten kann. In diesem Moment kämpfen und sterben Frauen im Iran für ihr Recht auf Freiheit und Selbstbestimmung. Sie zeigen eindrücklich, wozu kollektive Wut fähig ist: zu Veränderung, zu Revolutionen.

Doch dieser Kampf von Frauen um Gleichberechtigung ist nicht neu, im Gegenteil, er zieht sich durch die Generationen unserer Mütter, Großmütter und Urgroßmütter. Er ist ermüdend. Wenn ich lese, dass Frauen noch immer überall auf der Welt getötet werden, weil sie eine Beziehung beenden, weil sie eine Ablehnung aussprechen, weil sie sich gegen ihre Täter wehren, weil sie kein Kopftuch tragen, weil sie ihren Glauben offen zeigen, weil sie trans sind, weil sie ihre sexuelle Orientierung und Freiheit ausleben wollen, weil sie mit Behinderung leben, weil sie widersprechen – weil sie Frauen sind –, dann wünsche ich mir in meiner Hilflosigkeit und meiner eigenen Wut, die Welle aus *We will give you Hell* gäbe es wirklich. Aber da Fantasie nicht retten kann, bleibt nur eins: Zusammenhalt. Das klingt banal, bewirkt aber mehr, als wir uns vorstellen können. Denn kollektive Wut ist schwerer zu ignorieren als die einer Einzelnen.

Seien wir also wütend. Stehen wir mit unseren Schwestern. Werden wir uns der Macht bewusst, die wir in uns tragen – ganz ohne *auki*.

Wie jedes Buch entstand auch *We will give you Hell* durch die Zusammenarbeit und Unterstützung zahlreicher Menschen. Allen voran möchte ich mich ganz herzlich bei dem gesamten Team von Knaur Fantasy bedanken – ich hätte mir kein besseres Zuhause für Hell und mich wünschen können! Danke an meine großartige Lektorin Maria Weber, die Hells Geschichte mit Feingefühl begleitet und durch ihre klugen Ideen bereichert hat. Danke an Katja Hildebrandt für ein scharfsinniges Stillektorat, das meinem Buch den sprachlichen Feinschliff verliehen hat, und vielen Dank an das Presse- und Social-Media-Team für eure Unterstützung!

Wie immer gilt mein Dank auch meiner Agentin Franziska Hoffmann, die mir von Anfang an den Weg durch die Buchwelt gewiesen hat und auf deren Rat ich blind vertrauen kann. Danke, dass du vor sechs Jahren einer sehr ambitionierten 19-Jährigen eine Chance gegeben hast!

Und schließlich möchte ich mich bei einer Reihe besonderer Menschen bedanken: Bei meinen Eltern Andreas und Susanna, bei meiner Schwester Insa mit meinem Schwager Philipp und meinem kleinen Neffen Emil, bei Skadi, Eri, Meike und Pia, mit denen mich mittlerweile zwar kein Studium mehr verbindet, aber dafür Jahre der Freundschaft. Und bei Ruth Emmi Klein, die der mutigen und liebevollen Tante Emmi ihren Namen geliehen hat, sowie bei all den anderen Frauen meiner Familie, die mir beigebracht haben, was Stärke bedeutet – jede auf ihre Art.

Lina Frisch im Oktober 2022

GLOSSAR

Hamburg, Deutschland

Hells Familie

Charlotte – Mutter
Nathaniel – Vater
Bernd – Stiefvater
Karl & Kilian – Halbbrüder
Tante Emmi – Großtante

Hells Freundesgruppe

Matti
Alice
Yasin
Coco
Tom

Nördliche Wälder, Schweden

Schwestern

Astryd (**As**-trid)
Solveig (**Sol**-wei)
Edda (**E**-dda)
Wilma (**Wil**-ma)
Inge (**In**-ge)
Kaira (Ka-**í**-ra)
Nerea (Ne-**re**-a)
Fenja (**Fen**-ja)
Merle (**Mer**-le)
Reili (**Rei**-li)
Annbritt (**Ann**-britt)
Jarla (**Jar**-la)
Stine (**Sti**-ne)
Jördis (**Jör**-dis)
Signe (**Sij**-ne)
Freya (**Fre**-ja)

Schülerinnen

Majvie (**Mai**-wie)
Mia (**Mi**-a)
Luise (Lu-**i**-se)
Lilith (**Li**-litt)
Calla (**Ca**-lla)
Mirta (**Mir**-ta)
Cersty (**Ker**-sti)
Tilda (**Til**-da)
Beth (**Beth**)
Johanne (Jo-**hann**-e)
Beke (**Be**-ke)
Lykke (**Lü**-kke)

Die sagenumwobenen Geschwister

Hellea von Schweden (**Hel**-le-a)
Tyr (**Tür**)
Svea (**Sve**-a)

Vekjas Welt

Vekja (**Weck**-ja) = altnordisch für erwecken/beginnen, Heimat der Schwestern

Auki (Au-**kí**) = altnordisch für Vermehrung/Zuwachs/Kraft, Kraft der reinen Wut

Kors (**Kors**) = schwedisch für Kreuz, Amulett, geschmiedet aus dem Eisen der Nordberge, schirmt seine Trägerin vom Zorn der Starken ab

Magisk Natt (**Ma**-gisk **Nat**) = schwedisch für magische Nacht, die Vollmondnacht jedes Monats, in der Schülerinnen zu Schwestern werden

Aurora Dies (Au-**ro**-ra **Di**-es) = Verdunklung des Himmels und Leuchten der Polarlichter, Zeitpunkt für das Ritual der Welle

Yggdrasil (**Ig**-dra-sil) = Weltenbaum, verbindet die Welt der Lebenden mit der Welt der Toten

Ragnarök (**Ranja**-rök) = bezeichnet in der nordischen Mythologie den Untergang der Welt durch den Kampf zwischen Göttern und Riesen, Bestandteil des Glaubens der Sehenden

QUELLENNACHWEIS

Die im Roman verwendeten Zitate entstammen folgenden Quellen (in der Reihenfolge ihres Auftretens):

Rukeyser, Muriel: Ein Auszug aus dem Gedicht »Käthe Kollwitz«. Excerpt from »The Collected Poems of Muriel Rukeyser«. Copyright © 2006 by Muriel Rukeyser.

Gibran, Khalil: Ein Auszug aus dem Gedicht »The River Cannot Go Back«, erschienen in: »The Prophet«. Alma Books, 2020.

Lyons, Nicole: »She will rise with a spine of steel, and a roar like thunder, she will rise.« Copyright © Nicole Lyons. Mit freundlicher Genehmigung des Indie Blu(e) Publishing.

Dickinson, Emily: Ein Auszug aus dem Gedicht »›Hope‹ is the Thing with Feathers«, erschienen in: »The Poems of Emily Dickinson.« Reading ed. Belknap Press, 1999.

TRIGGERWARNUNG

(Achtung: Spoiler!)

Dieses Buch enthält Elemente, die unter Umständen triggern können.

Diese sind:

- Körperliche und psychische Gewalt gegen Frauen
- Sexueller Missbrauch und Vergewaltigung
- Dissoziative Amnesie und selbstverletzendes Verhalten

Wir haben uns sehr bemüht, sämtliche potenziellen Trigger anzuführen. Da jeder Mensch besonders und einzigartig ist, hat jede*r Lesende auch eine eigene Wahrnehmung von potenziellen Triggern. Wir bitten daher um Verständnis, dass wir nicht gewährleisten können, dass die Aufzählung vollständig ist.

Das Leben als moderne Hexe war nie einfach –
jetzt wird es apokalyptisch!

JUNO DAWSON

DER HEXENZIRKEL IHRER MAJESTÄT

DAS BEGABTE KIND

ROMAN

Nach einem Bürgerkrieg unter den Hexen versuchen die Freundinnen Niamh, Leonie, Helena und Elle in ihr »normales« Leben zurückzukehren. Doch Niamh trauert um ihre große Liebe und hadert mit ihren Gefühlen für den Gemüselieferanten Luke; Leonie kämpft für ihren Zirkel aus Hexen of Color; Helena muss als Hohepriesterin des Hexenzirkels Ihrer Majestät die magische Behörde am Laufen halten; und Elle ist mit einem Nicht-Magier verheiratet, der nichts von ihren Kräften ahnt – bis ihre Tochter sich als Hexe entpuppt. Als die Orakel das Ende aller Hexen vorhersagen, gerät ein magisch begabtes Kind in den Fokus der vier Freundinnen. Jetzt müssen die Hexen Entscheidungen treffen, die ihre Freundschaft auf die Probe stellt …

Band 1 der Urban-Fantasy-Trilogie und Nr. 1 Sunday Times-Bestseller aus Großbritannien!

KNAUR

Auf wessen Seite stehst du, wenn niemand
auf deiner Seite steht?

ELEANOR BARDILAC

KNOCHENBLUMEN WELKEN NICHT

ROMAN

In der prächtigen Stadt Vhindona ist man stolz auf geschickte Erfinder und reiche Händler – allem, was mit Magie zu tun hat, steht man dagegen misstrauisch gegenüber. Deshalb versucht Aurelia seit Jahren, ihre magische Begabung geheim zu halten. Doch als die junge Frau Zeugin eines Mordes wird, kommt dabei auch ihr Geheimnis ans Licht, und Aurelia wird dem mächtigen Nekromanten Marius Cinna als Schülerin zugeteilt.
Als die wissbegierige junge Frau herausfindet, was wirklich hinter einer unheimlichen Serie von Ritualmorden steckt, und welche Rolle Marius dabei spielt, muss sie sich entscheiden: für ihren neuen Meister oder für ihre Heimatstadt.

Das erfrischend andersartige Fantasy-Debüt von SERAPH-Gewinnerin Eleanor Bardilac begeistert mit vielschichtigen Charakteren, einer packenden Story und einer detailreichen Götterwelt.

KNAUR

»Babylon Berlin« goes Fantasy:

ANDREAS SUCHANEK &
CHRISTIAN HANDEL

SPIEGELSTADT

TRÄNEN AUS GOLD UND SILBER

ROMAN

In den Schatten unserer Welt existiert eine andere Wirklichkeit: die Spiegelstadt, ein magisches Berlin, erstarrt in den glamourösen 1920er-Jahren und bewohnt von vielgestaltigen Feen-Wesen. Reisen zwischen den Welten sind streng verboten und nur mithilfe magischer goldener Tränen möglich.
Auf einer wilden Party in Berlin, die ganz im Motto der 20er-Jahre steht, begegnet Max dem ebenso attraktiven wie geheimnisvollen Lenyo – und gerät damit mitten hinein in einen blutigen Konflikt um die Herrschaft in der Feen-Welt. Verfolgt von gnadenlosen Kreaturen und gefangen in einem Netz aus Intrigen und Machtgier, ahnt keiner von ihnen, dass sie längst zum Spielball einer gefährlichen Macht geworden sind, die die Barriere zwischen den Welten bedroht …

Die Zusammenarbeit der beiden preisgekrönten deutschen Fantasy-Autoren Christian Handel und Andreas Suchanek ist ein echter Glücksfall für alle Urban-Fantasy-Fans: »Spiegelstadt« ist eine mitreißende Story in einem betörenden Setting mit einer wunderschönen queeren Liebesgeschichte.

KNAUR